사례와 쟁점으로 본

언론법의 이해

컬처룩 미디어 총서 008

사례와 쟁점으로 본

언론법의 이해

심석태 지음

culture look

컬처룩 미디어 총서 008

사례와 쟁점으로 본
언론법의 이해

지은이 심석태
펴낸이 이리라

편집 이여진 한나래
디자인 에디토리얼 렌즈

2016년 3월 10일 1판 1쇄 펴냄

펴낸곳 컬처룩
등록 2010. 2. 26 제2011–000149호
주소 121–898 서울시 마포구 동교로 27길 12 씨티빌딩 302호
전화 070.7019.2468 | 팩스 070.8257.7019 | culturelook@naver.com
www.culturelook.net

ISBN 979–11–85521–39–8 94300
ISBN 979–11–85521–06–0 94300 (세트)

* 이 도서의 국립중앙도서관 출판예정도서목록(CIP)은 서지정보유통지원시스템 홈페이지(http://seoji.nl.go.kr)와 국가자료공동목록시스템(http://www.nl.go.kr/kolisnet)에서 이용하실 수 있습니다. (CIP제어번호: CIP2016004295)

* 이 책은 관훈클럽신영연구기금의 도움을 받아 저술 출판되었습니다.

culturelook

차례

1부 언론법제의 기초와 쟁점

2부 사례를 중심으로 본 언론법의 이해

일러두기

· 한글 전용을 원칙으로 하되, 필요한 경우 원어나 한자를 병기하였다.

· 한글 맞춤법은 '한글 맞춤법' 및 '표준어 규정'(1988), '표준어 모음'(1990)을 적용하였다.

· 외국의 인명, 지명 등은 국립국어원의 외래어 표기법을 따랐으며, 관례로 굳어진 경우는 예외를 두었다.

· 사용된 기호는 다음과 같다.

신문 및 잡지 등 정기 간행물, 방송 프로그램, 영화: 〈 〉

책(단행본): 《 》

머리말

언론법제 전반에 대해, 실제 언론 활동을 중심으로 설명한 책이 있었으면 좋겠다는 생각을 한 지 제법 오래되었다. 물론 서점에 가 보면 언론법제에 대해 훌륭한 연구서들이 적지 않게 나와 있다. 특히 법조 경력이 있는 연구자들이 쓴 풍부한 판례 해설은 매우 유용하다. 한 가지 아쉬운 점은, 이런 책들이 아무래도 현재의 법, 즉 실정법을 당연한 것으로 놓고 해설을 하는 데 그치거나, 혹은 현재의 판례가 제시하는 지점을 언론에 대한 당연한 법적 한계로 정당화하는 경향을 보인다는 점이었다. 무리인 줄 알면서도, 짧은 경험과 얕은 지식에도 불구하고 언론법제의 구조와 실제 사례들을 언론 현장의 고민을 담아 정리해 보려고 시도한 것은 그 때문이다.

다른 어느 부문에서도 마찬가지겠지만 언론 분야에서도 실정법은 당연히 존중해야 한다. 실정법과 현재의 판례에 비판적으로 접근한다고 해서 언론의 자유를 내세워 실정법을 무시하자는 것은 아니다. 그럼에도 불구하고, 실정법과 판례가 제시하고 있는 지점이 곧 언론 활동에 대한 절대적 기준이라고 보는 것은 문제가 있다는 것이 내 생각이다. 특히 개인의 인격권 보장을 중시하는 흐름에 기대어 언론의 자유라는 것을 슬그머니 장식적 기본권 취급하는 태도에 대해서는 경계심을 가질 필요가 있다.

우리 언론법제나 그 해설서들은 온통 언론의 사회적 책임에 대한 언급으로 가득 차 있다. 하지만 언론의 사회적 책임은 언론의 자유가 있어야만 비로소 존재할 수 있는 것이지, 언론의 자유 없이 사회적 책임만 존재할 수는 없다. 법조인들은 물론 언론인, 언론 소비자들 모두 이 점을 잊지 말아야 한다. 서강대 법학전문대학원에서 예비 법조인들을 상대로 언론법제 실무 강의를 하면서, 장차 법률 실무가가 되어서 언론 분쟁을 처리할 때 항상 언론의 자유가 민주주의 사회에서 갖는 '기본권 중의 기본권'으로서의 중요성을 잊지 말아 달라는 부탁을 빼놓지 않았던 것도 그 때문이다.

언론의 자유가 중요하다는 건 누구나 다 안다. 적어도 안다고 생각한다. 하지만 우리 언론법제가 실제로 어떻게 언론의 자유를 제도화하고 있는지, 그런 언론법제 속에서 언론의 자유는 실질적으로 어느 정도나 보장되고 있는지를 알고 있거나 알려고 하는 사람은 많지 않다. '일부 언론'의 방종에 가까운 행태로 인해 사람들이 체감하는 우리 사회 전체의 언론의 자유가 과장된 측면도 크다. 언론의 잘못으로 인한 피해는 구체적이고 절실한데, 언론 자유 자체에 가해지는 제한이나 부담은 추상적이고 간접적이다. 그러다 보니 언론의 자유를 본질적으로 위협할 수 있는 법제들은 계속 늘어나고, 언론의 자유는 멀쩡한 사람의 인격권이나 침해하는 '어떤 나쁜 것'으로 받아들여지는 경향마저 있다.

우리는 사회 전체에 큰 영향을 미치는 언론법제에 대해 조금은 자세하게 이해할 필요가 있다. 언론 활동을 업으로 삼고 있는 사람들은 특히 그렇다. 언론 소비자들도 마찬가지다. 그래서 이 책은 법률 전문가가 아니라도 어렵지 않게 이해할 수 있을 정도로 언론법제의 기본 골격에 대한 설명과 함께 구체적인 사례들을 통해 언론법제가 어떻게 작동하는지를 정리해 본 것이다. 기자나 PD와 같이 언론 실무에 종사하고 있는 동료들, 그리고 장차 언론인이 되고자 하는 사람들이 이 책을 통해 현재의 언론법제 전반이 어떻게 구성되어 있고 또 작동하고 있는지에 대한 큰 그림을 그릴 수 있었으면 좋겠다. 단순히 현재 법이 이렇게 되어 있으니 이러이러한 식으로 취재, 보도를 하면 안 되겠다는 실용적인 지식을 넘어서서 현재의 법제에 대한 문제의식을 공유했으면 한다.

실제로 언론 관련 분쟁을 다루는 분들도 현재의 언론법제에 대해 조금은 더 의문을 가지고 접근했으면 좋겠다. 지금 눈앞에 있는 사건 하나가 전부가 아니라는 점, 그리고 비록 아무리 현실 언론이 불만스럽고 문제투성이라 하더라도 언론의 자유가 제대로 작동할 수 있어야 우리가 추구하는 민주주의가 자라날 공간이 생긴다는 점을 생각해 줬으면 하는 것이다. 때문에 책을 쓰면서 단순한 법률 지침서 성격을 벗어나게 해 보려고 애를 썼는데, 독자들이 어떻게 볼지는 잘 모르겠다. 또 현재의 법제와 판례에서 고민해 볼 지점을 제시하려다 보니 사견이 부각된 측면이 있다. 물론 법제나 판례 해설과 이에 대한 나의 생각은 명확하게 구분해 혹시라도 개인적 견해와 판례 경향에 대한 설명이 헷갈리지 않게 하려고 노력했는데, 이 또한 제대로 됐는지는 독자들의 판단에 맡긴다.

책은 크게 언론법의 구조에 대한 설명과 구체적인 사례 분석으로 나뉘어 있지만 문제의식은 하나였다. 현업 언론인들은 물론 잠재적인 언론 활동의 참여자이자 민주주의 체제의 주인인 시민들이 언론 자유의 본질과 그 중요성, 그리고 현 언론법제의 실상을 생생하게 파악했으면 하는 것이다. 그리하여 계속 늘어나고 있는 각종 언론에 대한 규제가 자칫하면 잘못된 언론을 바로잡는 데 기여하기보다는 언론에 대한 권력의 통제만 강화할 위험성이 크다는 점도 이해했으면 좋겠다. 그리고 언론의 자유를 제대로 확보하기 위해서는 어느 정도의 언론 자유의 남용까지 감수할 수 있어야 한다는 점도 기억했으면 한다. 한 건 한 건의 잘못된 언론 보도나 그로 인한 억울한 피해자에 주목해 언론 전체에 새로운 규제를 끊임없이 덧씌우는 현재의 사회 분위기는 결국 우리 모두에게서 민주주의의 기본 바탕인 자유로운 언론을 질식시킬 위험이 너무 크기 때문이다. 이 책이 우리 사회에서 언론법제가 어떻게 작동하고 있는지에 대한 독자들의 관심을 조금이라도 불러일으키기를 기대해 본다.

책을 마무리하고 보니 아쉬운 대목이 한두 곳이 아니다. 충분히 마음에 들 때까지 원고와 씨름할 수 없는 상황이라 안타깝지만 이 정도에서 작업을 마무리할 수밖에 없다. 앞으로 사례를 보충하고, 분석을 더 가다듬을 기회가 있었으면 좋겠다. 1부에서 다룬 현재의 언론법제 전반에 대한 설명이 너무 간략하다고 느끼는 분들은 김옥조 교수의 방대한 저술인 《언론법》 같은 책을 읽어보길 권한다.

그나마 책이 이만큼이라도 된 것은 많은 분들의 도움 덕분이다. 언론 판례 수집과 분석 등을 도와주고 작업을 계속할 수 있도록 격려해 준 김현식 박사, 양만희, 남승모, 이한석 기자, 안재형, 박진선 변호사, 내용을 꼼꼼히 검토해 준 서정원 님, 그리고 우리 언론법제의 여러 측면을 함께 고민하고 토론해 준 서강대학교 법학전문대학원의 언론법제 실무 과목 수강생들에게 고맙다는 말을 전하고 싶다. 특히 책을 쓸 기회를 마련해 준 관훈클럽 신영연구기금에도 감사의 말씀을 드린다. 방송기자연합회 저널리즘특별위원회의 한국

방송 저널리즘에 대한 연구 결과를 두 차례 출간한 인연으로, 선뜻 출판을 맡아준 '컬처룩' 이리라 대표와 이여진 편집팀장, 편집자 한나래 님에게도 깊은 감사의 말씀을 드린다.

책에서 비교적 많은 사례를 다루었다. 이들과 관련된 분들 중에는 이 책 때문에 즐겁지 못한 기억을 다시 떠올릴 수도 있을 것이다. 동료 언론인들과 언론 소비자들의 언론법제 이해와 언론법제 발전 논의를 위한 것이라는 점에서 너그러운 이해를 구한다.

2016년 2월

심석태

서론

언론법제를 어떻게 대할 것인가

언론 활동을 둘러싼 법적 분쟁이 폭발하고 있다. 소송이나 언론중재위 제소를 당하는 것을 남의 일로 생각하는 언론인은 없다. 누군가를 비판하는 일은 물론이고 홍보성으로 쓴 발표 기사에서도 왜 내 사진이나 이름을 허락 없이 썼느냐는 소송이 들어오는 세상이다. 방송의 경우는 여차하면 행정적인 심의 제재를 당할 수도 있다. 심의 제재는 재허가에도 영향을 미치니, 궁극적으로는 방송사의 존립까지 위협할 수 있다. 이미 언론 활동을 겨냥한 각종 법제가 차고 넘치는데, 언론중재위원회(언론중재위)와 방송통신심의위원회(방송통신심의위)는 계속 업무 범위를 넓혀가고 있다.

나는 기회가 있을 때마다 우리의 언론 관련 법제가 과도하다고 주장해왔다. 기사의 대상이 된 사람이나 조직이 마음을 먹으면 어떤 식이든 언론을 상당한 수준으로 괴롭힐 수 있다. 경우에 따라서는 보도 방향을 틀 수도 있다. 언론중재가 쏟아지고, 손해배상소송이 잇따르고, 수사 기관에서 소환장이 날아들고, 심의 제재가 계속되면 언론인 개개인은 물론 언론사들도 버텨내기가 쉽지 않다. 더구나 대형 언론사들의 경영도 점차 취약해지고 있고 수천 개에 이르는 인터넷 언론사들 가운데 충분한 법적 대응 능력을 갖춘 곳은 드물다. 인터넷에 올라 있는 기사들을 내리거나 수정하지 않으면 법적 대응에 나서겠다는 전화를 법률사무소로부터 받으면 일단 가슴이 철렁한다. 특별히 소신을 갖고 있는 경우가 아니라면 법적 분쟁으로 가느니 적당하고 손쉬운 해결책을 찾는다.

사회 전체적으로 보아도, 전 세계적으로 비슷한 사례를 찾기 어려울 정도로 복잡한 언론법제에 대해 문제를 제기하는 목소리는 드물다. 〈PD수첩〉 '광우병' 편에 대한 수사와 심의 제재와 같이 특정한 사건이 사회적으로 쟁점이 될 때에만 우리의 언론법제가 사람들의 관심을 반짝 끌 뿐이다. 그나마 시간이 조금만 지나면 언론법제의 문제를 지적하는 목소리보다는 이런 저런 언론의 문제가 부각되고, 결국 언론에 대한 새로운 규제를 도입하자는 논의가 고개를 든다.

특이한 것 중 하나는 우리 사회에는 아예 언론의 자유를 주장하는 목소리가 힘을 얻는 경우를 보기 힘들다는 점이다. 언론 관련 시민단체들 중에도 언론의 자유를 주창하는 곳은 찾아보기 어렵고, 언론으로 인해 피해를 본 사람들을 위한 단체가 대부분이다. 여기에 스스로 양심적이라고 생각하는 언론인, 현업 언론인단체 관계자, 언론 관련 법률 전문가들도 언론의 자유를 보장하는 것보다는 개인들의 인격권 보호를 더욱 확대하는 것이 우리 사회가 나아가야 할 길이라고 생각한다. 여기에는 일부 언론의 무책임한 보도에 대한 자성적 태도가 깔려 있다. 특히 언론의 사회적 책임을 무겁게 생각하는 언론인들은 언론에 대한 규제를 강화해서라도 무책임한 보도를 막는 것이 필요하다고 생각하는 경향이 있다.

그러다 보니 대부분의 법률 실무가들은 언론의 자유라는 추상적 가치보다는 구체적인 인격권 보호를 확대해 주는 쪽으로 법을 해석, 적용하고 있다.

언론의 힘이 커지기를 원하지 않는 정치권력은 여야를 막론하고 궁극적으로 언론에 대한 규제 확대를 원한다. 어떤 정치권력이든 언론이 자신의 정책적, 정치적 목적 달성에 협조적이기를 바란다. 결국 이 사회에서 발언권을 가진 거의 모든 사람들이 이런 저런 이유로 언론 자유보다는 언론 규제를 앞세우는 상황이 지속되고 있는 것이다.

개별적으로 문제가 있는 보도 관행을 개선하는 것은 정말 중요한 일이다. 하지만 기본적으로 언론의 자유로운 보도 자체에 제한을 가하는 일이 인권 보장 강화나 언론 개혁의 이름으로 행해지는 상황은 조금 냉정하게 되돌아볼 필요가 있다.

우리 사회의 언론 관련 법제가 어떻게 작동할 수 있는지를 극적으로 보여 준 사례로 세월호 참사 보도와 관련해 구원파에서 제기한 언론중재 공세를 들 수 있다. 2014년 세월호 참사 이후 구원파는 고조됐던 사회 전반의 비판 분위기가 한풀 꺾이자 자신들을 겨냥했던 언론 보도에 대해 1만 수천 건의 조정 신청을 언론중재위에 내면서 대대적인 역공을 펼쳤다. 정정보도, 반론보도, 손해배상청구 등 동원할 수 있는 모든 수단을 망라했다. 처음 당해보는 융단폭격에 언론사들은 물론 언론중재위도 일상 업무에 차질을 빚을 정도였다.

정부와 청와대에 쏠리는 세월호 참사의 책임론을 세모그룹, 구원파, 유병언 일가 쪽으로 돌리는 잘못된 보도라는 일각의 비판에도 불구하고 이들에 대해 쏟아졌던 세간의 관심을 무조건 백안시할 수는 없다. 비록 무리한 보도, 선정적인 보도, 추측성 보도도 있었지만 당시 참사 책임의 한 축인 이들의 행적이 '정당한 공적 관심사'인 것도 분명한 사실이었다.

하지만 이들은 세부 사항이 사실과 다르다며 정정을 요구하고, 유병언 씨의 도피를 도운 사람들이 출석할 때는 함께 수사 기관에 나와 응원을 한 뒤 막상 보도가 되면 초상권이 침해됐다며 손해배상을 청구했다. 많은 언론사의 기사가 삭제되거나 수정됐고, 이들의 입장을 실은 기사를 내보내거나 손해배상을 하기도 했다.

일부 무책임한 보도가 분명히 있었지만 이렇게까지 언론이 수세에 몰릴 사안이었는지는 의문이 들지 않을 수 없다. 어쨌든 구원파로서는 현재의 언론 관련 법제가 허용하는 매우 합법적인 수단을 동원해서, 비용도 들지 않는 언론중재위 조정 신청 절차를 활용해 훌륭하게 대언론 공세를 펼쳤다. 언론중재위를 이런 식으로 활용할 수 있음을 알려 주는 매우 좋은 사례가 될 것이다. 언론으로서는 앞으로 대형 사건을 보도할 때면 이런 식의 역공을 염두에 두는 것이 불가피하게 되었다. 특히 상대가 규모와 조직력을 갖춘 곳이라면 더욱 그렇다.

그런데 과연 당시 정정보도, 반론보도, 손해배상 등을 해 준 기사들이 그렇게 문제가 있는 것이었는지, 또 어떤 부분에 어떤 문제가 있었는지에 대한 연구를 하고 대응책을 마련한 언론사가 한 곳이라도 있었을까? 단언컨대 없을 것이다. 당시에도 상당수 언론사들은 이런 사태가 앞으로 우리 보도에 미치게 될 영향 등을 고려해 체계적이고 전략적인 검토를 거쳐 대응하기보다는 당장 사건을 마무리하기에 급급한 모습을 보였다. 대형 방송사 중에서도 크게 다르지 않은 곳이 많았다. 보도할 때나 법적 분쟁에 대응할 때나 마찬가지였던 셈이다. 그러니 이 사태를 통해 중재나 조정 절차 자체를 점검해 볼 생각을 하는 언론사가 있었기를 기대하는 건 애초에 연목구어였던 것이다.

언론 보도에 대한 법적 대응에 이런 특이한 사례만 있는 것은 아니다. 취재진이 지켜보는 가운데 국회 본회의장에서 동료 의원들과 대화를 나누는 모습이 촬영되자 사생활 침해와 통신비밀보호법 위반이라면서 기사를 내리고 손해배상을 하라며 소송을 내는 의원도 있고, 출근길에 방송 카메라 앞에서 인터뷰를 한 뒤 막상 뉴스 시간에 방송이 되자 서면 동의가 없었다며 초상권 침해라고 소송을 내는 평범한 직장인도 있다. 성탄절 이브에 명동 길거리에서 연인과 길을 가던 모습이 촬영되자 얼굴을 알아볼 수 있게 촬영이 됐으니 사생활과 초상권 침해라고 곧바로 방송사에 연락해 소송을 내겠다는 시민도 있고, 집회에 참석했다가 자신이 주먹을 흔드는 장면이 사진으로 실리자 명예훼손에 초상권 침해라고 소송을 낸 사람도 있다.

이제 일단 사진이 실리면 소송 등을 통해 초상권 침해 주장만 제기하면 사진을 내리게 하거나 심지어 수백만 원이라도 배상금을 받아낼 수 있다는 걸 대부분의 사람들이 안다. 좋지 않은 내용의 기사에 이름이나 사진이 공개되면 일단 명예훼손이나 사생활 침해로 제소하는 것이 먹히는 전략이라는 것도 다들 아는 세상이다. 언론인 개인을 상대로 형사처벌을 요구하는 경우도 드물지 않다.

그러면 언론사와 언론인들은 이런 상황을 어떻게 맞고 있을까? 내부적으로 언론법제에 대해 꼼꼼하게 연구하고, 자신들의 보도 관행을 세밀하게 검토하고 교육하는 등 취재 보도 방식을 개선하기 위해 노력하고 있을까? 언론법제에 지나친 면이 없는지 분석해서 개선을 위해 애쓰고 있을까?

그렇지 않다는 것을 우리는 이미 잘 알고 있다. 언론은 손쉽고 당장 비용이 덜 드는 쪽을 택했다. 누군가에 대한 비판적 보도를 할 때는 아예 실명을 쓰지 않고 사진은 모자이크 처리하고 음성까지 변조하면 법적 문제는 간단하게 예방이 가능하다. 장관급 고위 인사조차 A씨, B씨로 처리하면 된다. 그래도 어쩌다 누군가의 이름이나 사진이 나가서 항의나 조정 신청이 들어오면 바로 기사를 내려 주면 그만이다. 정말 인권 보호를 더 강화하자는 생각에서, 보다 신중한 보도를 하는 것이 윤리적이라는 차원에서 이런 선택을 한다면 좋은 일이다. 하지만 안타깝게도, 대부분은 제도가 그렇다니 임시방편으로 이렇게 대응하고 있는 것으로 보인다.

사실 본질적으로 안타까운 대목은 지금부터다. 언론의 사회적 책임이 강조되면서 사회 전체적으로 언론에 대한 법적 통제를 점점 강화하는 쪽으로 나아가고 있는 것이다. 정치적, 사회적 편 가르기가 언론에 대한 태도에도 고스란히 나타나면서 언론 문제를 근본적으로 들여다보려는 시도는 거의 없는 것이다. 정치권력은 여야를 떠나, 건국 이후 일관되게 언론에 대한 통제를 강화하려는 쪽으로 움직이고 있다. 방송이든 신문이든 자신의 영향력을 확대하려는 시도를 하는 건 보수와 진보를 떠나 어느 정치 세력이나 마찬가지였다.

시민사회도 마찬가지였다. 자신의 입장을 내세울 때는 언론 자유를 외치다가도 자신을 비판하는 보도가 나오면 당장 명예훼손으로 고소하겠다고 나선다. 이중 기준이 판을 치는 것이다. 방송 내용에 대한 공정성 심의를 폐지하라고 요구하다가도 특정 방송에 문제가 있다 싶으면 왜 심의 제재를 강하게 하지 않느냐고 목소리를 높인 것이 단적인 사례다. 언론의 실명 보도나 사진 공개 등을 인권 침해라고 비판하던 사람들이 한편으로는 언론이 권력 기관에 대한 감시에 미온적이라고 비판하기도 한다. 우리 언론법제를 둘러싼 논의가 보여 주는 아이러니다.

이 책에서 본격적으로 다루지는 못하지만 방송에 대한 규제는 우리의 언론법제 중에서도 매우 특이한 부분을 차지하고 있다. 지금 관련 법제만 보면 방송은 권력에 대한 비판적 감시자로서의 지위를 완전히 상실했다고 해도 과언이 아닐 정도로 행정 권력의 통제 아래에 있다. 방송 심의 제도를 비롯한 방송에 대한 각종 행정적 감독 체제 때문이다. 정파적으로 구성된 방송 규제 당국에 의해 방송에 대한 내용 규제와 행정적 감독 체제는 언제든지 이중 기준 적용, 정치적 심의, 편파 규제 가능성을 안고 있다. 방송통신심의위의 공정성 심의 등이 법원 판결을 통해 뒤집어지는 경우가 잇따르고 있는 것이 이런 상황을 잘 보여 준다. 최근에야 조금씩 문제의 심각성을 인식하기 시작했지만, 아직도 개별 언론인이나 관련 언론단체, 시민단체들이 방송 관련 제도의 근본적 문제점을 제대로 인식하고 있는 것으로 보이지는 않는다. 공정성 심의만 하더라도 정치적 입장에 따라서 오락가락하는 양상을 보인다.

국내에서 언론에 대한 각종 규제 논의는 언론의 사회적 책임 강화나 인권 보장 확대라는 반박하기 어려운 명분을 앞세우고 진행된다. 사회적인 편 가르기가 언론에서도 그대로 나타나고, 여기에 종종 터지는 무책임한 언론 보도를 둘러싼 시청자, 독자들의 불만을 등에 업고 언론 개혁이라는 이름으로 새로운 규제가 논의된다. 언론조차 편 가르기 대상이 되다 보니 언론을 둘러싼 제도 논의는 항상 자신 쪽으로 유리한 언론 환경을 조성하려는 시도가 되고 만다. 어느 누구도, 언론의 자유가 갖는 본원적인 중요성, 이른바 '메타 인권'으로서의 위상을 주목하지 않거나, 강조하지 못하는 상황이 지속되고 있다. 언론인 스스로는 물론 언론을 비평하고 감시하는 사람들조차 언론 자유의 본질에 기초한 접근보다는 사안별, 상황별 접근에 익숙하다.

이런 상황을 타개하기 위해서는 논의에 참여하는 사람 모두가 언론 자유의 본질에 대한 냉철한 인식을 바탕으로 현재의 제도들을 하나씩 제대로 살펴볼 필요가 있다. 이를 통해 무엇이 정말 제대로 된 언론을 위해 필요한 것인지, 어떤 것이 저널리즘의 제대로 된 활동을 가로막고 있는지 파악해야 한다. 그래서 현재의 법제들은 어떤지, 그런 법제들이 실제 사례에서는 어떻게 작동하고 있는지도 파악할 필요가 있다. 언론인들은 물론 언론 소비자들도 언론법제가 작동하는 방식을 알고 있어야 한다. 이미 언론 생산자와 소비자의 구분이 희박해지는 세상이 되었다는 점에서, 그리고 제대로 된 언론을 갖기 위해서는 언론 제도가 어떠해야 하는지를 알고 있어야 하기 때문이다.

그런데 실상은 어떠한가. 우리 사회가 언론법제 과잉인 것과는 딴판으로 현업 언론인들의 언론법제에 대한 관심은 매우 낮다. 언론사들도 마찬가지다. 다른 어느 전문 영역이나 사회 주요 부문 가운데서 내부 종사자들이 자신들의 활동에 직간접적인 영향을 미치는 법제에 이렇게 무관심하고 체계적인 교육을 받지 않는 경우가 있을까. 의료계는 물론이고 부동산 중개업을 비롯해 다양한 전문 분야에 종사하는 사람들이 자신들의 업무 수행에 영향을 주는 법제를 소상하게 교육받고 필요할 경우 그런 법제를 유리하게 고치기 위한 활동까지 벌인다. 하지만 언론인이 되기 전이나 후에 언론법제 교육을 받는 경우는 거의 없다. 대학의 언론 관련 학과에서도 언론법제를 정규 과목으로 가르치지 않는 곳이 많다.

소송이나 언론중재가 제기되었을 때의 대응도 마찬가지다. 무엇이 문제인지를 종합적으로 판단해 원칙에 맞는 대응을 하는 것이 아니라 그때그때 담당자의 판단에 따라 대응 수위가 결정되고, 언론계 전체는 물론 해당 언론사에서조차 그런 경험이 축적되지 않는다. 이른바 언론 보도의 대상자는 전문적인 법률 전문가의 조력을 받으며 조직적으로 움직이고 있는데 정작 언론사는 법률 전문가의 검토조차 거치지 않거나, 지면이나 메인 뉴스 시간에 정정보도를 하거나 돈을 물어 주는 것이 아니라면 인터넷에 게재된 기사를 내리거나 수정을 해 주는 등 '좋은 것이 좋다'는 식으로 사안을 적당히 마무리하기에 급급한 경우가 많다. 언론 보도에 아무런 문제가 없는 경우에도 당사자가 강하게 밀어붙이고 소송까지 위협하면 인터넷 페이지에 올라 있는 기사를 내리거나 고쳐 주는 경우가 빈발한다. 심지어 '정정보도'라는 말만 쓰지 않으면 '반론보도'라는 이름으로 정정보도 이상의 요구를 수용해 주는 경우도 생긴다.

이런 일이 특정 개인의 문제로 치부되어서는 문제가 해결되기 어렵다. 이런 문제는 언론사와 언론인 개인들 모두 자신들이 하고 있는 일과 직접 관련된 법률적 판단 기준에 별 관심이 없기 때문에 생기는 것이다. 언론사 차원에서 이런 법률 분쟁이 제기되었을 때 무엇이 문제인지를 구체적으로 조사, 평가해서 자신들의 잘못이 있을 경우에는 즉시 문제를 수정하는 등 필요한 조치를 취하고, 보도에 문제가 없다면 소송을 감수하더라도 무리한 요구에 응하지 않는 것이 언론 활동에 관한 사회 전체의 규칙을 바로 세우기 위해 필요하다. 언론 자유를 위축시키는 잘못된 결정이 나온다면 항소, 상고를 하고,

필요하면 헌법재판소까지 가서라도 원칙을 바로 세우기 위해 노력을 해야 한다. 그런 일을 그래도 규모가 있는 대형 언론사들이 앞장서서 수행해야 한다. 그런데 말로는 이른바 '메이저 언론사'를 자처하면서도 막상 분쟁이 생기면 어지간하면 언론중재위 차원에서 막고, 그나마 1심에서라도 지는 경우에는 곧바로 적당히 타협을 해서 마무리하는 지금의 행태가 계속되어서는 언론법제가 정비되고 발전하기는커녕 앞으로도 '코에 걸면 코걸이' 식의 운용을 면하기 어려울 것이다.

중요한 언론 실무상의 쟁점들에 대해 제대로 된 법적 판단이 내려질 필요가 있고, 그래서 언론 활동에 대한 법적 규범이 제대로 정비될 수 있도록 규모가 있는 언론사들이 책임 있게 행동할 필요가 있다. 이들이야말로 지금의 언론에 대한 사회적 책임 논의를 촉발한 장본인들이며, 좋은 것이든 나쁜 것이든 우리 언론에 대한 사회적 인식을 형성한 주체들이기 때문이다. 이들이 언론으로서의 사회적 책임을 다하는 길 가운데 하나는 언론 활동 전반의 규범을 바로 세우는 일이다. 언론 관련 분쟁을 개인적 차원으로 내던지지 말고 언론사들, 그리고 언론단체들 차원에서 전반적인 규범을 정립하는 계기로 삼을 때가 되었다.

언론사들과 언론단체들이 언론 자유의 본질과 사회적 책임 등을 조화시킨 취재와 보도 기준을 정리해 규범화하고, 또 이를 스스로 실천하는 것과 함께 이런 합당한 규범에 충돌하는 언론법제나 판결이 있으면 적극적으로 설득하고 바로잡기 위해 노력할 필요가 있다. 이것은 조직의 크기를 불문하고 모든 언론이 할 수 있는 일이다. 언론인 개개인의 성찰과 노력이 필요한 일이기도 하다.

1부 언론법제의 기초와 쟁점

1장 언론 자유는 왜 중요한가

* 이 장과 다음 장의 상당 부분은 심석태 외(2013),《한국 언론의 품격》, 나남, pp.249~319에 실린 심석태, “한국 언론의 품격과 언론법제: 언론 자유의 본질에 비춰본 한국의 언론법제의 현실과 개선 방향”의 내용을 일부 수정, 보완한 것이다. 사용을 허락해 준 관훈클럽과 나남에 감사드린다.

1. 언론 자유 개념의 발전 과정

'언론의 자유'라는 개념은 언론에 대한 어떤 제한이 가해지는 것을 상정한 개념이다. 따라서 단순히 사람들 사이의 정보 전달 체계가 어떻게 형성되어 왔느냐는 문제를 넘어서서 거기에 어떤 제한이 있었는지를 함께 살펴볼 필요가 있다. 오늘날 우리가 뉴스라고 부르는 것의 가장 초기 형태로서의 정보 전달은 사람의 입을 통해 이루어진 것으로 대체로 B.C. 4만 년쯤의 일이라고 한다.[1] 구전을 통해 이루어진 최초의 정보 전달 행위에 대해 어떤 제한이 가해졌는지를 파악하기는 쉽지 않다. 하지만 사냥과 같은 생존 수단에 대한 정보나 각종 위험에 대한 정보 등이 주된 전달 대상이었을 것이라는 연구를 감안해 보면 지금 같은 언론 자유를 논하기에는 어려움이 있다. 물론 그 시기

1 M. Stephens(2007), *A History of News* (3rd ed.), Oxford University Press. [이광재 · 이인희 옮김(2010), 《뉴스의 역사》, 커뮤니케이션북스].

에도 하나의 조직체로서의 사회가 형성되었다면, 그리고 정보라는 것이 어떤 사회에서든 그 사회의 작동에서 중요한 기능을 차지하고 있다는 점을 생각해 보면 당시에도 어떤 형식으로든 정보에 대한 나름대로의 통제가 있었을 것이라고 짐작할 뿐이다.

고대 문명이 발달하면서 우리가 지금 생각하는 것과 유사한 의견 표명이나 토론 등을 포함하는 언론의 자유가 화려하게 꽃피었던 시기로 고대 그리스 시대의 아테네를 꼽을 수 있다. 폴리스를 중심으로 한 그리스 아테네의 토론 문화는 당시의 자유로운 분위기를 잘 보여 준다. 플라톤의 방대한 저술은 소크라테스를 비롯해 그 시대를 풍미했던 사상가들의 자유롭고 이성적인 토론을 오늘까지 전해 주고 있다. 정치를 포함한 온갖 주제들이 토론의 대상이 되었다. 이처럼 언론 자유가 꽃피었던 아테네에서 민주주의가 구현된 것은 우연이 아닐 것이다.

이에 대해 오늘날과 같은 언론 자유 개념의 출발점을 그리스로 보는 것은 적절하지 않다는 반론이 있다. 그리스의 경우 언론 자유가 당연한 것으로 받아들여졌을 뿐 어떤 정책이나 사상적 확신에 의해 뒷받침된 것은 아니었다고 보는 것이다.[2] 하지만 플라톤은 대표적인 저술 가운데 하나인 《국가 *Republic*》에서 민주정체를 설명하면서 "이들은 자유로우며, 이 나라는 자유와 언론 자유로 가득 차 있어서, 이 나라에는 자기가 하고자 하는 바를 '멋대로 할 수 있는 자유'가 있지 않겠는가?"라며 언론 자유를 직접 언급하고 있다.[3] 여기서 '언론 자유'는 '모든'과 '말을 함'의 합성어로 무슨 말이든 할 수

2 박용상(2002), 《표현의 자유》, 현암사, p.3. 사실 이러한 분석은 언론 자유 자체를 서양에서 발달해 온 개념으로 한정시키는 한계가 있기도 하다. 가깝게는 조선 시대 상소 제도를 비롯해서 우리 역사를 포함한 동양 역사에서도 분명히 언론 자유 개념의 발달을 찾아볼 수 있을 것이다.

3 Plato, *Republic*, BC 380년경 [박종현 역주(2005), 《플라톤의 국가政體》, 서광사, p.536].

있는 것을 의미한다고 한다.[4]

플라톤이 특정한 정체와 관련해 언론 자유를 언급한 것은 당시에도 언론 자유가 모든 정체에서 '당연히 주어져 있던 것'이 아니라 일정한 사회적, 제도적, 정치적 관계 속에서 존재한 것이었음을 짐작할 수 있다. 당시에도 말을 하는 것이 자유롭지 않은 상태가 있었다는 것이다. 특히 민주주의와 언론 자유의 연관성을 감안해 본다면 플라톤의 《국가》는 매우 분명하게 민주주의 정체의 존재를 위한 언론 자유의 필연성을 지적하고 있다. 오늘날 제도로서의 언론 자유가 갖는 의미와 중요성을 분명하게 선언하고 있는 것이다. 여기서 오늘날의 언론 자유 개념의 출발점을 그리스 시대의 아테네로 잡는 타당성을 발견할 수 있다.[5]

특히 플라톤은 민주정체를 무엇이든 마음대로 할 수 있는 것으로 정의하면서 결국 민주정체는 '만족할 줄 모르는 욕망'과 '돈벌이로 인한 그 밖의 다른 것들에 대한 무관심'에 의해 파멸된다고 주장하고 있다. 언론의 자유를 비롯해 무엇이든 마음대로 할 수 있는 자유가 극단적으로 나아갈 경우 결국 민주주의 자체를 안으로부터 파괴하게 된다는 것이다. 민주주의와 언론 자

4 《국가》를 번역한 박종현도 '언론 자유'라는 말이 당시의 아테네 민주 정치의 실상을 선명하게 보여 주는 것이라고 설명하고 있다(Plato, 2005, 앞의 책, p.536, 각주 47).

5 실제로 당시에도 모든 표현이 제한 없이 허용되었던 것은 아니다. 그리스에서도 신에 대한 모독이나 무신론과 같은 극단적인 생각과 공공연한 명예훼손은 추방 등의 처벌을 받았다고 한다. J. Milton(1644), *Areopagitica* [임상원 역주(2007), 《아레오파지티카》, 나남, pp.32~33]. 하지만 이들 또한 사후적인 제재를 받았을 뿐이며 스파르타 같은 강력한 국가에서도 검열을 통해 권력의 이데올로기를 강요하는 일은 하지 않았다고 한다. 이에 대한 자세한 설명은 이종우(1996), "밀턴의 '아레오파지티카': 언론·출판의 자유에 대한 선언," 〈사회비평〉, 제16권, 나남, pp.277~301 참조.

유와의 관계는 물론 그 한계까지 내다보고 있는 셈이다.[6] 또한 돈벌이에만 신경 쓰고 사회 등 다른 것에 대해 무관심한 것을 민주주의 정체가 파멸하는 이유로 지적하는 부분도 의미심장하다.

그리스 이후로 시작된 언론과 사상에 대한 통제는 신에 대한 불경을 넘어서 통치 세력에 대한 비판도 용납하지 않는 등 위세를 떨쳤다. 출판 기술이 발명되었지만 막상 출판을 하려면 내용에 대한 심사를 거쳐 허가를 받아야 했다. 통치 세력에 대한 비판은 반역으로 다루어졌고 이는 근대의 명예훼손 개념으로 이어졌다.[7] 이러한 언론 통제에 대한 반발은 1600년대 중반에 들어서서 본격적으로 제기되었다. 대표적으로 1644년 출판허가제를 비판한 존 밀턴John Milton의 《아레오파지티카*Areopagitica*》를 들 수 있다. 밀턴은 이 책에서 "이 땅에서 모든 교의들의 온갖 소리들이 활개치고 다닐 수 있게 풀려 있다 할지라도 진리 역시 그들과 함께 그 들판 안에 있으며 그러므로 우리가 진리의 힘을 의심하여 허가와 금지를 하는 것은 유해한 일인 것이다. 진리가 허위와 맞붙어 논쟁을 하도록 하라. 누가 자유롭고 공개적인 대결에서 진리가 불리하게 되는 것을 본 일이 있는가. 진리의 논박이 허위를 억제하는 최선의 그리고 가장 확실한 방법이다"라고 주장하였다.[8]

6 Plato(2007), 앞의 책, p.546.

7 영국에서는 1600년대 초에 여왕이나 그 가족, 정부, 의회, 사법 제도 등을 비판하거나 사람들에게 이들에 대한 적대감이나 불만을 부추기는 일체의 행위가 'seditious libel' 또는 'sedition'이라는 범죄로 규정되었다. '선동죄'로 옮길 수 있는데 내용이 사실이라 하더라도 지금처럼 면책이 되지 않았다. 이것이 오늘의 명예훼손죄의 출발인 셈이다. 선동죄는 전통적으로 권력에 대한 비판을 막는 수단으로 사용되었다(Bryan A. Garner et al., 2004, *Black's Law Dictionary*, 8th Edition, West, p.1388). 사실인 경우의 명예훼손 면책은 1735년 영국의 식민지였던 미국에서 열렸던 존 피터 젠거John Peter Zenger 사건을 통해 처음 인정되었다.

8 Milton(1644/2007), 앞의 책, p.150. 임상원은 이 부분이 밀턴이 사상의 자유 시장 이론을 제

정작 밀턴의 이러한 주장은 당시에는 큰 관심을 끌지 못했으나 이후 그는 언론 자유의 선구적인 사상가로 자리매김하게 되었다. 그가 공격했던 영국의 출판에 대한 사전 검열 제도는 1695년에 이르러서야 폐지되었다. 하지만 그가 주창한 언론 자유 사상은 1700년대 중반을 넘어서면서 실질적으로 시민적 권리의 하나로 명문화되기 시작하였다.[9]

먼저 미국 독립선언 10년 전인 1766년에 만들어진 '버지니아 권리장전 Virginia Bill of Rights' 제12조는 "언론의 자유는 단지 전제 정부에 의해서만 제한될 수 있는 자유의 가장 최고의 수호자"라고 선언하였다.[10] 이어서 프랑스 혁명이 진행 중이던 1789년 국민의회가 선포한 이른바 '프랑스 인권선언 Declaration of the Rights of Man and of the Citizen' 제11조는 "사상과 의견의 자유로운 소통은 인간의 가장 소중한 권리 가운데 하나다. 따라서 모든 시민은 자유롭게 말하고, 글을 쓰고, 출판할 수 있다. 다만 이러한 자유를 남용한 경우 법에 규정된 바에 따라 책임을 져야 한다"고 선언하였다. 언론 자유의 중

시한 것으로 해석된다면서 이 구절들이 언론의 자유 이론에서 가장 일반적으로 인용되는 부분이라고 밝히고 있다. Milton(1644/2007), 앞의 책, 각주 315. 하지만 실제로 '사상의 자유 시장'이라는 표현을 처음 사용한 것은 미국의 올리버 W. 홈스Oliver W. Holmes 대법관으로 에이브럼스 대 미국(Abrams v. United States, 250 U.S. 616 (1919)) 사건에서다.

9 이러한 언론 자유 사상의 발전에 대해서는 장호순(2005), 《언론의 자유와 책임》, 한울아카데미, pp.17~24 참조. 장호순은 17세기 네덜란드 철학자인 스피노자가 "국가 권력이 어떤 것이 진실이므로 받아들여야 한다고 규정하거나, 어떤 것은 거짓이므로 도태시켜야 한다거나, 어떤 이념에 따라 신을 숭배해야 한다고 강요하는 것은 통치권의 남용이며 국민의 권리를 침해하는 것"이라고 주장했다고 소개하고 있다. 스피노자는 나아가 "이러한 권리는 인간의 자연권에 속하는 것으로 인간이 자발적으로 포기할 수조차 없는 것"이라고 강조했다고 한다. 스피노자의 사상은 이후 각종 정치적, 법률적 문서에서 언론 자유가 하나의 기본권으로 명시되는 데 영향을 미쳤다고 한다.

10 원문은 다음과 같다. "That the freedom of the press is one of the greatest bulwarks of liberty and can never be restrained but by despotic governments."

요성과 함께 그러한 자유의 남용에 대한 법률적 통제 가능성까지 언급하고 있다.

하지만 역시 언론 자유 사상이 법적 효력을 갖는 문서에 가장 극적으로 등장한 것은 2년 뒤인 1791년 미국 수정헌법 제1조에서였다. 이 조문이 프랑스 인권선언처럼 '법적 책임'을 언급하는 일체의 유보도 없이 "의회는 표현의 자유, 언론의 자유를 제한하는 어떠한 법률도 제정할 수 없다"는 포괄적인 금지 문구로만 이루어졌다는 점은 미국판 언론 자유 사상의 가장 특징적인 대목이 된다.[11] 불과 2년 차이를 두고 만들어진 유럽과 미국의 언론 자유 관련 선언이 갖는 이런 차이는 지금까지도 두 대륙의 언론 자유에 대한 접근 방식의 차이를 보여 주는 측면도 있다.

1791년 미국 수정헌법 제1조의 탄생으로 규범화, 제도화의 길에 들어선 언론 자유 사상은 이후로도 여러 이론가들에 의해 발전되어 왔다. 영국의 철학자인 존 스튜어트 밀John Stuart Mill은 1859년 《자유론*On Liberty*》에서 진실이 꼭 오류에 승리한다고 믿는 것 자체가 오류이긴 하지만, 언론의 자유를 억압할 경우 진실과 오류의 충돌로 생기는 진리에 대한 더욱 명확한 인식과 생생한 감명을 얻을 기회를 박탈하게 된다며 언론 자유 보장의 중요성을 강조하였다. 밀은 특히 의견을 표명하는 것을 막는 것은 현 세대는 물론 후손들에게까지, 특히 그 의견에 찬성하는 사람은 물론 반대하는 사람에게도, 그러한 의견을 들을 중요한 기회를 박탈하는 것이라고 지적하고 있다.[12]

11 원문은 다음과 같다. "Congress shall make no law (……) abridging the freedom of speech, or of the press."

12 John Stuart Mill(2011, 원저 1859), *On Liberty*, New York: The Walter Scott Publishing, p.31. 이 부분에 대한 설명으로는 장호순(2005), 앞의 책, p.25 참조. 원문은 다음과 같다. "But the peculiar evil of silencing the expression of an opinion is, that it is robbing the human race; posterity as well as the existing generation; those who dissent from the

미국의 수정헌법 제1조는 제정 이후 미국은 물론 전 세계적으로도 언론 자유 사상에 있어서 독특한 지위를 차지하고 있다. 이를 바탕으로 언론 자유의 정치적, 사회적, 제도적 근거에 대한 이론적 연구가 폭넓게 진행되었다. 20세기 미국의 철학자인 알렉산더 마이클존Alexander Meiklejohn은 언론의 자유를 보장한 수정헌법 제1조는 유권자인 시민들이 충분한 정보와 의견을 접하여 제대로 된 의사 결정을 할 수 있도록 만들어 주는 것이라고 주장했다.[13] 이러한 정신에서 볼 때 민주주의가 제대로 작동하기 위해서는 표현의 자유는 절대적으로 보장되어야 하는 것이다.[14] 마이클존의 이러한 이론은 국민들의 자기 통치와 관계있는 표현은 수정헌법 제1조에 의해서 '절대적'으로 보장해야 한다는 주장으로 연결된다.

미국의 언론법학자인 토머스 에머슨Thomas Emerson은 민주주의 사회에서 표현의 자유라는 것은 제도적으로 4가지 기능을 전제로 하는 것으로 보고 있다. 그 4가지 기능은 ① 표현의 자유는 개인들의 자아실현을 가능하게 하는 핵심적인 수단이 되며, ② 표현의 자유는 지식의 발전과 진실의 발견을 위해 필수적인 과정이 되며, ③ 표현의 자유는 모든 사회 구성원들이 의사 결

opinion, still more than those who hold it. If the opinion is right, they are deprived of the opportunity of exchanging error for truth: if wrong, they lose, what is almost as great a benefit, the clearer perception and livelier impression of truth, produced by its collision with error."

13 Alexander Meiklejohn(1948), *Free Speech and Its Relation to Self-government*, New York: Harper & Brothers, pp.24~26.

14 마이클존도 이러한 미국의 수정헌법 제1조의 예외를 인정하지 않는 언론 자유 보장 조항의 출발로 플라톤을 들고 있다. 《변론*Apology*》에서 소크라테스가 비록 자신에게 사형을 선고할 수는 있다고 하더라도 자신이 무엇을 가르치고 어떤 생각을 할 것인지를 지시하거나 제한할 수 없다고 밝히는 부분이 마치 수정헌법 제1조를 말하는 것과 같다고 설명하는 것이다. Meiklejohn(1948), 앞의 책, pp.19~21.

정, 그중에서도 특히 정치적인 결정을 내리는 데 참여할 수 있도록 하는 것에 필수적이며, 마지막으로 ④ 표현의 자유는 사회적으로 분열과 의견의 일치 사이의 적절한 균형을 유지할 수 있도록 함으로써 융통성 있고 안정적인 사회를 만드는 수단이 된다는 것이다.[15]

이들 4가지 기능 가운데 특히 세 번째와 네 번째의 기능은 모든 표현 행위 가운데서 제도적인 언론의 자유가 갖는 기능과 의미를 잘 정리한 것이다. 앞에서 마이클존이 언론 자유에 대해 절대적 보장을 주창한 것도 바로 이러한 맥락에서의 언론 자유의 중요성을 강조한 것이다. 뒤에서 살펴보겠지만 언론의 자유가 다른 기본권과 충돌할 경우 '우월적 지위'까지 거론되는 것도 이처럼 언론의 자유가 갖는 사회적, 정치적 측면을 중요하게 보기 때문이다.

에머슨이 정리한 이러한 언론 자유의 성격을 살펴보면 세 번째를 제외한 나머지 기능을 위해서는 표현 행위에 대한 권력의 간섭을 막으면 그만이다. 하지만 세 번째 기능을 위해서는 각 개인들이 정책 결정에 실질적으로 참여할 수 있는 정보를 접할 필요가 있다. 적극적으로 정보를 요구할 권리, 즉 '알 권리' 개념이 여기서 나타나게 된다. 오늘에 있어서 언론 자유는 권력의 간섭을 배제하는 소극적 권리에서 실질적 정책 결정에 참여하는 데 필요한 정보를 요구하는 적극적 권리로 발전하고 있는 것이다.

2. 국제 규범에 나타난 언론 자유

언론 자유가 국제 규범 속에 어떻게 자리를 잡고 있는지 살펴보는 것은 언론

15 T. I. Emerson(1970), *The System of Freedom of Expression*, New York: Random House, pp.6～7.

자유가 전 세계적으로 인권적 측면에서, 그리고 매우 상위의 규범으로 받아들여지고 있음을 제대로 인식하기 위해 매우 중요하다. 2차 세계 대전 이후 수립된 국제 질서 속에서 언론을 포함한 표현의 자유는 국제적 차원에서 규범화가 진행되었다. 이들 국제적 규범을 통해 각국 정부는 표현의 자유, 언론 자유를 보장하는 것에 대한 국제법적 의무를 지게 되었다.

이런 국제 규범에는 대표적으로 유엔 차원의 각종 규범이 있다. 먼저 유엔은 헌장Charter에서 '근본적 인권, 인간의 존엄 및 가치'에 대한 신념을 재확인하고 있다. 이어서 1948년 유엔 총회에서 채택한 '세계인권선언'에서는 전문에서 '인류가 표현, 신념의 자유를 누리는 세상'의 중요성을 강조하고, 제19조에서 "모든 사람은 의견과 표현의 자유에 관한 권리를 가진다. 이 권리는 간섭받지 않고 의견을 가질 자유와 모든 매체를 통하여 국경에 관계없이 정보와 사상을 추구하고, 접수하고, 전달하는 자유를 포함한다"고 선언하였다.

세계인권선언은 총회의 결의로 채택되었지만 그 자체로 법적 문서는 아니다. 그러나 그 내용은 각국의 법원에서 명시적으로 원용되는 등 법의 일반원칙을 구성하는 것으로 받아들여진다. 따라서 세계인권선언은 간접적인 법적 효력을 가지며 전체적으로 유엔 회원국들이 준수해야 할 'UN법'의 일부로 간주된다. 특히 뒤에서 살펴볼 유럽인권협약 같은 재판 규범을 해석하는 기준으로 활용되기도 한다.[16] 따라서 언론 자유는 세계인권선언을 통해 국제적으로 공인된 기본적 인권으로서의 지위를 갖게 됐다고 볼 수 있다.

역시 UN법의 중요한 부분인 1966년에 채택된 2개의 국제인권규약은 당사국들에서 직접 법적 효력을 갖는 인권에 관한 성문 규범이다. 이 가운데 이

16 I. Brownlie(1998/2004). *Principles of Public International Law* (5th ed.), Oxford: Oxford University Press. [정영진 · 황준식 옮김 (2004), 《국제법》, 현암사, pp.547~548].

른바 B규약[17]은 제19조에서 '모든 사람의 표현의 자유에 대한 권리'를 규정하고 이 권리가 어떤 방법으로든, 또 국경에 관계없이 모든 종류의 정보와 사상을 주고받는 자유를 포함하고 있다고 명시하고 있다. 예외적으로 '타인의 권리나 신용의 존중,' '국가 안보나 공공질서, 공중 보건 또는 도덕의 보호'를 위해 필요한 사항을 법률로 규정해 놓은 경우는 이러한 권리가 제한될 수 있다고 규정하고 있다. 특정 목적을 위해 법률을 통해서만 언론 자유가 제한될 수 있음을 명시한 것이다. 1976년 발효된 B규약은 국내에서도 국회 동의를 거쳐 1990년 7월에 법적 규범으로서의 효력을 갖게 되었다.

이 유엔 인권 규약은 1950년에 만들어져 유럽에서 재판 규범으로 적용되고 있는 유럽인권협약[18]의 경험을 많이 반영한 것으로 평가된다.[19] 유럽인권협약은 유럽이라는 특정 지역 내에서만 효력을 갖기는 하지만 인권 침해에 대한 구제 수단을 갖고 있고 세계인권선언 등 UN법이 그 해석에 실질적인 영향을 미친다는 점에서 큰 의미가 있다. 특히 1959년에 설립된 유럽인권재판소는 유럽인권협약을 재판 규범으로 적용해 언론 자유를 제한하는 개별 국가들의 조치 등에 대해 구속력 있는 판결을 내리고 있다.

유럽인권협약은 제10조 제1항에서 "모든 사람은 표현의 자유에 대한 권리를 가진다. 이 권리는 의견을 가질 자유와 공공 당국의 간섭을 받지 않고 국경에 관계없이 정보 및 사상을 주고받는 자유를 포함한다"고 선언하고 있다. 물론 같은 조항에서 방송 등에 대한 허가제와 표현의 자유에 따르는 의무

17 원래 명칭은 'International Covenant on Civil and Political Rights,' 즉 '시민적 · 정치적 권리에 관한 국제 협약'이다.

18 정식 명칭은 다음과 같다. European Convention for the Protection of Human Rights and Fundamental Freedoms, 1950.

19 Brownlie(1998/2004), 앞의 책, pp.549～550.

와 책임을 규정하고 있지만 이 협약은 언론의 자유를 포함하는 표현의 자유가 구속력 있는 국제법 절차를 통해 보호되는 기본적인 인권임을 분명히 하고 있다. 실제로 언론 보도에 대한 제한 조치 등을 당한 언론사가 해당 국가를 상대로 제기한 소송에서 유럽인권재판소는 해당 조치가 유럽인권협약 위반이라고 선언하면서 손해배상을 명령하는 등 언론 활동을 인권의 이름으로 보호하고 있다.[20]

이처럼 표현의 자유, 언론의 자유가 국제적으로 불가결의 핵심적인 인권으로 인정되고 있다는 사실은 언론의 자유를 다른 인권을 침해하는 가해자로 인식하는 데 익숙한 우리의 태도를 되돌아보게 한다. 언론의 자유라는 기본권이 사람의 다른 기본권과 충돌할 경우 이를 조화롭게 조정해야 한다는 접근법과 언론의 자유를 인권 밖의 어떤 것으로 파악해 '언론의 자유와 인권의 충돌'로 구도를 설정하는 것은 전혀 차원이 다르기 때문이다. 그런데 국내의 여러 인권단체들 가운데 언론 자유의 신장을 추구하는 단체는 찾아보기 어려우며 언론에 의한 인격권 등 개인들의 인권 침해에 대응하는 단체가 있을 뿐이다.

앞에서도 언급했듯이 현대의 헌법은 언론 자유라는 기본권에 대해 다른 기본권에 비해 더 큰 중요성을 부여하는 경향을 보이고 있다. 미국의 경우 앞서 언급했던 마이클존과 같이 국민들의 자기 통치에 관계있는 표현은 수정헌법 제1조에 의해 '절대적'으로 보장해야 한다는 주장까지 있고, 실제로 이렇게 '절대적'인 수준까지는 아니더라도 공인의 공적 행위와 관련됐거나 정치

20 구체적인 사례로는 Axel Springer AG v. Germany [GC], no. 39954/08, § 10-1, ECHR (2012. 2. 7); The Observer and Guardian v. The United Kingdom, no. 13585/88. § 10, ECHR, A-216 (1991. 11. 26) 등을 들 수 있다. 유럽인권재판소 인터넷 홈페이지를 통해 관련 사건들을 검색해 볼 수 있다.

적 사안에 대한 논의는 수정헌법 제1조에 의해 매우 강하게 보호받고 있다.

오늘날의 민주 정치는 자유로운 표현 행위가 보장되지 않고는 성립할 수 없는 것으로 이해되고 있으며, 이러한 중요성으로 인해 표현의 자유는 다른 기본권에 비해 절대적이지는 않더라도 적어도 '우월적 지위'에 있다는 해석도 있다. 이러한 우월적 지위는 표현의 자유에 대한 각종 제한의 합헌성을 판단함에 있어서 더욱 엄격한 기준을 적용하는 것으로 나타난다.[21] 미국에서 언론 자유가 '권리장전Bill of Rights'이라고 불리는 초기 수정헌법의 여러 조항 가운데 신체적 자유나 공정한 재판을 받을 권리 등 여러 기본권에 앞서 첫 번째 조항에 규정되어 있는 것도 언론 자유의 중요성에 대한 인식을 반영하고 있다고 볼 수도 있다.[22]

국내에서도 헌법재판소는 "언론의 자유는 바로 민주 국가의 존립과 발전을 위한 기초가 되기 때문에 특히 우월적인 지위를 지니고 있는 것이 현대 헌법의 한 특징"이라며 이런 국제적인 논의의 흐름을 반영하고 있다.[23] 또한 "언론·출판의 자유는 현대 자유민주주의의 존립과 발전에 필수불가결한 기본권이며 이를 최대 한도로 보장하는 것은 자유민주주의 헌법의 기본 원리의 하나"라거나[24] "언론·출판의 자유는 민주 체제에 있어서 불가결의 본질적 요소다. 사회구성원이 자신의 사상과 의견을 자유롭게 표현할 수 있다는 것이야말로 모든 민주 사회의 기초이며, 사상의 자유로운 교환을 위한 열린 공간이 확보되지 않는다면 민주 정치는 결코 기대할 수 없기 때문"이라고 밝

21 김철수(2000),《헌법학신론》(제10전정판), 박영사, pp.393~394.

22 심석태(2013), "미국의 방송 내용 규제 법제 연구: 규제의 근거와 범위를 중심으로," 〈방송과 커뮤니케이션〉, 제14권 제1호, 문화방송, p.116.

23 헌재 1991. 9. 16. 선고 89헌마165 결정.

24 헌재 1992. 6. 26. 선고 90헌가23 결정.

히고 있다.[25] 앞서 살펴본 언론 자유에 대한 국제적 규범 내지는 미국 수정헌법 제1조와 관련한 최근의 논의를 모두 포괄하는 것으로 볼 수 있다.

물론 헌재의 결정들은 이러한 표현의 자유, 언론 자유의 중요성에도 불구하고 그것이 결코 '무제한적인 자유'는 아니라는 점을 분명히 하고 있다. 하지만 기본적으로 언론 자유가 갖는 본질적 속성에 대해 우리도 '원칙적'으로는 국제 규범의 정신이나 미국 수정헌법 제1조류의 정신을 받아들이고 있음은 분명하다. 특히 우리 헌재가 이런 결정을 내놓은 때가 본격적으로 우리 사회에서 여러 민주화 조치가 시작된 1990년대 초부터였다는 점도 주목해야 한다.

언론의 사회적 책임이나 다른 인권에 대한 보호와 존중이라는 측면을 논의하는 과정에서 우리는 민주주의 정치 체제에서 언론 자유가 갖고 있는 독특한 위치와 함께 기본적 인권으로서의 언론 자유의 본질적 성격을 종종 망각하는 경향이 있다. 언론인들 사이에서도 그렇다. 앞에서도 언급했지만 우리 사회에서 언론의 사회적 책임이나 개인의 인격권 보호에 대해 보다 적극적인 인식을 갖고 있는 언론인들일수록 언론 자유 보장에 대한 필요성보다 언론의 자유 남용 등 현실 언론의 문제점을 더 크게 느끼고 있는 것도 사실이다.

하지만 언론 자유에 대한 공적 통제의 필요성에 대한 인식이나 인권에 대한 감수성은 본질적으로 사람마다 차이가 클 수밖에 없다. 따라서 언론 문제의 중요성을 인정한다면, 먼저 언론 자유의 본질적 중요성과 가치에 대한 공감대를 정착시키기 위한 사회적 논의는 더 필요하다고 볼 수 있다.

막상 언론의 자유를 외치는 사람들이 실제 언론 활동 과정에서 벌어지는 크고 작은 잘못을 이유로 언론 자유의 사회적 중요성까지 외면하는 것은

25 헌재 1998. 4. 30. 선고 95헌가16 결정.

매우 안타깝고도 위험한 일이다. 특히 언론의 공적 책임이나 인권 관련 논의가 언론 자유에 대한 논의를 압도하면서 최근 상당 기간에 걸쳐 벌어진 우리 사회의 각종 언론 자유에 대한 후퇴 현상이 제도화, 고착화되는 점을 직시할 필요가 있다. 우리에 비해 언론 자유에 관한 다양한 제도적 통제 장치들을 갖고 있지 않은 나라들이라고 해서 언론 자유의 남용 문제가 없어서 그런 상태를 유지하고 있는 것이 아니다. 언론의 사회적 책임이나 인권 관련 논의가 각기 서로 다른 방향에서 언론 자유의 본질적인 권력 감시 기능마저 위축시키면서 도그마화하는 경향이 있다는 것에 대해 경각심을 가져야 하는 이유가 여기에 있다.

2장 언론의 사회적 책임과 한국 언론법제의 변화

1. 언론의 사회적 책임과 한국의 언론법제

언론이 사회적 책임을 인식해야 한다는 주장은 전혀 새로운 것이 아니다. 이미 1947년에 나온 이른바 '허친스 보고서'의 정식 명칭도 〈자유롭고 책임 있는 언론A Free and Responsible Press〉[26]이었다. 잘 알려져 있는 것과 같이 이 보고서는 당시의 황색 저널리즘의 폐해가 너무나 심각해지자 〈타임*Time*〉의 발행인이던 헨리 루스Henry Luce가 2차 세계 대전이 한창이던 1942년 말, 시카고대학교 총장이던 로버트 허친스Robert Hutchins에게 민주주의 사회에서 언론의 기능이 어떠해야 하는지를 연구할 위원회 구성을 의뢰한 데서 비롯된

26 The Commission on Freedom of the Press(1947), *A Free and Responsible Press,* The University of Chicago Press. "A General Report on Mass Communication: Newspapers, Radio, Motion Pictures, Magazines, and Books"라는 부제가 붙어 있다.

것이다.[27] 1943년에 구성을 마치고 논의를 시작한 허친스 위원회는 4년 뒤인 1947에 보고서를 발간하게 되었고, 이 보고서는 지금까지도 언론의 사회적 책임을 얘기할 때 빠지지 않고 거론된다.

언론 자유가 세계 어느 나라보다도 잘 보호되는 미국에서, 민주주의 사회에서 여론이 형성되는 과정에 미치는 언론의 엄청난 영향력을 감안해 그런 영향력의 크기에 상응하는 사회적인 책임도 져야 한다는 주장이, 그것도 세계 대전 와중에 제기되었다는 것은 무척 시사하는 바가 크다. 기본권에 관련된 첫 번째 헌법 조항에 언론 자유를 침해할 수 있는 법률 제정을 통째로 금지하는 내용을 담을 정도로 국가 체제 구성 과정에서 언론의 자유를 특별한 위치에 놓고 있었던 미국으로서는 무분별한 황색 저널리즘의 폐해를 국가적 위기로 느꼈을 법도 하다.

그런데 이 보고서는 황색 저널리즘의 폐해를 막기 위해 어떤 해법을 제시했을까. 보고서는 기본적으로 민주주의 사회가 유지되기 위해서는 사상과 정보의 자유로운 유통이 이루어져야 하며, 그것이 언론사를 소유하거나 운영하는 사람 등에 의해 왜곡되거나 지장을 받아서는 안 된다는 내용을 담고 있다. 그 사회에서 일어나고 있는 일들을 제대로 전달하는 것이 바로 허친스 보고서가 주장하는 언론의 '사회적 책임'을 다하는 것이라는 말이다. 그리고 이 보고서는 이러한 언론의 사회적 책임을 다하기 위한 방법으로 언론의 각 분야별 자율 규제를 강화할 것을 제시하고 있다. 언론의 사회적 책임을 거론할 때마다 '허친스 보고서'를 언급하는 사람들도 이처럼 이 보고서가 강조하고 있는 언론의 본질적 기능, 그리고 자율적 규제의 중요성에 대해서는 별로

27 당시 위원회 운영 자금으로 〈타임〉이 20만 달러를, 《브리태니커 백과사전*Encyclopaedia Britannica*》이 1만 5000달러를 냈다. 하지만 위원회 구성은 전적으로 허친스 총장에게 맡겨졌고, 허친스는 보고서 서문에서 연구에 대한 아무런 간섭도 없었다고 밝히고 있다.

관심을 기울이지 않은 채 이 보고서가 사용한 '사회적 책임'이라는 말만 가져다 쓰는 셈이다.

언론의 사회적 책임에 대한 '허친스 보고서'의 논의는 '자율'의 영역은 아예 포기해 버린 채 모든 것을 법적인 규제로 해결하려는 우리 사회의 분위기와는 큰 거리가 있다. 한국의 언론 관련 법체계 속에서 언론의 사회적 책임은 곧 법적 책임인 것이다. 한국의 언론법제는, 정부 수립 이후부터 군사 정부까지 권위주의 체제하에서는 정부가 중심이 되어 언론을 통제하기 위한 명분으로, 정치적 민주화가 진행되면서부터는 시민사회단체 등이 앞장서서 개인적 인격권을 확대하는 등의 명분으로 언론에 대한 각종 법적 규제를 도입하는 데 언론의 사회적 책임이라는 개념을 매우 활발하게 사용하고 있다.

허친스 보고서는 "자유롭고 책임 있는 언론"이라는 제목에서부터 '자유'와 '책임'을 공존하는 개념으로 사용하면서 보고서 곳곳에서 언론 자유의 본질적 중요성과 함께 언론의 사회적 책임의 자율적 실천을 강조했다. 하지만 이와는 대조적으로 우리는 언론의 사회적 책임이라는 개념을 다양한 법적 규제 장치를 도입하는 명분으로 사용하면서 언론의 자유를 주장하는 것을 매우 무책임한 주장인 것처럼 만들고 있는 것이다.

과거 권위적인 정부 시절과 이른바 민주화 이후를 비교해 보면 달라진 점은 있다. 과거에는 정부가 직접 권력을 동원해 언론의 사회적 책임을 내세워 각종 규제를 도입하면 그나마 시민사회단체 등이 이를 비판하면서 언론을 지원하는 모양새였는데, 이른바 민주화 조치 이후에는 정부와 시민사회단체가 연합하여 언론에 대한 여러 규제들을 양산하고 있다는 점이 그렇다. 언론이 과거 권위주의 정부 시절에 비해 많은 자유를 누리는 상황이 되면서 시민사회단체들은 자신들과 정치적 성향이 일치하는 정부에 비판적인 언론을 적대적 정치 세력으로 받아들이는 경향까지 보이고 있다.

이러한 현상은 특히 민주화와 함께 찾아온 언론의 양적 성장, 그리고 동시에 맞게 된 무한 경쟁 속에서 언론이 선정적 보도, 자사 이기주의적 보도는 물론이고 스스로 정치 권력화하는 양상까지 보이는 등의 여러 문제점들이 불러온 반작용이라고 볼 수도 있다. 그나마 권위주의 정부 시절 언론에 입혀졌던 지사적, 저항적 이미지가 사라지고 언론 자유를 실천한다는 가치 수호자로서의 최소한의 사회적 지지마저 위협받는 상황에 처한 것이다. 언론사와 언론인들이 각종 자율적 기구를 통해 스스로 최소한의 언론계 공통의 원칙을 세우고 이를 지키려는 노력조차 하지 않으면서 언론에 대한 모든 규제가 타율 규제로 흐르는 상황을 자초한 측면도 크다.

하지만 그렇다고 이런 식의 언론에 대한 법적 규제가 언론이 전체 사회 속에서 정상적인 기능을 수행하는 데 도움이 되는 방향이 아닌 것도 분명하다. 언론의 취약점을 빌미로 저마다 자신들이 생각하는 언론상을 법적 강제력을 동원해 구현하려 하는 것은 일면적인 타당성은 있을지 모르지만 전체적으로는 언론의 기본적인 자율성을 말살하고 본질적인 언론의 기능까지 침해할 수 있기 때문이다. 각종 인권단체, 시민단체, 소비자단체, 그리고 학계 등은 방송 영역에서 자신들의 시각에서 문제가 되는 내용이 방송될 때마다 다양한 심의 규제를 도입하도록 만들었다. 이런 방송 영역에서 이제는 정치 권력이 마음만 먹으면 얼마든지 합법적으로 방송 내용을 규제할 수 있게 된 것을 대표적 사례로 들 수 있다.

어쨌든 문제가 있는 언론 보도가 나오면 이것을 항상 새로운 법적 규제를 도입하거나 강화하는 계기로 삼는 우리의 풍토는 언론에 대해 매우 자세한 법적 통제 장치를 갖추게 만들었고, 언론 소비자들은 물론 언론인들 스스로도 언론의 원칙에 대한 고민들보다 '법이 어떻게 되어 있나'에 더 많은 신경을 쓰는 상황을 만들었다. 이런 상황은 사회적으로 언론에 대해 제대로 된 평가 기준을 세우는 방향으로 논의를 하기보다는 언론을 자신과의 이해관계나 정치적 성향에 따라 손쉽게 '네 편 내 편'으로 가르는 양상과도 깊은 관련이 있다. 언론에 대한 이런 전반적인 불신과 도구주의적 이해는 결국 누가 집권하든 권력자들로서는 언론을 통제하는 데 편리한 배경이 되는 것이다. 요컨대 우리는 언론의 사회적 책임을 언론이 사회 속에서 갖는 기능에서부터 출발하는 윤리적, 정치적 책임보다는 곧바로 법적 책임으로 환원시키는 양상을 보이고 있고, 이것이 우리 언론법제가 극복해야 할 매우 중대한 과제로 자리 잡고 있다는 것이다.

2. 헌법 언론 자유 조문의 변화

이러한 우리의 언론법제를 구성하는 출발점은 헌법이다. 언론 자유에 대한 논의를 할 때 법률 실무가들은 우리의 헌법이 미국의 수정헌법 제1조와는 다른 접근법을 취하고 있다는 점을 강조한다. 특히 헌법 제21조가 언론 자유의 한계에 대한 언급은 물론 다른 명예나 권리를 침해했을 때의 배상 책임까지 명시하고 있다는 대목을 강조하는 경우도 많다.

하지만 제헌헌법 시절부터 우리 헌법이 이런 조문을 갖고 있었던 것은 아니다. 따라서 단순히 현행 헌법 조문을 읽고 그 표현 자체에만 집중하기보다는 헌법 조문의 변화 과정을 잘 살펴보고 과연 이러한 조문에 담긴 뜻은 무엇인지, 그리고 이것을 어떻게 해석해야 할 것인지를 잘 따져볼 필요가 있다. 더구나 과연 현재의 조문 체계를 계속 유지하는 것이 바람직한 것인지도 의문을 가져볼 필요가 있다. 이른바 '1987년 체제'라고 부르는 현행 헌법의 개정 필요성을 논의할 때 단순히 대통령 5년 단임제를 유지하느냐 마느냐 같은 정치적 조문으로만 범위를 한정하지 말고 전체적인 기본권 관련 조문, 특히 언론의 자유 관련 조문의 개정 필요성으로 논의를 확대하는 것도 생각해 볼 때가 되었다.

표 1-1. 제헌헌법과 제2공화국 헌법의 언론 자유 관련 조문

구분	조문	내용
제헌헌법	제13조	모든 국민은 법률에 의하지 아니하고는 언론, 출판, 집회, 결사의 자유를 제한받지 아니한다.
	제28조 제2항	국민의 자유와 권리를 제한하는 법률의 제정은 질서 유지와 공공복리를 위하여 필요한 경우에 한한다.
제2공화국 헌법	제13조	모든 국민은 언론, 출판의 자유와 집회, 결사의 자유를 제한받지 아니한다.
	제28조 제2항	국민의 모든 자유와 권리는 질서 유지와 공공복리를 위하여 필요한 경우에 한하여 법률로써 제한할 수 있다. 단, 그 제한은 자유와 권리의 본질적인 내용을 훼손하여서는 아니되며 언론, 출판에 대한 허가나 검열과 집회, 결사에 대한 허가를 규정할 수 없다.

1948년 7월 17일에 제정된 대한민국 헌법은 제13조에서 "모든 국민은 법률에 의하지 아니하고는 언론, 출판, 집회, 결사의 자유를 제한받지 아니한다"고 규정하고 있었다. 그리고 이것이 언론 자유에 관한 유일한 문구였다. 물론 이 조항은 언론 자유라는 중요한 기본권을 규정하면서 "어떤 자유를 가진다"거나 "어떤 자유는 제한받지 않는다"는 방식이 아니라 "법률에 의하지 아니하고는 …… 제한받지 아니한다"고 표현하고 있어서 결국 법률에 의해서는 얼마든지 제한이 가능하다는 구조를 갖고 있다. 당시 헌법 제28조 제2항의 이른바 '법률 유보' 조문조차 "국민의 자유와 권리를 제한하는 법률의 제정은 질서 유지와 공공복리를 위하여 필요한 경우에 한 한다"라고 규정함으로써 적어도 '질서 유지와 공공복리'를 기본권 제한을 정당화하는 근거로 제시하고 있는데, 언론 자유에 대한 규정은 그저 법률에 의하기만 하면 제한이 가능하다는 식의 문구로 되어 있었던 것이다.[28]

이런 제헌헌법의 언론 자유 조문은 4·19 혁명을 통해 제2공화국이 들

어선 뒤인 1960년 6월 "모든 국민은 언론, 출판의 자유와 집회, 결사의 자유를 제한받지 아니 한다"(역시 제13조)로 개정되었다. 법률에 의한 일반적인 언론 자유에 대한 제한 가능성을 언급한 문구가 사라진 것이다. 더구나 법률 유보 조문인 제28조에도 언론 자유에 대한 보호 규정이 추가되었다. 해당 조문은 제2항 단서에서 "단, 그 제한은 자유와 권리의 본질적인 내용을 훼손해서는 아니되며 언론, 출판에 대한 허가나 검열과 집회, 결사에 대한 허가를 규정할 수 없다"고 법률 유보의 한계를 설정하면서 언론 자유에 대한 허가나 검열을 명시적으로 금지한 것이다. 미국의 수정헌법 제1조와 비교해서도 일반적인 법률 유보 부분을 제외하고는 매우 유사한 모양이 되었다.[29] 이 제2공화국 헌법은 우리 헌법 역사상 언론 자유에 대해서만큼은 가장 진전된 내용을 담고 있었다고 볼 수 있다.

하지만 제2공화국 헌법 체제는 오래가지 못했다. 1961년에 일어난 5·16 쿠데타를 거쳐 1962년 12월에 만들어진 제3공화국 헌법에서부터 언론 자유에 관한 헌법 조문은 큰 변화를 맞게 된다.[30] 먼저 언론 자유를 규정한 제18조는 제2항에서 "공중도덕과 사회윤리를 위하여는 영화나 연예에 대한 검열을 할 수 있다"고 규정하였다. '공중도덕과 사회윤리를 위하여'라는 애매한 조건이 걸려 있기는 하지만 헌법이 사전 검열을 선언한 것이다. 제3항에서는 "신문이나 통신의 발행 시설 기준은 법률로 정할 수 있다"며 사실상 언론

28 이런 대목은 전 세계적으로 다른 사례를 찾기 어려운 '피의사실공표죄'가 형법 제정 과정에서 갑자기 만들어지는 배경이 되기도 했던 당시의 불안정한 정치 상황과 연결해 생각해 보지 않을 수 없다. 어쨌든 정치적 혼란상의 영향이 컸다고 하더라도 건국 초기에 구성된 의회가 대체적으로 당시의 언론 활동에 대해 방어적이고 소극적인 태도를 갖고 있었다는 해석이 가능해 보인다.

29 김옥조(2012), 《미디어법》(개정판), 커뮤니케이션북스, p.10; 박용상(2001), 앞의 책, pp.68~69 참조.

30 제3공화국 헌법의 시행 시기는 1년 뒤인 1963년 12월이다.

표 1-2. 제3공화국 헌법과 유신헌법의 언론 자유 관련 조문

구분	조문	내용
제3공화국 헌법	제18조 제1항	모든 국민은 언론 · 출판의 자유와 집회 · 결사의 자유를 가진다.
	제2항	언론 · 출판에 대한 허가나 검열과 집회 · 결사에 대한 허가는 인정되지 아니한다. 다만, 공중도덕과 사회윤리를 위하여는 영화나 연예에 대한 검열을 할 수 있다.
	제3항	신문이나 통신의 발행 시설 기준은 법률로 정할 수 있다.
	제5항	언론 · 출판은 타인의 명예나 권리 또는 공중도덕이나 사회윤리를 침해하여서는 아니된다.
	제32조 제2항	국민의 모든 자유와 권리는 질서 유지 또는 공공복리를 위하여 필요한 경우에 한하여 법률로써 제한할 수 있으며, 제한하는 경우에도 자유와 권리의 본질적인 내용을 침해할 수 없다.
유신헌법	제18조	모든 국민은 법률에 의하지 아니하고는 언론 · 출판 · 집회 · 결사의 자유를 제한받지 아니한다.
	제32조 제2항	국민의 모든 자유와 권리를 제한하는 법률의 제정은 국가안전보장 · 질서 유지 또는 공공복리를 위하여 필요한 경우에 한한다.
	제53조	(긴급조치권 조항)

에 대한 행정적 통제 수단을 도입하였다. 제5항에서는 "언론 · 출판은 타인의 명예나 권리 또는 공중도덕이나 사회윤리를 침해하여서는 아니된다"며 언론 자유의 한계에 대한 규정도 만들었다. 검열에 대한 규정을 제외하고는 이 제3공화국 헌법의 내용들이 현행 헌법의 언론 자유 관련 조문의 기초가 되고 있는 것이다.

1972년 12월, 개정과 동시에 시행된 유신헌법에서는 더욱 언론 자유에 관한 암흑기에 들어선다. 제18조의 언론 자유에 대한 기본 조문이 "모든 국민은 법률에 의하지 아니하고는 언론 · 출판 · 집회 · 결사의 자유를 제한받지 아니한다"고 하여 법률에 의한 일반적인 제한 가능성을 열어 두었던 제헌헌

표 1–3. 제5공화국 헌법과 현행 헌법의 언론자유 관련 조문

구분	조문	내용
제5공화국 헌법	제20조 제1항	모든 국민은 언론·출판의 자유와 집회·결사의 자유를 가진다.
	제2항	언론·출판은 타인의 명예나 권리 또는 공중도덕이나 사회윤리를 침해하여서는 아니된다. 언론·출판이 타인의 명예나 권리를 침해한 때에는 피해자는 이에 대한 배상을 청구할 수 있다.
	제35조 제2항	국민의 모든 자유와 권리는 국가안전보장·질서 유지 또는 공공복리를 위하여 필요한 경우에 한하여 법률로써 제한할 수 있으며, 제한하는 경우에도 자유와 권리의 본질적인 내용을 침해할 수 없다.
현행 헌법	제21조 제1항	모든 국민은 언론·출판의 자유와 집회·결사의 자유를 가진다.
	제2항	언론·출판에 대한 허가나 검열과 집회·결사에 대한 허가는 인정되지 아니한다.
	제3항	통신·방송의 시설 기준과 신문의 기능을 보장하기 위하여 필요한 사항은 법률로 정한다.
	제4항	언론·출판은 타인의 명예나 권리 또는 공중도덕이나 사회윤리를 침해하여서는 아니된다. 언론·출판이 타인의 명예나 권리를 침해한 때에는 피해자는 이에 대한 피해의 배상을 청구할 수 있다.
	제37조 제2항	국민의 모든 자유와 권리는 국가안전보장·질서 유지 또는 공공복리를 위하여 필요한 경우에 한하여 법률로써 제한할 수 있으며, 제한하는 경우에도 자유와 권리의 본질적인 내용을 침해할 수 없다.

법 시절의 문구로 후퇴했다. 또 법률 유보 조항인 제32조 제2항에는 기본권 제한의 요건으로 '질서 유지와 공공복리' 외에 '국가안전보장'을 추가하였다. 유신헌법에서 처음 나타난 이 법률 유보 조항의 국가안전보장 요건도 현행 헌법에 그대로 살아있다.

신군부에 의해 1980년에 만들어진 제5공화국 헌법에서는 제20조 제1항의 언론 자유의 기본 조문은 "모든 국민은 언론·출판의 자유와 집회·결사의 자유를 가진다"며 제2공화국 당시와 유사한 표현을 회복하였다. 하지만

제2항에서 곧바로 "언론·출판은 타인의 명예나 권리를 침해하여서는 아니 된다"는 제한에 이어 "언론·출판이 타인의 명예나 권리를 침해한 때에는 피해자는 이에 대한 피해의 배상을 청구할 수 있다"고 규정함으로써 처음으로 헌법 조문에 언론의 피해에 대한 배상 규정이 생겼다. 그리고 이들 규정도 그대로 현행 헌법에 이어지고 있다.

결국 현행 헌법의 언론 자유에 관한 조문 가운데서 "통신·방송의 시설 기준과 신문의 기능을 보장하기 위하여 필요한 사항은 법률로 정한다"는 제3항은 5·16 직후의 제3공화국 헌법에서 추가된 것을 더욱 확대한 것이다. 제4항의 "타인의 명예나 권리 또는 공중도덕이나 사회윤리를 침해해서는 아니 된다"는 부분 역시 제3공화국 헌법에서, 그리고 피해 배상 규정은 신군부의 제5공화국 헌법에서 도입한 것을 그대로 이어받고 있는 것이다. 이렇게 조문에 여러 가지 사항들을 담다 보니 "모든 국민은 거주·이전의 자유를 가진다"(제14조), "모든 국민은 사생활의 비밀과 자유를 침해받지 아니 한다"(제17조), "모든 국민은 통신의 비밀을 침해받지 아니 한다"(제18조) 등등 매우 단순하게 기본권을 열거하거나 혹은 기본권을 보장하기 위한 자세한 규정을 두고 있는 앞뒤의 다른 기본권 조문들과는 매우 다른 형태를 갖게 된 것이다.

물론 해당 조문들이 어느 정권에서 만들어졌느냐만 가지고 현 시점에서 그것의 적절성을 손쉽게 단정할 수는 없다. 우리 헌법재판소는 지금 헌법을 해석함에 있어서 여러 단서 조항들에도 불구하고 언론 자유를 민주주의 체제의 구성과 운영을 위한 필수불가결한 기본권이라고 파악하고 있기도 하다. 하지만 적어도 현행 헌법의 각종 조문들을 너무나 당연하게 받아들이는 것에는 문제가 있다. 특히 현행 헌법이 군사 정권을 종식시킨 1987년의 이른바 6월 항쟁 직후에 만들어진 것이라는 이유로 언론 자유 조문도 마치 당시 항쟁의 정신이 반영된 것으로 생각하는 경우가 많은데, 적어도 각 부분이 도입될 당시의 역사적 배경이나 도입 과정 등을 고려해 그 정당성과 필요성에 대해 의문을 가져볼 필요는 분명히 있다.

무엇보다도 언론 자유의 한계를 논의하는 자리에서 민주주의 체제의 필수적 요소로서의 언론 자유의 중요성보다 헌법의 해당 조항에 명시된 언론 자유의 한계와 배상 관련 규정에 주목해 우리의 경우 '헌법 형성 권력의 결단'으로 수정헌법 제1조를 갖고 있는 미국에 비해 언론 자유에 대해 낮은 정도의 보호 수준을 선택한 것이라고 해석하는 이들도 있는데, 이에 대해서는 조심스러운 접근이 필요하다.[31] 이 책에서 살펴볼 언론 자유에 대한 여러 법제적 장치들의 적절성에 대한 논의를 진전시키는 데 필요하다면 현행 헌법의 언론 자유 관련 조항의 개정 문제도 검토해 봐야 할 것이다.

3. 언론의 사회적 책임 관련 법제의 변화

앞에서 우리 헌법의 언론 자유 관련 조항이 통신과 방송의 '시설 기준을 정하기 위하여,' 또 신문에 대해서는 '그 기능을 보장하기 위하여' 필요한 사항을 법으로 정할 수 있도록 규정하고 있는 것이나 타인의 명예나 권리, 공중도덕, 사회윤리를 침해해서는 안 된다는 것 등 제한 규정을 두고 있음을 살펴보았다. 이런 헌법적 배경을 깔고 있다고 볼 수도 있겠지만 실제로 우리의 언론 법제를 살펴보면 언론의 사회적 책임을 법적 의무로 규정하고 있는 것이 상

31 실제로 이런 피해 배상 규정의 의미가 무엇이냐에 대해서도 학계에서는 논란이 있다. 다수설은 이 규정이 없더라도 언론·출판에 의해 손해를 입은 사람이 민법상의 불법 행위 조항에 의해 권리구제를 받을 수 있는 것이므로 헌법의 이 규정은 주의적 규정에 지나지 않는다고 본다. 헌법학자들 사이의 이에 대한 논의는 이희훈(2010), "대한민국 정부 수립 이후 언론관계법의 발전과 평가 — 제헌헌법부터 제9차 개정헌법까지," 〈세계헌법연구〉, 제16권 제3호, 국제헌법학회, pp.345~380 참조.

당히 많다. 여기서는 우리의 언론법제 속에서 언론의 사회적 책임이 어떻게 법적 책임으로 자리 잡게 되었는지를 시간 순으로 차례로 살펴보고자 한다. 역시 많은 사람들은 당연하게 생각하는 '현재의' 사회적 책임 관련 조항들의 연원을 제대로 이해하는 것이 필요하기 때문이다.

1) 언론윤리위원회법에서 언론기본법까지

건국 초기의 헌법부터 언론 자유에 대해서 그렇게 우호적인 것은 아니었지만 언론의 사회적 책임 문제가 본격적으로 법제 차원에서 거론되기 시작한 것은 5·16 쿠데타 직후였다. 국가재건최고회의는 5·16 직후인 1961년 5월 23일 포고 제11호로 신문에 대한 일제 정비를 단행하면서 언론의 윤리와 책임 문제를 제기했다. 이어서 역시 국가재건최고회의 법제사법위원회가 마련했던 '신문 등 등록법안'에서도 '책임 있는 언론의 창달'을 거론했다.[32] 새로 들어선 군사 정부가 집권하자마자 언론의 책임 문제를 거론하기 시작한 배경을 이해하기는 어렵지 않다. 오히려 이런 흐름이 이후 군사 정부가 끝난 뒤에도 이어지고 있는 것이 문제라 할 수 있다.

이런 과정을 거쳐 실제로 언론의 사회적 책임이 처음으로 법률에 나타난 것은 민정 이양을 통해 제3공화국이 출범한 직후인 1964년 8월 5일 법률 제1652호로 제정, 공포된 '언론윤리위원회법'에서였다. 이 법 제3조는 다음과 같다.

국가 안전보장을 앞세운 것도 그렇지만 법률의 형식을 통해서 국가원수의 명예를 존중할 것을 언론에 요구한 것, 그리고 청소년 선도와 가정생활의

32 정진석(1995), "광복 50년, 광복 언론 50년사 ③ 언론윤리위원회법 파동: 언론과 박정희 정권의 전면전, 경영이 편집 우위에 서는 계기," 〈신문과 방송〉, 통권 291호, 한국언론재단, p.38.

제3조 (언론윤리요강)

① 위원회는 언론윤리요강(이하 "윤리요강"이라 한다)을 제정·공표하여야 한다.

② 전항의 윤리요강에는 다음 각호의 사항이 구체적으로 포함되어야 한다.

1. 국가의 안전 및 공안의 보장에 관한 사항
2. 내외의 국가원수에 대한 명예존중에 관한 사항
3. 정기간행물 및 방송의 사회적 책임에 관한 사항
4. 보도평론의 공정성 보장에 관한 사항
5. 아동 및 청소년의 선도에 관한 사항
6. 인권존중에 관한 사항
7. 가정생활의 순결에 관한 사항
8. 타인의 명예나 사생활의 비밀의 보장에 관한 사항
9. 기타 사회윤리와 공중도덕의 보장 내지 신장에 관한 사항

③ 모든 위원회 회원은 윤리요강을 준수할 의무가 있다.

순결 같은 것들까지 법적인 의무로 요구한 것이 눈에 띈다. 특히 이런 내용 중의 상당 부분이 현재의 여러 언론법제, 특히 방송 심의 관련 법제에 실제로 포함되어 있다는 것도 눈여겨 볼 대목이다.

이 언론윤리위원회법은 또 '심의회'라는 상설 기관을 두고 보도 내용이 윤리요강을 위반했는지를 심의, 판정한 뒤 해명이나 정정, 사과를 '지시'하도록 규정했다. 특히 신문의 발행인이나 방송국의 장이 자동으로 회원이 되는 윤리위원회를 두도록 하면서 일정한 경우 회원 자격을 정지하거나 아예 제명

할 수 있도록 했는데, 이는 언론사 대표를 자리에서 쫓아낼 수도 있다는 것으로 이 법률 최대의 독소 조항으로 꼽혔다.

이 법은 형식적으로는 언론의 공적 책임과 윤리를 강조하는 듯하지만 실제로는 언론에 대해 규제를 가하려는 것으로 받아들여졌고, 언론계는 물론 다양한 분야에서 강력한 반발과 비판을 불러왔다.[33] 이 법이 일요일 밤에 국회 본회의를 통과하자 당시 기자들은 시한부 취재 거부와 대규모 반대 집회를 개최하는 등 반발했고, 이 법의 철폐를 기치로 내걸고 한국기자협회가 창립되는 등 정부와 언론 사이에 일대 충돌이 벌어졌다. 이를 '언론윤리위원회법 파동'이라고 부른다.[34] 결국 박정희 대통령은 언론계 대표들의 건의를 받아들이는 형식으로 이미 공포된 법의 시행을 유보하는 또 하나의 초법적 조치를 내리면서 언론윤리위원회법은 사문화의 길로 접어들었다. 이 법은 결국 1980년 12월 31일자로 신군부가 설치한 국가보위입법회의에 의해 역시 대표적인 언론 악법으로 손꼽히는 언론기본법으로 대체되면서 정식으로 폐지되었다.[35]

33 강경근(1996), "한국 언론법제에 관한 사적 소고," 〈법학논총〉, 제9집, 숭실대학교, p.128; 남시욱(1997), "체험적 기자론 54: 언론윤리위법 파동의 서글픈 유산," 〈신문과 방송〉, 통권 323호, 한국언론재단, pp.42~45.

34 당시 언론윤리위원회법에 대해 법조계, 법학계 등에서도 비판이 제기되었다. 당시 서울대학교 법대 교수였던 김증한(1964), "언론윤리위원회법 비판," 〈신문평론〉, 통권 6호, 한국언론재단, pp.12~15 등이 대표적이다. 관심이 가는 대목은 당시 야당이 애초에 언론계의 요구에 귀를 기울이는 듯하다가 결국은 여당의 법률안 처리에 협조했다는 것인데, 결국 정치권력 전반이 갖고 있는 언론에 대한 통제 욕구를 보여 주는 장면이라고 해석할 수밖에 없을 것이다.

35 정진석(1995), 앞의 글, pp.39~43. 정진석은 다만 이 글(p.43)에서 이 법이 실제로 공포는 되지 않은 채 언제든지 공포될 수 있는 형태로 살아있었다고 설명하고 있는데, 이는 사실과 다르다. 이 법은 국회 통과 직후 이미 각의를 거쳐 공포되었으며 다만 물리적인 시행이 유보된 상태였을 뿐이다.

서슬 퍼런 군사 정부 시절에 언론 파동을 불러왔던 언론윤리위원회법을 폐기하고 기존의 '신문·통신 등 등록에 관한 법률'과 '방송법'을 통폐합해 만들어진 언론기본법은 이전 법률들에 비해 보다 구체적으로 '언론의 공적 책임'을 규정하였다. 이 법의 제3조는 다음과 같다.

제3조 (언론의 공적 책임)

① 언론은 인간의 존엄과 가치 및 민주적 기본 질서를 존중하여야 한다.

② 언론은 공익 사항에 관하여 취재, 보도, 논평 기타의 방법으로 민주적 여론 형성에 기여함으로써 그 공적 임무를 수행한다.

③ 언론은 타인의 명예나 권리 또는 공중도덕이나 사회윤리를 침해하여서는 아니된다.

④ 언론은 폭력 행사 등 공공질서를 문란케 하는 위법 행위를 고무·찬양하여서는 아니된다.

이 법은 이렇게 언론의 책임을 비교적 자세하게 열거한 뒤 정기간행물의 내용이 등록된 발행 목적을 위배하거나 폭력 행위 등 공공질서를 문란케 하는 위법 행위를 고무, 찬양하는 경우 등에는 행정 기관의 판단으로 등록을 취소할 수 있도록 하는 독소 조항도 갖고 있었다(제24조 등록의 취소 등). 뿐만 아니라 이른바 '신문의 기능을 보장하기 위하여' 제정할 수 있도록 한 시설 기준을 근거로 일정한 기준을 유지하지 못하거나 대통령령으로 정하는 발행 실적을 유지하지 못하는 등의 사유가 있을 때에도 등록을 취소할 수 있었다.

언론이 사회적으로, 또는 윤리적으로 무거운 공적 책임을 지고 있다는 것과 법으로 이를 일정한 의무로 규정한다는 것은 전혀 다른 차원의 문제라고 할 수 있다. 특히 이 법이 언론의 취재나 보도, 논평 등을 민주 사회에서 시민이 당연히 가지는 '표현의 자유,' '언론의 자유'라는 기본권으로서가 아니라 언론이 제도 혹은 기관으로서 마땅히 수행해야 하는 '임무'로 파악하고 있다는 점은 매우 주목할 대목이다.

언론기본법은 언론의 공적 책임 조항 바로 뒤에 언론 기업에 대한 조세상의 특혜나 재정상의 지원, 언론인의 후생복지 증진과 상당한 보수 지급 의무 등을 규정하는 등 당근도 함께 제시하고 있다. 하지만 언론기본법은 그 입법 절차의 정당성 결여와 함께 신문과 방송이라는 상이한 언론 매체를 한 법률에서 무리하게 다루려 한 법체계상의 문제, 그리고 무엇보다도 언론 자유의 보장이 아니라 언론 규제를 위한 제도적 장치로 만들어졌다는 비판 속에 1987년 말에 폐지되었다.[36]

결국 국회를 통과해 공포까지 됐지만 끝내 시행되지 못하고 폐기되는 운명에 처했던 언론윤리위원회법이나 국가보위비상대책위원회(국보위)라는 비정상적인 기구에 의해 만들어졌다가 1987년 6월 항쟁에 의해 폐기된 언론기본법과 같이 언론의 공적 책임이라는 개념을 법적 개념으로 도입했던 초기의 시도들은 권력의 언론 통제 시도로 낙인찍힌 셈이다. 하지만 언론윤리위원회법에서 시작해 언론기본법에서 더욱 확대되었던 언론의 공적 책임 개념은 이른바 민주화 시기를 거치면서도 그대로 법률 속에 살아남았다. 회원 제명이나 등록 취소와 같은 조항은 없어졌지만 공적 책임 관련 규정은 모든 언론법제에 기본적으로 자리를 잡으면서 오히려 더 강력해졌다고 볼 수도 있다. 뿐만 아니라 언론의 여러 문제점에 대한 사회적 비판이 커지면서 과거와는 달

36 박권상(1987), 앞의 책; 강경근(1996), 앞의 책, pp.130~134.

리 정치권력뿐만 아니라 시민단체 등까지 언론에 대한 더욱 강력한 규제를 주장하고 나서는 등 이전과는 전혀 다른 논의 지형이 형성되었다.

2) 현행 법률 속에 규정된 언론의 사회적 책임

1987년 말 언론기본법을 폐지하면서 다시 '정기간행물의 등록 등에 관한 법률'과 '방송법'으로 양대 매체별 언론법 체제가 복구되었다. 새로 만들어진 정기간행물의 등록 등에 관한 법률에는 과거 언론기본법 체제하의 '언론의 공적 임무 수행' 관련 조항은 들어 있지 않았다.

하지만 함께 제정된 방송법에는 방송 편성의 자유를 규정하면서도 '방송의 공적 책임'이라는 조항에서 "방송은 공익 사항에 관하여 취재·보도·논평 기타의 방법으로 민주적 여론 형성에 기여하여야 하며, 사회 각계각층의 다양한 의견을 균형 있게 수렴함으로써 그 공적 임무를 수행한다"(제4조 제2항)고 하여 방송을 언론의 자유, 표현의 자유의 향유 주체로서가 아니라 공적 임무를 수행하는 기관으로 인식하고 있음을 보여 준다. 이는 비판 속에 폐기된 언론기본법 제3조 '언론의 공적 책임' 조항과 사실상 동일하다.

1964년에 처음 만들어진 방송법은 방송의 자유에 관한 일반적인 선언에 이어서 방송국을 위원으로 한 방송윤리위원회를 구성하여 방송의 공공성과 질서를 '자율적'으로 유지하도록 규정하고 있었다. 윤리 규정에 포함될 사항은 '인권 존중'에서부터 '공서양속'까지 9개 항목이었다. 유신 시대에도 이와 비슷한 틀이 유지되었는데, 언론기본법으로 통폐합되었다가 1987년에 다시 단독 법률로 만들어지면서 언론기본법에 있던 '공적 책임' 조항을 포함하게 된 것이다. 또한 '방송의 공정성과 공공성' 조항(제5조)에서는 "방송은 국민의 윤리적·정서적 감정을 존중하여야 하며, 사회정의의 전파·국민의 기본권 옹호 및 국제 친선의 증진에 기여하여야 한다"고 하여 다양한 정책적 사항을 법적 의무로 부여하기에 이르렀다.

또한 기존의 자율성을 내세운 윤리위원회는 방송위원회가 구성하는 심의위원회로 바뀌었고 그 기준이 되는 심의 규정도 방송위원회가 제정하게 되었다. 또 심의 규정 위반에 대한 시정과 제재 규정도 마련되어 실제 규제 체제로서의 실효성을 갖게 되었다. 이러한 방송에 대한 공적 책무에 관한 규정이나 강제적 심의와 제재 관련 규정은 이후 방송법이 개정될 때마다 점점 확대되었고 이후 방송법은 '~하여야 한다'거나 '~하여서는 아니 된다'는 다양한 의무와 금지 규정들을 갖게 되었다.

1987년 민주화운동 이후 방송법이 다시 만들어지는 과정에서 방송에 대한 내용 심의가 자율 규제 방식에서 사실상의 행정 기관에 의한 타율적 규제 체제로 바뀌고 방송의 공적 책임에 관한 조항이 대거 만들어진 대목은 매우 의미심장하다. 기존의 자율 규제 체제에서 주파수라는 공적 자원을 사용하는 방송이 그만큼의 공적 책임을 다하지 못했다는 사회적 불만을 반영한 것으로, 유신 시대와 5공 시대를 거치면서 방송이 민주적 여론 형성 기능을 제대로 수행하지 못했다는 반발이 컸다고 볼 수 있다.

하지만 근본적으로는 방송이 그 자체로 하나의 언론 매체이고, 따라서 표현의 자유, 언론의 자유를 보장받아야 한다는 점이 깊이 고려되지 않은 채 사회 각 세력이 하나같이 방송을 공적 통제의 대상으로 취급한 점에 대해서는 차분히 되돌아볼 필요가 있다. 공적 통제를 누가 어떻게 하느냐에 따라서 방송 영역은 그 이후로도 지속적으로 정치적 소용돌이에서 자유롭지 않았다. 이명박 정부에서 대규모 방송 파업과 해직 언론인 양산이 이뤄진 것은 그 극단적인 장면이라 할 수 있다. 그 이전 정부들에서도 정치 세력들이 방송을 놓고 벌인 쟁탈전은 그렇게 낯선 장면이 아니다. 명예훼손과 같이 모든 언론에 적용되는 사법적인 기준과 달리, 학술적으로도 개념 규정하기 어려운 공정성과 공공성을 법상 의무로 부여하고 그것을 근거로 심지어 기사까지 심의해 행정적 제재를 가하는 상황은 방송 내용 규제 체제에 대한 전면적인 재검토가 필요하다는 것을 증명하는 대목이다.

특히 2005년 '정기간행물의 등록 등에 관한 법률'에 있던 '침해 구제' 부문을 별도 법률로 분리해 만들어진 언론중재법은 제4조 '언론의 사회적 책임' 조항에서 "언론은 공적인 관심사에 대하여 공익을 대변하며, 취재·보도·논평 또는 그 밖의 방법으로 민주적 여론 형성에 이바지함으로써 그 공적 임무를 수행한다"(제3항)고 규정하고 있다. 폐기된 언론기본법의 '언론의 공적 책임' 조항이 1987년에 다시 제정된 방송법을 통해 그대로 살아남았다가 언론중재법으로 이어진 것이다. 언론이 공익 사항에 관한 취재 보도를 하고, 이로써 민주적 여론 형성에 기여하는 것은 언론의 본래적 기능이 실현됨으로써 자연스럽게 나타나는 결과인 것이지 법적으로 주어진 임무라고 볼 수는 없다. 이러한 법제는 부지불식간에 언론을 헌법과 법률이 보장해야 할 자유, 기본권의 영역이 아니라 일정한 공적 책무 수행이라는 하나의 제도적, 정책적 영역으로만 파악하는 태도로 연결되고, 한발 더 나아가 언론의 본질적 활동에 영향을 미치는 다양한 법제를 당연하게 받아들이는 것으로 나타날 수 있다.

신문에 관한 법률은 이전의 정기간행물법에서 노무현 정부 당시인 2005년 전부 개정을 통해 '신문 등의 자유와 기능 보장에 관한 법률'이 되었다가 이명박 정부가 들어선 뒤인 2008년 6월의 일부 개정에 이어 2009년의 전부 개정을 통해 아예 '신문 등의 진흥에 관한 법률'로 바뀌는 우여곡절을 거쳤다.

이 과정에서 정기간행물법에서는 희미했던 사회적 책임 조항이 2005년 개정을 통해 폭넓게 도입되었다가 2009년 개정에서 상당히 선언적인 내용으로 축소된다. 2005년 신문법은 2009년 개정될 때까지 '정기간행물 등의 사회적 책임'(제4조)과 '정기간행물의 공정성과 공익성'(제5조) 조항에서 거의 방송법에 유사한 수준의 공적 책무를 규정하였다. 또 독자의 권익 보호를 위해 독자가 편집과 제작에 관한 의사 결정에 참여할 수 있도록 한 조항도 있었다

(제8조). 내용을 살펴보면 언론의 자유를 보장하는 것보다는 언론의 균형 상실이나 일탈을 막겠다는 정책적 의지를 느낄 수 있다.[37]

이에 대해서는 위헌 법률 심판을 통해 합헌성 여부가 검토되었는데, 헌법재판소는 이른바 '사회적 책임,' '공익성과 공정성' 관련 조항에 대해 위헌이라고 보지 않았다. 사실 언론에 대해 사회적 책임이나 공익성, 공정성을 요구하는 것 자체를 시비하기는 쉽지 않은 일이기도 하다. 문제는 언론에 대해 윤리적 측면이 아니라 법률로써 이러한 '의무'를 부여하는 것이 마치 당연한 것처럼 받아들여지는 것이다. 아무리 선언적 규정에 불과하고 그 준수 여부에 따른 제재가 명시되지 않았다 하더라도 언론의 내용에 대해 이렇게 포괄적인 의무를 부여하고, 따라서 일정한 행위를 불법으로 선언하려는 것에 대해서는 문제의식을 갖지 않을 수 없다.

더구나 이러한 신문에 대한 의무 부여는 당시 사회적으로는 언론 일반이 아니라 특정 성향의 언론을 표적으로 한 것으로 받아들여지는 등 그 자체가 심각하게 정치적 논란의 대상이 되었다. 이 때문에 실제로 정권 교체와 함께 관련 법률의 대대적인 개정이 이루어진 것이다. 이 또한 언론을 정치적 세력 다툼의 영역으로 끌어들인 것으로 언론의 독립성이나 사회적 신뢰도 등에까지 좋지 않은 영향을 미쳤다고 볼 수 있다.

37 앞에서 방송법을 설명할 때에도 잠시 언급했지만 실제로 당시에 만들어진 여러 언론 관련 법률에서는 "~하여야 한다"거나 "~하여서는 아니된다"는 표현이 자주 등장한다. 역시 언론을 규제의 대상으로 보는 접근법이 드러나는 대목이다. 신평(2007), 《언론법》, 삼영사, p.90.

3장 언론 자유와 피해의 구제

1. 언론 자유와 다른 인권과의 충돌

우리는 앞에서 언론 자유가 얼마나 중요한 기본권인지에 대해 살펴보았다. 언론 자유는 그 자체로 매우 중요한 인권이며 다른 여러 종류의 인권들이 존재할 수 있도록 해 주는 인권으로 이른바 '메타인권'이라고도 한다. 언론의 자유가 없다면 민주주의 체제가 정상적으로 작동할 수 없고, 따라서 개인들의 인격권 등이 보장될 기틀이 무너질 수 있다는 것이다. 그런 의미에서 민주주의 사회 체제의 존립을 위한 정치적 표현이나 권력에 대한 감시 등은 특별한 의미가 있다. 이 때문에 앞에서 언급했던 것처럼 시민들이 사회적 정책 결정에 참여할 수 있도록 하는 언론 활동에 대해서는 특별한 보호가 주어져야 한다는 말이 나오는 것이다.

단순히 자신의 철학이나 사상의 표현을 넘어서는, 정치적 주장이나 권력에 대한 감시, 각종 사회 현상에 대한 논평 등으로 이루어지는 언론 활동은 필연적으로 그 대상이 되는 누군가의 이해관계나 인격권 등과 충돌할 가능성이 크다. 아무리 문제가 많은 사람이나 행동, 정책 등에 대한 비판이나 지적이라도 그 대상이 되는 이해관계자의 입장에서 보면 개인적으로는 인격권의 침해가 발생하는 것이기 때문이다. 범죄를 저지르는 것은 분명히 나쁜 것이고 사회적으로 비난과 처벌을 받아야 하는 것이지만 이 범죄를 보도하면서 그의 이름과 초상이 공개되면 어쨌든 실질적으로 그의 인격권에 일정한 침해가 발생한다.

여기서 민주주의 사회 운영에 필수불가결한 기본적인 인권이라는 언론의 자유가 이처럼 언론 활동의 대상이 되는 사람 등의 인격권을 침해하는 것을 어떻게 처리할 것인가가 문제가 된다. 사회를 구성하는 개인들의 인격권을 보호하는 것도 절대로 가볍게 볼 수 있는 문제가 아니다. 이 문제를 처리하는 기준은 역사적 경험이나 문화적 특성에 따라 국가별로 적지 않은 차이를 보인다. 특히 공적 영역을 얼마나 폭넓게 인정하느냐에 따라 어떤 나라에서는 명예훼손이나 사생활 침해 등에 해당하는 것이 어떤 나라에서는 아예 침해의 대상으로 인정되지 않기도 한다.

우리 사회에서는 '언론의 인권 침해'라는 흔한 표현에서 보듯, 대체로 언론을 인권 밖의 어떤 권력적 작용으로 보고 언론 활동이 인권을 침해한다고 보는 접근법이 널리 퍼져있다. 이 접근법은 결국 언론이라는 현실 권력에 대한 통제의 필요성으로 연결되고 각종 법적, 윤리적 틀을 만드는 쪽으로 귀결된다. 언론 관련 시민단체 등의 많은 활동도 주로 이런 접근법에 기초하고 있다. 그러다 보니 현실적으로 언론의 자유가 심각하게 제약당하면서 제대로 된 언론 활동이 이루어지지 못하는 상황이 생길 때마다 과연 이런 문제에 어떻게 대처하는 것이 옳은지 논란이 빚어지기도 한다. 이를테면 권력에 대한 어떤 비판적인 보도를 제약하고 그런 보도를 한 언론인을 처벌하고 위축시키는 것은 결국은 평상시 언론이 권력적 작용을 하는 것을 제한하고 언론이 사회적 책임을 다하도록 하겠다면서 도입한 각종 법적 규제 장치들이기 때문이다.

하지만 방향을 달리하여 여러 인권들 가운데서 언론의 자유라는 인권이 여타의 다른 인권, 예를 들어 명예권 등의 인격권과 충돌한다고 보는 접근법도 가능하다. 언론으로 인한 피해의 구제 문제를 인권과 인권이 충돌하는 상황에서 적절한 균형점을 찾는 방식으로 접근하는 것이다. 이는 방금 언급한 권력으로서의 언론이 인권을 침해하는 것으로 보고 그 규제책을 찾는 것과 당장 현실적으로 아무런 차이가 없는 것처럼 보일 수도 있다. 하지만 이 문제를 기본권과 기본권의 충돌, 인권과 인권의 충돌에 따른 조정의 측면에서 접근할 경우에는 언론의 자유에 대한 규제에 보다 신중할 수밖에 없고 각 개인의 인격권 침해 주장에 대해서도 보다 차분한 대응을 할 수 있게 되는 것이다. 제도적인 측면만이 아니라 사회적인 인식의 방향도 마찬가지다.

모름지기 언론 활동에는 바람직한 것과 그렇지 않은 것, 윤리적인 숙고와 성찰을 거친 것과 당장의 상업적, 개별적 이해에 매몰된 것 등이 혼재한다. 특히 바람직한 언론 활동에 따른 사회적 이익은 매우 추상적이고 간접적이며, 비록 매우 훌륭하고 희생적인 언론 활동이라 하더라도 이에 공감하는 사람들이 적극적으로 나서서 지지 의사를 표현하는 경우는 상정하기 어렵다. 하지만 언론 활동으로 인해 스스로의 명예를 훼손당하거나 사생활의 자유 등이 침해된 사람의 피해는 매우 구체적이고 현실적이며 직접적이다. 피해를 당한 한 사람 한 사람의 목소리는 언론의 자유라는 추상적인 가치에 비해 훨씬 소구력을 갖기 쉽다. 사람들은 언론의 자유가 일반적으로 침해되는 것에는 둔감하지만 인격권 침해를 당한 구체적인 개인의 이야기에는 쉽게 공감하고 자신도 당할 수 있는 문제로 인식하기 쉽다.

언론이 자초한 측면이 크지만, 대체로 언론에 우호적이지 않은 사회적 분위기 속에서 구체적인 인격권 침해 사례를 앞에 두고 일반적이고 원론적인 언론 자유의 중요성을 주장하는 일은 쉽지 않다. 언론 관련 시민단체 가운데 언론의 자유를 주창하는 곳을 찾아볼 수 없는 반면 언론을 감시하고 견제,

비판하는 단체는 여러 곳인 것도 그런 맥락에서 이해할 수 있다. 심지어 대표적인 현업 언론인 단체인 전국언론노동조합이 언론의 자유를 확대하기 위한 활동보다는 언론 자유의 남용을 감시하고 언론에 대한 각종 제도적 규제 장치 도입에 앞장서고 있는 것도 마찬가지라 하겠다.[38]

현실 언론이 실질적으로 사회적, 정치적 영향력을 갖게 되는 것은 언론 또는 언론인이 권력자의 지위에 있기 때문이 아니라 정보의 유통, 공개적인 논의 등을 통해 여론의 형성에 관여하기 때문에 나타나는 결과물일 뿐이다. 일부 언론, 언론인이 정치적 영향력을 적극적으로 추구하는 것은 개별적인 일탈의 문제일 뿐이다. 그리고 언론에 대한 각종 규제는 종국에는 문제적 언론 활동만이 아니라 바람직하고 사회적으로도 필요한 언론 활동에도 영향을 미치게 되며 사회적으로 문제가 있는 언론사뿐만이 아니라 모든 언론사에 대해, 그리고 특정한 형태의 언론만이 아니라 개인들의 표현 활동에서부터 대규모 언론사의 활동까지 모두 영향을 미치게 된다. 이러한 각종 규제로 인해 사회 전체가 받게 되는 부정적 영향은 현재 우리 사회의 언론법제 관련 논의 과정에서 제대로 대표될 방법이 없다.

따라서 당장 눈앞에 있는 구체적인 피해자에 집중한 나머지 전반적인 언론의 기능 유지를 위해 필요한 언론의 자유가 제도적으로 제한됨으로써 민주주의 체제의 유지에 필요한 본질적인 기능이 위축되지 않도록 하는 것이 필요하다. 어떻게 하면 언론 자유의 핵심적 기능이 위축되지 않도록 하면서도 부당한 인격권의 침해를 막을 수 있는지를 면밀히 고민해야 하는 것이다.

38 전국언론노동조합이 소속 조합원 거의 전부가 적용 대상이 되는 이른바 '김영란법'(정식 명칭은 '부정청탁 및 금품 등 수수의 금지에 관한 법'이다) 도입에 성명 등을 통해 적극 찬성한 것이 대표적이다. 원론적인 언론의 자유보다는 형사처벌 등을 동원해서라도 언론인들의 부정 청탁이나 접대, 향응 등을 막는 것이 더 중요하다는 것이다.

오랜 시간 권위주의 정권을 거치면서 인권 보호에 소홀했던 것에 대한 반작용으로 개별적이고 구체적인 인권 침해 주장이 과대 반영될 가능성에 대해서도 주의를 기울여야 한다. 특히 상당수 언론인들은 이런 측면을 입에 올리는 것조차 반인권적이라는 비판을 받을 수 있다고 염려한다. 경험적으로 보면 오히려 사회적 책임에 대한 인식이 높을수록 언론에 대한 법적, 제도적 규제를 더 긍정하는 경향이 있다. 그럴수록 사회적으로 보다 균형을 찾으려는 논의가 필요하다. 아래에 이어지는 언론 피해의 구제 방법에 대한 논의에서도 그런 측면을 고려하였다.

2. 언론 피해의 구제 방법

1) 신속한 언론 피해 구제의 중요성

우리는 앞서 언론 보도 활동의 경우 비록 그것이 사회적으로 필요하고 법적으로도 정당한 것이라 하더라도 그로 인하여 피해를 입는 대상이 발생할 가능성이 크다는 점을 살펴보았다. 특히 직접적으로 누군가의 잘못을 지적하는 경우는 말할 것도 없지만 제도적인 문제를 살펴보는 기사는 물론 단순히 날씨나 행사를 전달하는 기사를 통해서도 전혀 예상하지 못한 피해가 발생할 수 있다. 보도의 대상과는 전혀 거리가 먼, 방송 리포트 제작을 위해 길거리에서 기자의 멘트 부분을 촬영하는데 우연히 부근을 지나다 배경으로 잡힌 남녀가 문제를 제기한 경우도 있었다. 회사에 거짓말을 하고 야구장에 갔다가 중계 카메라에 잡힌 경우도 있었다고 한다.

물론 이처럼 실제로 언론 보도로 인해 피해를 입었다고 생각하는 사람들의 경우를 개별적으로 살펴보면 잘못을 저지른 고위 공직자의 경우처럼 사회적 비난을 감수하는 것이 불가피한 경우도 있을 것이지만 굳이 그 정도의 비난이나 어려움에 직면하게 해야 할 것인지 고민스러운 경우도 많다. 또한 언론의 잘못된 보도, 무리한 보도로 정말 억울하게 피해를 입는 경우도 적지 않다. 어떠한 경우든 언론 보도로 인하여 피해 주장이 제기되면 신속하게 그 상황을 해소하고 피해를 회복할 수 있도록 모든 관련자들이 노력해야 한다.

특히 언론인들 중에도 언론사들의 상호 비판 과정에서, 혹은 개인적으로 다른 언론의 보도 대상이 된 경우 사실관계가 틀린 보도, 부정확한 보도 등으로 피해를 입는 경우가 늘고 있다. 해당 언론사에 연락하여 보도를 바로잡으려 해도 무성의하거나 무책임한 대응으로 신속한 조치가 이루어지지 않는다고 호소하는 경우를 볼 수 있다. 문제 보도가 방치되는 사이에 인터넷 공간에서는 무분별한 기사 베껴 쓰기가 이루어지고, 잘못된 내용이 순식간에 퍼져 나가는 바람에 일일이 연락을 해 대응을 하는 것조차 힘들게 된다. 한 번 잘못된 내용이 디지털 공간에 올라가면 시간이 지날수록 광범위하게 퍼져나간 모든 글을 추적해 바로잡기가 어려워지기 때문에 신속하게 잘못을 바로잡는 것이 매우 중요하다.

이렇게 잘못된 기사가 퍼져 나가게 될 경우 단순히 해당 기사에 따른 피해자만이 아니라 결국은 잘못된 기사를 접한 모든 사람들도 피해를 입게 된다. 이는 전반적인 언론의 신뢰 하락으로 이어질 수 있는 것인 만큼 언론사들도 기사에 대한 문제 제기가 있을 경우 신속하고 적극적으로 대응해야 한다는 점을 명심해야 한다.

언론 피해에 대한 구제는 크게 두 가지 방향으로 나누어서 생각해 볼 수 있다. 하나는 피해에 관련된 당사자들이 스스로, 즉 자주적으로 문제를 해결하는 것이고 다른 하나는 법적 절차를 거쳐서 피해를 구제하는 것이다. 법적 절차를 거치는 것은 언론중재와 사법 절차를 거치는 두 가지로 다시 나누어 볼 수 있다.

그런데 여기서 한 가지 생각해 볼 것은 언론 피해 구제와 관련한 논의에서 자주적 해결 방법은 제대로 논의되지도 못하고 있다는 점이다. 언론의 자유가 기본적으로 매우 중요한 인권의 하나이며 언론이 제대로 작동하는 것이 민주주의 사회 운영을 위해서 그렇게 중요한 것이라면 당연히 법적 절차에 기대는 것보다 관련 당사자들이 책임 있게 자주적으로 문제를 해결해야 한다. 하지만 우리 사회의 현실은 그렇지가 못한데, 여기에는 이런 문제의 중요성을 제대로 인식하고 적극적으로 나서지 못하고 있는 언론 스스로의 문제와 함께 언론과 관련한 문제에서 법적 대응을 우선시하는 사회적 분위기의 문제가 겹쳐 있다고 본다.

2) 언론 피해의 자주적 구제

언론 보도로 인하여 문제가 제기될 경우 가장 첫 번째로 생각할 수 있는 것은 바로 해당 보도를 한 언론과 언론인에게 연락하여 문제가 되는 부분을 바로잡고 필요한 경우에는 적절한 보상이나 배상을 할 것을 요구하는 것이다. 언론사들은 시청자나 독자 등이 보도에 대해 문제를 제기할 수 있는 공식적인 통로를 마련해 두고 있다. 먼저 고충처리인 제도가 있다.

방송사와 일간 신문, 뉴스통신사의 경우 '언론중재 및 피해구제 등에 관한 법률' 제6조에 따라 고충처리인을 두어야 한다. 비록 법률에서 규정하고 있는 것이기는 하지만 고충처리인의 업무는 언론 피해에 대한 예방과 구제를 위한 '자율적' 활동이다. 고충처리인으로 해당 언론사 내부 인사가 임명될 수도 있고 관련 업무에 대한 전문성이 있는 외부인을 채용해 맡길 수도 있다. 법률에 따른 임무는 ① 해당 언론이 침해 행위를 했는지에 대한 조사 활동을 벌이고, ② 이러한 조사 활동의 결과 보도 내용이 사실이 아니거나 타인의 명예 등 법익을 침해하는 보도가 있을 경우 시정을 권고하고, ③ 구제가 필요한 피해자가 있을 경우에는 그에 대한 정정보도, 반론보도를 하거나 손해배상을 하도록 권고하고, ④ 독자나 시청자에 대하여 그 밖의 권익 보호와 침해 구제에 관한 자문을 해 주는 것이다(동법 제6조 제2항).

언론중재법은 고충처리인을 두어야 하는 해당 언론사들에 대해 고충처리인의 자율적 활동을 보장할 것과 정당한 사유가 없는 한 고충처리인의 권고를 받아들이도록 노력해야 한다고 규정하고 있다(동법 제6조 제3항). 또 고충처리인의 자격이나 지위, 신분, 임기, 보수 등에 관한 사항을 취재·편집·제작 종사자의 의견을 들어 결정하고 이를 공표하도록 했으며, 고충처리인의 활동 사항은 매년 공표하도록 규정하고 있다(동법 제6조 제4항, 제5항). 고충처리인의 자율적인 활동을 법으로 보장함으로써 법적인 절차에 기대지 않고도 언론사 차원에서의 언론 피해 구제가 이루어질 수 있도록 하기 위한 내용들이다.

신문사들은 2005년에 개정된 언론중재법이 헌법에 위반된다고 헌법소원을 제기하면서 고충처리인 제도에 대해서도 위헌이라는 주장을 제기하였다. 이에 대해 헌재는 고충처리인 제도에 대해 합헌이라고 결정함으로써 고충처리인 제도는 합헌적인 자율적 피해 구제 제도로 인정을 받았다. 하지만 실제 현장에서 언론사들이 고충처리인 제도를 입법 취지에 부합하게 자율적인 피해 예방과 구제 수단으로 운용하고 있다고 보기는 어렵다. 심지어 언론사 내부에서 이러한 고충처리인 제도가 있다는 사실을 제대로 알고 있는 사람도 많지 않다. 거의 모든 언론사는 고충처리인을 내부 직원들 중에서 임명하고 있는데 심지어 고충처리인이 누구인지 공표하지 않고 있는 곳도 있다. 논란 속에 도입된 고충처리인 제도가 사실상 유명무실하다는 것을 보여 준다.[39]

39 2015년 8월 1일 현재 KBS, SBS, 〈조선일보〉, 〈동아일보〉, 〈중앙일보〉 등의 대부분의 언론사들이 내부 사원 가운데서 고충처리인을 임명하고 있는 것으로 파악됐으며 일부 언론사들은 아예 고충처리인이 누구인지, 어떤 고충처리 활동을 했는지 등을 인터넷 홈페이지를 통해 공표하

하지만 언론의 자유가 사회적으로 지지를 받기 위해서는 언론 스스로 언론 활동으로 인해서 생기는 문제를 적극적으로 해결하려고 노력할 필요가 있다. 기왕에 법으로 만들어진 고충처리인 제도를 적극적으로 활용하는 것도 중요하다. 무엇보다 언론 자유의 중요성과 함께 언론 피해 구제와 관련한 법률적 문제를 잘 아는 사람으로 고충처리인을 임명하고, 피해 구제 문제가 가능하면 언론중재나 사법 절차로 번질 필요 없이 신속하게 처리될 수 있도록 노력해야 한다.

특히 언론사들이 소속 언론인들에 대해 언론 활동 과정에서 대상이 되는 사람이나 기관 등의 인격권 등을 부당하게 침해하지 않도록 교육을 강화하는 것은 물론 자체적으로 언론 활동과 관련한 보다 분명한 행동 지침을 마련해 애초에 언론 관련 피해가 발생하는 것을 예방하는 것이 중요하다. 또한 일단 피해가 발생했거나 피해에 대한 주장이 제기될 경우 이를 처리하는 기준도 명확하게 만들어 두고 이에 따라 일관되고 신속하게 대응하는 것이 필요하다. 이와 같은 행위 기준과 함께 피해 사례에 대한 처리 절차와 기준을 마련하고 이를 실제로 이행할 경우에는 언론중재나 소송 등으로 번질 가능성이 줄어드는 것은 물론 일단 법적 절차에 들어가더라도 언론의 자유에 대한 법적 통제를 최소화할 수 있다. 중재위나 재판부도 언론이 이렇게 자체적인 피해 발생 억제와 신속한 구제를 위한 노력을 기울이는 것을 평가할 가능성이 크고, 그만큼 자율적 규제의 영역이 확대될 수 있는 것이다.

개별 언론사 차원에서 이루어지는 이런 자주적 구제 절차 외에도 언론단체를 통한 구제도 자주적 구제에서 중요한 부분을 차지한다. 언론단체 등이 자율적으로 설치한 피해 구제 기구가 그것이다. 국내의 경우에는 법으로 각

지도 않고 있다.

종 내용에 대한 심사와 규제가 이루어지는 방송과는 달리 인쇄 매체들은 자체적인 윤리 기구를 두고 있다. 한국신문협회와 한국신문방송편집인협회, 한국기자협회가 공동으로 1961년 9월에 구성한 '한국신문윤리위원회'가 대표적이다.[40]

한국신문윤리위원회는 대법관 출신의 변호사를 위원장으로 여러 분야의 전문가들이 윤리위원으로 참여하고 있다. 한국 신문윤리위원회의 심의 대상은 스스로 신문윤리강령과 실천요강을 준수하겠다고 자발적으로 서약을 한 회원사와 비회원사의 보도인데, 2015년 8월 현재 한국신문협회 회원사 47개사와 비회원사 38개사가 있다. 심의는 자체 심의실에서 문제를 발견해 보고한 사건과 독자 등이 제소한 사건, 윤리위원회나 독자불만처리위원이 회부한 사건 등을 대상으로 이뤄진다. 윤리강령과 실천요강을 위반한 신문사나 통신사에 대해서는 주의나 경고, 공개 경고, 정정, 사과, 관련자에 대한 윤리위원회의 경고가 주어지며 같은 규정을 위반해 1년 동안 3회 이상 경고를 받고도 시정하지 않을 때는 1000만 원 이하의 과징금을 부과할 수 있도록 되어 있다. 특히 윤리위원회의 결정 사항을 이행하지 않을 경우에는 회원 자격 정지나 제명을 요구할 수 있도록 되어 있다. 이런 각종 결정 사항은 지면을 통해 공개하게 할 수 있으며, 공개 경고 결정이 나면 신문협회 소속 전 회원사의 지면을 통해 보도하도록 규정하고 있다.

40 한국신문윤리위원회 외에도 유사한 윤리 기구로 간행물윤리위원회가 있다. 그런데 현행 사단법인 '한국간행물윤리위원회'는 당초 잡지협회 등에 의해 만들어진 자율 심의 규제 기구였으나 1989년 사단법인화가 이루어지면서 사실상 방송통신심의위원회와 유사한 행정 기구로 바뀌었다. 이 위원회는 위원장과 부위원장 산하에 국내간행물소위원회와 외국간행물소위원회, 사무국을 둔 정식 기구로 출판문화산업진흥법과 청소년보호법에서 정한 심의 기준 등을 근거로 국내외에서 간행되는 신문, 도서, 잡지 등 모든 간행물의 유해성 여부를 심의해서 결정하는 기능을 수행한다. 따라서 여기서 말하는 순수한 자율 규제 기구로 보기는 어렵다.

제도 자체만 보면 상당한 수준의 피해 구제 절차를 두고 있는 셈이지만 한계도 있다. 제재 조치를 보면 선정적 보도 등 품질에 문제가 있는 경우에는 해결책이 될 수가 있지만 명예훼손 등 실제로 피해가 발생했을 경우 그에 대한 배상 등을 통한 해결책을 찾기에는 어려움이 있다. 금전적 피해 배상을 통한 피해 구제는 아예 선택지에서 제외하고 있기 때문이다. 뿐만 아니라 제재 자체가 매우 미약하다고 볼 수 있다. 심의 결정에 대한 이행이나 재발 방지 장치가 취약하기 때문이다. 제재 결정을 하고도 이를 강제할 수단이 마땅치가 않은데 더구나 같은 규정을 1년 동안 3회 이상 위반해 경고를 받고도 시정하지 않을 경우에만 과징금을 부과할 수 있고 그것도 1000만 원 이하에 불과하다.

실제로 신문윤리위원회의 활동은 여러 차례 그 실효성을 놓고 논란이 빚어졌다. 매우 선정적인 소설을 연재하고 있는 특정 신문사 관계자가 윤리위원을 맡기도 했고, 반복적으로 경고 처분을 받고도 아무런 시정을 하지 않는 경우도 적지 않았다. 선정적인 보도를 인터넷 페이지에 올려 경고 처분을 받고도 아무런 조치를 하지 않고 해당 기사와 문제의 영상을 방치하고 있는 경우도 있다.[41]

윤리위원회의 운영 상황을 보아도 과연 자주적인 언론 분쟁에 대한 해결 수단이 될 수 있을지 의문이 들 수밖에 없는 상황이다. 윤리위원회가 2015년 8월 현재 공개하고 있는 2002년부터 2013년까지의 활동 통계를 보면 언론의 선정성이나 상업성 등이 심해지면서 사회적 논란이 커지고 있는 것과는 정반대로 시간이 지날수록 공개 경고와 같은 무거운 제재는 줄어들고 가장 낮은 제재인 주의가 거의 대부분을 차지하고 있는 것을 볼 수 있다. 특히 신문윤리

41 심의 결정 사항은 한국신문윤리위원회 인터넷 홈페이지(http://www.ikpec.or.kr/)의 '심의 결정 현황' 등에서 자세한 내용을 볼 수 있다.

위원회의 결정을 무시하는 사례들이 계속되고 있지만 과징금 처분이나 회원 자격정지, 제명 등의 강력한 조치가 동원된 사례도 없다.

이처럼 자주적 구제가 언론사나 언론단체 등에 의해서 적극적으로 이루어지지 않는 것과 함께 언론에 대해 법적 규제를 주저하지 않는 사회적 분위기가 합쳐지면서 국내에서는 언론 보도로 인한 피해가 발생할 경우 법적 절차에 호소하는 경우가 일반화되고 있다.

3) 언론 피해에 대한 법적 구제 절차

언론 피해에 대한 법적 구제 절차는 언론중재위원회를 통한 구제, 법원에 소송 등을 내는 방법, 그리고 구제의 방법으로 인정할 수 있을지 논란이 있을 수 있으나 현실적으로 적지 않게 동원되는 형사 절차를 통하는 방법 등이 있다.

(1) 언론중재제도에 따른 구제 절차

언론중재위원회의 설치와 정착 과정

언론중재위원회는 1980년 말 국가보위비상입법회의가 제정한 언론기본법에 의해 1981년 3월에 설립되었다. 언론 피해에 대한 신속한 구제를 명분으로 내세웠지만 사법 절차 외에 별도로 법을 만들어 정부가 주도하는 언론 분쟁 해결 기구를 두는 것에 대해 의구심이 제기되었다. 미국은 물론 유럽의 여러 나라들에서 언론단체들이 중심이 되어 자주적인 분쟁 해결 기구를 만드는 것에 대해서조차 언론 자유를 제약할 수 있다는 논란이 일고 있는 상황에서 아예 법정 기구로, 정부가 운영하는 분쟁 해결 기구를 설치하는 것은 이런 언론에 대한 자율 규제와는 거리가 먼 것이 분명했기 때문이다. 실제로 초기에는 운영 자체도 유명무실하여 첫 해인 1981년에 44건의 사건이 접수됐다가 20건이 취하된 것을 비롯해 1988년까지는 매년 100건을 넘지 못하였고 1994년에 이르러서야 연간 500건을 넘어서게 되었다.[42]

특히 문민 정부에서 참여 정부를 거치는 동안 정부 등이 언론중재를 신청하는 사례가 크게 늘면서 전체 사건도 급증했고, 언론중재가 정부의 언론에 대한 통제 수단으로 활용되고 있다는 주장이 쏟아졌다. 하지만 애초에 언론중재위원회는 신군부에 의해 도입된 전 세계적으로 유례를 찾아보기 어려운 타율 규제 기구로 1987년 언론기본법 폐지 과정에서도 존폐가 논의되었던 제도다. 특히 언론중재위원회는 언론 매체에 대한 정부의 통제 수단의 하나로 도입되었으며, 실제로는 아예 완전한 불법적, 초법적 수단을 통해 언론을 통제하던 군사 정권 때보다 오히려 민간 정부에서 더 중요한 언론 통제 수단으로 활용되고 있다는 분석도 있다.[43]

물론 법률 실무가들 중에는 언론기본법의 일부 독소 조항들의 문제는 인정하더라도 이른바 정정보도청구권을 도입하면서 바로 사법 심사에 맡기지 않고 중간적인 제도로 언론중재제도를 도입한 것이라며 긍정적으로 이해하는 사람들도 적지 않다. 어쨌든 언론중재위원회는 1987년 언론기본법이 폐지되자 '정기간행물의 등록 등에 관한 법률'로 근거 법률을 바꿔 존속했을 뿐만 아니라 기구도 대폭 확대되었다. 또 2005년에 현재의 '언론중재 및 피해구제 등에 관한 법률'이 제정되면서 기존의 조정 제도 외에 중재 제도가 도입되었을 뿐만 아니라 손해배상청구까지 일괄해서 처리할 수 있도록 업무 범위가

42 언론중재위원회, "언론조정 · 중재 신청 처리 현황," 언론중재위원회 인터넷 홈페이지(www.pac.or.kr) 참조.

43 손태규(2007), "노무현 정권의 합법을 가장한 언론 탄압,"《편협50년사》, 한국신문편집인협회, pp.67∼88.

넓어졌다. 또한 2009년에는 포털은 물론 인터넷 뉴스 서비스, 인터넷 멀티미디어 방송(IPTV) 등으로까지 범위가 넓어졌고 기구도 더 확대되는 등 지속적으로 조직이 커지고 업무 영역도 확대되었다. 김대중–노무현 정부 시절 정부가 언론중재위원회를 적극 활용하면서 언론 통제 수단으로 사용한다는 지적이 제기되고는 했는데, 이후 이명박–박근혜 정부에서도 언론중재위원회의 업무 범위를 강화하려는 움직임이 끊이지 않고 있다는 점은 시사하는 바가 크다.

사건 수를 보면 노무현 정부에 들어서 한 해에 다루는 사건 수가 드디어 1000건을 넘어섰고 이명박 정부 들어서는 연간 2000건을 훌쩍 넘어섰다.[44] 정부가 비판적인 언론 보도에 대해 적극적으로 언론중재위원회 제소로 맞선 이유가 컸지만 신청에 아무런 경제적 부담이 없으며 정정이나 반론보도 외에 손해배상까지 한꺼번에 처리할 수 있으면서도 재판 절차에 비해 접근에 부담이 적은 점 등이 작용한 것으로 볼 수 있다. 2005년에 도입된 중재 절차를 이용하는 사례도 조정 신청에 비해서는 미미하지만 꾸준히 늘어나고 있다.

출범 과정의 순수성 등에 대한 논란에도 불구하고 현실적으로 많은 사람들이 이용함으로써 언론 분쟁에 대한 사실상의 기본적인 해결 수단이 된 상황에서 언론중재위원회의 탄생 배경 등을 놓고 논란을 벌이는 것은 큰 의미는 없을 것으로 보인다. 다만 이 제도가 세계적으로 유례를 찾기 어려운 이중적인 법정 분쟁 해결 제도라는 점, 그리고 지속적으로 기구나 업무 범위가

44 2013년에 2433건이던 청구건수가 2014년에 무려 19,048건으로 폭발적으로 늘어난 것은 세월호 참사 관련 보도 과정에서 이른바 구원파에 대해 언론이 집중 보도한 것과 관련해 구원파 측에서 무더기로 조정 신청을 했기 때문이다. 실제로 구원파 관계자들의 무더기 조정 신청으로 대상이 된 언론사들은 물론 언론중재위원회의 일반 사건 처리까지 차질을 빚을 정도였다. 이른바 언론 보도로 인한 피해를 주장하는 쪽에서 아무런 부담 없이 조정을 신청할 수 있도록 한 제도를 남용한 대표적 사례로 볼 수 있다.

확대되고 있다는 점, 정부의 언론에 대한 길들이기 수단으로 활용되거나 혹은 특정한 기관 등이 조직적으로 언론의 활동을 제약하기 위한 수단으로 동원하는 사례가 나타난다는 점 등을 감안해 언론중재위원회의 적정한 운용 방향을 고민해 볼 필요가 있다. 현존하고 있는 제도라고 해서 당연하게 받아들이기만 하는 것이 능사는 아니다. 지금도 이 제도의 다양한 확대 방안이 논의되고 있는데 이와 함께 제도의 축소 가능성은 물론 운영 방식 자체를 획기적으로 바꾸는 것에 대해서도 생각해 볼 수 있어야 한다.

언론중재위원회를 통한 피해 구제

언론 관련 분쟁에 특화된 기구로서의 언론중재위원회의 조정 등 분쟁 해결 절차에 대해 언론인은 물론 언론을 접하는 모든 사람들이 기본적인 이해를 갖출 필요가 있다. 언론중재위원회를 통해서는 언론중재법이 규정하고 있는 모든 피해 구제 방법, 즉 정정보도와 반론보도, 추후보도는 물론 손해배상까지 받을 수 있다.

언론 보도로 인해 피해를 입었다고 생각되면 언론중재위원회에 조정을 신청할 수 있는데, 서면은 물론 언론중재위원회의 담당 직원에게 구술, 즉 말로 신청을 할 수도 있고 언론중재위원회 홈페이지를 통해 간편하게 전자 접수를 하거나 전자우편으로도 신청을 할 수도 있다. 언론중재법은 조정 신청에 대하여 수수료를 징수할 수 있도록 규정하고 있으나 실제로는 아무런 비용 부담 없이 무료로 신청을 할 수 있다.

조정 신청은 정정보도나 반론보도, 손해배상을 따로 할 수도 있고 병행해서 할 수도 있다. 먼저 반론보도를 신청한 뒤 나중에 정정보도를 추가하거나 변경할 수도 있고, 손해배상청구도 추가하거나 제외하는 등의 변경이 가능하다. 신청 취지도 조정 절차 진행 중에 얼마든지 바꿀 수 있다. 절차적 유연성을 최대한 인정하고 있는 셈이다.

신청 기한에 대해서는 몇 가지 특별한 규정이 있다. 언론중재위원회에는 언론중재법에 따른 정정보도 등의 청구만 가능하므로 그 청구는 해당 언론 보도 등이 있음을 안 날로부터 3개월 이내에, 그리고 해당 언론 보도 등이 있은 때로부터 6개월 이내에 행사하여야 한다. 또 일단 해당 언론사를 상대로 먼저 정정보도 등을 청구한 경우에는 피해자와 언론사 사이에 협의가 성립하지 않게 된 날, 즉 '불성립'한 날로부터 14일 이내에 신청을 해야 한다.

그런데 이 부분은 피해자가 언론사와 직접 자주적 구제를 시도한 경우에 언론중재 신청 기한을 더 엄격하게 제한하는 것으로 오히려 자주적 구제 시도를 위축시키는 효과가 있다는 비판을 받을 수 있다. 물론 기왕에 문제가 있는 언론 보도를 인식하고 그에 대한 구제까지 요구하는 등 행동에 들어갔다면 조속하게 그에 대한 조치를 마무리하게 하는 것이 필요하다고 보고 이렇게 짧은 시한을 설정한 것으로 이해할 수 있다. 하지만 해당 보도가 있음을 안 날로부터 3개월 이내에만 청구를 하면 되는 것으로 되어 있는 일반적인 청구 기한을 해당 언론사와 자주적 구제 논의를 했다는 이유로 이렇게 큰 폭으로 단축하는 것이 적절한지는 의문이다.

언론중재위원회는 조정 신청이 접수되면 14일 이내로 기일을 지정해 당사자를 출석시켜 조정을 해야 하며 신청인이 2회에 걸쳐 출석하지 않으면 조정 신청을 취하한 것으로 보고, 대신 언론사가 2회에 걸쳐서 출석을 하지 않으면 조정 신청 취지를 그대로 이행할 것을 합의한 것으로 간주한다. 조정 신청 과정에서 신청인이나 피신청인인 언론사 모두 대리인을 선임할 수 있다. 변호사가 아닌 사람이 대리인이 되려면 중재부의 허가를 미리 받아야 하는데, 신청인의 경우에는 배우자나 직계 가족, 형제자매, 회사인 경우에는 소속 직원에 한해서는 신청인이 반대하지 않는 한 중재부의 허가 없이도 대리인이 될 수 있다.

조정과 중재

조정 과정은 기초적인 사항에 대한 조사나 진술 등을 토대로 이루어지며 중재위원은 조사된 내용을 바탕으로 당사자들에게 사건의 개요나 법률관계 등을 설명해 주고 절충안을 제시하는 등 합의를 권유할 수 있다. 이것이 이른바 '조정' 과정이다.[45] 중재부는 조정 신청이 적법하지 않을 때에는 이를 각하하고, 신청인의 주장이 이유 없음이 명백할 경우, 즉 합당한 근거가 없음이 명백할 경우에는 신청을 기각하게 된다. 또 당사자 사이의 합의가 이루어질 수 없는 등 조정에 적합하지 않다고 판단할 경우에는 '조정불성립' 결정을 내려야 한다.

중재부는 양 당사자 사이에 합의가 이루어지지 않았으나 신청인의 주장이 이유가 있다고 판단되는 경우에는 조정 신청 접수 21일 이내에 직권으로 조정에 갈음하는 결정, 즉 '직권조정 결정'을 할 수 있다. 신청인과 피신청인 가운데 어느 쪽이든 결정문을 송달받은 뒤 7일 이내에 이의신청을 하면 직권조정 결정은 효력을 상실하고 곧바로 피해자를 원고로, 상대방인 언론사를 피고로 하는 소송이 제기된 것으로 본다. 기본적으로 직권조정 결정은 신청인의 신청 취지에 반하지 않는 한도에서 내리게 되어 있으나 이론적으로는 신청인도 직권조정 결정에 이의신청을 할 수 있다. 반면에 조정을 통해 합의가 이루어지거나 합의로 간주되는 경우, 또는 직권조정 결정이 확정되는 경우에는 재판상 화해와 같은 효력이 인정된다. 민사소송법 제206조는 "화해조서는 확정 판결과 동일한 효력이 있다"고 규정하고 있고, 따라서 이를 근거로 강제집행도 가능하다.

'조정불성립' 결정이 내려지면 신청인은 법원에 소송을 낼 수 있다. 다만

45 과거 정기간행물법 시절에는 이를 '중재'라는 용어로 잘못 사용하고 있었는데 2005년 언론중재법 제정 과정에서 바로잡았다.

위에서 설명한 직권조정 결정에 이의신청을 했을 때와 같은 '자동 소송 제기'의 효과는 없다. 직권조정 결정은 일단 신청인의 주장에 일리가 있다는 중재부의 판단을 전제로 한 것이다. 따라서 직권조정 결정이 난 사건에서 피신청인인 언론사로서는 이의신청을 해서 소송으로 연결될 경우 중재부의 판단을 뒤집어야 하는 부담을 진다. 이와는 달리 조정불성립 결정은 양 당사자 가운데 어느 쪽에 특별한 유리함을 공식적으로 부여하는 것은 아니다. 하지만 실무적으로 조정불성립 결정이 내려졌다는 것은 사건을 심리한 중재부가 신청인에게 유리한 직권조정 결정을 내리지는 않았다는 점에서 신청인으로서는 상대적으로 덜 유리한 상황에서 소송을 진행해야 하는 부담을 안게 된다.

당사자 사이에 합의를 끌어내는 과정인 조정과는 달리 재판과 유사하게 언론중재위원회의 결정으로 분쟁을 끝내는 진정한 의미에서의 '중재'를 신청하는 것도 가능하다. 조정의 경우에는 아예 합의가 성립하지 않거나, 직권조정 결정에 불복해 이의신청을 할 수도 있지만 중재의 경우에는 중재법에 규정된 경우를 제외하고는 불복이나 결정의 취소가 불가능하다. 때문에 중재신청을 하기 위해서는 피해를 주장하는 쪽과 언론사 모두가 언론중재위원회의 결정에 따르기로 사전에 합의해야 한다. 일단 조정을 신청해 조정 절차가 진행 중인 상황에서도 중재 신청을 할 수 있다. 중재 결정은 확정 판결과 같은 효력을 갖는다. 실질적으로 종국적 결정으로서의 효력을 갖는다는 점에서는 조정 절차에 따라 합의가 이루어진 경우와 같다고 볼 수 있다.

원래 언론중재위원회라는 이름에도 불구하고 언론중재위는 '중재Arbitration'가 아닌 '조정Mediation'만을 수행해왔다. 때문에 일부에서는 '언론중재위원회'라는 명칭을 '언론분쟁조정위원회'와 같이 실질에 부합하도록 고쳐야 하는 것이 아니냐는 주장을 제기하기도 하였다. 실제 중재 절차는 2005년 언론중재법 제정 과정에서 비로소 마련되었다. 중재 절차는 양 당사자가 사건을 소송으로 끌고 갈 위험성 대신 중재부에서 자신에게 불리한 결론을 내릴 위험성을 감수하기로 결정했다는 것을 의미한다. 하지만 아직 언론중재위원회에서 진행되는 중재 절차에 대한 신뢰도는 그렇게 높지 않은 것으로 보인다. 2006년 7건의 중재 신청이 들어온 것을 시작으로 2013년에는 190건까지 늘었는데, 2014년에는 다시 11건으로 급감하고 말았다. 2015년에는 10월까지 모두 24건이 중재로 처리되었다. 아직은 언론중재위원회라는 이름과 실제 기능이 완전히 부합하지 않는 상태가 계속되고 있는 셈이다.

언론중재위원회의 성격과 미래

언론중재위원회는 형식상 독립적인 민간 기구를 표방하고 있지만 중앙 정부 부처인 문화체육관광부 산하의 공공 기관이라고 볼 수 있다. 언론중재위원회에 아무리 민간의 외피를 씌우더라도 결국은 법률에 의해서 설치되고 세금이나 다름없는 공적 기금을 사용하거나 직접 정부 예산의 지원을 받아 운영되며 구성도 정부에 의해서 이루어지는 등의 측면에서 실질적인 행정 기관이라는 점을 부정할 수는 없다.[46]

실제 인원 구성부터가 그렇다. 언론중재위원회의 각 중재부를 구성하는 중재위원은 문화체육관광부 장관이 위촉한다. 중재위원은 법관의 자격이 있는 사람으로 법원행정처장이 추천한 사람, 변호사 중에서 대한변호사협회장이 추천한 사람, 언론사의 취재·보도 업무에 10년 이상 종사한 전직 언론인

46 유사한 조직 구성 방법을 갖고 있는 방송통신심의위원회에 대해 이미 사법부와 헌재가 행정 기관에 해당한다는 판단을 내린 바 있다. 방송통신심의위원회나 언론중재위원회는 예산이나 구성, 운영 등에서 매우 유사한 모습을 보인다. 두 기관 모두 인터넷 홈페이지 주소에 정부를 의미하는 'go' 대신 'or'을 쓰고 있다. 이런 노력에도 불구하고 방송통신심의위가 행정 기관이라는 데에 법원과 헌재 사이에 이견이 없다는 점은 시사하는 바가 크다. 언론중재위원회, 그리고 앞에서 언급했던 간행물윤리위원회 같은 기관의 법적 지위는 방송통신심의위를 기준으로 가늠해 볼 수 있다.

이 각각 전체 정수의 5분의 1 이상이 되어야 한다. 그 밖에 언론에 관하여 학식과 경험이 풍부한 사람으로 주로 언론학 관련 교수 등이 위촉된다.

언론중재위원회에 대한 비판 가운데는 언론중재위원회에 언론사 근무 경력자는 포함시키면서 언론 소비자를 대표할 사람은 포함하지 않고 있다는 주장이 있다. 일견 일리가 있어 보이는 주장이면서도 전직 언론인 외의 다른 구성원들이 모두 언론의 취재·보도 대상이거나 언론 소비자이기도 한 사람들이라는 점에서 크게 설득력을 갖기 어렵다고 본다. 특히 실무적으로 보면 이미 언론 현업에서 퇴직한 전직 언론인들의 경우 후배 언론인들을 감쌀 것이라는 일반적인 생각과 달리 심리 대상이 된 언론 보도나 관행에 대해 매우 비판적인 경우가 많다. 실제로 실무자들 사이에서는 조정 과정에서 전직 언론인이 언론사 측에 양보를 제안하는 경우가 제일 많다는 인식이 있다.

특히 언론중재위원회의 기능을 현재와 같이 두거나 오히려 더 확대하자는 제안이 제기되고 있는데, 그렇다면 언론중재위원회의 기능을 더 전문화하는 쪽으로 논의를 진행해 보는 것도 생각해 볼 수 있다. 이미 단순히 주먹구구로 판단을 내려서는 안 되는 손해배상 기능까지 갖고 있는 점을 생각해 보면 언론중재위원회가 사실상 준사법적 기능을 할 수 있도록 전체적인 제도를 정비하는 방안을 검토해 보는 것도 의미가 있을 것이다. 만약 분쟁 해결 절차에 대한 신뢰를 더 높이고, 유사한 사건에 대한 분쟁 해결 사례가 다른 분쟁에 대해서도 일종의 선례로서의 효과도 가질 수 있도록 하려면 언론중재위원회의 소속을 행정부 쪽에서 사법부 쪽으로 옮기는 방안도 생각해 볼 수 있다. 다른 방법으로는 언론중재위원회가 아예 재판의 1심 기능을 담당할 수 있도록 하는 방안도 검토해 볼 수 있을 것이다. 사법부의 업무 과중이 항상 우리 사회의 논란거리 가운데 하나인데, 이렇게 하면 언론 관련 분쟁에 대한 재판이 크게 줄어들 수도 있을 것이다.

일부에서는 언론중재위원회의 조정 사례들은 선례로서의 기능은 없다고 강변하지만 실제로 해당 언론사들은 물론 언론 소비자들 사이에서 기존 사례들을 선례로 받아들이는 것이 현실이다. 실제로 언론중재위원회 스스로 결정 사례집을 발간하는 등 기왕에 다룬 사례들을 널리 알리려 하는 것도 같은 맥락에서 볼 수 있다. 물론 이런 준사법적 조직으로 변화시키는 것의 반대 방향으로도 검토가 가능한데, 순수한 조정 기능은 진짜 민간 자율 기구를 제대로 만들도록 해서 그쪽으로 이관하고 언론중재위원회는 아예 명실상부하게 언론 관련 분쟁에 대한 중재 쪽으로 특화하는 것이다.

(2) 민사적 구제 절차

언론중재법이 규정한 각종 피해구제청구권은 언론중재위원회에 조정이나 중재를 신청하는 것 외에 법원에 곧바로 소송을 제기하는 방식으로 행사할 수도 있다. 언론중재위원회에는 언론중재법에 규정된 정정과 반론, 추후보도를 청구할 수 있지만 법원에는 언론중재법에 규정된 것들은 물론 민법의 불법행위 조항에 근거한 구제청구도 할 수 있다. 언론중재법에 근거한 각종 청구권과 민법에 근거한 청구권은 엄밀히 말하면 양립하는 것으로 둘 다, 혹은 선택적으로 청구할 수도 있다. 물론 어느 한 청구권 행사로 사실상 해당 피해에 대한 구제가 이루어졌음에도 불구하고 이중으로 구제 조치가 내려지지는 않을 것이다. 하지만 절차적으로는 두 가지 청구권이 얼마든지 독립적으로 성립한다는 것이다. 특히 언론중재법은 제26조 제1항에서 피해자가 언론중재법에 따라 정정보도청구 등의 소송을 제기한다고 해서 민법 제764조에 따라 명예회복에 적당한 처분을 구하는 소송을 내는 데 아무런 영향을 미치지 않는다고 명문으로 선언하고 있다.

또한 언론중재위원회에 조정을 신청했다가 각하, 기각되거나 조정불성립 결정이 난 경우도 신청인은 해당 사안을 사법 절차로 가져갈 수 있다. 앞서 언급한 것처럼 언론중재위원회의 직권조정 결정에 대해 어느 한쪽이 이의신청을 하면 자동으로 소송이 제기된 것으로 보기 때문에 역시 사법 절차로 이어지게 된다. 언론중재 사건이 지속적으로 증가하고 있음에도 불구하고 민사적 구제 절차는 여전히 핵심적인 언론 피해에 대한 구제 수단으로 남아 있는 것이다.

정정이나 반론, 추후보도와 같이 언론중재위원회와 법원을 통해 동시에 추구할 수 있는 청구권과는 달리 법원을 통해서만 추구할 수 있는 구제 수단도 있다. 방송금지나 보도금지 등 각종 금지청구가 그것이다. 이미 이루어진 보도가 계속 인터넷 공간에서 게재되어 있는 상태일 때 그 삭제나 수정 등을 청구하는 것은 언론중재의 대상이 될 수 있으나 보도가 이루어지기 전의 사전적 금지는 언론중재위원회를 통해서는 청구할 수 없다. 뒤에서 논의하겠지만 언론 보도에 대한 사전적인 금지청구는 언론의 자유에 대한 매우 중대한 제약이 된다는 측면에서 법원에서 신청 사건으로 처리되더라도 매우 신중하게 다뤄질 필요가 있다.

한 가지 알아두어야 할 점은 보도가 진실하지 않음을 전제로 한 정정보도청구소송은 민사소송법에 정해진 일반적인 소송 절차에 따라 진행되지만 반론보도나 추후보도청구의 경우에는 민사집행법의 가처분 절차에 관한 규정에 따라 재판한다는 것이다. 이는 정정보도청구의 경우에는 대상이 되는 보도의 진실 여부를 가리기 위해 어느 정도의 면밀한 검토가 이루어져야 하지만 당사자의 액세스권의 일종으로 인정되는 반론보도나 사실관계를 엄밀하게 따질 필요가 많지 않은 추후보도의 경우에는 정밀한 증거 조사를 요구하지 않고 필요한 요건의 소명만 이루어지면 청구를 받아들이게 된다는 것을 의미한다.

물론 정정보도청구의 경우에도 일반적인 민사 본안 사건에 준해서 면밀한 증거 조사를 거쳐야 하는 것은 아니다. 대신에 언론사 등이 정정보도나 반론보도, 추후보도 등을 이행했는데 이후 언론사 등의 청구에 의해서 면밀한 심리가 이루어져 정정이나 반론, 추후보도가 부당하게 이루어진 것으로 판단되면 해당 취소 재판의 보도를 위해 필요한 비용과 함께 기존의 정정, 반론, 추후 보도에 해당하는 지면 게재료나 방송 사용료에 해당하는 금액을 언론사에 손해 배상금으로 지급해야 한다.

(3) 그 밖의 구제 절차

언론 보도와 관련해 제기될 수 있는 불법 행위 유형 가운데 일부는 우리 형법이 범죄로 규정한 것들이 있다. 형법 제307조의 명예훼손과 제308조의 죽은 사람에 대한 명예훼손, 제309조의 출판물에 의한 명예훼손, 제311조의 모욕 등이 그것이다. 명예와 관련한 불법 행위를 범죄로 규정할 것이냐에 대해서는 논란이 있다. 또 국가 형벌권을 발동해 문제된 보도를 행한 사람을 처벌하는 것은 보복은 될 수 있지만 피해를 회복하는 것으로 보기는 어렵다는 지적도 있다.

그러나 어쨌든 현실적으로 이런 형법 조항이 존재하는 한 언론 피해를 입었다는 사람들이 이러한 조항의 발동을 추진할 수 있다. 또한 그 자체가 직

그림 3-1. 명예훼손 보도에 대한 법적 대응 절차

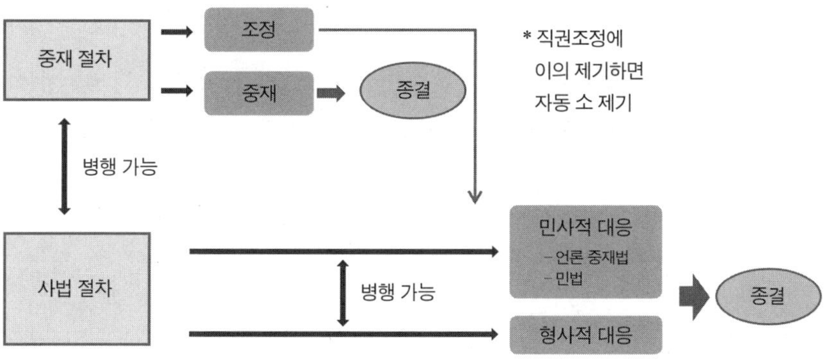

접적인 구제 수단이 되지 못하더라도 간접적으로 구제 조치를 압박하는 유효한 수단으로 활용될 수 있다. 피해자 입장에서 보면 언론에 대한 형사처벌 위협을 통해 문제의 보도를 정정하거나 취소하게 하는 등의 구제 조치를 압박할 수 있는 것이다. 뿐만 아니라 이 과정에서 압수수색이나 구속 영장의 청구와 같은 신체의 자유를 제한하는 위협 수단까지 현실적으로 동원되고 있다. 이런 수단들은 정부에 대해 비판적인 보도를 압박하기 위해 동원되면서 사회적으로 큰 논란이 벌어지기도 한다.

3. 언론 피해에 대한 법적 구제의 종류

1) **정정보도**

(1) 정정보도의 개념과 청구 요건

정정보도의 개념

'정정보도'는 말 그대로 잘못된 보도를 정정하는 것, 즉 잘못을 바로잡는 보도다. 따라서 정정보도를 요구하기 위해서는 쟁점이 된 보도가 잘못된 내용을 담고 있어서 피해가 발생했어야 한다. 정정보도는 민법 제764조의 명예훼손에 관한 특칙 조항에 규정된 '명예회복에 적당한 처분'의 하나로도 요구할 수 있고 언론중재법에 명시된 정정보도 조항에 근거해서도 청구할 수 있다. 물론 민법에 근거한 정정보도와 언론중재법에 근거한 정정보도청구는 고의나 과실 등을 따지는 법적 요건에서는 차이가 난다. 언론중재법은 민법 제764조와 유사한 명예훼손에 관한 특칙 조항을 두고 이른바 '명예회복에 적당한 처분'을 규정하고 있으나 명문으로 별도의 정정보도 규정을 두고 있으므로 이 특칙 조항을 근거로 정정보도를 요구할 수 있다고 보기는 어렵다.

1981년 처음 언론기본법에 의해 언론중재위원회가 설치될 당시에는 보도 자체에 아무런 잘못이 없더라도 그에 대한 반론을 제기하는 것을 '정정보도청구'라고 규정하여 상당 기간 그 청구권의 성격을 두고 혼란이 빚어지기도 했다.[47] 하지만 2005년 과거의 '정기간행물의 등록 등에 관한 법률'에서 언론중재 부분을 떼어 내 별도의 법률로 제정하는 과정에서 이런 용어의 혼선은 정리가 되었다. 보도 자체에는 잘못이 없으나 그럼에도 불구하고 피해가 발생한 경우에는 아래에서 설명할 반론보도 등을 청구해야 한다.

'사실적 주장'에 관한 보도

먼저 언론중재의 대상이 되는 보도는 '사실적 주장'에 관한 것으로 국한한다. 이는 언론중재법이 다루는 모든 보도에 적용되는 원칙이다.[48] '사실적 주장'이라는 것은 증거에 의해서 그 존재 여부를 판단할 수 있는 사실 관계에 관한 주장이라고 정의되어 있다(제2조 제14호). 따라서 증거로 존재 여부를 판단할 수 없는 사항, 즉 단순한 의견이나 논평 등은 언론중재의 대상이 되지 못한다. 이 부분은 민법에 의한 것이든 언론중재법에 의한 것이든 마찬가지다.

다만 의견이나 논평의 형식을 띠는 것 같으면서도 실제로는 사실적 주장을 하는 경우가 적지 않다. 특히 사실적 주장을 한참 늘어놓은 다음에 '~라고 생각한다'는 말만 붙인다고 사실적 주장과 무관한 의견이나 논평이 된다고 볼 수는 없다. 결국 보도의 내용 가운데 증거에 의해서 존재 여부를 판단

47 헌재 1991. 9. 16. 선고 89헌마165 정기간행물의 등록 등에 관한 법률 제16조 제3항, 제19조 제3항의 위헌 여부에 관한 헌법소원 참고.

48 언론중재법 제2조 제15호는 이 법에서 이야기하는 '언론 보도'는 "언론의 사실적 주장에 관한 보도"를 말하는 것이라고 아예 정의를 내리고 있다.

할 수 있는, 즉 입증이 가능한 사항이 들어 있느냐가 핵심이다. 하지만 이러한 개념적인 구분은 사실 그렇게 간단한 것이 아니다. 판례도 언론 보도가 대개 사실적 주장과 의견 표명이 혼재하는 방식으로 이루어지기 때문에 구별 기준 자체가 단순명쾌하지 않다는 것을 인정한다. 때문에 원래 보도의 객관적인 내용과 함께 일반적인 시청자가 보통의 주의로 원보도를 접하는 것을 전제로, 사용된 어휘의 통상적인 의미, 전체적인 흐름, 문구의 연결 방법뿐만 아니라 원래 보도의 맥락, 그 배경이 되는 사회적 흐름, 시청자에게 주는 전체적인 인상도 함께 고려해야 한다는 것이 대법원의 입장이다.[49]

하지만 이러한 종합적 판단이 필요하다는 것은 그만큼 사실 보도와 의견의 표명을 구분하기가 쉽지 않다는 것을 보여 주는 것일 뿐이라고 생각할 수도 있다. 뒤에서 사례를 통해 언급하겠지만 특정인을 구체적인 근거를 제시하지 않은 채 '종북'이라고 규정하는 것은 얼핏 단순한 의견이나 평가에 불과하다고 볼 수도 있지만 무엇인가 종북으로 비칠 행동을 했을 것을 암시하는 것으로 받아들여져 '사실적 보도'에 해당하는 것으로 판단한 사례들이 있다. 직접 사실을 명시적으로 드러내지 않고 암시하는 것만으로도 사실적 주장이 인정될 수 있다는 것이다.

고의나 과실의 문제

이 부분이 언론중재법의 언론 관련 피해에 대한 여러 구제 방법과 민법에 따른 언론 피해에 대한 구제 방법과의 핵심적인 차이라고 할 수 있다. 민법 제764조의 명예훼손 관련 특칙에 근거해 법원은 오래전부터 '명예훼복에 적당한 처분'의 하나로 정정보도나 반론보도 등을 인정해 왔다. 하지만 민법에 의

49 대법원 2011. 9. 2. 선고 2009다52649 〈PD수첩〉 '광우병' 편 사건에 대한 전원합의체 판결.

해서 명예훼손과 같은 불법 행위가 인정되기 위해서는 당사자의 '고의 또는 과실'이 있었음이 입증되어야 한다.[50] 피해 발생 과정에서 행위자의 '고의 또는 과실,' 즉 잘못이 있었을 경우에만 민법을 통한 피해 구제가 가능하다.

반면에 언론중재법은 명문으로 이 정정보도청구를 위해서는 언론사 등의 고의·과실이나 위법성을 필요로 하지 않는다고 규정하고 있다. 따라서 일단 청구권자에게 진실하지 않은 언론 보도로 인하여 피해가 발생한 경우에는 언론사가 아무런 잘못이 없다고 하더라도 정정보도의 책임을 진다.

일부에서는 언론중재법이 언론사의 '무과실 책임'을 인정하는 것이 언론의 자유를 심각하게 훼손할 수 있다고 비판하기도 한다. 하지만 보도에 잘못이 있다는 것을 전제로 한다는 점에서 언론사의 고의나 과실을 따지기에 앞서 보도에 잘못이 있는 부분을 바로잡도록 하는 것을 문제 삼기는 어렵다.

정정보도청구권 행사의 자격

이러한 정정보도를 청구할 수 있는 것은 우선 자연인, 즉 사람이다. 여기에 언론중재법 제14조 제3항에 따라 국가나 지방자치단체도 이런 청구권을 행사할 수 있으며 각종 기관이나 단체의 장도 그 해당 업무에 대하여 그런 기관이나 단체를 대표해서 정정보도를 청구할 수 있다. 특히 제4항에서는 민사소송법에 따라 소송을 낼 당사자능력이 없는 기관이나 단체라도 '하나의 생활단위를 구성하고 보도 내용과 직접적인 이해관계가 있을 때' 그 대표자가 정정보도를 청구할 수 있도록 허용하고 있다. 따라서 동창회나 친목단체 등과 같이 법인격을 갖추지는 못했지만 하나의 단체로서의 사회적 실체를 갖춘 경우에는 그 단체 자체로는 소송 능력을 갖지 못하지만 대표자가 정정보도를

50 민법 제750조(불법 행위의 내용) 고의 또는 과실로 인한 위법 행위로 타인에게 손해를 가한 자는 그 손해를 배상할 책임이 있다.

청구할 수 있는 것이다.

(2) 정정보도청구 절차

언론중재법은 제15조에서 구체적인 정정보도청구 절차를 자세하게 규정하고 있다. 정정보도청구는 기본적으로 언론사를 대상으로 한 것이다. 언론인을 정정보도청구 대상으로 설정하지 않은 것은 언론인 개인이 자신이 속한 언론을 통해 마음대로 정정보도를 할 수는 없기 때문이다. 민사상 손해배상의 경우와는 달리 언론인 개인은 정정보도청구의 대상이 될 수는 없다는 것이다.

정정보도의 청구는 언론사 대표자에게 서면으로 해야 하며 대상이 되는 보도를 명시하고 정정을 요구하는 이유와 청구하는 정정보도문을 명시해야 한다. 법에는 명시되어 있지 않지만 정정을 구하는 보도문의 게재나 방송 횟수, 보도 순서나 지면 게재 위치 등을 자세히 명시하여 요구할 수 있다. 인터넷을 통해 해당 보도가 계속 노출되고 있을 경우에는 원래의 보도 외에 인터넷상에 노출되고 있는 보도의 정정도 함께 청구할 수 있도록 규정되어 있다. 애초에 정정보도의 대상인 언론 보도에 온라인 매체를 통한 보도까지 포함하고 있는 언론중재법의 취지에 비춰볼 때 너무나 당연한 것으로 불필요한 언급이라고 볼 수도 있다. 방송이나 신문으로 보도된 내용이 인터넷을 통해 노출되고 있다면 그 자체로 인터넷 언론을 통한 보도와 다를 것이 없기 때문이다.

정정보도의 청구를 받은 언론사는 3일 이내에 청구를 수용할 것인지를 결정해 그 통지를 청구인에게 발송해야 한다. 정정의 대상이 되는 보도가 있었다는 사실 자체에 대한 입증이 문제가 되는데, 증거를 확보하기 쉬운 종이 신문과 달리 청구인 쪽에서 보도 사실에 대한 증거를 확보하기 어려운 방송이나 인터넷 등의 매체의 경우는 해당 언론사들이 그러한 보도가 없었다는 것을 입증해야 하는 책임을 진다. 전파의 발사로 끝나 버리는 방송이나 수시로 컴퓨터 기록 장치상의 정보를 수정할 수 있는 인터넷 등의 매체 특성을 감안한 것으로 볼 수 있다. 이 문제와 관련해 논란의 여지를 없애기 위해 언론중재법상의 정정보도청구 시한인 6개월 동안 방송 등의 언론 매체는 보도의 원본 또는 사본을 보관할 의무를 진다. 인터넷 포털의 경우에는 기사의 배열에 관한 전자 기록을 6개월 동안 보관해야 한다.

언론중재법의 이 조항 자체는 정정보도청구를 피해 당사자, 즉 청구인이 대상이 되는 언론사에 직접 내는 것을 전제로 규정하고 있으나 실제로 이러한 청구는 언론중재위원회에 조정이나 중재를 신청하는 방식으로 제기하거나 법원에 소송을 냄으로써 제기할 수도 있다.

민법 제750조(불법 행위)와 제764조(명예훼손에 관한 특칙)에 따른 정정보도청구는 언론사를 피고로 법원에 내야 한다. 언론중재법에 규정된 것과 같은 세부적인 요건을 따를 필요는 없다. 하지만 언론중재법의 정정보도청구에 관한 조항이 그동안의 판례 등을 통해 구체화된 절차를 명문화한 것이므로 청구 방법 등은 이 조항에 규정된 내용을 참고하면 된다.

언론중재법을 근거로 하든 민법을 근거로 하든 정정보도를 법원에 청구할 때에는 소장에 앞의 여러 필요 사항들을 적시하면서 청구하는 내용에 대한 법원의 판결이 나올 경우 그 이행을 강제하기 위해 민사집행법 제261조에 따른 간접강제신청도 함께 할 수 있다. 이 경우는 간접강제를 신청하는 취지와 그 이유도 함께 명시해야 한다. 간접강제는 법원이 명령하는 정정보도를 하지 않을 경우 일정한 이행강제금을 부과하여 명령의 이행을 담보하는 제도다. 법원은 사건을 심리하여 신청이 이유가 있다고 인정될 경우에는 당해 사건 판결과 함께, 또는 해당 판결이 확정될 경우 간접강제를 명령할 수 있다. 이런 간접강제와 유사한 합의를 언론중재위원회의 조정 과정에서 하는 경우도 있다. 합의를 이행하지 않을 경우 일정한 금액을 지급하기로 하는 별도의 합의를 하는 것이다.

이러한 정정보도청구 등은 해당 보도를 한 언론사를 상대로 직접 낼 수도 있지만 이러한 기사를 매개하고 있는 포털 같은 인터넷뉴스서비스사업자에게 낼 수도 있다. 인터넷뉴스서비스사업자는 이런 청구를 받으면 해당 기사에 관해서 이런 청구가 있다는 표시를 한 뒤 그 기사를 제공한 언론사 등에 그런 내용을 통보해야 한다. 이런 청구가 있다는 통보를 인터넷뉴스서비스사업자로부터 받으면 해당 언론사도 같은 청구를 받은 것으로 간주한다. 원래 해당 기사를 제공했던 언론사가 이런 청구에 대한 수용 여부를 청구인에게 통지할 때는 인터넷뉴스서비스사업자에게도 같은 내용을 알려야 한다.

(3) 정정보도청구를 거부할 수 있는 경우[51]

언론중재법은 정정보도청구를 거부할 수 있는 사유를 명시하고 있다. 물론 언론사는 이런 이유가 없더라도 소송을 당할 각오를 하고 당사자가 직접 낸 정정보도청구를 거부할 수 있다. 언론중재법이 일정한 정정보도청구 거부 사유를 명시한 것은 이러한 경우에 해당할 경우에는 최종적으로 소송을 내더라도 정정보도청구가 받아들여지지 않는다는 점을 분명히 밝힌 것이다.

언론중재법은 제15조 제4항에서 아래에서 설명할 다섯 가지를 정정보도청구 거부 사유로 명시하고 있다. 피해자가 정정보도를 청구할 정당한 이익이 없는 경우, 청구된 정정보도의 내용이 명백히 사실과 다른 경우, 청구된 정정보도의 내용이 명백히 위법한 내용인 경우, 정정보도의 청구가 상업적인 광고만을 목적으로 하는 경우, 청구된 정정보도의 내용이 국가나 지방자치단체 또는 공공단체의 공개회의와 법원의 공개재판 절차의 사실 보도에 관한 것인 경우가 그것이다.

51 이에 대한 자세한 설명은 언론중재위원회의 각 연도 〈언론보도피해 상담사례집〉 등을 참조하기 바란다.

정정보도청구의 '정당한 이익'이 없는 경우

먼저 피해자가 정정보도청구권을 행사할 정당한 이익이 없는 경우다. 어떤 경우에 정정보도를 청구할 '정당한 이익'이 없다고 볼 것인지는 기존의 판례를 통해 나름의 기준이 형성되어 있다. 먼저 정정보도를 청구한 내용이 이미 해당 언론사를 통해 쟁점이 된 보도와 같은 비중으로 충분히 보도가 이루어져 정정보도를 청구한 목적이 이미 달성된 경우, 또는 정정보도를 청구한 내용이 쟁점이 된 보도의 본질적이고 핵심적인 부분에 해당하지 않고 단지 지엽 말단적이거나 사소한 내용에 불과해 이를 정정하는 것이 올바른 여론 형성이라는 본래 목적에 기여할 바가 전혀 없는 경우 등이 있다.[52] '내사 중'인 사안을 '수사 중'이라고 표현한 것과 같은 단순한 수사적 과장을 바로잡기 위한 정정보도청구도 여기에 해당한다.[53]

물론 당사자의 입장에서 보면 아무리 사소한 사항이라도 이를 바로잡기를 희망할 수 있고 언론으로서도 비록 지엽 말단적인 사항이라 하더라도 사실과 다른 부분이 있다면 바로잡는 것이 오히려 언론의 품질과 신뢰를 높이는 데 도움이 될 것이다. 다만 법적 강제력을 동원해 언론에 내용적인 수정을 가하기 위해서는 보도의 본질적인 내용과는 상관이 없으면서 단지 지엽 말단적인 내용에 그치는 것까지 고치도록 하는 것은 바람직하지 않다는 것으로 볼 수 있다. 판례에서도 종종 언급되지만, 기본적으로 수사 기관이 아니어서 강제적인 조사권이 없는 언론의 보도가 세부적인 사항까지 100% 정확할 것을 요구하는 것은 무리라는 인식도 깔려 있다.

또한 자신이 직접적인 피해자가 아닌 사안에 대해 정정보도를 청구하는

52 대법원 1997. 10. 28. 선고 97다28803 판결 참고.

53 대법원 2014. 7. 24. 선고 2014다209272 판결.

경우에도 여기서 말하는 이른바 '정정보도청구의 정당한 이익이 없는 경우'에 해당한다. 대통령의 이미지 정치를 비난하는 기사에서 대통령 비서실이나 소속 직원들은 직접적인 피해자가 아니기 때문에 정정보도를 청구할 이익이 없다는 판례도 있다.[54] 정정보도의 경우도 해당 보도와 개별적인 연관성, 즉 그로 인해서 직접 피해를 입었음이 인정되는 사람만 청구를 할 정당한 이익이 있다는 것이다.

명백히 사실과 다른 정정보도청구

언론중재법이 정정보도청구를 거부할 수 있는 사유로 들고 있는 두 번째 이유는 바로 정정보도를 청구한 내용이 명백히 사실과 다른 경우다. '정정'의 본래적인 의미가 잘못된 것을 바로잡는다는 것이므로 사실과 명백히 다른 내용의 보도를 해달라는 청구에 응하도록 해서는 안 되기 때문이다.

소송 절차를 통해 정정보도를 청구한 경우에는 청구의 대상이 된 원래의 기사와 정정보도청구 내용을 놓고 제시된 각종 근거를 살펴서 해당 청구가 사실에 기반을 둔 것인지를 따져 볼 것이다. 언론중재위원회의 조정 절차를 통해 정정보도를 구할 경우에도 법원의 소송 절차만큼은 아니라도 언론중재위원회 소속 조사관의 기초 사실관계에 대한 조사, 신청인 측이 내는 관련 자료, 또 피신청인인 언론사가 내는 자료 등을 바탕으로 중재부 소속 조정위원들이 신청인의 주장이 어느 정도나 사실에 근거하고 있는지를 살펴서 사건에 대한 결정을 내리게 된다. 만약에 신청인 측이 아무런 근거도 제시하지 못하고 막연하게 해당 언론보도가 사실이 아니라고 주장하기만 해서는 정정보도 요구가 받아들여지기 어렵다. 반대로 피신청인인 언론사 측도 관련 자

54 서울중앙지법 2014. 12. 24. 선고 2014가합25189 판결.

료 등의 근거를 취재 과정에서 가능한 많이 확보해서 이런 청구가 있을 경우 근거로 제시할 수 있도록 미리 대비하는 것이 필요하다.

실제로 정정보도청구가 기각되는 사례들에서 대부분은 청구된 정정보도 내용이 사실에 부합하지 않는 것들이다. 사실과 명백히 다른 내용에 대해서는 정정보도를 거부할 수 있다는 것은 너무나 당연한 것이라고 할 수도 있다. 다만 이 조항은 소송은 물론 언론중재나 자주적 구제 절차 등 어떤 언론피해 구제 절차를 통해서라도, 번잡한 사실 관계에 대한 판단을 거치지 않더라도 그 자체로 명백히 사실과 다른 내용으로 정정보도를 청구하는 것에 대해 언론사가 위축될 필요가 없다는 것을 분명히 하고 있는 것으로 볼 수도 있다. 실제로는 이 부분은 정정보도가 아니라 아래에서 살펴볼 반론보도권 행사와 관련해 더 의미를 갖는다. 이 정정보도청구권의 행사에 관한 세부 사항들이 반론보도에서도 그대로 적용되기 때문이다. 이에 대해서는 아래 반론권 부분에서 더 자세하게 설명하도록 한다.

명백히 위법한 내용의 정정보도청구

청구된 정정보도의 내용이 명백히 위법한 내용인 경우란 청구 내용의 사실 여부를 넘어서서 정정의 형식으로 보도해 달라는 내용이 법으로 금지된 내용을 주장하는 것이거나 혹은 제3자의 인격권을 침해하는 등의 위법한 내용을 담고 있는 것을 말한다.[55] 예를 들어 신청인이 자신의 명예회복 등을 위해 다른 사람에 대해 명예훼손적 발언을 하는 것으로 보일 경우에도 정정보도 청구를 거부할 수 있다.

55 대법원 2000. 3. 23. 선고 99다63138 판결 참고.

상업적 광고만을 목적으로 한 경우

정정보도문의 내용이 실질적으로 잘못된 보도 내용을 바로잡기 위한 것이 아니라 상업적인 광고를 하는 내용이 들어있는 것이라면 이런 정정보도청구에 응할 필요는 없다. 정정보도문의 내용이 특정한 제품의 성능 등에 대한 홍보성 내용을 담고 있다든지 특정 기업이나 단체 등의 실적이나 활동 등에 대한 홍보성 문구로 채워진 경우 등이 여기에 해당할 것이다.

정정보도청구의 내용이 사실상 상업적 광고만을 목적으로 하는 내용이라고 하면 이는 실질적으로 정정보도청구의 정당한 이익이 없는 경우에 포함될 수 있을 것이다. 상업적 광고를 하려는 것이라면 정상적인 광고를 통해서 하는 것이 맞는 것이지 정정보도를 청구할 일은 아니기 때문이다. 일부 상업적 광고를 의도한 것이면서 동시에 다른 내용도 있을 경우라면 어떻게 할 것인지는 법에 명확하게 나와 있지 않다. 정정보도청구가 있을 경우 기본적인 청구 취지를 감안해 재판부가 청구된 정정보도문을 조정할 수 있고 언론중재위원회의 조정 과정에서도 정정보도문에 대한 조정이 가능하다는 점을 생각하면 이렇게 정정보도가 필요한 부분과 광고를 위한 부분이 혼재되어 있을 경우 광고를 목적으로 한 부분을 제외하고 정정이 필요한 부분만으로 정정보도문을 조정하는 것이 바람직해 보인다.

공개회의나 재판 절차의 사실 보도에 관한 것

정정보도를 청구한 내용이 국가나 지방자치단체, 또는 기타 공공단체의 공개회의 내용을 전하는 사실 보도인 경우 이를 정정해 달라는 것은 결국 국가나 지방자치단체 등의 회의 내용에 이의를 제기하는 것이다. 이는 해당 기관이나 단체 등을 상대로 적정한 조치를 취하는 것이 타당한 것이지 이를 보도한 언론에 책임을 물을 것은 아니다. 법원의 재판 과정을 그대로 전한 언론에 대해 재판 과정에서 논의된 내용에 대한 정정보도를 요구하는 것도 마찬가지다. 이는 정정보도의 형식을 빌어 사법부의 독립된 재판 과정에 대해 반박하는 것이기 때문이다.

국가나 지방자치단체 등 정부나 공공 기관의 회의는 원칙적으로 공개되는 것이 맞고 이러한 회의에서 거론된 내용을 사실적으로 보도하는 경우는 특별히 과장이나 왜곡이 없는 한 이를 보도한 언론에는 어떠한 책임을 물어도 안 된다. 그런 객관 보도에 대해서까지 문제를 삼음으로써 언론이 일일이 그런 회의에서 거론된 내용의 진위를 살펴야 한다면 언론이 민주주의 운영을 위해 필요한 공적 기구들의 운영에 관한 사항을 충실하게 보도하기 어렵게 되기 때문이다. 재판에 관한 사항도 마찬가지다. 뒤에서 명예훼손의 구성 요건 등을 설명할 때 언급하겠지만 중립적이고 객관적인 단순 사실 보도를 한 경우에는 보도된 사실 자체의 오류에 대한 책임을 지지는 않는다. 일부러 지어낸 말이 아닌 한, 해당 회의나 논의 과정에서 언급된 내용은 그 자체의 오류에 대한 책임 부담 없이 그대로 전달하는 것이 허용되어야 할 필요가 있기 때문이다.

(4) 정정보도의 방법 및 범위

정정보도에는 원래의 보도 내용을 정정하는 사실적인 진술이 포함되어야 한다. 또한 이러한 사실적 진술 내용을 대표하는 제목도 포함된다. 사실적 진술이 아닌 의견 표명 등은 포함될 수 없지만 전반적인 내용을 충분히 전달하기 위해 필요한 설명이나 해명 등도 정정보도의 내용에 들어갈 수 있다. 언론중재법은 위법한 내용은 정정보도의 내용에 포함될 수 없다고 별도로 규정하고 있으나 이는 이미 정정보도 거부 사유로 명백히 위법한 내용이 명시되어 있으므로 불필요한 언급인 셈이다.

정정보도를 하는 취지는 애초의 잘못된 보도를 바로잡음으로써 공정한 여론이 형성되도록 하기 위한 것이므로 원래의 보도와 같은 효과를 발생시킬 수 있는 방법으로 이루어져야 한다. 기술적으로는 원래의 보도가 이루어진 같은 채널, 같은 지면이나 장소에 정정보도문을 방송 또는 게재하는 방식으로 이루어진다. 방송의 경우는 통상적인 속도로 정정보도문을 읽어야 하며 TV의 경우에는 정정보도문의 내용을 방송에 자막으로도 내보내야 한다. 통상은 단색의 화면에 정정보도문을 흘리며 낭독을 하는 방식으로 이루어진다. 현재도 인터넷을 통해 서비스되고 있는 내용이 있을 경우에는 별도의 정정보도를 하는 것과 함께 기왕에 게재되어 있는 원보도의 내용을 바로잡는 것도 정정보도의 일부에 해당한다.

2) 반론보도

정정보도가 사실적 주장에 관한 보도가 진실하지 않음으로써 피해를 입은 경우에 이루어지는 것인 반면 반론보도는 사실적 주장에 관한 보도가 진실하지 않은 것은 아니지만 어쨌든 해당 보도로 인해 피해를 입은 자가 청구할 수 있다. 정정보도와 마찬가지로 보도를 한 언론사가 이러한 피해를 발생시키는 데 고의나 과실이 있을 것을 요구하지 않는다. 정정보도청구와의 핵심적인 차이는 보도 내용이 진실이냐 허위이냐를 상관하지 않는 것이다.

이렇게 반론보도와 관련해서는 별도로 규정되어 있는 내용, 즉 보도의 진실 여부와 상관없이 청구할 수 있다는 부분을 제외하고는 청구의 절차 등 나머지 부분은 정정보도청구에 대한 규정을 그대로 준용하도록 되어 있다. 다시 말해 반론보도청구의 요건, 반론보도청구 절차, 반론보도청구를 거부할 수 있는 경우, 반론보도의 방법 및 범위 등에 대한 모든 사항은 정정보도에서 설명한 것을 그대로 적용하면 된다.

다만 한 가지 기억해둘 것은 반론보도의 경우에는 보도의 대상이 된 사람에게 신속한 반론권을 보장함으로써 공정한 여론 형성을 도모한다는 측면이 제도적으로 전제되어 있다는 점이다. 따라서 정정보도청구를 거부할 수 있는 사유를 반론보도에서 적용할 경우에는 주의가 필요하다. 특히 명백히 사실과 다른 청구라는 요건을 적용할 경우 반론보도청구 내용이 사실과 다른지를 엄밀한 증거를 통해 따지려고 한다면 신속한 반론을 보장하기 어렵게 될 것이다. 따라서 반론보도청구 내용이 사실과 다른지에 대해서는 그 자체로 명백히 드러나는 경우, 즉 누가 보더라도 명백한 허위여서 세밀한 증거 조사 등을 통해 검증을 거치지 않고도 알 수 있는 경우로 한정된다.

그렇다고 신속한 반론을 위해 엄밀한 근거를 살피지 않고 반론보도를 할 수 있도록 보장해 준다고 해서 거짓말할 권리를 인정하는 것은 아니다. 반론보도청구가 허위이고 반론보도 심사 단계에서 엄밀한 사실 확인을 거치지 않음으로써 그대로 반론보도가 이루어진 경우에는 이러한 허위의 반론보도를 청구한 사람은 그러한 허위 보도를 하게 된 것에 대한 손해배상과 함께 이런 허위 보도를 했다는 사실을 공표하기 위한 추가 보도 등에 대한 모든 비용을 부담하는 등의 책임을 져야 한다.[56] 반론보도청구를 자신의 의견 표명을 위한 기회로 사용하려는 경우도 종종 있는데 이 또한 허용되지 않는다. 요청한 반론보도의 내용이 의견 표명에 불과한 경우에는 정당한 반론보도청구로 인정되지 않는다.[57] 또한 반론을 청구한 내용 가운데 핵심 부분이 이미 원보도에 포함되어 있는 경우에도 반론 청구가 받아들여지지 않는다. 반론보도의 정당한 이익이 없는 경우에 해당하기 때문이다.[58]

56 대법원 2006. 11. 23. 선고 2004다50747 판결.

57 서울고법 2014. 11. 14. 선고 2014나9481 판결.

58 서울남부지법 2014. 5. 1. 선고 2013가합13017 판결.

3) 추후보도

언론중재법 제17조에 규정된 추후보도는 언론 등에 의해 범죄 혐의가 있거나 형사상의 조치를 받았다고 보도된 사람이 이후 형사 절차에서 무죄 판결이나 이와 동등한 형태로 종결되었을 때 이러한 사실에 대한 후속 보도를 청구할 수 있도록 한 것이다. 추후보도청구권의 대상이 되는 것은 범죄 보도에 국한되며 형사 절차에서 무죄 판결이나 이와 동등한 형태로 종결된 경우이다. 무죄 판결과 동등한 형태로 종결된 것에 해당하는 것으로는 법 적용의 잘못 등으로 아예 공소가 기각된 경우도 있을 것이고 기소되어 재판에 이르지 않았더라도 수사 기관에서 무혐의 처리된 경우도 포함되는 것으로 해석된다.

추후보도의 청구는 청구권을 갖는 당사자가, 그러한 사유가 발생한 사실을 안 때로부터 3개월 이내에 행사해야 한다. 형사 판결은 기본적으로 본인이 출석한 가운데 선고되고 공소 기각이나 무혐의 결정 등도 모두 당사자에게 통지되기 때문에 특별한 사유가 없다면 이러한 결정에 대한 공식 통보를 받은 때를 기준으로 보면 될 것이다.

추후보도는 죄가 있는 것으로 보도되었던 사람이 일정한 형사 절차를 통해 죄가 없는 것으로 판정된 경우 실추된 명예를 회복하기 위한 제도이므로 추후보도의 내용에는 청구인의 명예나 권리 회복에 필요한 사실관계에 대한 설명, 그리고 필요하다면 당사자 등의 해명이 포함되어야 한다(제17조 제2항). 추후보도청구권의 행사에 필요한 기타 절차적 사항은 정정보도청구권에 관한 규정이 그대로 준용된다. 또한 추후보도를 청구하는 것은 정정보도나 반론보도를 청구하는 것과는 별개의 독립된 청구권이므로 추후보도를 청구했다고 해서 정정이나 반론보도를 청구하는 것에는 전혀 영향을 미치지 않는다.

실무적으로 추후보도청구권이 발생한 당시에는 전혀 이를 행사할 필요를 느끼지 못하다가 선거에 출마하는 등 새로운 일을 하려고 할 때 뒤늦게 추후보도를 청구하는 경우가 종종 발생한다. 이와 같이 법이 정한 추후보도 청구권 행사 기한을 넘긴 뒤에 추후보도를 청구할 경우에는 언론사에게 이에 응해야 할 아무런 법적 책임은 없다. 다만, 정정이나 반론, 추후보도가 모두 공정한 여론 형성을 목적으로 하는 것이라는 점을 감안하면 꼭 법적 책임만 따질 것은 아니다. 언론으로서는 애초에 범죄 혐의가 있는 것으로 보도했던 사람이 무죄 판결 또는 이에 상응하는 처분을 받았다면 애초 보도를 접했을 사람들에게 후속 보도를 해 주는 것이 바람직하지 않을까 한다. 따라서 굳이 당사자가 추후보도를 청구하기 전이라도 그런 사실을 알았다면 언론이 먼저 관련된 후속 보도를 해 주는 것이 필요하며 청구권 행사 기한이 지난 뒤라 하더라도 관련 보도를 적극적으로 해 주는 것이 바람직하다.

만약 언론이 당사자의 청구 이전에 이미 청구의 대상이 된 추후보도를 했을 경우에는 당사자가 새롭게 추후보도를 청구할 정당한 이익이 없는 경우에 해당한다고 보아야 할 것이다. 또 추후보도를 해야 하는 상황에서 원보도가 그대로 인터넷 등에서 서비스되고 있다면 그에 대해서는 이후의 사건의 경과 등을 해당 기사에도 표시함으로써 독자가 잘못 판단하지 않도록 하는 것이 필요하다. 정정의 경우는 해당 기사 자체를 바로잡는 것이 필요하지만 추후보도의 경우는 원보도가 잘못이라고 전제하는 것은 아니므로 후속 사실의 존재를 알려 주는 정도가 적정할 것이다.

4) 손해배상

언론의 잘못된 보도로 인해 피해를 입은 경우는 위에서 살펴본 정정보도청구 등의 방법 외에 불법 행위에 따른 손해의 배상을 청구할 수 있다. 여기서 '손해'라 함은 언론 보도로 인해 발생한 명예훼손, 모욕 등 정신적 고통과 함께 신용훼손 등의 재산상의 피해는 물론 취재 과정에서 생긴 피해도 포함된다고 하겠다. 손해의 배상은 금전 배상이 원칙이다. 언론 보도에 따른 손해배상은 민법 제750조의 불법 행위 조항을 근거로도 할 수 있었지만 그동안 축적된 판례 이론들을 종합해 만든 언론중재법 제30조가 일종의 특별법의 지위에 있으므로 지금은 이 조항을 근거로 손해배상을 청구하는 것이 타당해 보인다. 다만 언론중재법은 청구의 대상을 언론사 등으로 제한하고 있으므로 언론인 등 개인을 대상으로 손해배상을 청구할 경우에는 여전히 민법 규정을 근거로 해야 할 것이다.

손해배상은 정정보도나 반론보도, 추후보도와 같이 공정한 여론 형성을 목표로 하는 것이 아니라 발생한 피해의 금전적 보전을 목적으로 하는 것이므로 이를 행사하기 위해서는 언론 등이 이러한 위법 행위를 한 것에 고의나 과실이 인정되어야 한다. 민법을 준용할 경우 정정보도를 청구함에 있어서도 이런 고의 과실에 대한 입증이 필요한 것을 언론중재법에서 고의나 과실에 상관없이 정정보도를 청구할 수 있도록 했던 것과는 다른 접근 방법이다.

언론중재법에 근거해 피해자가 조정을 신청할 때 정정보도 등은 물론 손해배상도 함께 청구할 수 있다(언론중재법 제18조 제2항). 그런데 이 경우에도 손해배상에 대해서는 언론중재법 제30조에 규정된 고의나 과실에 관한 규정이 적용되는지는 명확하지 않다. 그것은 언론중재법이 체계상 침해에 관한 규제를 규정한 제3장에서 정정보도와 반론보도, 추후보도 등 청구권 등만을 차례로 규정하고 이에 대한 구제 절차로서 조정과 중재, 소송을 차례로 들고 있는데 손해배상에 대한 자세한 규정은 재판 절차의 하나로 규정하고 있기 때문이다. 하지만 일단 손해배상청구권을 명시한 제30조가 고의 과실을 요건으로 들고 있는 한, 그리고 공정한 여론 형성을 위해 고의 과실을 입증할 필요 없이 정정보도 등의 청구권을 인정하는 것과 금전적 손해배상을 하는 것은 접근 방법이 다를 수밖에 없다는 점을 생각해 보면 손해배상에 대해서는

항상 제30조의 요건이 적용된다고 보는 것이 타당해 보인다.[59]

다만 조정 절차를 통해 손해배상을 함께 요구하더라도 전체 조정 기간은 그대로라는 점을 생각해 보면 조정 과정에서 손해배상이 함께 청구될 경우에는 언론사 등의 책임이 명백한 경우 또는 언론사 등이 스스로 그 책임을 인정하는 경우 등에 한해서만 손해배상이 인정될 가능성이 높다. 특히 구체적인 손해배상액의 산정은 전문가들에 의해 이루어지는 재판 절차에서도 쉽지 않은 것으로, 절반가량이 비법조인으로 구성되는 중재부에서 정밀한 손해배상액을 산정하는 것은 무리일 가능성이 크다.

또한 손해배상은 공정한 여론 형성을 위해 신속한 조치가 필요한 정정보도 등과는 성격이 다르기 때문에 민사소송법상 당사자능력이 없는 기관이나 단체는 청구할 수가 없다. 언론중재법 제14조 제3항이 국가나 지방자치단체, 기관 또는 단체의 장 등이 해당 업무에 대해서 또는 그 기관이나 단체를 대표하여 정정보도를 청구할 수 있도록 당사자에 대한 특칙을 두고 있는 것과는 달리 제30조의 손해배상 조항에서는 이런 당사자에 대한 별도의 언급을 하고 있지 않기 때문이다. 국가나 지방자치단체는 형식 논리적으로는 언론피해를 이유로 한 손해배상청구가 가능하다고 보겠으나 애초에 국가나 지방자치단체는 명예훼손의 주체로서도 매우 제한적으로 인정되고 있는 점, 국가나 지방자치단체는 오히려 규범적으로 언론의 자유를 수호해야 할 위치에 있다는 점, 현실적으로 국가에 대해 언론에 대한 손해배상청구권을 인정할 경우 이를 악용함으로써 언론 자유를 위축시킬 가능성이 있다는 점 등을 감안해 이를 인정하지 않는 것이 타당해 보인다.

당초 언론중재법이 제정되면서 손해배상을 조정 대상으로 포함시켰을

59 김옥조(2012), 앞의 책, p.649.

때, 언론사를 상대로 한 손해배상 청구가 남발될 가능성을 우려하는 목소리가 있었다. 하지만 손해배상청구권이 많이 알려지지 않아서이거나 혹은 언론중재위원회에 손해배상을 맡기는 것이 어떤 결과를 가져올지를 확신하지 못해서이거나, 2015년 11월까지 제기된 손해배상청구는 모두 63건에 불과하다.[60] 다만 언론중재의 경우도 처음 수년 동안 거의 청구가 없다가 상당한 시간이 흐른 뒤 폭발적으로 청구건수가 늘어났던 경험을 되돌아보면 앞으로 어떤 변화를 보일지는 예단하기 어렵다.

5) 금지청구

언론 피해 구제의 방법으로 언론 등이 일정한 행위를 하는 것을 금지하는 것도 가능하다. 여기에는 어떤 침해 행위가 계속되는 것을 정지시키는 것과 사전적으로 침해를 예방하기 위한 조치가 가능할 것이다. 언론중재법 제30조 제3항은 고의 과실로 인한 위법 행위로 인격권을 침해하는 언론사 등에 대해 그러한 침해를 정지하라고 청구할 수 있다고 규정하고 있으며, 인격권을 명백하게 침해할 우려가 있는 경우에는 침해의 예방을 청구할 수 있다고 규정하고 있다. 기존의 민법 체계에서는 제764조에 규정된 '명예회복에 적당한 처분' 조항을 이런 조치의 근거로 삼기도 하였는데 명확한 근거가 없어서 논란이 있었다. 이런 문제가 이제는 입법적으로 해결된 셈이다.

이러한 금지청구는 언론중재위원회가 아니라 법원을 통해서만 청구가 가능하다. 언론중재법에도 제4절 소송 편에 규정되어 있다. 하지만 그렇다고 해서 금지청구에 해당하는 청구가 언론중재 절차를 통해서 절대로 제기될

60 2011년에야 처음으로 8건의 손해배상청구가 이뤄졌고 2012년 10건, 2013년 26건, 2014년 17건에 그치고 있다. 2015년에는 11월까지 2건에 불과하다.

수 없는 것은 아니다. 인터넷 페이지상에 쟁점이 되는 기사가 계속 게시되어 있는 경우 이는 침해가 계속되고 있는 것으로 볼 수 있으며 이에 대한 삭제 청구는 침해의 정지를 위한 조치로 제기될 수 있을 것이다. 쌍방이 이런 내용에 합의하는 경우가 매우 많다. 또한 추후에 관련 내용을 어떻게 보도할 것인지에 대한 합의도 가능한 만큼 침해의 추가적인 예방을 위한 조치도 언론중재위원회를 통해서도 가능할 수 있다. 하지만 금지청구 자체만을 제기하는 것은 법원을 통해 소송 절차를 거쳐야 한다는 것이다.

이러한 금지청구에 대해서는 언론 보도로 인격권이 일단 침해되고 나면 그것을 완전히 침해 이전의 상태로 회복하는 것은 불가능하므로 인격권의 부당한 침해가 명백하게 예상될 경우에는 이를 정지시키는 것이 필요하다고 보는 것이 일반적이다. 언론보도의 중요성을 감안하더라도 무조건 사후적으로만 책임을 묻도록 해서는 인격권의 부당한 침해를 방지하는 데 문제가 있을 수 있다는 얘기다.

하지만 언론 보도라는 것은 시의성이 있는 것이어서 언론 보도의 정지만으로도 언론 자유에 매우 결정적인 영향을 미칠 수 있다. 재산권 행사나 거래 등에 관한 정지와는 그 영향을 직접 비교하기 어렵다. 무엇보다도 언론 활동에 대해 사후적으로 책임을 묻는 것을 넘어서서 미처 표출되지도 않은 보도를 정지 또는 금지시키는 것은 언론 자유에 대한 본질적 침해가 될 수 있다는 점을 감안해야 한다. 따라서 언론 보도에 대한 각종 금지청구는 부당한 인격권 침해 가능성이 명백한 경우로 제한해 매우 신중하게 인정해야 할 것이다.

이에 대하여 언론 보도에 대한 사전적인 제한은 국가 공권력이 언론 보도를 사전적으로 검사, 열람해 그 공표를 허용할지를 정하는 것으로 검열의 일종으로 봐야 한다는 주장이 있다. 우리 헌법은 제21조 제2항에서 언론·출판에 대한 허가나 검열을 금지하고 있다. 하지만 헌법이 금지하는 검열은 행정권에 의한 것만을 의미하며 사법권에 의한 언론에 대한 사전적 규제는 해당하지 않는다는 것이 대법원과 헌법재판소의 일관된 태도다. 학계에서도 대체로 이와 비슷한 의견이 많지만 헌법이 금지하는 검열을 행정권에 의한 언론에 대한 사전적 제한으로만 파악하는 것에 대해서는 비판도 적지 않다.

결론적으로 현행 판례나 학설의 다수설은 인격권에 대한 부당한 침해를 사전적으로 방지하기 위한 금지청구 자체를 위헌으로 보는 것이 아니지만 매우 신중하게, 예외적인 조치로서만 인정해야 한다는 것이다. 대법원도 표현행위에 대한 사전 억제는 표현의 자유를 보장하고 검열을 금지하는 헌법의 취지를 감안하여 엄격하고 명확한 요건을 갖춘 경우에만 인정된다고 판시하고 있다. 다시 말해 원칙적으로는 출판물에 대한 발행이나 판매 등의 금지는 표현 행위에 대한 사전 억제에 해당하므로 그 내용이 무엇이든 표현 행위에 대한 사전 금지가 허용되어서는 안 되지만 ① 그 표현 내용이 진실이 아니거나, ② 공공의 이해에 관한 사항으로서 그 목적이 오로지 공공의 이익을 위한 것이 아니며, ③ 피해자에게 중대하고 현저하게 회복하기 어려운 손해를 입힐 우려가 있다는 등의 실체적 요건을 갖춘 때에 한해서 예외적으로 사전 금지를 허용한다는 것이다.[61]

하지만 그럼에도 불구하고 법원의 언론에 대한 사전적 금지 조치가 언론의 자유보다는 개인의 인격권 보호에 너무 기울어 있다는 지적은 계속되고 있다. 실제 사례들을 보면 금지청구와 관련해 법원이 방송금지의 효력을 확보하겠다며 아예 취재물을 제출하라는 명령을 내린 사례도 있다. 2003년 5월, 당시 서울지법 남부지원은 SBS의 〈그것이 알고 싶다〉 프로그램에 대하여 전면적 방송금지에 이어서 '취재 내용을 집행관에게 보관시킬 것'을 명령

61 대법원 2005. 1. 17. 선고 2003마1477 판결.

했다.[62] 이 사건은 '자선의 그늘 — 구산동 결핵 환자촌 이야기' 편을 방송금지한 것만으로도 모자라 방송을 원천적으로 할 수 없도록 막기 위한 조치를 취한 것이었다. 엄밀하게 보면 압수는 아니고 집행을 담보하기 위한 방안이기는 하지만 언론계에서는 사법부가 방송사를 범죄 가능성이 있는 피의자로, 방송 취재물을 은폐의 우려가 있는 증거물 정도로 보는 게 아닌지 의심스럽다며 강한 비판을 제기하기도 했다.

6) 그 밖의 피해 구제

앞에서도 언급했지만 언론중재법이 제정되기 전에는 민법 제764조의 이른바 '명예회복에 적당한 처분' 규정에 근거해 금전적인 손해배상만으로 충족되지 못한 각종 피해 구제를 위한 조치들이 취해졌다. 언론중재법은 민법 제764조의 조항과 거의 유사한 내용으로 제31조에 '명예훼손의 경우의 특칙'이라는 조항을 두고 있다. 민법 제764조와의 차이는 명예회복에 적당한 처분의 사례로 정정보도의 공표를 들고 있는 점뿐이다. 하지만 정정보도의 공표는 예시에 불과하므로 두 조항은 사실상 동일하다. 피해자의 청구에 따라서 이러한 피해회복 조치로 손해배상을 갈음할 수도 있고 금전적 배상과 함께 이런 조치를 취하도록 명령할 수도 있다.

과거에는 이러한 명예회복에 적당한 처분의 하나로 사죄 광고를 인정하였다. 하지만 헌법재판소가 1991년, 사죄 광고를 명예회복 수단으로 사용하는 것은 헌법에 위반된다고 결정함으로써 사죄 광고는 사라지게 되었다.[63] 참

62 서울지법 남부지원 2003. 5. 10. 선고 2003카합1156 결정.

63 헌재 1991. 4. 1. 선고 89헌마160 결정.

고로 법리적으로만 보면 당연히 이와 마찬가지로 볼 수 있는 방송 심의에 따른 제재의 하나로서의 '시청자에 대한 사과 명령'은 2012년까지도 방송법상의 제재 수단의 하나로 사용되다가 역시 헌법재판소의 결정으로 폐지되었다.[64] 규제 당국의 눈치를 볼 수밖에 없는 방송사들이 방송법상의 제재 조항이 위헌이라고 헌법 소송을 내기가 쉽지 않았던 현실이 반영되어 있다. 마지막으로 불공정한 선거 기사를 보도한 언론사에게 사과문 게재를 명령하는 공직선거법 조항에 대해서는 2015년에 이르러서야 위헌 결정이 내려졌다.[65]

64 헌재 2012. 8. 23. 선고 2009헌가27 결정.

65 헌재 2015. 7. 30. 선고 2013헌가8 결정.

4장 취재의 자유와 알 권리

1. 취재의 자유와 취재원에 대한 접근권

취재의 자유는 언론 자유의 일부를 이룰 뿐만 아니라 언론 자유의 기초가 되는 자유라고 볼 수 있다. 언론의 자유는 취재에서 출발해 취재한 내용을 판단, 평가하는 과정을 거쳐 기사나 프로그램 등을 제작하고 이를 공개, 배포하는 행위를 통해 완성된다. 따라서 취재 행위는 헌법상 언론의 자유 개념의 필수적 전제가 된다. 학설이나 판례 모두, 원칙적으로 배포 행위와 함께 취재와 제작 행위의 자유도 헌법 제21조에 따라 보호해야 한다고 본다. 취재는 보도 행위의 불가분의 전제이자 구성 요소이므로 취재 행위에 대한 보호 없이는 제대로 된 보도 자체가 불가능하다.

취재의 자유는 언론 보도의 내용을 형성하는 출발점이 된다. 내용적으로 취재의 자유는 보도할 무엇을 찾기 위해 정보를 수집하는 과정에서 공권력의 간섭을 배제할 자유다. 따라서 취재의 자유가 누군가에게 취재에 응할 것을 요구하는 적극적인 권리는 아니다. 이와 관련해서는 취재원 비닉과 같이 취재와 관련한 비밀을 함부로 공개당하지 않을 권리를 인정할 것이냐는 문제가 있다. 또 이러한 취재의 자유는 공적 정보를 생산, 관리, 통제하는 공권력을 상대로 적극적으로 정보의 공개를 요구하는 알 권리와도 구분되는 개념이다.

취재의 자유에서 가장 중요한 것은 역시 취재원에 대한 자유로운 접근, 즉 정보에 대한 접근을 보장하는 것이다. 취재를 위해서는 취재원에 대한 접근이 기본이 되어야 하기 때문이다. 이에 대해 신문법과 언론중재법은 언론이

취재의 자유 관련 국내 법률 조항

■ 신문법 제3조 제2항

신문 및 인터넷신문은 제1항의 언론 자유의 하나로서 정보원에 대하여 자유로이 접근할 권리와 그 취재한 정보를 자유로이 공표할 자유를 갖는다.

■ 언론중재법 제3조 제3항

언론은 정보원에 대하여 자유로이 접근할 권리와 그 취재한 정보를 자유로이 공표할 자유를 갖는다.

■ 집회 및 시위에 관한 법률 제4조(특정인 참가의 배제)[66]

집회 또는 시위의 주최자 및 질서유지인은 특정한 사람이나 단체가 집회나 시위에 참가하는 것을 막을 수 있다. 다만, 언론사의 기자는 출입이 보장되어야 하며, 이 경우 기자는 신분증을 제시하고 기자임을 표시한 완장腕章을 착용하여야 한다.

정보원에 대하여 자유로이 접근할 권리를 갖고 있다고 선언하고 있다. 또 집회 및 시위에 관한 법률(집시법)도 언론의 취재를 보장하도록 규정하고 있다.

하지만 이런 규정들은 어디까지나 원론적인 개념을 선언한 것으로 구체적으로 기자와 같은 언론인이 취재원에 접근하는 것을 보장하는 법적 근거는 없다. 또 국내에서 취재의 자유와 관련해서 헌법적 보호를 자세하게 언급한 판례는 많지 않다. 다만 대법원 판례 가운데 "신문은 헌법상 보장되는 언론 자유의 하나로서 정보원에 대하여 자유로이 접근할 권리와 그 취재한 정보를 자유로이 공표할 자유를 가지므로(신문 등의 진흥에 관한 법률 제3조 제2항 참조), 그 종사자인 신문 기자가 기사 작성을 위한 자료를 수집하기 위해 취재 활동을 하면서 취재원에게 취재에 응해 줄 것을 요청하고 취재한 내용을 관계 법령에 저촉되지 않는 범위 내에서 보도하는 것은 신문 기자로서의 일상적인 업무 범위 내에 속하는 것으로서, 특별한 사정이 없는 한, 사회 통념상 용인되는 행위라고 보아야 할 것이다"라고 밝힌 것이 있다.[67] 취재 활동이 헌법상 보장되는 언론의 자유의 범위에 있음을 명확히 한 것으로 볼 수 있다. 하급심 판결 중에서는 "무릇 기사 보도를 위한 언론 기관의 취재의 자유는 보장되어야 하나……"라고 언급하는 정도가 눈에 띈다.[68] 또 취재의 자유 보장 한계 등을 자세히 다룬 판례도 찾기 어렵다.

뒤에서 다시 언급하겠지만 논란의 판결이었던 〈부산일보〉의 엠바고 관련 사건에서 부산지법의 담당 재판부는 행정 기관의 기자실에 출입하고 보도자료를 제공받는 것이 단순히 행정 기관의 시혜적 편의 제공에 따른 반사

66 이 조항은 1989년의 집시법 전면 개정 때 신설되었다.

67 대법원 2011. 7. 14. 선고 2011도639 판결.

68 서울지법 남부지원 1995. 8. 3. 선고 94가합14378 판결.

적 이익에 불과하다고 볼 수는 없다고 설명하였다.[69] 그 이유로는 행정 기관에 대한 기사의 경우 기자실에서의 브리핑과 보도자료의 제공에 의존하여 관련 기사를 작성해 보도하는 것이 관행으로 형성되어 있어서 어느 언론사가 행정 기관의 기자실을 출입하는 것이나 보도자료 제공 대상에서 제외된다면 신속, 정확한 보도를 생명으로 하는 언론사로서는 중요 취재원인 행정 기관에 대한 보도에서 큰 제약을 받게 되는 점 등을 들었다.[70]

실무적으로 정부의 각 부처 등 공공 기관은 기자실을 설치하거나 행사장에 기자석을 마련하는 등의 시설을 두고 보도에 필요한 자료를 제공하는 것 같은 일정한 취재 편의를 제공하고 있다. 하지만 엄밀하게 따져 보면 이는 언론의 자유나 표현의 자유를 실현하기 위해서라기보다는 각 기관들이 홍보를 위해 언론을 이용하려는 측면이 더 크다고 볼 수 있다. 또한 각급 행정 기관이 기자들의 취재와 송고 편의를 위해 운영하던 기자실은 노무현 정부가 잘못된 언론 관련 관행으로 지목해 폐지를 추진하면서 큰 논란을 빚기도 했고, 결국 중앙 행정 기관의 기자실은 브리핑룸 등으로 전환되었다. 하지만 판례가 지적했듯이, 정부 기관 등이 브리핑 시설을 운영하거나 보도자료 등을 제공하는 것은 언론에 대한 시혜적 조치가 아니라 국민에게 공적 정보를 제공하는 당연한 업무의 일부라고 보는 것이 타당하다. 사법부가 공개 재판의 실질적 의의가 보장될 수 있도록 청사 운영에 관한 내규로 법정의 방청석 앞부분 일부를 기자석으로 지정하고 기자들이 필기를 하기에 용이한 의자를 설치하고 있는 것도 이런 맥락에서 이해할 수 있다.

69 부산지법 2012. 6. 27. 선고 2011가합3841 판결.

70 이 사건은 결론에 이르는 법리 전개와 관련해 생각해 볼 대목이 많은데, 〈부산일보〉가 항소하지 않아 그대로 확정되는 바람에 상급심에서의 면밀한 검토나 공개적인 논의가 충분히 이뤄지지 못했다.

이러한 각종 편의 제공에도 불구하고 본질적으로 정보에 대한 접근에 있어서 언론이 일반인에 비해 제도적으로 더 큰 보장을 받는다고 보기는 어렵다. 현행 집시법이 언론사 기자의 출입 보장 규정을 둔 것은 매우 예외적이다. 특히 인터넷 매체의 폭발적인 증가로 언론 매체의 수가 급증하고 있고 1인 미디어가 활성화되는 상황을 생각해 보면 더 이상 과거의 기준으로 언론인과 일반인을 구분하기도 힘들어지고 있다. 따라서 취재의 자유와 관련해서는 정보공개법 등을 통해 정보에 대한 공개와 접근을 어떻게 보장하는 것인지가 점점 중요해지고 있다고 볼 수 있다.

2. 알 권리

1) 알 권리 개념의 등장과 법제화

알 권리는 언론의 자유의 중요한 일부로서 주권자인 국민이 갖는 기본적인 권리다. 개인적 차원에서 알 권리는 자아실현과 행복 추구를 위한 필수적 수단이 되며 사회적 차원에서는 민주주의 체제하에서 중요한 정책적 의사 결정에 참여하고 정부를 비롯한 권력을 감시할 수 있는 수단이 된다. 이 때문에 알 권리는 보도의 자유라는 개념과 비교해 볼 때 더 상위 개념이라는 주장도 나온다. 일단 무엇인가를 알아야만 표현할 어떤 것이 존재할 수 있다는 점에서 알 권리가 언론 자유 개념의 기초가 된다는 것이다.

실질적으로 취재 과정에서도 취재원이나 취재의 결과물에 대한 보호 문제를 비롯해서 공권력 등의 간섭이나 침해를 배제하는 방어적 측면 못지않게 애초에 정보에 접근할 수 있도록 하는 적극적인 측면도 매우 중요하다. 특히 점점 복잡해져가는 현대 사회에서 정부를 비롯해 각종 공공 기관이 수집하고 관리하는 정보의 규모는 점점 커지고 있다. 이런 상황에서 단순히 공권력의 취재에 대한 제한을 막아야 한다는 소극적 개념이 아니라 공공 기관 등에서 관리하고 있는 정보에 대한 접근을 허용할 것을 요구하는 적극적 개념으로서의 알 권리가 중요해지고 있는 것이다. 여러 나라들이 공적 정보의 공개를 법으로 보장하고 있는 이유다.

알 권리에 대한 논의는 언론의 자유에 대한 논의만큼이나 오랜 역사를 갖고 있다. 1641년 식민지 매사추세츠에서 만들어진 '매사추세츠 자유헌장The Massachusetts Body of Liberties'에는 식민지의 모든 남성에게 어떤 법원이나 관청의 기록을 검토하고 서류의 복사본을 가질 자유가 규정되었다.[71] 메이플라워호가 미국 대륙에 도착한 것이 1620년이라는 점을 생각해 보면 정보 공개 사상의 뿌리가 얼마나 깊은지 알 수 있다. 출판허가제를 비판함으로써 언론 자유 사상을 확립한 것으로 평가받는 존 밀턴의 《아레오파지티카》가 발표된 1644년보다도 3년이나 앞선 것이다. 이러한 사상은 미국 헌법의 기초를 쌓은 사람 가운데 하나인 제임스 매디슨James Madison이 한 "대중적인 정보popular information나 그런 정보를 얻을 수단이 없는 대중 정부popular government는 소극笑劇의 서막이거나 비극, 혹은 양자 모두일 뿐이다"라는 말에 잘 녹아있다. '대중적인 정보' 없이 '대중 정부'가 존재할 수 없다는 것이다. 특히 아는 것은 영원히 무지를 지배할 것이며, 스스로에 대한 지배자가 되

71 원문은 다음과 같다(철자는 현대 영어로 바꾼 것이다. 출처는 Bibliographical Sketch of the Laws of Massachusetts Colony, 1889, pp.32~60으로 http://oll.libertyfund.org/pages/1641-massachusetts-body-of-liberties에서 확인할 수 있다). "48. Every inhabitant of the Country shall have free liberty to search and view any rolls, records or registers of any Court or office except the Council, and to have a transcript or exemplification thereof written, examined and signed by the hand of the officer of the office, paying the appointed fees thereof."

려는 사람은 아는 것이 주는 힘으로 무장해야만 한다는 말은 현대 언론 자유 사상의 기초를 잘 보여 주고 있다.[72]

하지만 정작 정보 공개를 먼저 법제화한 것은 스웨덴이었다. 스웨덴은 1766년에 세계 최초로 헌법의 일부인 언론 자유법을 통해 구체적인 정보 공개 제도를 도입했다.[73] 이 법은 제1조에서 모든 국민에게는 누구나 자신의 의견을 표명할 수 있는 자유가 있다는 것을 확인하면서 국민이 의사 표현에 앞서 어떤 사안에 대해서든 정보를 얻을 권리가 있다고 규정하고 있다. 공공 문서에 관해 규정한 제2장 제1조에서는 모든 스웨덴 국민은 자유로운 의견의 교환과 충분한 정보 확보를 위해 자유롭게 공공문서에 접근할 권리가 있다고 명시하고 있다.

스웨덴에서는 이런 정보 공개 제도가 행정 기관의 투명성을 확보하고 사회적 합의를 가능하게 했으며 사회적 윤리의식을 강화함으로써 공적 영역과 사적 영역을 구분할 수 있게 되는 등 공동체 사회가 실현되도록 만들었다는 평가를 받고 있다. 스웨덴은 1810년에는 정보 공개를 보장하는 출판법도 제정했다고 한다. 물론 1766년 정보 공개 제도 도입 이후 왕권을 강화하려는 국왕에 의해 1771년부터 언론의 자유가 제한되기도 했으나 1809년 국왕

72 이 말은 제임스 매디슨이 1822년 8월 4일에 W. T. 배리W. T. Barry에게 보낸 편지글에 있던 것이다. 원문은 다음과 같다. "A popular government without popular information or the means of acquiring it, is but a prologue to a farce, or a tragedy, or perhaps both. Knowledge will forever govern ignorance: And a people who mean to be their own Governors, must arm themselves with the power which knowledge gives."

73 스웨덴 헌법은 정부조직법과 왕위계승법, 언론 자유법, 표현의 자유에 관한 기본법까지 4개의 기본법으로 구성되어 있다. 스웨덴을 비롯한 북유럽의 정보 공개 제도 도입 과정에 대해서는 심영섭(2008), "북유럽에서의 정보 공개와 언론," 《세계의 언론법제: 정보 공개와 언론》, 한국언론진흥재단, pp.78～115에 자세히 나와 있다.

이 바뀌면서 다시 정보 공개를 선언한 헌법이 부활되는 등 몇 차례 우여곡절을 겪었다. 스웨덴이 정보 공개 제도에서 앞서 있다는 점은 널리 알려졌지만 이런 우여곡절을 겪은 부분은 많이 알려져 있지 않다. 정보 공개 문제가 어느 사회에서나 그렇게 간단한 사안이 아님을 잘 보여 주는 대목이다.

스웨덴의 정보 공개 제도에서 주목할 부분은 언론 자유법이 정보 공개 원칙의 목적을 "민주주의 발전을 위해서는 정확한 정보를 갖고 있는 국민이 필수적이며, 정확한 정보를 갖고 있는 국민은 올바른 판단을 통해 사회적으로 필요한 여론 형성 과정에 적극적으로 참여할 수 있기 때문"이라고 밝히고 있는 대목이다. 이 부분은 앞서 살펴본 제임스 매디슨의 말과 매우 유사하다. 스웨덴에서는 공무원도 언론인들과 자유롭게 정보를 교환할 수 있고 독자편지를 보내거나 기고를 할 수 있다는 것도 눈에 띄는 부분이다. 언론 자유에 대해 흔히 미국 모델과 유럽 모델을 구분하는데, 스웨덴의 언론 자유에 대한 깊은 전통에 대해 더 많은 연구와 소개가 이루어질 필요가 있어 보인다. 이러한 스웨덴의 정보 공개 원칙과 언론 자유에 대한 보장은 핀란드 등 북유럽의 다른 나라들까지 영향을 미치고 있다.

미국에서 실질적으로 알 권리에 대한 논의가 시작된 것은 이보다 한참 뒤이다. 알 권리 개념을 미국에서 제일 먼저 사용한 사람은 법학자인 헤럴드 크로스Herold Cross였다. 그가 1936년부터 이 개념을 쓰기 시작했다는 것이다.[74] 하지만 본격적으로 미국에서 정보 공개 제도에 대한 논의가 시작된 것은 2차 세계 대전 이후로 보고 있다. AP통신에서 활약한 저명한 언론인인 켄트 쿠퍼Kent Cooper가 1945년 '알 권리' 도입 주장에 동참한 것이다. 쿠퍼는 2차 세계 대전 동안 미국을 비롯한 각국에서 벌어진 언론에 대한 통제를 지켜본 뒤 취재 활동의 자유를 보장하는 것이 매우 중요하다는 생각에 이르렀다고 한다.[75] 이후 1953년, 미국 신문편집인협회(ASNE)가 당시 〈뉴욕 헤럴드 트리뷴*New York Herald-Tribune*〉의 법률고문을 맡고 있던 헤럴드 크로스에게 연구 용역을 맡겼고, 크로스는 이듬해인 1954년, 〈국민의 알 권리The People's Right to Know〉[76]라는 보고서를 통해 쿠퍼가 주창했던 알 권리를 더욱 구체화했다. 쿠퍼도 1956년 '알 권리'에 대한 책을 내기도 했다.

당시는 점점 거대해지고 더 많은 정보를 집중하고 있는 정부의 비밀주의 경향이 강화되면서 언론인들은 물론 일반 국민들 사이에서도 경계심이 커지고 있던 시기였다. 정부의 비밀주의는 언론 자유를 주창하면서 탄생한 미국에서도 큰 문제로 대두됐는데, 특히 전쟁 경험은 이런 경향을 가중시키는 계기가 되었다. 이에 대한 반발과 언론계 등에서의 논의가 '열린 정부'에 대한 요구로 이어져 1966년에 '정보공개법'(정보자유법, FOIA: Freedom of Information Act)[77]이 만들어지게 되었다. 미국의 경우는 언론계가 정보공개법 제정 과정에서 중심적인 역할을 한 것이다.

이처럼 연방 차원의 법률이 만들어지기 이전에는 각 주별로 개별 입법을 통해 공문서나 각종 회의의 공개를 의무화하는 작업이 진행되었다. 이 법은 1974년에 정부의 정보 공개 범위를 확장하는 쪽으로 개정이 이루어졌고 1996년에는 '전자정보자유법'(The Electronic Freedom of Information Act of 1996)[78]이 제정되어 이메일 등 전자적 방법으로도 정보 공개를 청구할 수 있도록

74 강준만(2009), 《대중매체 법과 윤리》(개정판), 인물과사상사, p.299.

75 Kent Cooper(1956), *The Right to Know: An Exposition of the Evils of News Suppression and Propaganda*, Farrar, Straus & Cudahy.

76 Harold L. Cross(1954), *The People's Right to Know: Legal Access to Public Records and Proceedings*, Columbia University Press.

77 법률의 명칭 자체는 '정보자유법'이 맞지만 의미 전달의 정확성을 위해 통상 '정보공개법'으로 옮기고 있다.

78 이 법률도 같은 이유로 '전자정보공개법'으로 옮기는 것이 더 이해가 빠를 수도 있다.

허용되었다. 정보공개법은 이후에도 2007년의 이른바 '공개정부법'(OPEN Government Act of 2007)에 의해 개정되는 등 지속적으로 수정 보완을 거치고 있다. 이와는 별도로 정부의 각종 회의 정보의 공개를 촉진하기 위한 '회의공개법'(Sunshine Act: The Government in the Sunshine Act of 1976)도 만들어졌다.

2) 국내에서의 알 권리 인정과 정보공개법 제정

주 차원의 정보 공개 제도가 연방 차원의 법률 제정에 앞서 만들어졌던 미국과 마찬가지로 국내에서도 정보 공개 제도 도입은 중앙 정부가 선도한 것이 아니었다. 먼저 법원이 정보공개청구권을 인정하는 판례를 내놓았고 제도 도입도 지방 정부 차원에서 먼저 이루어졌다. 알 권리를 최초로 인정한 판례로는 군청에서 공공 정보에 대한 복사 신청을 거부당한 사람이 알 권리를 보장한 헌법에 위반된다며 제기한 헌법소원에서 헌법 제21조를 직접 행정 기관에 대해 정보 공개를 청구할 수 있는 근거로 인정한 것이 있다.[79]

헌재는 특히 정부의 '사무관리규정'에서도 행정 기관은 국민의 문서 열람이나 복사 신청에 대해 기밀 등 특별한 사유가 없는 한 허용하도록 규정하고 있고 '행정정보공개운영지침'도 행정 정보는 공개를 원칙으로 하고 있다면서 법률이 없더라도 이들 규정을 근거로 국민의 알 권리를 곧바로 실현하는 것이 가능하다고 보았다. 그런데도 행정청이 아무런 검토도 하지 않고 정보공개청구에 불응하는 것은 헌법 등이 보장한 알 권리를 침해한 것이라고 결정한 것이다. 헌재는 또 검사가 형사 확정 소송 기록을 열람하고 복사할 수 있는 권리를 인정한 명문 규정이 없다는 이유로 기록 복사 신청을 거부한 것에

79 헌재 1989. 9. 4. 선고 88헌마22 결정.

대해서도 알 권리 침해라고 판단하였다.[80]

헌법재판소는 또 군사기밀보호법에 대한 헌법소원에서도 "표현의 자유는 자유로운 의사 형성을 전제로 하고 이는 정보의 접근·수집·처리의 자유, 즉 알 권리와 불가분의 관계에 있으므로 알 권리는 표현의 자유에 당연히 포함되는 것이다. 알 권리도 다른 법익을 침해하지 않는 범위에서 존중되어야 할 것인데 '알 권리'와 '국가안보' 둘 다 헌법상 중요한 법익으로 보호되어야 하므로 양자의 균형을 과잉 금지의 원칙, 특히 이 가운데 피해의 최소성과 법익의 균형성을 고려하여 결정해야 한다"는 알 권리 판단에 대한 기준을 제시했다. 헌재는 이런 기준을 근거로 "군사기밀은 적법한 절차에 따라 군사기밀이라는 표시를 갖추고 누설된 경우 국가안보에 명확한 위험이 초래될 정도의 실질적 비밀 가치가 있는 비공지의 사실에 한정하여 해석해야 한다"고 판단했다.[81]

이런 헌법재판소 결정들과 흐름을 같이해서 행정 정보에 대한 공개를 규정한 지방자치단체 차원의 조례들도 만들어지기 시작했다. 1991년에 만들어진 청주시 의회 조례를 선두로 여러 자치단체들이 행정 정보 공개 제도를 도입하기 시작했다. 대법원은 청주시가 시의회의 정보공개조례가 모법의 근거가 없는 것이라며 행정소송을 내자 헌법재판소와 비슷한 취지로 시의회의 손을 들어주었다. 대법원은 판결문에서 "이 조례는 행정에 대한 주민의 알 권리 실현을 근본 내용으로 하면서도 이로 인한 개인의 권익 침해 가능성을 배제하고 있으므로 이를 들어 주민의 권리를 제한하거나 의무를 부과하는 조례라고는 단정할 수 없고 따라서 그 제정에 있어서 반드시 법률의 개별적 위

80 헌재 1991. 5. 13. 선고 90헌마133 결정.

81 헌재 1992. 2. 25. 선고 89헌가104 결정.

임이 따로 필요한 것은 아니"라고 밝혔다.[82]

중앙 정부 차원에서도 1994년 3월에 국무총리 훈령으로 '행정정보공개 운영지침'이 제정되었다. 이 지침은 각 지방자치단체들에서 시작된 행정 정보 공개 움직임을 중앙 정부 차원으로 격상시킨 것으로 곧바로 1996년의 '공공기관의 정보 공개에 관한 법률'(정보공개법) 제정으로 이어졌다. 법률로 행정 정보 공개 제도가 만들어진 것은 우리나라가 세계에서 13번째로 아시아에서는 첫 번째였다. 일본에서 정보공개법이 만들어진 것은 1999년이다.

현실적으로 언론의 취재 과정에서 여러 가지 불법적인 방법이 동원되고, 이 때문에 법적인 논란이 벌어지게 되는 것도 결국은 제대로 된 정보 공개가 되지 않기 때문인 측면도 크다. 실제로 국민의 알 권리 실현을 통해 국정에 대한 국민의 참여와 투명성 확보를 내걸고 시작된 정보공개법이지만 그 운영에 대해서는 비판적인 평가가 여전하다. 외형적으로는 정보 공개 건수가 증가하고 있지만 실제 운영 상황을 들여다보면 그렇지 않다는 것이다. 비교적 공적 기록의 공개주의가 확립되어 있는 것으로 받아들여지는 미국의 경우도 정보공개법의 제정에도 불구하고 정부가 여전히 핵심 정보들에 대해 비밀주의를 고집하고 있다는 비판을 받고 있다. 더구나 우리의 경우에는 정보공개법 제9조에서 매우 방대한 비공개 대상 정보를 열거하면서 정보공개법이 아니라 '정보비공개법'이라는 비판을 받고 있다.[83]

82 대법원 1992. 6. 23. 선고 92추17 판결.

83 배정근(2009. 2), "정보공개법을 통한 알 권리 실현의 한계: 비공개 조항 관련 대법원 판결 분석," 〈한국언론학보〉, 제53권 1호, 한국언론학회, pp.368~390 참조.

비공개 대상 정보를 열거한 정보공개법 제9조

제9조(비공개 대상 정보) ① 공공 기관이 보유·관리하는 정보는 공개 대상이 된다. 다만, 다음 각 호의 어느 하나에 해당하는 정보는 공개하지 아니할 수 있다.

1. 다른 법률 또는 법률에서 위임한 명령(국회규칙·대법원규칙·헌법재판소규칙·중앙선거관리위원회규칙·대통령령 및 조례로 한정한다)에 따라 비밀이나 비공개 사항으로 규정된 정보
2. 국가안전보장·국방·통일·외교관계 등에 관한 사항으로서 공개될 경우 국가의 중대한 이익을 현저히 해칠 우려가 있다고 인정되는 정보
3. 공개될 경우 국민의 생명·신체 및 재산의 보호에 현저한 지장을 초래할 우려가 있다고 인정되는 정보
4. 진행 중인 재판에 관련된 정보와 범죄의 예방, 수사, 공소의 제기 및 유지, 형의 집행, 교정矯正, 보안처분에 관한 사항으로서 공개될 경우 그 직무 수행을 현저히 곤란하게 하거나 형사피고인의 공정한 재판을 받을 권리를 침해한다고 인정할 만한 상당한 이유가 있는 정보
5. 감사·감독·검사·시험·규제·입찰계약·기술개발·인사관리에 관한 사항이나 의사 결정 과정 또는 내부 검토 과정에 있는 사항 등으로서 공개될 경우 업무의 공정한 수행이나 연구·개발에 현저한 지장을 초래한다고 인정할 만한 상당한 이유가 있는 정보. 다만, 의사 결정 과정 또는 내부 검토 과정을 이유로 비공개할 경우에는 의사 결정 과정 및 내부 검토 과정이 종료되면 제10조에 따른 청구인에게 이를 통지하여야 한다.
6. 해당 정보에 포함되어 있는 성명·주민등록번호 등 개인에 관한 사항으로서 공개될 경우 사생활의 비밀 또는 자유를 침해할 우려가 있다고 인정되

는 정보. 다만, 다음 각 목에 열거한 개인에 관한 정보는 제외한다.

가. 법령에서 정하는 바에 따라 열람할 수 있는 정보

나. 공공 기관이 공표를 목적으로 작성하거나 취득한 정보로서 사생활의 비밀 또는 자유를 부당하게 침해하지 아니하는 정보

다. 공공 기관이 작성하거나 취득한 정보로서 공개하는 것이 공익이나 개인의 권리 구제를 위하여 필요하다고 인정되는 정보

라. 직무를 수행한 공무원의 성명·직위

마. 공개하는 것이 공익을 위하여 필요한 경우로서 법령에 따라 국가 또는 지방자치단체가 업무의 일부를 위탁 또는 위촉한 개인의 성명·직업

7. 법인·단체 또는 개인(이하 "법인등"이라 한다)의 경영상·영업상 비밀에 관한 사항으로서 공개될 경우 법인등의 정당한 이익을 현저히 해칠 우려가 있다고 인정되는 정보. 다만, 다음 각 목에 열거한 정보는 제외한다.

가. 사업활동에 의하여 발생하는 위해危害로부터 사람의 생명·신체 또는 건강을 보호하기 위하여 공개할 필요가 있는 정보

나. 위법·부당한 사업활동으로부터 국민의 재산 또는 생활을 보호하기 위하여 공개할 필요가 있는 정보

8. 공개될 경우 부동산 투기, 매점매석 등으로 특정인에게 이익 또는 불이익을 줄 우려가 있다고 인정되는 정보

② 공공 기관은 제1항 각 호의 어느 하나에 해당하는 정보가 기간의 경과 등으로 인하여 비공개의 필요성이 없어진 경우에는 그 정보를 공개 대상으로 하여야 한다.

③ 공공 기관은 제1항 각 호의 범위에서 해당 공공 기관의 업무 성격을 고려하여 비공개 대상 정보의 범위에 관한 세부 기준을 수립하고 이를 공개하여야 한다.

심지어는 정보공개청구를 거부했다가 법원으로부터 정보를 공개하라는 판결을 받고도 항소와 상고를 해서 시간을 끌면서 차일피일 공개를 미루는 경우도 생긴다. 지방자치단체장들의 판공비 공개 문제와 관련된 사건이 유독 많았다. 인천의 경우 시민단체가 1999년 인천 지역 6개 구청을 상대로 구청장의 판공비 공개를 청구했다가 거부당하자 소송을 내 승소했는데, 구청들이 대법원까지 사건을 끌고 가며 판공비 공개를 미룬 사례가 있다. 당시 전국 기초자치단체장들의 모임인 '전국시장 · 군수 · 구청장협의회'는 공동 회장단 회의를 열고 판공비를 공개하되 그 시기는 대법원 확정 판결 이후로 하고 공개 기준은 행정자치부와 협의하기로 합의함으로써 사실상 자신들의 임기 중에는 판공비를 공개하지 않겠다는 결정을 하기도 했다. 이처럼 어떤 사안에서든 행정 기관이 정보 공개를 거부할 경우 소송으로 최종 결정이 나려면 최소한 몇 년이 걸린다는 점을 감안하면 소송을 통해 정보를 공개하게 하는 것이 얼마나 어려운 일인지를 알 수 있게 한다.

실효성을 떠나 법원으로서는 정보공개법 제정 이전부터 지속적으로 정보 공개를 촉진하는 방향으로 판결을 내려왔다. 이를테면 "국민으로부터 보유 · 관리하고 있는 정보에 대한 공개를 요구받은 공공 기관으로서는 [……] 법이 정한 비공개 사유에 해당하지 않는 한 이를 공개해야 한다"거나[84] "공개 대상 정보가 공공 기관의 보유, 관리하에 있다는 개연성에 대한 증명 책임은 원칙적으로 청구자에게 있으나, 그 정보가 공공 기관이 한때 보유, 관리했으나 후에 폐기되어 존재하지 않게 되었다면 그 점에 대한 증명 책임은 공공 기관에 있다"고 하는 등 공공 기관이 정보 공개를 애매한 이유로 피해 나가려는 것을 제한하려는 판결도 있었다.[85]

84 대법원 2003. 12. 11. 선고 2001두8827 판결.

3) 알 권리 관련 쟁점

알 권리의 대상이 되는 것은 가장 기본적으로 국가 기관이 보관하고 있는 각종 공적 정보다. 하지만 이런 알 권리는 개인 정보 보호 원칙과 충돌할 가능성도 있다. 대법원은 모든 판례를 공개할 때 일부 주요 공적 인물이나 공공 기관의 명칭을 제외하고는 거의 대부분 당사자 등을 특정할 수 있는 정보를 삭제하고 있다. 심지어 익명 처리를 한다면서 박근혜 대통령을 '박○○ 대통령'이라고 표시하고 KBS를 '○○방송공사'라고 표시하는 웃지 못할 일도 있었다. 행정 기관에서 내놓는 거의 모든 자료는 이와 비슷하다.

민간인인 변호사와 관련된 정보가 알 권리의 대상이 되는지가 쟁점이 된 사건이 있었다. 어떤 변호사를 선임하는 것이 좋을지 궁금해 하는 사람들을 위해 법률 전문 포털인 '로마켓'이 변호사의 승소율을 이용자들에게 제공한 것이 발단이 되었는데, 당시 법원은 변호사 관련 정보도 알 권리의 대상은 되지만 승소율 등까지 가공해서 제공하는 것은 개인 정보의 사적 통제 원칙을 벗어나는 것이라고 판단했다. 대신에 법조인 인명집 등을 통해 자발적으로 공개된 정보인 변호사 등 법조인들의 신상 정보를 활용해 이들 사이의 인맥을 분석해 지수화해서 제공하는 서비스는 문제가 없다고 보았다.[86]

뒤에서 사생활 보호와 관련해서 다시 언급하겠지만 우리 사회의 개인 신상 정보 등을 대하는 관점은 미국과는 극단적으로 대비된다. 사람의 이름이나 거주지 등 공적 기록에 올라 있는 정보들을 미국에서는 기본적으로 공개 대상으로 판단한다. 심지어 특정 교정 시설에 수감 중인 사람들의 명단과 사

85 대법원 2004. 12. 9. 선고 2003두12707 판결.

86 서울중앙지법 2007. 7. 6. 선고 2006가합22413 판결.

진, 죄명, 생년월일, 신체 특징 같은 정보도 공적 정보라는 이유로 공개 대상으로 취급한다. 심지어 성폭행 범죄 피해자의 인적 사항을 공개하는 것은 안 되지만 그 정보를 공적 기록에서 합법적으로 얻었을 경우에는 공개를 해도 법적으로 문제 삼을 수 없다는 판례까지 있다. 역시 공적 기록물인 판결문은 특수한 경우를 제외하고는 아무런 익명 처리 없이 전문을 그대로 공개하는 것이 오랜 전통이 되어 있다. 우리가 이해할 수 없는 사건 번호로 표시하는 판례를 원고와 피고의 이름으로 표시하는 것도 대조적이다.

하지만 우리는 심지어 어떤 사람을 사회적으로 특정하는 출발점이 되는 이름조차 보호되어야 할 개인 정보로 취급한다. 이 때문에 각종 공적 기록을 정보공개법을 통해 확보하더라도 익명 처리를 이유로 중요 부분이 적지 않게 삭제된 자료만을 확보할 수 있는 것이다. 이는 앞으로 우리가 알 권리, 정보공개의 문제를 논의할 때 깊이 생각해 보아야 할 부분이다. 과연 우리 사회는 어떤 정보까지를 보호받아야 할 사적인 영역에 둘 것인지에 대한 일관성 있는 기준 마련이 필요하다. 사실 역사적으로 보면 우리가 이렇게 개개인의 이름 등 기본적인 신상 정보를 마치 신성한 비밀인 것처럼 인식하기 시작한 것이 그렇게 오래된 일이 아니라는 점도 기억할 필요가 있다.

정보공개법이 제정되기 전이기는 하지만 한 시민단체가 1994년에 국세청이 실시한 언론사 세무 조사 결과를 발표하라고 청구한 사건에서 서울고법은 세무 조사 과정에서 알게 된 납세자에 대한 일체의 정보를 공개하면 경쟁사에 영업 비밀이 노출될 뿐만 아니라 취재원 확보를 위한 전략이 노출되는 등 사생활의 비밀은 물론 영업과 금융에 대한 사업상 비밀이 노출될 우려가 크다면서 공개를 하지 않아도 좋다는 판단을 내린 적도 있다.[87] 언론사에 대한

87 서울고법 1995. 8. 20. 선고 94구39262 판결.

세무 조사 결과조차 사생활의 비밀 등과 관련이 있다며 비공개로 결정한다면 도대체 공개할 수 있는 정보는 어떤 것이 있을지 의문이다.

정보 공개를 둘러싸고 특징적인 사건 중 하나는 정보공개법상의 정보공개청구 자격이 쟁점이 된 사건이다. 서울행정법원은 송파구청이 서울시선거관리위원회를 상대로 정보 비공개 처분을 취소해 달라며 낸 소송에서 지방자치단체는 정보공개청구권자인 '국민'에 해당하지 않는다며 청구를 기각했다.[88] 재판부는 알 권리는 기본적으로 정신적 자유의 영역인 표현의 자유 내지는 인간의 존엄성, 행복추구권 등에서 도출된 권리이며, 정보공개청구 제도는 국민이 국가나 지방자치단체 등이 보유한 정보에 접근해서 그 정보의 공개를 청구할 수 있는 권리로서 이로 인하여 국정에 대한 국민의 참여를 보장하기 위한 제도인 점 등을 고려해 보면 지방자치단체는 국민의 알 권리를 보호할 위치에 있는 것이지 스스로 알 권리의 주체가 된다고 볼 수는 없다고 지적했다. 정보공개청구권이 오직 국민에게 있다는 점을 명확히 한 것이다.

또 한 가지 정보공개법과 관련해 특징적인 부분은 우리 언론의 정보공개법 활용 정도다. 활발하게 정보공개법을 활용하고 있는 미국 언론들에 비해 국내 언론은 정보공개법을 활용하는 일이 그렇게 많지 않다. 실제로 국내에서 정보공개법이 만들어지는 과정도 시민단체들의 활동과 풀뿌리 민주주의 차원에서 지방의회들에서 벌어진 정보 공개의 제도화 움직임이 주된 동력이었다. 전국 단위의 언론이나 언론인들의 정보 공개 제도화 요구가 사회적으로 의미 있게 제기되지 않았다는 얘기다. 정보는 언론인들 개인의 성실성과 능력이라는 덕목에 기초해서 이른바 언론인들이 '발로 뛰어서' 입수하는 것이라는 언론 내부의 전통적 인식도 큰 영향을 미친 것으로 볼 수 있다. 하지

88 서울행정법원 2005. 10. 12. 선고 2005구합10484 판결.

만 정부를 상대로 필요한 정보의 공개를 요구해 적절한 시한 안에 확보하는 것이 얼마나 번잡하고 결과를 얻기가 힘든 것인지를 언론인들이 너무도 잘 알고 있다는 점도 작용한 것으로 볼 수 있다.[89] 특히 신속한 보도를 목숨처럼 여기는 언론으로서는 상당한 기간이 소요될 수밖에 없는 공식적인 정보 공개 절차를 이용하는 것보다는 언론인 개인들의 비공식적인 인맥을 통한 정보 입수에 주력할 수밖에 없는 상황이기 때문이다.

언론이 하루하루의 소식을 숨 쉴 틈 없이 전하는 것도 중요하다. 하지만 사회의 발전과 성숙도가 더해가면서 그날그날의 소식을 날것으로 전하는 것의 중요성보다도 사회 저변의 흐름과 변화를 깊이 있게 분석해내는 기획 보도의 중요성이 커지고 있다. 이런 기획 보도의 골격을 형성하는 것은 결국 각종 기관들이 축적하고 있는 정보다. 실제로 점점 더 많은 언론이 데이터 저널리즘이나 탐사 보도라는 이름으로 단순한 현상에 대한 보도를 넘어선 사회의 깊은 흐름을 짚어 내는 보도에 공을 들이고 있다. 정보공개법을 이용해 각종 공적 정보를 입수해 시간을 갖고 분석하려는 언론인들도 조금씩 늘고 있다. 이제야말로 국내에서도 정보공개법이 실질적인 언론 활동과 관련해 의미 있는 장치가 되고 있는 것이다. 이렇게 주류 언론이 정보공개법을 직접 사용하면서 그 문제점이 더욱 구체적으로 드러날 경우 문제가 되는 비공개 위주의 정보공개법 운용 방식을 변경하거나 아예 법 자체를 고치자는 논의도 더 힘을 받게 될 것이다.

89 김옥조(2012), 앞의 책, p.333.

3. 취재 과정에서의 불법 행위 문제

원칙적으로 취재 과정에서 기자는 법적 기준이나 윤리적 가이드라인을 넘어서서는 안 된다. 법적으로 정해진 선을 넘는 것은 형사처벌이나 민사적 손해배상 책임을 불러올 것이다. 윤리적 가이드라인을 넘는 행위도 해당 언론사나 언론인, 그리고 언론 전체에 대한 사회적 신뢰나 평가에 영향을 미치는 것은 물론 이런 행위에 대한 법적 평가에도 영향을 미치게 된다. 하지만 항상 모든 취재 행위를 법적으로, 윤리적으로 문제가 없는 방식으로만 해서는 제대로 된 정보 수집이 불가능해지는 경우가 자주 발생하게 된다는 현실적인 어려움이 있다.

기자는 기본적으로 취재 과정에서 자신의 신분을 밝히는 것이 옳다. 한국기자협회와 한국신문협회, 신문방송편집인협회가 공동으로 제정한 신문윤리실천요강은 제2조 취재 준칙 제1항에서 "기자는 신분을 위장하거나 사칭하여 취재해서는 안 되며 문서, 자료, 컴퓨터 등에 입력된 전자 정보, 사진 기타 영상물을 소유주나 관리자의 승인 없이 검색하거나 반출해서는 안 된다"고 규정하고 있다. 또 제4항에서는 "기자는 전화로 취재할 때 신분을 밝히는 것을 원칙으로 하며"라고 규정함으로써 신분을 위장하지 말라고 요구하고 있다. 하지만 항상 이런 정직한 방법으로만 취재를 한다면 지금까지 우리가 알고 있는 많은 사실들은 아직도 공개되지 않았을 가능성이 높다. 누구든 자신에게 불리한 내용을 스스로 드러낼 이유는 없기 때문이다. 원칙적으로 신분을 당당히 밝히고 취재를 하는 것이 옳지만 달리 방법이 없다고 판단될 경우 기자나 PD 등 언론인들은 다양한 변칙적인 방법을 동원해왔고 앞으로도 그럴 수밖에 없을 것이다.

언론인 가운데 철학적으로 이런 변칙적인 방법을 거부하는 사람도 실제로 존재하지만 어느 정도의 변칙적 수단을 적절하게 사용하지 않으면서도 유능한 언론인이 되기는 쉽지 않은 것이 사실이다. 당사자는 전혀 신분 사칭이라는 선을 넘지 않는다고 생각하고 있지만 원칙적으로 보면 신분 사칭이라고 볼 여지가 있는 경우도 적지 않다. 예를 들어 물가를 확인하기 위해 가게나 시장 등에서 마치 손님인 것처럼 가격을 물어보는 경우, 부동산 시세 확인을 위해 부동산 중개업소 등에 기자라고 밝히지 않고 매물이나 시세 등을 물어보는 경우 기자들은 자신들의 이런 행위까지 '신분 사칭'에 해당하지 않는다고 생각할 가능성이 크다. 불법 영업 현장을 발견하고는 112에 전화를 걸어 경찰이 제때 출동하는지를 지켜보는 일, 휴대전화 불법 지원금이 지급되는지를 알아보기 위해 휴대전화를 살 것처럼 행동하는 일도 마찬가지다. 취재 과정에서 이 정도의 신분 위장까지 윤리적으로, 법적으로 완전히 금지한다면 실제로 대부분의 취재가 불가능해질 것이다.

이처럼 법이 범죄로 규정한 것이 아니라 일반인들 사이에서도 일어날 수 있을 정도의 신분 위장까지 언론인에게 금지하는 것은 현실성을 갖기 어려울 것이다. 신문윤리실천요강의 제2조 취재 준칙도 제1항의 단서에서 "다만 공익을 위해 부득이 필요한 경우와 다른 수단을 통해 취재할 수 없을 때에는 예외로 정당화될 수 있다"고 예외를 규정하고 있다는 점을 기억할 필요가 있다. 사회정의와 공익을 실현하기 위해 진실을 추적하는 언론의 활동에 대해 절대적 제한을 두는 것은 오히려 사회적 부정에 면죄부를 주는 것이 될 수도 있기 때문이다.

다른 사람의 관리하에 있는 문서 등 자료를 함부로 빼돌리는 것은 역시 신문윤리실천요강의 취재 준칙이 금지하는 행위다. 하지만 여기에 대해서도 "다만 공익을 위해 부득이 필요한 경우와 다른 수단을 통해 취재할 수 없을 때에는 예외로 정당화될 수 있다"는 단서 규정이 있다. 언론인이 수사 기관의 수사 자료를 빼돌린 행위가 형사처벌을 받는다는 점에 대해서는 의문의 여지가 없다. 언론으로서는 정말 중대한 공익적 필요가 있다고 판단될 경우에는 사후에 어떤 형사적 처벌까지 받을 각오를 하고서라도 법적으로 정해 놓은 선을 넘어야 할 수도 있다. 물론 위에서 사례로 제시한 건들이 이처럼 형사처벌을 감수해야 할 정도로 중대한 공익적 필요나 긴급성 등이 인정되는 사례라고 보기에는 어려움이 있다. 법원도 언론 관련 불법 행위를 판단할 때 다른 합법적 방법을 사용할 수 있지는 않았는지 따지기 때문에, 만약 엄청난 권력적, 정치적 음모나 부정의를 파헤치기 위해 달리 방법이 없는 경우라고 판단되는 사례라면 재판부가 다른 결론을 내릴 수도 있다.

이처럼 취재 방법에서의 불법이나 윤리적 문제는 단순히 기준의 준수 여부로만 판단하기에는 어려움이 있다. 마찬가지로 그 중대성 등에 대한 판단이 자의적으로 행해져서는 안 되고, 특히 언론인 개개인의 취재 욕심이나 소영웅주의적 접근에 의해 우리 사회의 기본적인 절차나 법적, 윤리적 기준이 함부로 무시되는 것도 바람직하지 않다.

언론이 불법적인 방법으로 자료를 입수한 경우 자료 입수 과정에 대한 책임을 지는 것과는 별개로 입수된 자료를 토대로 보도를 하는 것도 금지되어야 하는지가 문제가 된다. 또 자신이 전혀 개입하지 않은 상태에서 제3자가 불법으로 입수한 자료를 건네받게 된 경우에는 그 자료를 토대로 보도를 해도 무방한 것인지가 쟁점이 된다. 이는 제3자의 정보 입수 경위가 불법인지를 알고 있는 경우와 아예 자료 입수의 불법성을 모르고 있는 경우로 나누어서 생각해 볼 수 있다. 궁극적으로 언론이 자료 입수 과정에서의 불법 행위를 기획하거나 지원하는 등 적극적인 개입을 하지 않은 경우에는 입수 과정의 불법 행위 책임을 묻기가 어려울 것이며 그런 경우 그 내용의 보도에 제한을 두기는 어렵다.

또 자료 입수 과정에서의 절차적 위법에 언론이 관여했을 경우에도 이른바 '위법 수집 증거의 효력 배제'라는 형사재판상의 증거법 원칙을 곧이곧대로 적용해야 하는 것은 아니다. 언론 보도가 형사재판 절차는 아니기 때문이다. 기본적으로 자료 입수 과정에서 일어난 이익의 침해와 보도를 통해 얻는 사회적인 이익을 비교 형량하여 보도의 허용 여부를 판단하는 것이 불가피한데, 특히 다른 방법으로는 사실상 해당 정보를 얻기가 어려운 경우, 그리고 그 사안이 공익적으로 중대성이 인정되는 경우에는 보다 큰 국민의 알 권리를 중심에 두고 판단할 수밖에 없다.

5장 언론 보도 관련 불법 행위와 면책

언론 활동과 관련해서 발생할 수 있는 법률 위반을 두고 '언론 불법 행위 Media Tort'라고 한다. '언론법제' 또는 '언론법'이라고 하면 이처럼 언론 또는 언론인이 저지를 수 있는 불법 행위만을 가리키는 것으로 생각하는 사람들도 있다. 주로 언론 관련 분쟁 실무에 주목하는 사람들이 보여 주는 접근법이다. 하지만 언론법제를 이해하기 위해서는 앞서 살펴본 것과 같은 언론의 기능에 대한 본질적 이해와 언론 자유가 갖는 의미와 중요성 등에 대한 이해를 바탕으로 취재에서 보도에 이르는 여러 법적 문제들을 폭넓게 이해하는 것이 매우 중요하다.

이 장에서는 가장 대표적인 언론 관련 불법 행위인 명예훼손을 중심으로 이런 불법 행위의 성립과 면책의 법리를 살펴보고 사생활과 초상권 침해 등 다른 불법 행위 유형에 대해서도 기본적인 구조와 핵심 쟁점들을 간략하게 살펴보기로 한다.

1. 명예훼손과 모욕

1) 명예훼손 관련 법제 개관

(1) 민사상 명예훼손 법제

우리는 일본과 마찬가지로 명예훼손에 관해서 민사와 형사에서의 제재 규정을 모두 갖고 있다. 먼저 명예훼손은 민법 제750조가 규정하고 있는 '불법 행위'의 하나가 된다. 또 민법 제764조에는 명예훼손이 일어난 경우 일반적인 민법상의 배상 원칙인 금전 배상 외에 명예를 회복할 수 있도록 적절한 처분을 명령할 수 있는 근거를 두고 있다. 이른바 '명예회복에 적당한 처분'의 하나로 사죄 광고 명령이 내려진 경우가 종종 있었으나 1991년에 이에 대해 헌

민법상의 명예훼손 관련 조항

제5장 불법 행위

제750조(불법 행위의 내용) 고의 또는 과실로 인한 위법 행위로 타인에게 손해를 가한 자는 그 손해를 배상할 책임이 있다.

제764조(명예훼손의 경우의 특칙) 타인의 명예를 훼손한 자에 대하여는 법원은 피해자의 청구에 의하여 손해배상에 갈음하거나 손해배상과 함께 명예회복에 적당한 처분을 명할 수 있다.

법재판소에서 위헌 결정이 내려져 사죄 광고는 사라지게 되었다.[90]

이 밖에 앞에서 살펴보았던 바와 같이 언론중재법에도 민법의 이런 조항과 관련해 그동안 축적된 판례 등을 반영해서 명예훼손에 대한 별도의 규정을 두고 있다. 앞서 설명했듯이 언론중재법과 민법을 통한 권리 구제 가운데 어느 쪽이든 선택할 수 있고, 한쪽을 선택한다고 해서 다른 법률에 따른 구제를 받을 길이 자동으로 막히는 것도 아니다.

(2) 형사상 명예훼손 법제

우리 형법은 명예에 관해 별도의 장을 두고 6개 조항에 걸쳐서 자세한 규정을 두고 있다. 명예훼손죄의 유형은 3가지로 일반적인 명예훼손과 '사자死者에 대한 명예훼손'으로 부르는 죽은 사람에 대한 명예훼손, 그리고 특별히 그 영향력을 감안해 무겁게 처벌하는 출판물 등에 의한 명예훼손이 그것이다. 객관적인 사회적 평가를 저하시키는 명예훼손에는 이르지 않지만 사람의 명예감정을 침해하는 것은 모욕죄로 처벌할 수 있다.

명예훼손은 또 제307조 제1항의 사실을 적시하여 명예를 훼손한 경우와 제2항의 허위 사실을 적시하여 명예를 훼손한 경우의 두 가지로 나뉜다. 사실을 적시한 경우는 최고 2년 이하의 징역과 금고형인 것에 비해 허위 사실을 적시한 경우는 최고 5년 이하의 징역과 금고형으로 훨씬 무겁게 처벌한다. 물론 모두 벌금형을 선택할 수도 있다. 이 두 가지 명예훼손의 유형 가운데 첫 번째 유형, 즉 사실을 적시하여 명예를 훼손한 경우에는 그 내용이 '진실한 사실'이고 '오로지 공공의 이익에 관한 때'에는 처벌하지 않도록 명시적인 위법성 조각 사유가 규정되어 있다.

90 헌재 1991. 4. 1. 선고 89헌마160 결정. 민법 제764조를 '명예회복에 적당한 처분'에 사죄 광고를 포함하는 것으로 해석하는 것은 헌법에 위반된다는 한정 위헌 결정이다.

이 조문의 내용만으로는 적시한 사실이 허위일 경우는 이 위법성 조각 사유 규정이 적용될 여지가 아예 없다. 하지만 뒤에서 살펴보겠지만 대법원은 비록 적시한 내용이 사실이 아니더라도 그런 표현 행위를 한 사람이 그것이 사실이라고 믿은 데에 상당한 이유가 있다면 위법성이 없다면서 위법성 조각 사유를 확대 적용하고 있다. 판례를 통해 언론의 자유가 확대된 것이다.

죽은 사람에 대한 명예훼손은 오직 허위 사실인 경우에만 성립하며 살아 있는 사람에 대해서처럼 사실을 적시하는 경우는 성립하지 않는다. 또 비록 허위 사실을 적시해 명예를 훼손했더라도 법정형은 일반적인 명예훼손에서 사실 적시에 의한 명예훼손과 같다.

언론 보도를 포함한 출판물 등에 의한 명예훼손은 그 파급력이 크다는 점을 반영해 법정형이 가중되어 사실 적시인 경우는 3년 이하의 징역이나 금고형이, 허위 사실 적시인 경우에는 7년 이하의 징역형과 10년 이하의 자격정지,[91] 그리고 각각 벌금형이 함께 규정되어 있다. 다만 이 죄는 오직 '비방할 목적'이 있는 경우에만 성립한다. 언론 보도는 기본적으로 공익성이 있는 것으로 간주되지만 특별히 공익 목적이 아니라 '비방할 목적으로' 보도한 것이라고 인정이 되면 구성 요건에 해당하게 되는 것이다. 일단 비방할 목적이 인정되어 출판물에 의한 명예훼손죄가 인정되면 형법 제310조에 따라 위법성이 조각될 가능성도 사라진다. 형법 제310조에 따라 위법성이 조각되어 처벌을 면할 수 있는 것은 일반 명예훼손죄에 해당될 경우뿐이기 때문이다.

형사상 명예훼손죄의 또 하나의 특징은 죽은 사람에 대한 명예훼손과 모욕죄의 경우는 피해자의 고소가 있어야 검찰이 기소를 할 수 있는 이른바 '친고죄'이고 일반 명예훼손죄와 출판물에 의한 명예훼손죄의 경우 고소

91 허위 사실 적시의 경우에는 금고형 없이 징역형과 자격정지만 규정되어 있다. 자격정지는 징역형과 함께 부과되는, 즉 '병과'되는 형벌이다.

가 없어도 기소를 할 수는 있지만 피해자가 명시적으로 처벌에 반대할 경우에는 기소를 할 수가 없는 이른바 '반의사불벌죄'라는 것이다. 피해자의 명예를 보호하기 위한 것이 명예훼손죄라는 것을 생각해 보면 죽은 사람에 대한 명예훼손과 모욕죄에 대해서만 피해자 본인의 고소가 있어야 하는 친고죄로 규정하고 일반 명예훼손과 출판물에 의한 명예훼손은 고소가 없거나 제3자의 고발에 의해서도 피해자가 특별히 처벌을 원하지 않는다는 뜻을 밝히지 않는 이상 수사 기관이 나서서 수사와 처벌까지 할 수 있는 것은 과잉 입법이 아닌지 생각해 볼 여지가 있다.

실제로 주요 정치인 등이 관련된 사건의 경우 굳이 당사자가 전면에 나서지 않더라도 제3자가 그 정치인 등의 명예가 훼손됐다고 주장하며 고발을 하고, 이를 빌미로 수사 기관이 처벌에 나서는 경우가 종종 있었다. 이렇게 되면 피해자는 고소인 조사를 받는 수고도 하지 않은 채 자신을 비판한 사람을 형사 절차에 시달리게 할 수 있다. 당사자가 직접 나서는 경우에도 명예훼손 제도의 남용이 문제가 되는데, 이처럼 제3자가 나서거나 아예 수사 기관이 직접 인지해서 처벌에 나설 수 있도록 한 것은 명예훼손 형사처벌제도의 과도한 정치화를 막기 위해서라도 적절성을 따져 봐야 한다.

형법상 명예훼손·모욕 관련 조항

제33장 명예에 관한 죄

제307조(명예훼손) ① 공연히 사실을 적시하여 사람의 명예를 훼손한 자는 2년 이하의 징역이나 금고 또는 500만 원 이하의 벌금에 처한다.

② 공연히 허위의 사실을 적시하여 사람의 명예를 훼손한 자는 5년 이하의 징역, 10년 이하의 자격정지 또는 1천만 원 이하의 벌금에 처한다.

第308조(사자의 명예훼손) 공연히 허위의 사실을 적시하여 사자의 명예를 훼손한 자는 2년 이하의 징역이나 금고 또는 500만 원 이하의 벌금에 처한다.

第309조(출판물 등에 의한 명예훼손) ① 사람을 비방할 목적으로 신문, 잡지 또는 라디오 기타 출판물에 의하여 제307조제1항의 죄를 범한 자는 3년 이하의 징역이나 금고 또는 700만 원 이하의 벌금에 처한다.

② 제1항의 방법으로 제307조 제2항의 죄를 범한 자는 7년 이하의 징역, 10년 이하의 자격정지 또는 1천500만 원 이하의 벌금에 처한다.

第310조(위법성의 조각) 제307조제1항의 행위가 진실한 사실로서 오로지 공공의 이익에 관한 때에는 처벌하지 아니한다.

第311조(모욕) 공연히 사람을 모욕한 자는 1년 이하의 징역이나 금고 또는 200만 원 이하의 벌금에 처한다.

第312조(고소와 피해자의 의사) ① 제308조와 제311조의 죄는 고소가 있어야 공소를 제기할 수 있다.

② 제307조와 제309조의 죄는 피해자의 명시한 의사에 반하여 공소를 제기할 수 없다.

(3) 명예훼손 관련 기타 법제

명예훼손에 관한 규정을 둔 법률은 민법과 형법뿐이 아니다. 우선 '정보통신망 이용촉진 및 정보보호 등에 관한 법률'은 형법의 출판물에 의한 명예훼손죄와 유사한 규정을 두고 있다. 사람을 비방할 목적으로 정보통신망을 이용해 공공연하게 사실을 적시한 경우는 3년 이하의 징역과 금고형을, 허위 사실을 적시한 경우에는 7년 이하의 징역형과 10년 이하의 자격정지, 그리고 모두 형법에서보다 더 높은 액수의 벌금형이 규정되어 있다.

방송법과 방송심의규정도 방송에 대해 타인의 명예를 훼손하지 말 것을 규정하고 있다. 사실 방송 심의를 통해 명예훼손 여부를 판단하고 이를 제재하는 것은 명예훼손이라는 것이 사법적으로도 매우 판단하기 어려운 복잡한 사안이라는 점을 고려하면 전문가도 아닌 방송통신심의위원회가 명예훼손 문제를 다룬다는 것 자체가 적절한지 의문이 제기될 수밖에 없다.

정보통신망 이용촉진 및 정보보호 등에 관한 법률

제70조(벌칙) ① 사람을 비방할 목적으로 정보통신망을 통하여 공공연하게 사실을 드러내어 다른 사람의 명예를 훼손한 자는 3년 이하의 징역이나 금고 또는 2천만 원 이하의 벌금에 처한다.

② 사람을 비방할 목적으로 정보통신망을 통하여 공공연하게 거짓의 사실을 드러내어 다른 사람의 명예를 훼손한 자는 7년 이하의 징역, 10년 이하의 자격정지 또는 5천만 원 이하의 벌금에 처한다.

③ 제1항과 제2항의 죄는 피해자가 구체적으로 밝힌 의사에 반하여 공소를 제기할 수 없다.

방송법

제5조(방송의 공적 책임) ① 방송은 인간의 존엄과 가치 및 민주적 기본질서를 존중하여야 한다.

② 방송은 국민의 화합과 조화로운 국가의 발전 및 민주적 여론 형성에 이바지하여야 하며 지역간·세대간·계층간·성별간의 갈등을 조장하여서는 아니된다.

③ 방송은 타인의 명예를 훼손하거나 권리를 침해하여서는 아니된다.

④ 방송은 범죄 및 부도덕한 행위나 사행심을 조장하여서는 아니된다.

⑤ 방송은 건전한 가정생활과 아동 및 청소년의 선도에 나쁜 영향을 끼치는 음란·퇴폐 또는 폭력을 조장하여서는 아니된다.

방송심의규정

제20조(명예훼손금지) ① 방송은 타인(자연인과 법인, 기타 단체를 포함한다)의 명예를 훼손하여서는 아니된다.

② 방송은 사자死者의 명예도 존중하여야 한다.

③ 제1항 및 제2항에 해당하는 경우에 그 내용이 진실한 사실로서 오로지 공공의 이익에 관한 때에는 예외로 한다.

2) 명예훼손의 개념과 주체

(1) 명예훼손의 개념

보통 사람들이 명예라고 부르는 것을 내적 명예와 외적 명예, 명예감정으로 구분해 볼 수 있다. 내적 명예는 어떤 사람의 진정한 인격적 가치라고 할 수 있으며 외적 명예는 객관적인 평가와 사회적 인정을 의미한다. 명예감정은 어떤 사람이 스스로 형성해 갖고 있는 스스로에 대한 어떤 주관적인 평가 감정이다. 이 가운데 법이 보호하는 것은 외적 명예, 즉 어떤 사람에 대한 사회적인 평가social reputation이다. 이 부분에 대해서는 학설이나 판례가 일치한다.

주관적인 명예감정을 훼손하는 것은 별도의 불법 행위를 규정한다. 이는 형사적으로는 모욕에 해당할 수 있으며 민법적으로는 제750조가 규정하는 불법 행위의 하나가 될 수 있다. 어떤 사람에 대한 일반적인 사회적 평가가 아니라 직접적으로 신용을 훼손하는 행위는 명예훼손은 아니지만 별도로 형법 제313조가 규정하는 신용훼손죄에 해당하며 역시 민법상 불법 행위의 하나가 된다.

(2) 명예훼손소송의 주체

명예훼손소송을 낼 수 있는 주체가 누구냐는 문제는 곧바로 명예권의 주체가 누구냐는 문제다. 뒤집어서 말하면 누가 명예훼손을 당할 수 있느냐는 문제가 된다. 일반적인 사람, 즉 자연인은 당연히 명예훼손을 주장할 수 있다. 하지만 직접 자신의 사회적 평가에 대한 문제가 아닌 경우에는 자신이 피해자라고 주장할 수 없다. 국정원 감찰실장이 국정원에 대한 비판 보도와 관련해 명예훼손을 당했다며 언론사를 고소했으나 명예훼손 피해의 당사자로 볼 수 없다며 검찰이 각하한 사례도 여기에 해당한다.

정식으로 법적 절차를 거쳐 성립한 각종 법인도 활동을 위해서는 사회적인 인정이 필요하고 신뢰 등 평가에 따라 존립 자체가 영향을 받으므로 명예훼손의 대상이 될 수 있다고 본다. 사단법인, 재단법인 같은 것은 물론 법에 따라 설립된 각종 회사 등이 여기에 포함된다. 명예훼손의 대상이 될 수 있다는 것은 명예훼손을 당한 경우 형사 절차와 민사 절차를 통해 상대방의 처벌이나 손해의 배상, 침해의 배제 등을 추구할 수 있다는 것을 말한다.

그럼 종중이나 동창회 등과 같이 단체로서의 실체는 갖추고 있지만 법인으로 등록하는 것 같은 법인격을 확보하지는 못한 경우는 어떨까. 나름의 체계를 갖추고 있는 등 단체의 실체가 분명하지만 법인격은 갖추지 못한 경우를 '비법인 사회단체,' 즉 '비법인 사단'이라고 한다. 이러한 비법인 사단 가운데 대표자 또는 관리자가 정해져 있어서 민사소송법상 소송을 할 수 있는 능력, 즉 당사자능력을 갖춘 경우는 명예훼손을 이유로 소송도 낼 수 있다.

(3) 죽은 사람의 명예훼손

죽은 사람도 민·형사상의 주체가 된다. 다만 죽은 사람의 경우에는 허위 사실을 적시한 경우에만 명예훼손이 인정된다. 형법 제308조는 죽은 사람에 대한 명예훼손을 친고죄로 규정하고 있다. 하지만 죽은 사람은 직접 고소를 할 수가 없으므로 형사소송법 제227조에 따라 죽은 사람의 친족이나 자손이 고소권자가 된다. 이렇게 죽은 사람에 대한 직접적인 명예훼손을 이유로 행하는 민·형사상의 절차를 통해 보호하는 법익과, 죽은 사람의 명예를 훼손함으로써 친족이나 자손의 명예감정이 훼손되는 것은 별개라는 점을 기억해야 한다.

언론중재법은 사망자의 인격권 보호 문제에 관해 별도의 조항을 두고 있다. 언론중재법 제5의 2는 언론에 의해 죽은 사람에 대한 인격권 침해가 이뤄지거나 침해 우려가 있을 경우 유족이 구제 절차를 수행할 수 있도록 규정하고 있다. 먼저 ① 죽은 사람의 배우자와 직계비속, ② 이 둘이 다 없으면 직계존속이, ③ 직계존속도 없으면 형제자매의 순서로 구제 절차를 수행할 자격을 갖는 '유족'이 된다. 구제 절차는 같은 순위의 유족들이 여러 명일 경우 각자가 단독으로 일반적인 진행을 할 수 있으나 동의를 해야 할 일이 있으면 같은 순위의 유족 전원이 해야 한다. 이 순서에 따라 우선순위에 있는 유족 모두의 동의를 받지 못하면 언론중재법 제5조에 규정된 이른바 '피해자의 동의'를 이유로 한 인격권 침해의 면책을 받지 못하게 되는 것이다.

언론중재법

제5조의2(사망자의 인격권 보호) ① 제5조 제1항의 타인에는 사망한 사람을 포함한다.

② 사망한 사람의 인격권을 침해하였거나 침해할 우려가 있는 경우에는 이에 따른 구제 절차를 유족이 수행한다.

③ 제2항의 유족은 다른 법률에 특별한 규정이 없으면 사망한 사람의 배우자와 직계비속으로 한정하되, 배우자와 직계비속이 모두 없는 경우에는 직계존속이, 직계존속도 없는 경우에는 형제자매가 그 유족이 되며, 같은 순위의 유족이 2명 이상 있는 경우에는 각자가 단독으로 청구권을 행사한다.

④ 사망한 사람에 대한 인격권 침해에 대한 동의는 제3항에 따른 같은 순위의 유족 전원이 하여야 한다.

⑤ 다른 법률에 특별한 규정이 없으면 사망 후 30년이 지났을 때에는 제2항에 따른 구제 절차를 수행할 수 없다.

언론중재법에 이 규정이 생기기 이전에는 죽은 사람의 인격권 침해를 이유로 한 손해배상청구를 유족이 대신하는 것을 두고 논란이 있었다. 물론 유족은 죽은 사람에 대한 명예훼손으로 인해 자신들이 고인에 대해 갖고 있는 추모의 마음이 침해됐다면서 손해배상을 청구하는 것은 가능했는데, 이제는 직접 죽은 사람의 인격권 침해를 이유로 한 소송을 내는 것이 명확하게 정리된 것이다. 다만 언론중재법은 숨진 사람의 인격권 보호 시한을 설정하고 있다. 사망 후 30년이 지나면 유족은 직접적으로 죽은 사람의 인격권 침해를 이유로 구제 절차를 개시할 수는 없고, 자신의 추모 감정이 침해된 것을 이유로 한 소송만 할 수 있다.

죽은 사람의 명예훼손은 역사적 인물이나 사건을 다룬 소설이나 영화, 드라마 등과 관련해 자주 쟁점이 된다. 뒤에서 살펴보겠지만 물리학자 이휘소를 모델로 한 소설들과 관련해 출판금지를 청구한 사건에서는 현재의 언론중재법이 만들어지기 이전임에도 불구하고 재판부가 모델이 된 사람이 죽은 뒤에도 직접 그 사람의 명예훼손 등 인격권 침해를 이유로 소송을 낼 수 있고 그 소송의 수행은 유족이 할 수 있음을 분명히 하고 있다.[92]

이 판결에서는 또한 앞에서 살펴보았던 것처럼 명예훼손이라는 것이 사회적인 평가의 저하를 요건으로 하는 것임을 지적하면서 논란이 된 소설을 통해 오히려 그에 대한 사회적 평가가 올라간 경우는 명예훼손이 성립하지 않는다고 밝히고 있다. 물론 실제 사실과는 현저히 다르게 모델이 된 인물의 삶을 묘사할 경우에는 모델이 된 인물에 대한 명예훼손과 함께 유족이 갖고 있는 '경건 감정의 침해'를 이유로 해당 부분에 대한 삭제 등을 청구할 수 있다고 판시하고 있다.

92 서울지법 1995. 6. 23. 선고 94카합9230 판결.

3) 명예훼손의 성립 요건

(1) 공연성과 전파성

형법 제307조와 제308조 등은 명예훼손과 관련해 '공연히' 사실이나 허위 사실을 적시한 경우를 처벌한다고 규정하고 있다. 다시 말해 형사상 명예훼손은 사실 적시이든 허위 사실 적시이든 '공연히' 이루어진 표현 행위를 문제 삼는다. 명예훼손이 성립되려면 문제가 되는 말이나 글 같은 표현 행위가 불특정인 사람들 혹은 다수가 인식할 수 있는 상태에 있어야 한다는 말이다. 다시 말해 혼잣말로, 혹은 일기장에 뭐라고 말하고 쓰든 아무런 상관이 없지만 자기와 그 말이나 글이 대상으로 삼은 사람 이외의 제3자에게 전달되는 것이 문제라는 의미다.

불특정인 사람들이란 그런 표현 행위의 상대방이 특수 관계로 한정되어서 폭넓은 유포가 이루어질 것을 상정하기 어려운 사람들이 아니어야 한다는 뜻이다. 예를 들어서 부부 사이와 같은 가까운 가족이나 친척 사이에서 한 말이나 아주 친한 친구 사이, 동업자 사이, 연인 사이, 사제 관계에 있는 사람들 사이에서의 발언은 불특정인을 대상으로 한 것이 아니다. 따라서 이런 경우는 명예훼손의 출발점인 여러 사람에게 유포되거나 유포될 수 있는 형태로 무엇인가 표현 행위가 있어야 한다는 기본 전제를 충족시키지 않으므로 명예훼손이 애초에 성립할 수 없다.

그럼 이렇게 '공연성'이 인정되려면 불특정인 사람들 혹은 다수의 사람이 실제로 이런 명예훼손적인 표현 행위를 인식해야 하는지, 즉 실제로 그런 피해가 발생했어야 하는지가 문제가 될 수 있다. 명예훼손은 실제 그런 피해가 발생한 '결과'가 있어야 하는 것이 아니라 그런 내용을 인식할 수 있는 상태만 인정되면 피해가 발생한 것으로 간주한다. 형법상으로 이런 것을 '추상적 위험범'이라고 부른다. 구체적으로 위험이 발생했어야 하는 것이 아니라 그런 위험이 발생할 수 있는 가상의 상황만 된다면 책임이 인정되는 것이다.

그런데 형사와는 달리 민사상 불법 행위로서 명예훼손에는 아예 공연성이라는 개념이 필요하지 않다는 판례가 있다.[93] 1964년에 나온 판례인데 표현 행위를 한 사람과 그로 인해 피해를 입었다는 피해자 외의 제3자에게 단 한 명에게라도 전달이 되었다면 바로 명예훼손이 성립한다는 것이다. 하지만 그 이후로 대법원이 비슷한 사건에서 이 요건에 대해 명확한 입장을 표명하지 않아서 혼란이 발생한다는 지적도 있다. 민법은 따로 제750조의 이른바 '불법 행위'의 한 유형으로 명예훼손을 정의하고 있는 규정을 따로 두고 있는 것도 아니므로, '공연성'을 명예훼손이라는 범죄 구성의 한 요건으로 규정하고 있는 형법과는 달리 공연성이라는 제한 조건 없이 실제로 명예에 대한 훼손이나 훼손 위험성이 있느냐를 기준으로 판단하면 된다고 볼 수 있다. 실제로 누군가 단 한 명에게라도 그의 명예를 침해하는 발언이 행해진다면 피해자로서는 분명히 어떤 정도이든 그의 명예에 대한 손상을 당한 것으로 볼 수 있기 때문이다.

다음으로는 이른바 '전파성'을 인정할 것인지가 쟁점이 된다. 판례는 한 사람이나 특정인에게만 문제의 표현 행위를 했더라도 그 사람의 평소 행동이나 직업 등으로 인해 불특정인이나 다수의 사람에게 그 내용을 전파할 가능성이 있으면 공연성이 성립된다고 본다. 바로 위에서 언급한 대법원 판례가 민사에 국한된 것이었다면 이 전파성 이론은 형사 사건에서도 인정이 되고 있다. 이에 대해서는 공연성을 너무 넓게 해석함으로써 형법상의 유추적용 금지 원칙에 위반되고, 죄의 성립 여부가 상대방이 전달 의사가 있는지에 좌우되며, 확실히 비밀이 보장되거나 전파 가능성이 없는 경우에만 공연성이 부정될 수

93 대법원 1964. 9. 22. 선고 64다261 판결.

있기 때문에 표현의 자유를 지나치게 제한한다는 반대 주장이 많다.

표현의 자유를 가능한 한 넓게 인정하려는 입장에서 본다면 명예훼손을 실제 결과 발생과 무관하게 명예훼손이 가능한 위험한 상태에 놓이기만 하면 성립을 인정하는 것부터가 문제가 된다. 그렇다고 명예훼손의 결과 발생을 명예훼손이라는 불법 행위 성립의 조건으로 삼는다면 민사든 형사든 그러한 명예훼손의 결과를 입증하는 책임이 표현 행위자가 아니라 민사 사건에서는 피해자, 형사 사건에서는 검사에게 부과됨으로써 명예훼손의 피해자에게 지나친 부담이 간다는 문제가 있다. 하지만 형법의 조문에 명백하게 '공연히' 문제의 표현 행위를 했을 것을 요건으로 두고 있음에도 불구하고 단순히 전파할 가능성만으로 이 공연성을 인정하는 것은 요건을 지나치게 확대하는 것으로 볼 여지가 적지 않다. 그야말로 '위험이 발생할 위험'까지 처벌하는 것이기 때문이다.

그렇다면 제3자가 아닌 당사자에게 직접 명예훼손적인 말을 한 경우, 그런데 이런 말을 들은 당사자가 다른 사람들에게 이 말을 전한 경우를 생각해 보자. 먼저 당사자에게 명예훼손적인 말을 한 경우는 '공연히'라는 요건을 충족시키기 어렵다. 물론 여러 사람이 듣고 볼 수 있는 상황에서 당사자에게 말을 하는 경우는 당연히 불특정인 또는 다수인에게 전달될 수 있도록 하는 것이므로 공연성이 인정되는 것은 물론이다. 다음으로 당사자가 발언자의 말을 여러 사람에게 옮긴 경우에는 결국은 그런 발언을 옮김으로써 '공연성' 요건을 충족시킨 사람은 피해자 본인이므로 그 책임을 최초의 발언자에게 묻는 것은 타당성이 없다.

(2) 사실의 적시

공연성의 단계를 넘어서서 명예훼손이 성립하려면 진실이든 허위이든 어떤 '사실'을 드러내는 것이어야 한다. 여기서 말하는 '사실'이라는 것은 사람의 사회적 가치 내지 평가를 저하시킬 만한 것으로 의견이나 논평에 해당하는 것이 아니어야 한다. 그렇다면 '사실 적시'의 반대가 되는 것은 의견이나 논평을 하는 것인데, 사실과 의견을 가르는 기준은 객관적으로 그 존재가 증명되거나 반박될 수 있는 것이냐는 것이다. 누가 뇌물을 받았다는 것과 같이 누가 무엇을 했다는 행위에 대한 것이거나, 어딘가에 무엇이 있다는 것과 같은 사항은 객관적으로 증명되거나 반박될 수 있는 사실이다. 하지만 누가 훌륭하다거나 무엇이 가치가 있다거나 하는 것은 주관적인 평가나 의견에 불과한 것으로 동의하거나 반대할 수는 있지만 달리 그 진위를 입증할 수는 없는 것이다.

하지만 실제 사례로 들어가서 살펴보면 그것이 사실의 적시냐, 아니면 의견이나 추상적 판단의 표명이냐를 구분하는 것은 그렇게 쉽지 않다. 법원도 어떤 보도가 사실적 주장인지, 단순한 의견 표명인지를 구분하기 위해서는 "객관적으로 입증 가능하고 명확하며 역사성이 있는 것으로서 외부적으로 인식 가능한 과정이나 상태를 포함"하여 "원보도의 보도 대상이 된 행위자의 동기, 목적, 심리 상태 등이 외부로 표출된 것"이라면 이를 사실적 주장이라고 할 수 있다는 기준을 제시하고 있다.[94] 하지만 이런 기준 자체도 추상적이어서 언제나 명확한 것은 아니라고 대법원도 인정하고 있다. 실제로는 사실적 주장과 논평 등이 혼재되는 형식으로 보도되는 것이 보통이므로 결국은 "원보도의 객관적인 내용과 아울러 일반의 독자가 보통의 주의로 원보도를 접하는 방법을 전제로 사용된 어휘의 통상적인 의미, 전체적인 흐름, 문구의 연결 방법뿐만 아니라, 당해 원보도가 게재한 보다 넓은 문맥이나 배경이 되는 사회적 흐름 및 독자에게 주는 전체적인 인상도 함께 고려하여야 한다"

94 대법원 2006. 2. 10. 선고 2002다49040 판결.

는 것이다.[95]

특히 의견을 표현하는 형태를 빌어서 실질적으로는 어떤 사실을 암시하는 경우도 많다. 또 어떤 사실을 전제하면서 그에 대한 의견을 말할 경우에도 단순히 '이렇게 생각한다'는 식의 표현을 붙인다고 의견 표명에 그치는 것은 아니다. 그것이 논평이나 칼럼을 비롯한 어떤 형태의 표현이든 사실에 대한 직간접적인 언급이면 명예훼손과 관련해 문제가 될 수 있는 것이다.

형사상으로 명예훼손죄가 성립하려면 구체적 사실의 적시가 있어야 하므로 추상적인 판단이나 경멸적인 감정을 표현하는 것으로는 모욕죄가 성립할 수는 있으나 형법상 명예훼손은 성립하지 않는다. 다만 민사상의 명예훼손은 조금 더 폭넓게 인정될 수 있다. 또 이미 알려져 있는 사실이라도 다시 언급할 경우에는 명예훼손이 된다. 반드시 알려져 있지 않았던 새로운 내용을 공개하는 것만 문제가 되는 것이 아니라는 말이다. 민사소송 선고가 나고 이미 다른 신문에도 소개된 사실을 다시 신문에 게재한 경우에도 명예훼손이 성립한다는 판례도 그런 맥락에서 이해할 수 있다. 이미 알려진 사실을 공개할 경우는 침해가 인정되지 않는 사생활의 비밀 침해와는 차이가 있다.

적시라는 것은 어떠한 사실을 누군가가 인식할 수 있도록 하는 것이다. 직접적인 표현이 아니라 간접적이고 우회적인 표현을 하더라도 이를 듣거나 보거나 읽는 사람이 그러한 사실의 존재를 인식할 수 있게 된 경우에는 이른바 사실의 적시가 성립한다. 직접 경험하거나 목격한 사실을 드러내는 것뿐만 아니라 다른 사람으로부터 들은 풍문이나 전문을 인용하는 경우도 마찬가지다. 특정한 사실이 사람들에게 알려지는 효과가 발생하는 데서 차이가 없기 때문이다. 다만, 전문이나 풍문을 전하면서 그것이 근거가 없는 것이라

95 의견과 사실에 대한 자세한 구분 방법을 제시한 판결로는 대법원 2000. 2. 25. 선고 99도4757 판결을 참고할 수 있다.

고 덧붙이는 경우는 사정이 다르다. 이것은 비록 그러한 전문이나 풍문이 존재하고 있다는 사실을 적시하는 것이기는 하지만 누명을 벗겨 주는 것이기 때문이다. 물론 이 부분은 전체적인 상황을 판단해 볼 필요가 있다. 비록 자신의 평가를 덧붙이기는 하더라도 그런 풍문 등이 존재한다는 것을 알려 주는 것이 될 수도 있기 때문이다. 실제로 의혹을 벗겨 준다면서 조용히 인터넷 커뮤니티 등에 머물고 있던 풍문을 만천하에 공개함으로써 법적 책임을 진 사례도 있다.

그럼 광고나 독자 투고를 받아 게재하는 것과 같이 단순히 전달만 하는 경우에도 사실의 적시를 한 행위자로서 책임을 져야 할 것인지가 쟁점이 될 수 있다. 이른바 전파자 책임의 문제다. 미국의 경우는 단순히 전파만 한 경우에도 책임을 인정한다. 〈뉴욕 타임스〉 판결[96]의 경우에도 〈뉴욕 타임스〉 기자에 의한 뉴스 보도가 아니라 신문의 광고란에 게재된 의견 광고에 대해 제기된 소송에 대한 것이었다. 다만 정보가 진실하고 공공성이 크며, 매체가 그 광고가 자신의 의견이 아님을 알리는 일종의 절연 노력을 한 경우에는 매체의 책임을 인정하지 않는다. 예를 들어 생방송에서 외부 출연자의 발언에 대해서는 방송사의 책임을 부인하는 것이다. 국내에서도 이처럼 단순 전달에 대해 언론사가 해당 사실을 적시한 것으로 보아 책임을 물은 판례는 아직 없는 것으로 보인다. 전파자 책임을 과도하게 인정하게 되면 언론, 특히 방송을 통해 다양한 현장의 목소리를 전달해야 한다는 '의견의 다양성'에 대한 필요성과 충돌함으로써 문제가 될 수 있다.

96 *New York Times Co. v. Sullivan*, 376 U.S. 254 (1964).

(3) 피해자의 특정

앞에서 살펴본 두 가지 요건, 즉 '공연히' '사실의 적시'를 했더라도 그러한 표현 행위가 누구에 대한 것인지를 알 수 없다면 특별히 피해를 입을 사람도 없다. 그러면 더 이상 명예훼손 여부를 논의할 필요도 없어진다. 바로 문제가 된 표현 행위가 어떤 대상, 즉 피해자를 특정하는 것이냐는 점이다. 명예훼손이 성립하기 위해서는 공연한 사실의 적시를 한 것과 함께 그것이 누구에 대한 것인지가 특정되어야 한다. 피해자가 누구를 지칭하는지가 모호하거나 그 범위가 너무 넓을 때에는 명예훼손이 성립하지 않는다. 피해자 특정의 문제는 말한 사람의 의도와는 무관하게 수용자들이 볼 때 누구를 말하는 것으로 보이느냐가 핵심이다.

실무적으로는 피해자 특정의 문제가 그렇게 큰 실질적인 쟁점이 되지는 않는다. 당사자가 특정됐다고 보는 경우가 대부분이기 때문이다. 피해자를 실명으로 거론하지 않고 이른바 머리글자(두문자) 혹은 영문 이니셜, 가명, 약칭 등을 사용했다고 하더라도 전후 문맥이나 정황으로 보아 피해자가 누구인지 알 수 있다면 특정이 이루어진 것으로 본다. 반면에 언론중재 사건이 급증하다 보니 기사에서 인명이나 지명 등 당사자를 특정할 수 있는 단서들을 완전히 익명 처리하여 당사자 외에는 그 기사가 누구에 대한 것인지를 알 수 없는 경우까지 그 보도로 인해 피해를 입었다고 주장하며 조정을 신청하는 경우도 늘고 있다.

어느 누구를 꼭 집어서 언급해야만 피해자가 특정되는 것은 아니다. 그저 집단이나 단체를 지칭했을 뿐이지만 합리적인 제3자가 볼 때 그 표현에서 개개 구성원들이 누구인지 그 범위가 분명하게 인식될 수 있다면 이들 각각에 대해서 모두 명예훼손이 성립될 수 있다. 피해자의 범위가 분명하게 특정된다면 거기에 속하는 개인들에게 직접적인 명예훼손의 피해가 발생하는 것이기 때문이다.

물론 어떤 집단을 지칭하는 것으로 그 범위가 분명하게 정해지는 것이라고 하더라도 범위가 너무 커서 거기에 속하는 구성원 개개인의 사회적 평가에 현실적으로 영향을 미칠 정도가 아니면 각 개인들의 명예가 훼손되었다고 보기 어렵고, 이런 경우는 아예 전체에 대해서 명예훼손이 성립하지 않는 것으로 보는 것이 합리적이다.

2부에서 살펴보겠지만 국내에서도 이처럼 이른바 집단 표시에 의한 명예훼손을 인정한 판례들이 여럿 나와 있다. 법원은 어떤 집단에 대한 표현이 그 집단에 속하는 사람들 개개인의 명예에 영향을 미쳤는지를 판단함에 있어서 집단의 크기, 성격, 집단 내의 특정 구성원의 지위 등을 구체적인 기준으로 제시하고 있다.[97] 일반적으로 집단의 규모가 커지면 그 집단에 대한 명예훼손적인 언급을 하더라도 구성원들의 수만큼 영향이 희석되기 마련이고, 따라서 개개인에 이르러서는 별 영향이 없다고 본다. 미국의 경우에는 집단의 크기가 21명인 경우에도 개개인에게 명예훼손을 인정하기에는 너무 크다는 판례가 있는데, 우리는 집단 표시에 의한 명예훼손을 이보다는 훨씬 폭넓게 인정하고 있다.

(4) 사회적 평가의 저하

어떤 표현 행위가 공연히 이루어지고 그 표현이 어떤 사실을 적시했으며 그 대상 또한 특정이 되었다 하더라도 명예훼손이 성립하기 위해서는 이로 인해 그의 사회적 평가가 저하되는 피해가 발생했거나 발생할 위험이 있어야 한다. 어떤 특정인에 대한 표현 행위가 아무런 사회적 평가의 저하와 관련이 없다

97 미국의 경우에는 저명한 법조인과 학자 등으로 구성되어 법률에 대한 해석과 적용 기준을 제시하는 American Law Institute(ALI)가 만든 Restatement (2nd.) of Torts(1977)에서 이와 유사한 집단 표시 명예훼손에 대한 구체적인 판단 기준을 두고 있다.

면 이를 법적으로 문제 삼을 이유가 없기 때문이다.

사회적 평가가 저하되었는지는 그 대상이 된 특정인의 주관적 판단을 기준으로 하는 것이 아니다. 사회적 평가가 저하됐는지에 대한 판단 기준은 다음의 두 가지로 요약할 수 있다. 첫째로, 그러한 표현의 상대방, 즉 그 말이나 글을 듣거나 보는 사람을 기준으로 해야 한다는 것, 둘째로 이런 시청자나 독자 등이 통상 신문이나 방송을 접하는 방식을 기준으로 해야 한다는 것이다. 다시 말해서 언론 보도의 경우 독자나 시청자가 통상의 열독 내지 시청하는 방법을 기준으로 전체적인 표현 내용이나 흐름, 사용된 어휘나 영상의 통상적 의미, 기사 배치, 그리고 전체적인 인상 등을 종합적으로 판단해서 결정해야 한다는 것이다.

그림 5-1. 명예훼손 성립 여부 판단 방식

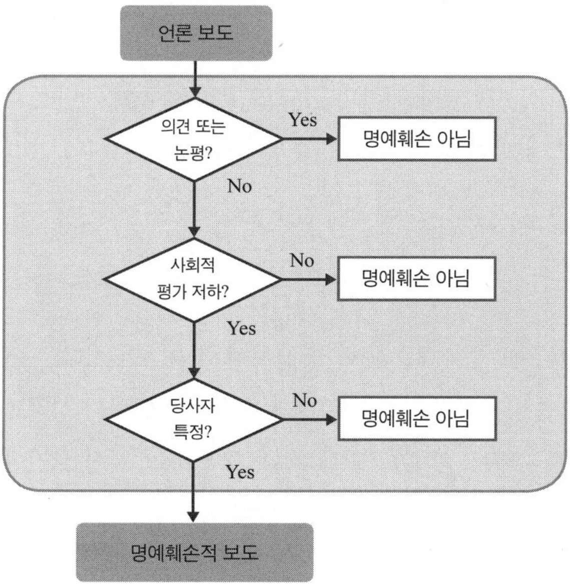

이를테면 똑같은 내용의 발언이라도 그 대상이 누구냐에 따라 사회적 평가가 달라질 수도 있다. 예를 들어 통상 어떤 유명인이 화려한 외면에도 불구하고 사실은 매우 가난하고 심지어 큰 빚을 지고 있다고 하면 대체적으로 그 사람의 능력이나 생활 방식 등에 대해 부정적인 평가가 따름으로써 사회적 평가나 신뢰를 저하시킬 수 있겠지만 시민운동을 하는 사람이나 유명 학자, 고위 공직자가 가난하거나 큰 빚을 지고 산다는 것은 청렴성을 보여 주거나 자신의 일에 전념하고 있음을 보여 줌으로써 사회적 평가에 도움이 될 수 있다. 비록 이 시민운동가나 학자, 공직자 스스로는 빚더미 속에 사는 것을 수치스럽게 생각할 수도 있지만 어디까지나 판단은 이런 말을 듣는 일반인을 기준으로 전체적인 인상을 감안해 이루어져야 한다는 것이다.

특히 전체적인 표현 내용이나 흐름, 사용된 어휘나 영상의 통상적 의미 등등을 감안해서 판단해야 한다는 것은 발언이나 보도 등을 한 사람의 의도와는 무관하게 이를 보고, 듣고, 읽는 사람의 일반적인 인식을 바탕으로 사회적 평가가 저하됐는지 판단한다는 의미다. 예를 들어서 방송 내용의 전체적인 맥락으로 보건대 친일 행위를 한 것으로 보이는 경우라면 방송사 측이 아무리 그런 의도가 아니었다고 항변을 해도 공익성 등에 기반을 두어 면책이 되지 않는다면 명예훼손이 인정될 가능성이 높다.

4) 모욕

인격권 침해 가운데 명예훼손과 가장 유사한 것은 모욕이다. 모욕은 사실을 적시하지 않으면서 사람의 사회적 평가를 저하시킬 만한 추상적 판단이나 경멸적 감정을 표현하는 것이다. 명예훼손과 구분하는 핵심 요건이 바로 이렇게 '사실의 적시'가 있느냐 없느냐 하는 것이다. 대법원은 "아무것도 아닌 똥꼬다리 같은 놈"이라고 말한 것에 대해 명예훼손죄로 기소한 사건에서 이는 모욕적인 언사에 불과할 뿐 명예훼손을 구성하는 사실의 적시로 볼 수 없다고 판결하면서 이런 표현이 모욕에 해당한다고 밝힌 바 있다.[98] 방송 진행자에 대해 "반인륜적 독선," "독선과 패륜," "패륜을 즐기는 정신 나간 여자" 등으로 표현한 글을 인터넷에 올린 것과 관련해서 모멸적인 표현에 의한 악의적인 인신공격에 해당한다면서 손해배상 책임을 인정한 판례도 있다.[99]

형사 사건으로는 교회에서 자신에 대한 헛소문을 퍼트린다며 여러 사람 앞에서 특정인에게 다가가 눈을 부릅뜨고 주먹을 쥐고 흔든 것에 대해 사람들 앞에서 경멸감을 표현한 것이라며 모욕죄를 인정한 경우도 있고, 극단적 성향의 게시물로 유명한 이른바 일간베스트 저장소(일베) 회원이 5·18 희생자의 관을 택배에 빗댄 글을 올린 사건에서 명예훼손은 인정되지 않았지만 모욕죄로 유죄 판결을 내린 사례가 있다.[100]

또 2008년 말, 사회복지공동모금회가 6년간 8억 5000만 원을 익명으로 기부한 연예인이 문근영 씨라고 발표한 뒤 문 씨의 가족사가 화제가 되자 보수 인사로 유명한 지만원 씨가 일부 매체에서 문근영 씨의 선행을 이용해 빨치산을 미화하는 보도를 한다는 등의 비판 글을 올린 적이 있다. 이에 대해 한 블로거가 "지만원, 지는 만원이나 냈나?," "지만원 씨도 삐라로 기부했다는데"라는 게시글을 올린 것에 대해 "아무리 비판을 받아야 할 사항이 있다고 하더라도 모멸적인 표현으로 인신공격을 가하는 경우에는 정당행위가 성

98 대법원 1989. 3. 14. 선고 88도1397 판결.

99 서울중앙지법 2010. 2. 17. 선고 2009가단168078 판결.

100 대구지법 2015. 1. 9. 선고 2014노2332 판결. 이 사건은 죽은 사람에 대한 명예훼손과 정보통신망법상의 명예훼손 혐의로 기소되었으나 명예훼손죄의 구성 요건인 '사실의 적시'가 있었다고 볼 수 없어 모욕죄만 인정이 되었다.

립될 수 없다"며 벌금 30만 원의 유죄 판결이 내려졌다.[101]

재판부는 이 사건에서 이름이나 나이 등을 가지고 사람을 조롱하거나 피해자를 터무니없는 우스꽝스러운 행동을 하는 사람으로 취급하는 등 그 인격을 모욕하는 경멸적인 감정을 나타내는 표현이 다수 포함된 게시물을 블로그에 올리는 행위를 하면 모욕죄의 구성 요건에 해당한다고 판시했다. 재판부는 그러나 기소된 내용 가운데 자신이 지만원 씨를 명예훼손으로 처벌해 달라며 서울지방경찰청에 낸 민원 상담 내용을 블로그에 게재한 것은 모욕죄 성립에 필요한 요건인 "사람의 사회적 평가를 저하시킬 만한 추상적 판단이나 경멸적 감정을 표현하는 것"에 해당하지 않는다며 이 부분에 대해서는 무죄를 선고하였다.

이런 모욕에 해당하는 경멸적 언사의 대상은 특정 개인일 수도 있고 집단일 수도 있다. 모욕은 타인의 사회적 평가를 저하시킬 위험이 있는 추상적 판단이나 경멸적 감정을 표현하는 것으로, 집단에 대한 언사일 경우 그런 표현의 내용으로 인해 집단에 속하는 개별 구성원에 대한 사회적 평가가 저하될 가능성이 있으면 구성원 개개인에 대한 모욕죄가 성립한다고 본다.[102] 사실의 적시가 없는 표현에 대해서 모욕을 쉽사리 인정할 경우에는 사실 적시가 없는 단순한 감정의 표현을 지나치게 제약하는 결과를 가져올 수 있다는 점을 유의해야 한다.

101 서울중앙지법 2009. 10. 29. 선고 2009고단2679 판결.

102 서울서부지법 2011. 11. 10. 선고 2011노529 판결.

2. 명예훼손의 면책

1) 명예훼손의 면책 요건

명예훼손에 대해서는 형법과 언론중재법에서 각각 면책 사유를 규정하고 있다. 언론중재법의 면책에 관한 규정은 형법 제310조에 규정된 면책 규정과 관련해 그동안 판례를 통해 축적된 해석론과 학설상의 면책 이론을 종합한 것으로 볼 수 있다. 형법 제310조는 진실성과 공공의 이익, 즉 공익성만을 면책 사유로 인정하고 있다. 하지만 판례는 진실성 외에도 비록 허위였다고 하더라도 당사자가 진실이라고 믿었고 그렇게 믿은 데에 상당한 이유가 있으면, 즉 상당성이 있으면 면책이 된다고 면책 사유를 확장하였다. 언론중재법은 이러한 판례를 아예 명문화한 것이다. 따라서 '진실성(또는 상당성) + 공익성 = 면책'이라는 구조가 명문으로 정착된 셈이다. 그럼 면책 사유를 간단히 살펴보자.

명예훼손에 대한 면책 규정

◆ 형법상의 면책 규정

제310조(위법성의 조각) 제307조 제1항의 행위[103]가 진실한 사실로서 오로지 공공의 이익에 관한 때에는 처벌하지 아니한다.

103 사실 적시에 의한 명예훼손에 관한 조항을 말한다.

◆ 언론중재법상의 면책 규정

제5조(언론 등에 의한 피해구제의 원칙) ② 인격권 침해가 사회상규社會常規에 반하지 아니하는 한도에서 다음 각 호의 어느 하나에 해당하는 경우에는 법률에 특별한 규정이 없으면 언론 등은 그 보도 내용과 관련하여 책임을 지지 아니한다.

1. 피해자의 동의를 받아 이루어진 경우
2. 언론 등의 보도가 공공의 이익에 관한 것으로서, 진실한 것이거나 진실하다고 믿는 데에 정당한 사유가 있는 경우

(1) 진실성

진실성은 명예훼손적인 표현이 면책이 되기 위한 첫 번째 조건이다. 물론 어떤 사안에 대해 100% 사실에 부합하는 표현을 하기는 어렵다. 더구나 진실하다는 것은 단순한 사실의 진술을 넘어서는 것이기도 하다. 하지만 '진실하다'는 것은 '사실에 부합한다'는 뜻으로 이해해야 한다. 또한 적시된 사실의 100%가 아니라 중요 부분이 실제와 합치되면 진실한 것으로 본다. 세부적으로 다소 진실과 차이가 있거나 과장되어도 전체적으로 보아 실질적 진실과 합치되면 진실한 표현으로 보는 것이다. 일반적으로 보도는 신속성이 요구되는데 세부적 사실까지 모두 일치시키도록 요구하는 것은 불가능하다. 또 수사 기관이 아닌 언론에 대해 공표된 사실이 세세한 부분까지 진실일 것을 요구하는 것은 무리이기 때문이다.

물론 어느 정도가 이렇게 모두 사실에 부합하지 않아도 되는 세부적인 사항인지를 판단하는 것은 쉬운 문제는 아니다. 이런 부분은 실제 판례들을 살펴서 나름의 기준을 찾아볼 수밖에 없다. 유치원에서의 폭행 사건을 보도

하는 과정에서 CCTV 영상 일부를 빠르게 편집함으로써 교사의 아동에 대한 가벼운 신체 접촉을 폭행 수준으로 보이게 보도한 것은 다소간의 과장이 아니라 사실 왜곡에 해당한다고 본 판례도 있다.[104]

(2) 상당성

이 정도의 진실성도 확보되지 않은, 즉 핵심적 내용이 진실이 아닌 경우에도 면책이 될 수 있는 길이 있다. 바로 '상당성' 개념 때문이다. 때문에 '진실성'과 '상당성'은 대체적 개념이다. 상당성이 인정되기 위해서는 두 가지 요건을 충족시켜야 한다. 먼저 발언된 내용이 진실하다고 믿었어야 하고, 그러한 믿음에 상당한 이유가 있어야 한다는 것이다. 진실하다고 주관적으로 믿었지만 객관적으로 그러한 믿음에 별 근거가 없었다면 상당성은 인정되지 않는다.

그럼 어떤 경우에 진실하다고 믿은 데에 상당한 이유가 있었다고 인정해 줄 것인지 그 기준이 문제가 된다. 이른바 '진실이라고 믿을 만한 상당한 이유가 있는 경우'라는 것은 풍문이나 억측 등을 근거로 보도를 하는 것은 해당되지 않고 진실임을 뒷받침할 합리적인 자료나 근거가 있는 것을 말한다. 따라서 그 판단 기준을 일률적으로 말할 수는 없으며 각각의 사안에 따라서 구체적으로 판단할 수밖에 없다.

기존의 판례를 통해 축적된 내용을 바탕으로 법원행정처는 ① 행위자가 신문인가, 잡지인가, 일간인가, 월간인가, ② 기사의 성격이 신속이 필요한 기사인가, 상당한 기간을 두고 준비하는 기획 기사인가, ③ 취재원이 믿을 만한가, ④ 진실의 확인이 쉬운 사항인가, ⑤ 피해자에게 확인하였는가, 아니면 적어도 확인하려고 노력하였는가, ⑥ 보도로 인한 피해자의 피해 정도를 종합

104 서울남부지법 2014. 1. 9. 선고 2012가합20247 판결.

적으로 고려하여 보도 내용의 진위를 확인하기 위한 적절하고도 충분한 조사를 다하였는가, ⑦ 그 진실성이 객관적이고도 합리적인 자료나 근거로 뒷받침 되는가 등을 판단 기준으로 제시하고 있다.[105] 따라서 신속한 보도가 필요한 사항이 아닌데도 불구하고 충분한 조사를 하지 않고 성급하게 보도하거나, 최소한 보도 대상을 직접 만나 확인하려는 노력조차 하지 않았을 경우에는 면책이 되기 어렵다.

이런 기준은 실제 판례에도 그대로 적용되고 있다. 인터넷 커뮤니티의 자료실이나 게시판에 올라 있는 자료를 바탕으로 사실관계에 대한 추가적인 조사나 확인 없이 명예훼손 행위를 한 경우에 상당성을 인정하지 않았고,[106] 매체나 프로그램의 성격에 따라서 일반 뉴스에 비해 진실성에 대한 주의 의무를 다르게 판단한 판례도 있다. 예를 들어 기획 기사나 기획 프로그램의 경우는 일반 뉴스에 비해 훨씬 무거운 진실성에 대한 주의 의무를 진다. 따라서 상당성을 인정받기는 그만큼 어려워진다.[107] 특히 충분히 실제 발언을 확인해 게재할 여유가 있었고 먼저 보도된 다른 언론에서도 제대로 보도한 국회의원의 발언을 사실과 다르게 보도한 언론에 대해 허위 사실 적시에 대한 상당성을 부인한 판례도 있다.[108]

(3) 공익성과 공공성

언론 보도를 포함한 어떤 표현 행위가 진실하거나 혹은 진실하지 못하더라

105 법원행정처(2001), 〈언론재판실무편람〉, 법원행정처 내부 자료, 미간행.

106 대법원 2008. 4. 24. 선고 2006다53214 판결. 이 사건에서는 그럼에도 불구하고 다른 이유를 들어 명예훼손에 대한 면책이 인정되었다.

107 서울지법 남부지원 1995. 8. 3. 선고 94가합14378 판결.

108 대법원 2013. 11. 28. 선고 2012다79262 판결.

도 진실이라고 믿을 상당한 이유가 있었다면 명예훼손 책임이 면책될 조건의 절반은 충족된 것이다. 여기에 그 내용이 '공공의 이익에 관한 것'일 경우, 즉 공익성, 공공성이 있으면 면책 조건이 완전히 충족된다. 하지만 무엇이 공공의 이익에 관한 것인지는 엄밀하게 정의하기 어렵다. 그래서 '공익에 관한 것'은 "공중의 비판에 부치는 것이 공공의 이익 증진에 기여하는 사실"이라거나 "사회 일반의 다수인의 이해에 관한 사실," 또는 "국가, 사회, 기타 다수인 일반의 이익에 관한 사실" 등 다양한 방식으로 설명된다.

실제로 헌법재판소는 전기통신기본법에 대한 헌법소원에서 이른바 '공익' 개념이 모호해서 이것을 의사 표현 행위를 처벌하는 기준으로 삼는 것은 명확성의 원칙에 어긋난다는 결정을 내린 적이 있다.[109] 헌재는 이 결정에서 의사 표현 행위를 처벌하는 법률에는 최고도의 명확성이 요구되며, 법률에 의해 금지된 해악을 초래할 명백하고 현실적인 위험성이 수반되어야 한다고 전제하였다. 특히 '공익'은 사회구성원의 인식과 시대의 가치 변화에 따라서 변화하는 가변적인 개념일 뿐만 아니라 사람마다 생각하는 의미가 다를 수도 있는 상대적 개념이라는 것이다. 이 때문에 통상적인 법감정을 가진 일반인이 이를 예측하기는 어렵고 법집행 기관의 자의적 적용이 가능하기 때문에 표현의 자유가 요구하는 명확성의 원칙에 현저히 어긋난다는 것이다.

이런 헌재의 결정이 명예훼손 등에 대한 면책에 그대로 적용될 수 있는 것은 아니지만 어떤 표현 행위가 형법 제310조와 언론중재법 제5조 제2항이 규정한 공공의 이익에 관한 것인지에 대한 판단도 지나치게 자의적으로 흐르지 않도록 경계할 필요가 있다.

우리 법은 이러한 공익성 요건에서 해당 사안이 공공의 이익에 관한 것

109 헌재 2010. 12. 28. 선고 2008헌바157, 2009헌바88 (병합) 결정.

이어야 한다고만 규정하고 있다. 이는 사안 자체의 객관적 평가에 대한 것인데 법원은 여기에 표현 행위를 하는 자가 '공익 목적'을 갖고 표현 행위를 했어야 한다는 주관적 요건을 추가적으로 요구하고 있다. 사안 자체는 공중의 이익에 관한 것이 분명하더라도 이를 보도한 이면에 주관적으로 다른 목적이 더 크다고 인정될 경우에는 면책이 되지 않는다는 것이다.[110] 이는 우리 법이 '공공의 이익에 관한 것'만 요구할 뿐 '공공의 이익을 위하여' 어떤 표현 행위를 할 것을 요구하고 있는 것은 아니라는 점에서 논란의 대상이 되고 있다. 일본 형법의 경우에는 공공의 이해에 관한 사실이라 하더라도 '오로지 공익을 위해서' 적시한 경우에만 면책을 하도록 규정되어 있다는 점에서 법원이 우리와는 다른 법률 조항을 가진 일본 판례를 잘못 인용하고 있는 것이 아니냐는 지적도 나온다. 언론과 표현의 자유를 제한하는 법률 조항에 대한 해석과 적용에서 명문 규정에 없는 내용을 추가하는 것이 과연 옳으냐는 것이다.

2) 명예훼손 면책 조항의 적용 범위

형법 제310조에 규정된 위법성 조각 사유는 사실 적시에 의한 명예훼손을 규

110 대법원 2002. 1. 22. 선고 2000다37524, 37531 판결도 요지에서 다음과 같이 설명하고 있다. "어떤 표현이 타인의 명예를 훼손하더라도 ① 그 표현이 공공의 이해에 관한 사항으로서 ② 그 목적이 오로지 공공의 이익을 위한 것일 때에는 진실한 사실이거나 행위자가 그것을 진실이라고 믿을 상당한 이유가 있는 경우에는 위법성이 없다고 할 것인바, 여기서 '그 목적이 오로지 공공의 이익을 위한 것일 때'라 함은 적시된 사실이 객관적으로 볼 때 공공의 이익에 관한 것으로서 행위자도 공공의 이익을 위하여 그 사실을 적시한 것을 의미하는데, 행위자의 주요한 목적이나 동기가 공공의 이익을 위한 것이라면 부수적으로 다른 사익적 목적이나 동기가 내포되어 있더라도 무방하고, 여기서 '진실한 사실'이라고 함은 그 내용 전체의 취지를 살펴볼 때 중요한 부분이 객관적 사실과 합치되는 사실이라는 의미로서 세부에 있어 진실과 약간 차이가 나거나 다소 과장된 표현이 있더라도 무방하다."

그림 5-2. 명예훼손적 보도의 면책 구조

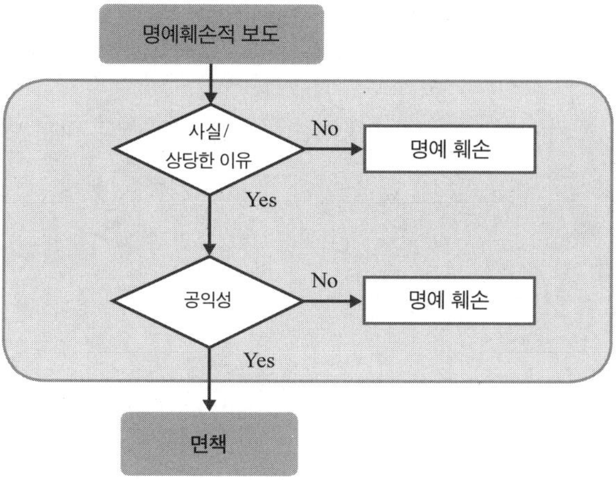

정한 형법 제307조 제1항에 대해서만 적용된다. 따라서 형법 제307조 제2항에 규정된 허위 사실에 의한 명예훼손 가운데 상당성이 인정되지 않는 경우, 그리고 제308조의 허위 사실에 의한 죽은 사람에 대한 명예훼손, 비방 목적이 인정되어서 제309조의 출판물에 의한 명예훼손이 인정되는 경우에는 이런 위법성 조각 사유에 따른 면책의 여지가 없다. 형법은 오로지 진실한 사실 혹은 허위 사실이라도 진실이라고 믿을 상당한 이유가 있는 경우에, 그것도 공익에 관한 사항에 대해서만, 덧붙여 공익 목적까지 인정될 경우 위법성이 조각되는 것으로 인정해 면책을 시켜주는 것이다.

출판물에 의한 명예훼손의 경우 면책이 되느냐의 관건은 '비방 목적'이 있었느냐는 것이다. 만약 비방 목적이 인정되지 않는다면 결국 제309조의 출판물에 의한 명예훼손의 구성 요건에 해당되지 않고, 따라서 제307조의 일반 명예훼손이 적용 법조가 되기 때문이다. 일반적으로 언론 보도의 경우에는 특별한 사정이 없는 한 공익 목적에 의한 것으로 인정한다. 하지만 가끔 보도 목적 외의 언론사의 다른 사업적 이익을 위한 것이거나 혹은 감정적인 보도 등에서 공익성이 부인되는 경우가 있다. 아예 공익성이 부인될 정도의 보도를 해서 문제가 된다면 언론사나 언론인으로서는 매우 수치스러운 일이다. 언론으로서는 자신의 보도에 비방 목적이 있는 것으로 비쳐지지 않도록 보도 대상 선정이나 보도 방식, 표현 등에 신중을 기해야 한다.

3) 명예훼손의 형사처벌 문제

법에서 말하는 명예라는 것은 사람에 대한 사회적 평가를 의미한다. 이런 명예는 사전적 의미에서 '명예'라는 말이 갖고 있는 어떤 인간적인 훌륭함이나 고결함, 품위와 같은 덕성이나 품성만을 의미하는 것이 아니다. 우리 법체계는 사회적 관계 속에서 상호간에 인식되는 '어떤 사람에 대한 외부적 평가' 자체를 명예라고 간주한다. 따라서 모든 사람은 나름의 명예 가치를 갖고 있는 것이다. 각자가 갖고 있는 이런 명예라는 가치가 훼손된다는 것은 사회적으로 객관적인 평가에 손상이 생긴다는 것이다. 뒤에서 살펴보겠지만 이런 객관적인 평가의 손상이라는 기본적인 전제는 개인들의 주관적인 평가에 의존하는 이른바 명예감정의 훼손과는 구분이 되는 것이다.

전통적으로 대륙법계 국가에서는 명예훼손에 대해 민사적 대응보다는 형사적 대응에 중점을 두어왔고 지금도 명예훼손은 형사적으로 매우 중요한 문제로 취급된다. 영미법계에서는 명예훼손에 대해 형사적인 대응과 민사적인 대응이 병행되다가 현재는 극히 예외적인 경우를 제외하고는 대체로 민사적인 대응으로 모아지고 있다. 미국의 경우 연방 차원에서는 명예훼손에 대한 형사처벌 규정이 없으며, 2009년 현재 전체 50개 주 가운데 25개 주와 자치령인 버진아일랜드에만 형법 형태의 명예훼손 처벌 규정을 두고 있다고 한다.[111] 2009년에 워싱턴 주가 명예훼손에 대한 형사처벌 법률을 폐지하는 등 지속적으로 명예훼손에 대한 형사처벌 제도를 폐지하는 주들이 늘고 있다. 특히 현재 명예훼손을 형사처벌하는 주들 중에서도 중범죄felony가 아니라 경범죄misdemeanor로 다루는 경우가 더 많다는 것도 주목할 점이다. 기본적으로 미국에서는 명예훼손에 대한 형사처벌 제도 자체가 퇴조하고 있음을 보여준다. 무엇보다 언론에 대한 각종 규제는 수정헌법 제1조의 정신에 따라 곧바로 헌법적 문제로 인식하고 있기 때문에 어떤 표현 행위에 대해 민사적 대응을 넘어 형사처벌을 한다는 생각이 우리처럼 일반적이지 않다.

영미법계에서는 명예훼손defamation을 말, 즉 구두에 의한 것(slander)과 문서에 의한 것(libel)으로 구분해서 문서에 의한 명예훼손을 더 무겁게 취급한다. 영국의 경우는 1695년까지는 존 밀턴이 《아레오파지티카》에서 강력히 비판했던 이른바 '출판허가법Licensing Law'을 언론을 통제하는 수단으로 주로 사용하였다. 그 뒤로는 '정치비방죄law of seditious libel'라는 이름으로 명예훼손에 대한 형사처벌이 국왕, 귀족, 정치권력자에 대한 비판을 법적으로 억제하는 수단으로 사용되었고[112] 이러한 법제가 신대륙인 아메리카의 식민지로도 전해졌다. 하지만 영국에서 새로운 질서를 찾아 아메리카 식민지로 이주한 사람들이 오늘날 전 세계적으로 가장 강력한 언론 자유 보장 체제 가운데 하나로 꼽히는 미국식 언론 자유 제도를 만들어낸 것이다. 영국의 출판허가

111 First Amendment Center 인터넷 홈페이지 http://www.firstamendmentcenter.org/criminal-libel- statutes-state-by-state 참조. 명예훼손에 대한 형사처벌 조항을 둔 주는 앨라배마, 콜로라도, 플로리다, 조지아, 아이다호, 일리노이, 캔자스, 켄터키, 루이지애나, 매사추세츠, 미시건, 미네소타, 미시시피, 몬태나, 네바다, 뉴햄프셔, 뉴멕시코, 노스캐롤라이나, 노스다코다, 오하이오, 오클라호마, 사우스캐롤라이나, 유타, 버지니아, 위스콘신이다. 아이오와의 경우는 명시적인 형사처벌 법률은 없으나 판례법을 통해 명예훼손을 인정하고 있다.

112 Philip Hamburger(1985), "The Development of Law of Seditious Libel and the Control of the Press," *Stanford Law Review*, Vol. 37, pp.674～691.

제는 1695년에 폐지됐다가 작가들에 의한 정부 관리나 정책에 대한 풍자적 공격이 증가하자 1737년에 다시 만들어져 1968년까지 유지되었는데, 이때에는 언론에 대한 통제보다는 극장에서의 공연 등에 대한 통제 수단으로 주로 사용되었다. 출판허가제를 이은 정치비방죄는 2009년에 폐지되었지만 외국인에 대해서는 여전히 정치비방죄가 시행되고 있다.

명예훼손에 대한 형사처벌을 폐지해야 한다는 주장은 'Article 19'과 같은 국제적 시민단체를 통해서 강하게 제기되고 있다. 'Article 19'은 국제적 언론 자유 수호 단체로 명예훼손에 대한 형사처벌 규정 폐지 운동을 전개하고 있다. 'Article 19'은 "명예훼손에 대한 형사처벌 규정은 공적 토론을 질식시키고 비판을 억압하기 위해 권력자들에 의해 남용되어 왔으며, 언론 자유에 심각한 위축 효과를 가져왔다"고 비판하고 있다. 'Article 19'만이 아니라 UN인권이사회(UNHRC)나 미주기구(OAS), 유럽안보협력기구(OSCE)도 공동 선언문에서 "명예훼손에 대한 형사처벌은 표현의 자유에 대한 정당한 제한이 아니"라면서 명예훼손에 대한 형사처벌을 적절한 민사적 제도로 대체해야 한다고 주장하기도 하였다.[113]

물론 대륙법계 국가 안에서도 명예훼손에 대해 형사적 처벌을 폐지해야 한다는 주장이 나오고 있다. 최근 국내에서도 시민단체 등에서 사실 적시에 의한 명예훼손 처벌 규정을 폐지하거나 아예 명예훼손에 대한 처벌 자체를 없애고 민사적으로 해결하게 해야 한다는 주장이 나오고 있다. 하지만 실제로 많은 국가들에서 아직 명예훼손에 대한 형사처벌 법제가 존재하고 있는

113 2002년에 나온 UN과 OSCE, OAS의 공동 선언문 Joint Declaration 참조. 원문은 http://www.oas.org/en/iachr/expression/showarticle.asp?artID=87&lID=1. 원문의 해당 부분은 다음과 같다. "Criminal defamation is not a justifiable restriction on freedom of expression; all criminal defamation laws should be abolished and replaced, where necessary, with appropriate civil defamation laws."

상황에서 이런 법제가 국내에서 가까운 시일 안에 전면적으로 폐지되기를 기대하기는 어렵다.

'Article 19'도 이런 상황을 감안해 다음과 같은 잠정적인 대안을 개선책으로 제시하고 있다. 비록 형사처벌 제도를 전면적으로 폐지하지는 않더라도 적어도 ① 사실에 대한 언급으로는 형사처벌을 인정하지 말고, ② 경찰이나 검찰 등 공직자들이 명예훼손에 대한 형사처벌 개시에 개입해서는 안 되며, ③ 명예훼손에 대한 처벌에 징역형과 같은 신체적 자유형은 배제하자는 것이다. 이제는 우리도 명예훼손 형사처벌에 대한 'Article 19'의 개선안에 대해 조금은 진지하게 생각해 볼 여지가 있어 보인다.

3. 사생활과 초상권 침해[114]

1) 사생활 침해

사생활권, 즉 프라이버시권은 기본적으로 사생활의 비밀에 대한 침해를 방지함으로써 사생활의 평온을 해치는 일체의 침해 행위로부터 개인을 보호하는 것을 목적으로 인정되는 권리다. 사생활권은 이런 방어권적 개념, 즉 자유권적 측면을 기본으로 출발했다. 이어 행정 기관 등의 정보 수집과 관리 등의 문제가 커지면서 점차 자신에 대한 정보의 자율적 관리와 통제를 요구하는

114 우리나라에서 사생활 보호와 초상권 침해 문제가 어떻게 변화해 왔는지, 그리고 현재 사생활과 초상권 보호 제도에 어떤 문제가 있는지 등에 대해서는 심석태(2014), "한국에서 초상권은 언제 사생활권에서 분리되었나: 학설과 판례에서의 초상권의 독립적 인격권 인정 과정과 그 영향," 〈언론과 법〉, 제13권 제1호, 한국언론법학회, pp.251~282 참조.

청구권적 측면도 사생활권의 중요한 부분으로 인정되고 있는 상태이다.

사생활권 개념이 처음 등장한 것은 19세기 말로, 황색 저널리즘의 폐해가 심각했던 미국에서였다. 훗날 연방대법관이 된 새뮤얼 워런Samuel Warren과 루이스 브랜다이스Louis Brandeis는 변호사로 활동하던 시절인 1890년에 〈하버드 법학 리뷰*Harvard Law Review*〉에 기고한 "프라이버시권The Right to Privacy"이라는 논문에서 이른바 '프라이버시 보호,' 즉 사생활권에 관해 최초의 문제 제기를 했다.[115] 그리고 얼마 지나지 않은 1900년대 초부터 각 주별로 판례와 법률 제정을 통해 사생활권이 법적인 권리로 인정되기 시작했다. 1931년에는 캘리포니아 주 대법원이 살인 사건에 연루되었다가 석방된 매춘부 출신 여성이 새롭게 출발해 결혼을 하고 정상적인 삶을 살고 있는데 영화에서 실명으로 그녀의 과거를 들춰낸 사건에서, 살인 사건에 관련되면서 발생했던 그녀의 공인성이 시간의 경과로 해소되었기 때문에 프라이버시 침해가 인정된다는 판결을 내리기도 했다.[116]

이러한 사생활권의 개념을 보다 체계화한 것은 윌리엄 프로서William L. Prosser의 "프라이버시Privacy"라는 1960년에 나온 고전적 논문으로 그동안 여러 판례를 통해 발전해온 프라이버시권 개념을 4가지 유형으로 구분해서 제시하였는데, 지금까지도 이것이 사생활권에 대한 기본적인 분류 방식으로 통용되고 있다.[117] 첫 번째 유형은 '침범Intrusion'으로 사적 공간과 생활을 침

115 S. Warren & L. D. Brandeis(1890), "The Right to Privacy," 4 *Harvard Law Reveiw*, 193.

116 *Melvis v. Reid et al.*, 112 Cal.App. 285, 297 P. 91 (Feb. 28, 1931). 이 사건은 사생활 침해와 함께 범죄 사건에 대한 보도에서 이른바 '제한적 공인' 개념과 함께 시간의 경과lapse of time 개념이 등장했다는 특징도 갖고 있다. 범죄 사건에 관련된 사람은 그 사건에 관해서는 제한적으로 공인으로 취급된다는 것이고, 그런 공인성은 시간이 지나면서 소멸한다고 본 것이다.

117 William Prosser(1960), "Privacy," 48 *California Law Review*, 383.

범당하지 않을 권리다. 이는 물리적으로 타인으로부터 격리된 공간에 대한 침범은 물론 사적인 사항에 대한 침범도 포함하는 개념이다. 취재를 위해 집 등에 함부로 들어가거나 망원경을 통해 몰래 들여다보는 것, 남의 편지나 전자우편 등을 열람하는 것도 해당될 수 있다. 대신 옆 테이블에서 나누는 대화를 자연스럽게 듣게 되는 경우는 사생활 침해라고 보기 어렵다. 누구나 방문할 수 있는 공간을 출입하는 것도 마찬가지다. 비밀에 대한 보호를 기대할 수 있는 곳인가, 그러한 비밀을 지키기 위한 적절한 노력이 기울여진 상태인가 등이 판단 기준이 될 수 있다. 국내 판례에서도 인정되는 유형이다.

두 번째 유형은 사적인 사실을 무단으로 '공표public disclosure'하는 것이다. 미국의 법률 전문가 단체인 미국법조협회(American Law Institute: ALI)가 분야별로 판례법을 정리한 리스테이트먼트Restatement 가운데 불법행위법에 관한 리스테이트먼트(Restatement 2nd. of Tort, 1977)는 사적인 내용의 공표가 사생활 침해가 인정되는 경우로 ① 그런 정보가 합리적인 사람에게 매우 불쾌한 내용이어야 하며, ② 그것이 공중의 정당한 관심사가 아닐 경우라고 정리하고 있다.[118] 우리 판례도 이러한 유형의 사생활 침해를 인정하는데, 이를 위해서는 ① 공표된 사항이 일반인의 감수성을 기준으로 하여 그 개인의 입장에 섰을 때 공개되기를 바라지 않을 것에 해당하고, ② 아울러 일반인에게 아직 알려지지 않은 것으로서, ③ 그것이 공개됨으로써 그 개인이 불쾌감이나 불안감을 가질 만한 사항이어야 한다.[119] 일견 비슷해 보이지만 미국 사례에서

118 The Restatement (Second) of Torts §652D: "One who gives publicity to a matter concerning the private life of another is subject to liability to the other for invasion of his privacy, if the matter publicized is of a kind that
(a) would be highly offensive to a reasonable person, and
(b) is not of legitimate concern to the public."

119 대법원 2006. 12. 22. 선고 2006다15922 판결 참조. 이 판결은 이러한 세 가지 요건을 사

는 아예 사생활 침해가 성립하지 않는 것이 우리는 일단 사생활 침해는 인정한 뒤에 달리 책임을 면제할 만한 사유가 있는지를 따지는 방식이어서 미국에 비해 사생활권 보호가 더 넓게 이루어지고 있다고 볼 수 있다.

세 번째 유형은 공중에 대한 '잘못된 이미지 유포false light'다. 개인에 관한 사항을 잘못 공표함으로써 공중으로 하여금 그 개인에 대해 그릇된 인상을 가지게 하는 행위가 여기에 해당한다. 국내에서는 이런 유형의 사건은 주로 명예훼손으로 다루어진다. 네 번째는 초상이나 성명 등 어떤 특정인의 동일성의 상징을 상업적으로 이용하는 것으로 대륙법계에서는 이를 퍼블리시티권이라는 이름의 별도의 권리로 인정하는 추세를 보이고 있다. 국내에서는 명문 규정이 없는 상태에서 재산권과 같은 성격의 퍼블리시티권을 인정할 수 있는지를 놓고 논란이 벌어지고 있는 상태다. 특히 이 부분은 국내에서는 바로 다음에 살펴볼 초상권의 범주 안에서 다뤄지고 있다.

국내에서는 1980년 헌법에 처음으로 사생활권 개념이 도입되었다. 1980년 헌법 제16조는 "모든 국민은 사생활의 비밀과 자유를 침해받지 아니한다"고 규정하였다. 이 조항은 1987년 헌법 개정 과정에서 제17조로 조문 번호가 바뀌었을 뿐 내용은 똑같이 계승되었다. 헌법에 이렇게 1980년부터 사생활 보호가 규정되었음에도 불구하고 사생활의 비밀에 관한 침해가 실제로 법원에서 인정된 것은 1990년대 들어서이다. 사생활 침해 개념이 판례로 처음 인정된 것은 1993년 서울민사지법의 〈토요신문〉 사건이었다.[120] 대법원에서 사생활 침해 개념이 처음 인정된 판례는 이보다도 5년이나 지난 1998년에 나왔는데, 유방성형수술의 부작용을 보도하는 과정에서 당사자가 특정되도

생활 침해 인정의 기준으로 제시하면서 쟁점이 된 내용이 이미 주변 사람들 다수에게 공개되었던 것이어서 사생활의 비밀로 보호되어야 하는 영역에 속하는 것이 아니라고 결론을 내렸다.

120 서울민사지법 1993. 12. 7. 선고 93가합25344 판결.

록 한 방송 프로그램에 대해 책임을 물은 것이었다.[121]

이러한 사생활권은 인권 보호에 대한 사회적 인식이 확산되면서 점차 그 보호 정도가 커지는 양상을 보이고 있다. 이 때문에 일부 국회의원이 국회 본회의장에서의 대화 장면을 촬영한 것이 사생활 침해라고 주장하거나 국회의원들의 해외 출장 일정에 대한 정보를 공개하라는 요구를 사생활 보호를 이유로 거부하는 웃지 못할 일도 벌어지고 있다. 이처럼 사생활 보호 주장이 확대되면서 보도의 자유와 충돌하는 일도 점차 많아지고 있다. 때문에 사생활권과 언론의 자유가 충돌할 경우 어떤 지점을 균형점으로 잡아야 할 것인지는 매우 중요한 언론법적 과제가 되고 있다. 앞서 언급한 것처럼 공중의 정당한 관심사에 해당하면 사생활 침해가 인정되지 않도록 하는 것이 필요해 보인다.

일본의 경우에도 이른바 프라이버시에 해당하는 사항이라고 하더라도 그것이 사회적 관심사에 해당하고 보도의 목적이 공익적이라면 위법성 조각 사유에 해당한다고 본다.[122] 반면 유명인에 대한 것이라도 단순히 사생활을 흥미 위주로 보도하는 것은 공공성이 없는 것으로 사생활 침해에 해당한다는 판례가 있다. 유럽인권재판소(ECHR)의 판례에서도 핵심은 공공성이 있느냐, 정당한 공적 관심사에 해당하느냐는 것이다. 사실상 별 차이가 없는 두 보도에 대해서도 그것을 어떤 취지에서 다룬 것인지를 따져서 사생활 침해를 인정한 판례도 있고 부인한 판례도 있다.[123]

121 대법원 1998. 9. 4. 선고 96다11327 판결. 이 사례는 뒤에서 다시 살펴본다.

122 일본 나고야 고법 2010. 3. 19. 2009(ネ)688호, 민사 1부 판결 (판례시보 No. 2081호, 20-29).

123 ECHR이 2012년 2월 7일에 선고한 다음 두 사건을 참고할 것. *Axel Springer AG v. Germany* (application no. 39954/08), *Von Hannover v. Germany* (no. 2) (application no. 40660/08 and 60641/08).

2) 초상권 침해

초상권은 기본적으로 자신의 초상이 함부로 촬영되거나 공표될 경우에 발생할 수 있는 수치나 당황, 곤혹 등 불쾌감으로부터 정신적 평온을 침해받지 않을 권리다. 이러한 초상이 경우에 따라서는 재산적 가치를 가질 수 있기 때문에 이러한 재산적 가치가 침해받지 않을 권리도 인정되고 있다. 법적 성격을 따져본다면 앞에서 언급한 사생활권의 일종으로서의 초상권에 재산권적 성격으로서의 초상권이 함께 인정되는 셈이다. 재산적 가치의 유무와 상관없이 현재까지 국내에서 초상권은 일단 인격권의 일종으로 다루어진다.

우리 판례는 초상권을 조금 더 구체적으로 '촬영 및 작성 거절권,' '공표 거절권,' '초상 영리권'의 세 유형으로 구분한다. 촬영 및 작성 거절권은 얼굴이나 사회 통념상 특정인이라고 식별할 수 있는 신체적 특징이 함부로 촬영되거나 초상화와 같은 형태로 제작되는 것을 거부할 권리다. 공표나 사용 여부와 상관없이 촬영이나 그림 등의 형태로 제작되는 것 자체를 거부할 권리이다. 공표 거절권은 일단 이렇게 촬영된 사진이나 제작된 그림 등이 함부로 공표되거나 복제되지 않도록 할 권리다. 마지막으로 단순한 공표를 넘어서서 이를 영리 목적에 이용하는 것에 대항하는 권리가 초상 영리권이다.

이러한 초상권의 세부 유형 가운데서 가장 자주 쟁점으로 제기되는 것은 피촬영자의 동의를 받지 않고 사진이나 영상을 촬영하거나 이렇게 촬영한 사진이나 영상을 신문 등에 게재하거나 방송하는 행위다. 입수된 사진을 본인의 동의 없이 사용하는 경우도 마찬가지다. 동의를 받았더라도 그 동의의 범위를 넘어서서 사용하는 것도 마찬가지로 초상권 침해가 된다. 다른 매체에 게재된 인물의 사진을 무단으로 전재하는 경우도 있는데 이런 경우에는 해당 매체에 대한 저작권 침해 문제가 초상권 침해와 동시에 쟁점이 될 수 있다.

초상권 침해를 헌법상의 표현의 자유에 근거해서 위법성을 조각함으로써 책임을 면해 주는 기준은 사생활권 침해의 경우와 유사하다고 본다. 공공의 이해와 관련이 있는 사실을 보도하면서 그렇게 하는 것이 오로지 공익을 위해서이고, 또 그 사진의 내용이나 촬영 수단, 사진 촬영과 보도의 방법 등이 그러한 목적에 비추어 필요하고 상당한 범위 안에 있는지를 기준으로 한다는 것이다. 이런 기준은 다시 사안의 공공성과 목적의 공익성, 수단의 상당성으로 요약될 수 있다. 이러한 요건을 충족함으로써 취재, 보도 자체가 정당하다고 인정이 되는 경우에는 초상에 나타난 당사자의 동의 여부에 상관없이 정당행위가 된다고 보는 것이다. 일반적으로 집회나 시위 등에 참가한 사람을 현장에서 사진으로 촬영해서 보도하는 경우에 독자에게 왜곡된 사실을 전달하거나 특별히 피촬영자를 모욕하거나 비방하기 위한 목적으로 이루어진 경우가 아니면 명예훼손은 물론 초상권 침해 등의 책임으로부터도 면제된다고 보는 것이다.[124]

미국에서 초상에 대한 법적 권리가 인정된 것은 1903년 뉴욕 주에서 '사생활 보호에 관한 법률Privacy Act'이 제정되면서부터였다. 이 법률은 로버슨이라는 미성년 여성이 자신의 동의를 받지 않고 자신의 사진을 넣어서 만든 광고물을 돌린 제분회사를 상대로 소송을 내 1, 2심에서 이겼으나 결국 주 대법원에서 3대 4로 패소한 사건을 계기로 만들어졌다.[125] 이 사건에서 앨턴 파커Alton B. Parker 대법원장은 관련 법률이 없어 원고에게 패소 판결을 내릴 수밖에 없다면서 주 의회에 광고 목적으로 남의 이름이나 사진을 사용하는 것을 금지하는 법을 만들 것을 권고하였고, 뉴욕 주의회에서 바로 다음해에 해당 법률을 만든 것이다. 남의 초상을 이용한 신문광고물이 위법이라는 판

124 서울중앙지법 2010. 1. 27. 선고 2009가합81994 판결.

125 *Roberson v. Rochester Folding Box. Co.*, 171 N.Y. 538, 64 N.E. 442 (N.Y. 1902).

결이 처음 나온 것은 2년 뒤인 1905년에 조지아 주 대법원에서 나온 페이브식 대 뉴잉글랜드생명보험사Pavesich v. New England Mutual Insurance Co. 사건이다.[126]

이렇게 우리가 오늘날 사용하는 '초상권'이라는 개념이 처음 싹이 튼 미국에서는 정작 초상권이라는 별도의 권리가 인정되는 것이 아니라 여전히 사생활권의 일부로 받아들여지고 있다. 하지만 우리의 경우는 최근 사생활권과는 완전히 독립된 초상권 개념을 확립했을 뿐만 아니라 그 인정 범위도 사생활권과 더불어서 점차 확대되는 경향을 보이고 있다. 이에 대해서는 사회 전반의 인권 의식이 고양됨에 따른 불가피한 현상이라는 의견과 함께 언론의 사회적 신뢰 하락이 배경이 되었다는 분석도 있다. 아마도 이 두 가지가 동시에 상승 작용을 일으켰을 가능성이 높다. 그런데 사회 전체적으로 인권 의식이 고양되는 것은 바람직한 일이지만 이 때문에 언론의 자유라는 매우 본질적인 기본권이 지나치게 위축된다면 문제가 아닐 수 없다. 언론 자유의 중요성과 개인의 인격권 보호의 적절한 균형점을 찾아야 한다는 관점에서 우리의 초상권 인정 방식을 차분히 검토해 볼 필요가 있다.

126 *Pavesich v. New England Life Insurance Co.*, 122 Ga. 190; 50 S.E. 68 (G.A. 1905).

2부 사례를 중심으로 본 언론법의 이해

6장 취재 과정의 법적 문제

1. 취재 과정에서의 실정법 충돌

실제로 취재 과정에서 언론인들은 '이런 취재 방법이 법에 위반되는 게 아닌가' 하는 의문을 갖게 되는 경우가 많다. 문제는 법을 위반할 위험을 감수하지 않고는 필요한 정보에 접근할 수 없을 때다. 어떤 경우에는 법을 위반하더라도 면책이 된다고 하는데 기본 원칙은 무엇인가? 취재의 자유도 언론 자유의 한 부분이라고 했는데, 그렇다면 정당한 목적을 가진 취재라면 어느 정도까지 보호가 되는 것일까?

너무나 당연한 이야기지만 기본적으로 취재의 자유가 거론될 수 있는 것은 적법한 취재에 한해서다. 이를테면 위법, 부당한 방법으로 취재를 하면서 취재의 자유를 거론하기는 어렵다. 하지만 한 가지 생각해 볼 대목은 실정법에서 금지하는 방법을 제외하고는 달리 사회적으로 매우 중요한 정보를 취득할 수 없는 경우다. 이러한 경우에도 '절대적으로' 합법적인 취재만 가능하다고 생각한다면 언론의 본질적인 기능에 차질을 빚을 수도 있다. 주권자인 국민들이 중요한 정책 관련 정보를 접하고 올바른 여론을 형성할 수 있는 기회를 박탈당할 수 있는 것이다. 이러한 경우에는 논란의 대상이 되는 정보의 중요성과 그로 인해 침해되는 다른 법익, 즉 실정법을 위반하게 될 경우 지게 되는 사회적 책임에 대한 비교 형량을 통해 어느 정도까지 실정법에 대한 침범을 인정할 것인지 정할 수밖에 없을 것이다.

기본적으로 취재의 자유는 법률에 의해 제한될 수 있다. 헌법 제37조의 기본권에 대한 법률 유보 조항이 근거가 될 수 있다. 다만 언론 자유의 본질적 자유를 침해하는 정도의 제한은 법률로도 허용될 수 없다고 보아야 한다. 취재 내용에 따른 제한으로는 국가 기밀의 보호 등을 위한 정보의 공개금지가 있다. 군사 시설 등에 대한 취재가 제한되는 것도 여기에 해당한다. 통신비밀보호법에 따라 취재를 이유로 도청을 하거나 도청의 결과물을 보도하는 것 등도 금지된다. 민법과 언론중재법, 형법 등의 규정에 따라 보장되는 개인들의 인격권 등의 각종 권리를 침해하는 취재나 보도도 원칙적으로 제한된다.

하지만 앞에서도 언급했지만 언론은 취재와 보도를 통해 민주주의 사회의 운영에 필요한 공적 논의의 기회를 제공하며 주권자인 국민에게 국가와 사회가 어떻게 돌아가고 있는지를 판단할 수 있는 정보를 공급하는 공적 기능을 담당하고 있다. 이런 언론의 기능을 보장하는 것도 헌법적으로 매우 중요하다. 따라서 우리 법은 언론의 인격권 침해 등에 대한 면책 조항을 두고 있고, 법원도 각종 법률을 해석, 적용함에 있어서 언론의 본질적 기능에 비추어 일정한 면책 기준을 제시하고 있다.

따라서 취재 과정에서 각종 법률로 금지하고 있는 행위를 했을 경우, 어떤 경우에 법적으로 면책이 가능할지가 수시로 쟁점이 된다. 어떤 경우에는 형법 제20조가 규정한 이른바 정당한 업무 행위로 인정되어 법적 책임을 지지 않는 경우가 생길 수도 있다. 물론 언론이 취재를 하는 과정에서 실정법과 충돌하는 것은 최대한 자제되어야 한다. 우리 법원은 다음과 같은 여러 요건을 충족시키는 경우에 한해서 위법한 취재가 면책될 수 있다고 본다. 예를 들어서 ① 취재와 보도 목적의 정당성이 있고, 즉 보도 대상이 공공성이 있는 사안이고, 보도 목적의 공익성이 인정되며, 보도된 내용 또한 진실한 경우, ② 취재 수단과 방법의 상당성이 인정되는 것, 즉 보도 목적에 비추어 취재의 수단과 방법이 지나치지 않아야 하고, ③ 보호 이익과 침해 이익 사이에 균형성, 긴급성, 보충성이 인정되는 것, 즉 그 이외의 다른 방법으로는 이러한 취재가 불가능하다고 판단될 것 등이 요구된다는 것이다.[127]

언론이 취재를 하는 과정에서 아주 다양하게 취재원이나 사회적 가치와 충돌을 일으킬 경우가 생긴다. 대표적으로 실무상 취재와 관련해서 불법 논란이 벌어지는 사례는 다음과 같다. ① 신분이나 자격을 사칭하는 경우, ② 도청 장치나 몰래카메라 등의 사용과 관련한 통신 비밀 또는 사생활 침해의 문제, ③ 취재와 관련해 취재 대상과 물리적 충돌이 빚어지는 경우, ④ 일반인의 집이나 영업장 등을 무단 침입하는 경우, ⑤ 사적인 사항을 공개하거나 이메일, 컴퓨터 등을 열어 보는 경우, ⑥ 위장 취업, ⑦ 각종 자료의 절취나 출력 행위 등이다. 심지어는 지나친 심야 취재나 심야 전화로 사생활의 평온을 해치는 등 불편을 초래하는 경우도 문제가 되고 공무원을 상대로 한 취재에서는 공무상 기밀 누설의 공범 여부가 쟁점이 되기도 한다. 또 언론인의 취재 행위가 취재원에 대한 협박으로 볼 수 있는지가 쟁점이 된 사례도 있다.

반대로, 자주는 아니지만 기자가 특정한 대상에 대해 취재를 하지 않겠

127 대법원 2004. 6. 25. 선고 2003도4934 판결.

다고 거부하는 경우도 생긴다. 기자가 취재를 할 의무가 있다고 보기는 어렵다. 물론 우리 언론중재법 등은 언론이 취재, 보도, 논평 등의 방법으로 여론 형성을 위한 활동을 '수행'한다고 규정하고 있지만 그렇다고 언론에 이러한 활동을 할 의무를 부여한 것이라고 볼 수는 없다. 하지만 법적 의무를 떠나 언론의 기본적인 공적 기능, 공적인 역할과 책임을 생각하면 일정한 공적 사안에 대해서는 언론이 적절한 취재 행위를 하는 것이 사회적으로 요구된다고 볼 수 있다.

언론 보도와 관련한 여러 측면에서 기존의 사회적 통념의 변화가 이루어지고 있는데 취재와 관련해서도 마찬가지다. 과거 취재 행위는 보도 행위의 불가분의 일부로 인식되어 보도 결과가 정당하면 어지간한 취재 행위는 정당한 것으로 인식되는 경향이 있었다. 취재 과정에서 어느 정도의 물리적 충돌 등이 발생한다고 하더라도 사안 자체가 공적 의미가 큰 것이고 또 그런 취재의 결과로 보도된 내용 자체에 큰 문제가 없으면 당사자들이 취재 과정의 불법 여부에 대해서는 문제를 제기하지 않는 경우가 많았다. 하지만 최근 들어서는 점점 취재 행위 자체의 정당성에 대한 논의가 커지고 있다. 취재의 대상이 된 사람들도 적극적으로 취재 과정의 위법성 여부를 다투기 시작했다. 미국의 경우에도 뒤에서 다루게 될 이른바 〈뉴욕 타임스〉 사건에 따라 공인의 경우 명예훼손 관련 소송에서 이길 가능성이 거의 없게 되자 취재 과정에서의 불법성을 근거로 한 손해배상소송이 크게 늘어났다.

국내도 이런 사례가 늘어나고 있기 때문에 이제는 사안 자체가 공익성이 있고 보도가 그러한 공익적 측면에 크게 기여했다고 하더라도 취재 과정에서 위법성이 제기된다면 그 자체로 책임 문제를 피해가기가 어렵게 되고 있는 것이다. 가능하면 최선의 노력을 다해서 합법적인 취재 방법을 찾기 위해 노력해야 한다는 뜻이다. 물론 매우 중대한 공익적 필요가 인정되는 경우라면 당장의 실정법과 충돌하더라도 언론으로서는 사후의 법적 판단을 받아 볼 각오를 하고 취재를 하는 것이 필요할 수 있다. 이런 경우라도 가능하면 공익성 판단이나 취재 방법에 대한 사건 검토 등 언론사 내의 의사 결정 절차를 충분히 거치는 것이 필요하다. 그래야만 그런 취재 방법을 선택한 것에 대한 불가피성이 인정될 가능성이 조금이라도 올라갈 것이기 때문이다. 그런 면에서 대법원이 위의 판례에서 제시한 위법 행위에 대한 일반적인 면책 기준을 잘 살펴봐야 한다.

2. 취재 과정에서의 신분 사칭

신분 사칭의 문제는 직접 취재를 해 본 언론인이라면 누구나 겪어 보거나 고민을 해 보았을 문제다. 아주 사소한 취재도 자신의 신분을 그대로 밝힐 경우 어려움에 처할 수 있다. 식당이나 가게 등에 손님을 가장해 방문하는 것이나 고객을 가장해 전화 상담을 하는 것은 아주 기본적인 사례다. 그럼 이렇게 신분을 속이는 것은 너무나 당연한 것이어서 문제가 없는 것일까? 법적으로 문제가 되는 경우는 없을까? 만약 경찰관이나 검찰 수사관이라고 속이면 문제가 되지는 않을까?

원칙적으로 언론윤리는 언론인이 취재를 하면서 상대방에게 신분과 같은 것을 속이지 말라고 한다. 하지만 이런 기준을 글자 그대로 지키기 어렵다는 것을 누구나 안다. 그리고 어떤 취재를 하면서 언론인이 손님으로 가장하는 정도의 신분 위장을 했다는 것이 드러났다고 해서 비난을 받지는 않는다. 기본적으로 더 큰 공익적 목적, 즉 제대로 된 보도를 위해 불가피하다고 생각하기 때문이다. 하지만 공무원, 그중에서도 수사 관계자라고 사칭하는 경우에는 자칫 문제가 심각해질 수 있다.

취재 과정에서 공무원이나 수사 관계자를 사칭하는 것과 관련해 언론인들 사이에서 무용담처럼 몇몇 일화들이 전해지기도 한다. 경찰서에 상급자를 가장해 전화를 걸어 보고를 받거나 심지어 일선 112 상황실 근무자에게 본청 당직 근무자라고 속이고 전화를 해 매일 팩스로 보고서를 받았다는 믿기 어려운 얘기도 전해진다. 하지만 1990년대에 접어들어서는 이런 취재 방식에 대한 인식에도 변화가 나타나기 시작했다.

먼저 1993년 3월에는 〈국민일보〉 법조팀의 김 모 기자가 상지학원의 재단 비리 사건을 취재하던 중 대검찰청 수사관으로 신분을 위장해 재단 운영 자금의 입출금을 담당한 상호신용금고 관계자를 압박해 특종 취재를 한 것이 문제가 되었다. 이 사실을 안 서울지검이 김 기자를 수사해 사법 처리하려고 했으나 〈국민일보〉가 해당 기자를 전보 조치하고 재발 방지를 약속하는 것으로 기소 없이 사건이 종결됐다.

1998년 8월에는 〈한국일보〉의 유 모 기자가 고액 과외 사건을 취재하다 서울지검 모 부장검사의 딸이 고액과외자 명단에 들어있다는 정보를 확인하기 위해 그 부장검사의 집에 경찰이라고 신분을 속이고 전화를 걸어 사실 확인을 시도했다. 유 기자는 결국 부장검사의 부인이 강남경찰서에 '과잉 수사'라며 전화를 하는 바람에 신분 위장 취재가 드러났다. 부장검사의 딸이 고액과외를 했다는 정보는 사실이 아닌 것으로 드러났고, 검찰은 유 기자를 한 차례 소환 조사했으나 사건은 그대로 종결됐다.

언론인의 수사 관계자 사칭 사례는 이걸로 끝이 아니었다. 2002년 6월, KBS의 〈추적 60분〉 담당인 최 모 PD가 분당 파크뷰 특혜 분양 사건을 취재하던 중 검사를 사칭한 혐의로 검찰에 긴급 체포된 뒤 구속이 되는 사건이 일어났다. 최 PD는 수원지검 검사를 사칭해 당시 김 모 성남시장의 답변을 유도해 발언을 녹음했다는 혐의를 받았다. 최 PD는 애초에는 이런 사실을 부인했으나 수사 과정에서 김 시장에게 전화를 걸었던 전화번호가 KBS 〈추적 60분〉 팀의 공용 전화로 드러났다.

이전에 기자들이 취재원에게 자신의 신분을 속이고 취재를 하다 적발된 사례에서 구속까지 간 적이 없었기 때문에 KBS PD 구속은 당시 언론계에 적지 않은 충격을 주었다. 이 사건은 시사 고발 프로그램에서 방송 내용이 논란이 된 기존 사례들과는 달리 취재 방식 때문에 PD가 구속까지 된 첫 번째 사례로 꼽힌다. 이 사건은 법을 위반하더라도 숨겨진 문제를 밝혀내는 것으로 용서가 되는 것으로 받아들여지던 기존의 관행이 더 이상 유효하지 않다는 것을 보여 주었다는 평가를 받았다.[128]

물론 단순히 "나, 공무원이야"라고 주장하고 다닌다고 해서 범죄가 되는 것은 아니다. 형법 제118조 '공무원자격의 사칭' 조항은 공무원의 자격을 사칭하여 그 직권을 행사하는 경우 3년 이하의 징역이나 700만 원 이하의 벌금에 처하도록 규정하고 있다. 다시 말해 ① 공무원의 자격을 사칭하고, ② 그 결과로 사칭한 공무원이 갖고 있는 직권을 행사하는 것으로 범죄가 성립한다. 따라서 언론인이 특정 공무원이라고 속이고 상대방이 그의 말을 따름으로써 범죄가 성립하는 것이다. 이 죄에 대해서는 미수범이 인정되지는 않으므로 언론인이 어떤 직위의 공무원을 사칭했으나 상대방이 속지 않으면 범죄가 성립하지 않는다.

하지만 범죄 성립 여부와 상관없이 공무원을 사칭하는 것은 정말 대단히 긴급하고 중요하지 않은 한 하지 않는 것이 옳다. 신분 사칭과 같은 방법은 어떤 경우든 윤리적인 문제를 내포하고 있다는 점에서 긴급성을 내세워 자꾸 사용하게 되면 나중에는 그저 약간의 시간을 절약해 주는 등의 편리성

128 오마이뉴스(2002. 6. 4), "알 권리 앞세운 불법 취재 관행 '경종,'" http://news.naver.com/main/read.nhn?mode=LSD&mid=sec&sid1=100&oid=047&aid=0000005741 참조.

밖에 없는 경우까지 남용되기 십상이고, 자칫하면 정말 넘어서는 안 되는 선을 넘게 되는 경우가 나타날 수 있기 때문이다.

3. 서류 절도나 문서의 출력, 복사

취재 과정에서 해당 사안에 직접 관련된 문서를 입수하는 일은 매우 중요하다. 사건 관련자의 메모 한 장이라도 기사를 풀어나가는 데 핵심적인 역할을 한다. 근거가 있고 없고는 결정적인 차이가 있다. 그래서 언론인은 누구나 문서 앞에서 자제력을 쉽게 잃는다. 그렇다면 공문서든 아니든, 문서를 몰래 가지고 나오는 것은 무조건 처벌이 되는 것일까? 컴퓨터에 저장된 문서를 출력해 나오는 것은 어떻게 될까? 만약 문서를 가지고 나와서 촬영을 하거나 복사를 하고 원래 자리에 도로 갖다 놓아도 똑같이 문제가 될까?

1) **문서를 그대로 가지고 나온 경우**

서류를 몰래 가지고 나오는 것은 원칙적으로 형법 제329조에 규정된 절도에 해당한다. 그 서류가 있던 장소에 합법적으로 들어갔고 문제의 서류가 관리되지 않은 상태에 놓여 있었다고 하더라도 상황은 달라지지 않는다. 만약 야간에 누군가의 집이나 사무실 등에 들어가서 그런 일을 했다면 '야간주거침입절도'로 더 무거운 처벌이 가해진다. 따라서 타인의 사무실에 들어가서 어떤 문서를 몰래 가져나온다면 어떤 경우든 원칙적으로 형사처벌을 면하기 어렵다.

1962년 1월, 〈동아일보〉의 한 기자가 외무부 국장의 책상에서 3급 기밀 서류 표시가 된 책자를 신문사로 가져가 보도한 것을 당시 중앙정보부가 형법 제140조의 공무상 비밀표시무효에 해당한다며 구속했다. 절도와 공무상 비밀표시무효가 동시에 적용될 수 있는 사안으로 보이는데 어쨌든 처벌은 하되 법정형이 1년 낮은 쪽을 선택한 셈이다. 같은 해 5월에는 재건국민운동본부를 출입하던 〈대한일보〉의 한 기자가 공무원의 책상 위에 있던 책자를 가져가 보도했다며 구속됐다. 이 기자는 이 책자를 임의로 훔친 것이 아니라 익명의 제보자에게서 얻은 것이라며 취재원에 대해서는 묵비권을 행사하고 자신이 구속되는 쪽을 선택했다.[129]

1990년대 이후 서류 절취와 관련해 형사처벌에 이르게 된 사례로는 1994년 3월 상문고 재단의 비리 사건을 취재하는 과정에서 〈중앙일보〉의 예모 기자가 이 고등학교 서무 담당자의 집에 들어가 관련 서류들을 챙겨서 나온 사건이 있다. 당시 검찰은 〈중앙일보〉의 재발 방지 약속에도 불구하고 해당 기자를 주거 침입과 사문서 절취 등의 혐의로 불구속 기소해 징역 1년을 구형했다. 이 사건은 그 기자가 검찰청에서 나왔다고 자신의 신분을 속이고 집에 들어가 서류를 챙겨서 나온 것으로 공직 사칭까지 합쳐진 사건이었다.

재판부도 이 기자에 대해 유죄 판결을 내렸는데, 다만 "명백히 죄가 인정되지만 그동안 언론계 선배들이 죄의식 없이 해 온 취재 관행 때문에 후배가 죄를 모조리 뒤집어쓴다는 것은 억울한 측면이 있다"고 지적하고, 재판 과정에서 합법 취재의 중요성도 충분히 강조됐다면서 8개월의 징역형 선고를 유예했다.[130]

129 신동아(1999), http://www2.donga.com/docs/magazine/new_donga/9812/nd98120220.html

130 오마이뉴스(2002. 6. 4), 앞의 글.

2) 문서를 출력하거나 복사한 경우

컴퓨터에 저장되어 있던 문서를 종이에 출력해서 문서가 인쇄된 종이를 가져가는 것은 원래 문서 자체에 대한 절도로는 인정되지 않는다. 대법원은 컴퓨터에 보관된 설계도면을 종이에 출력해 가져간 사건에서 출력에 사용한 종이에 대해서는 절도가 성립하지만 도면 자체를 절취한 것으로는 볼 수 없다고 판결했다.[131] 하지만 반대로 문서 자체는 아니라도 그렇게 출력된 종이를 가져간 부분에 대해서는 절도죄가 성립하는 것이다.

1998년 10월에는 〈국민일보〉의 변 모 기자가 모 대학교 비리 사건을 수사하던 당시 서울지검 동부지청의 수사검사 사무실에 들어가 컴퓨터에 들어 있던 참고인 진술 조서를 출력하다가 마침 출근한 검사에게 들켜 미수에 그친 사건이 발생했다. 당시 검찰은 변 기자를 절도 미수와 건조물 침입 혐의로 구속했다가 언론노조 등의 항의로 불구속 상태로 기소하였다. 이 경우는 진술 조서 자체에 대한 절도 미수가 아니라 진술 조서를 출력한 종이를 몰래 가져가려다 실패한 것이 절도 미수가 되는 것이다.

변 기자는 1심에서는 징역 8개월에 집행유예 2년이, 항소심에서는 징역 6개월에 집행유예 1년이 선고됐다. 변 기자가 구속된 뒤 한국기자협회 등 언론단체에서는 검찰이 과잉 대응을 하고 있다고 반발했다. 기자협회는 성명을 통해 비록 취재 기자의 잘못은 일부 인정하더라도 취재 기자를 구속한 것은 언론의 취재 활동을 크게 위축시키고 국민의 알 권리 충족에 부정적인 영향을 미칠 것이라며 이 사건을 검찰의 언론 길들이기로 규정했고, 전국언론노조도 이 조치는 정보를 독점하고 있는 검찰이 수사 편의를 이유로 언론의 취

131 대법원 2002. 7. 12. 선고 2002도745 판결. 이와 같은 취지의 판결로는 대법원 1996. 8. 23. 선고 95도192 판결이 있다.

재 활동을 위축시키려는 행위라고 비판했다.

이후로도 취재 과정에서의 절취 사건은 사라지지 않았다. 2012년 6월에는 서울중앙지검에 마련된 저축은행 합동수사단 사무실에 〈중앙일보〉 박모 기자가 들어가 수사 관련 문건을 훔친 혐의가 드러났다. 박 기자는 건조물 침입과 절도 혐의로 불구속 기소됐다가 1심에서 징역 8개월의 실형을 선고받고 법정 구속됐다. 박 기자는 그러나 2심에서는 징역 8개월에 집행유예 2년을 선고받고 풀려났다. 당시 박 기자가 서류 절취를 통해 특종 보도했던 사안은 이명박 정부의 불법 사찰 논란과 관련해 이른바 '영포라인'의 비뚤어진 충성심에 관한 것이었다. 당시 모든 언론이 문서 자체의 절도와 출력된 종이의 절도를 구분하지 않았지만 이 경우도 건조물 침입과 함께 출력에 사용한 종이에 대한 절도죄가 인정되는 것이다.

이 사건과 관련해 일부에서는 박 기자가 보도를 통해 정부에 타격을 준 것 때문에 언론에 대한 손보기 차원에서 수사가 이루어진 것이 아니냐는 의혹이 제기되기도 하였다. 취재 방법을 둘러싼 불법성 논란, 그리고 민형사상의 법적 책임을 묻는 것이 결국은 권력에 비판적인 언론에 대한 압박 수단이 될 수 있기 때문이다.[132]

그렇다면 문서를 그 방에 있는 복사기로 몰래 복사한 다음 원래의 문서는 있던 자리에 두고 복사된 종이만 가지고 나온다면 어떻게 될까? 컴퓨터에 저장된 문서를 출력한 것과 마찬가지 논리가 적용되는 것으로 볼 수 있다. 원래의 문서를 절도한 것은 아니지만 복사에 사용한 종이를 절취한 것이 되는 것이다. 대신, 이 문서를 갖고 나와서 자신의 사무실이나 복사실 등에서 정상적으로 복사를 한 뒤 되돌려 줬다면 복사에 사용한 종이를 절취한 것으로

132 기자협회보(2012. 11. 29), http://www.journalist.or.kr/news/articleView.html?idxno=29917.

볼 수 없으며 원래 문서를 불법적으로 가지려고 한 의사도 없었으므로 절도는 성립하지 않는다. 물론 처음부터 원래의 문서 자체를 가질 의사가 없었음이 입증되어야 한다. 대법원은 회사에 있던 비밀 메모를 몰래 가지고 가서 다른 사무실에서 정상적으로 복사를 한 뒤 원래의 메모는 두고 복사한 문서만 가지고 나간 사건에서 문서의 사본을 절취한 것이라는 주장을 배척하고 상고를 기각하는 판결을 내린 적도 있다.[133]

정상적으로 복사를 한다는 의미는 이 사건에서처럼 복사기를 몰래 사용하는 등 복사 과정에서 문제가 없었어야 한다는 것이다. 이를테면 기자가 문서를 기자실 등으로 가져가 복사한 뒤 돌려줬다면 절도가 성립하기는 어렵게 되는 것이다. 하지만 애초에 문서를 확보하는 과정에서 뒤에서 살펴볼 주거 침입 등이 성립할 가능성이 있는 것은 별도의 문제가 된다.

4. 도청 등 통신 비밀 침해

통신 비밀 보호 의식이 커지면서 사회적으로 도청 등이 문제가 되는 경우가 생긴다. 만약 누군가가 도청의 결과물로 보이는 자료를 제보해 왔다면 어떻게 하는 것이 맞을까? 모든 전화 통화를 아예 녹음하도록 설정해 놓은 사람들도 있는데, 취재원과 전화 통화를 하는 과정에서 통화 내용을 동의를 얻지 않고 녹음하면 법적으로 문제가 될까? 특수 장비를 사용하지 않더라도 기자석 등에서 멀리 떨어진 사람들의 대화를 녹음하는 경우도 있다. 예를 들어 국회 본회의장에서 잡담을 하는 의원들의 대화를 기자석이나 방청석 등에서 카메라로 촬영, 녹음한다면

133 대법원 1996. 8. 23. 선고 95도192 판결.

도청에 해당될까?

실제 취재에서 언론인이 직접 도청을 하는 상황을 상정하기는 어렵다. 아무리 새로운 정보에 목을 매는 언론인이라 하더라도 스스로 장비를 동원해 도청까지 하는 것은 현실적으로 쉽게 가능한 일이 아니기 때문이다. 지금까지 실제로 크게 논란이 됐던 사건들도 다른 사람이 도청의 결과물이나 그렇게 보이는 것을 제보해왔거나, 통화를 완전히 종료하지 않은 상태에서 들려온 대화를 녹음한 것, 국회 본회의장에서 의원들의 대화를 촬영한 것 등이다. 물론 많은 사람들은 나름대로 짐작을 하고 있기는 하지만 공식적으로는 실체가 드러나지 않은 국회 야당 대표실 도청 사건도 있다. 실제 사례들을 중심으로 관련된 법리를 살펴본다.

1) 도청으로 작성된 파일 및 자료의 보도

통신비밀보호법이 문제된 가장 대표적인 사건은 이른바 안기부 도청 사건, 즉 'X파일 사건'이다. MBC 이상호 기자는 1997년 당시 국가안전기획부 직원들이 이학수 당시 삼성그룹 회장 비서실장과 홍석현 당시 〈중앙일보〉 사장의 대화를 도청해 작성한 녹취 보고서 3건과 녹음테이프 등을 2004년 12월 입수한 뒤 2005년 7월 보도하였다. 녹취 보고서와 녹음테이프를 통해 〈중앙일보〉 홍석현 사장과 삼성그룹 이학수 비서실장이 1997년 대선 당시 특정 대통령 후보에 대한 자금 제공을 공모하고 검사들에게 떡값 등의 명목으로 돈을 전달한 사실이 드러났다. 삼성그룹과 정치권, 검찰 사이의 유착 관계가 공개되면서 사회적으로 큰 파문이 일었을 뿐만 아니라 이전의 군인 출신 대통령이 아니라 '문민 정부'를 기치로 내건 김영삼 대통령하에서 국가안전기획부가 여전히 광범위한 불법 도청을 한 사실이 공개되면서 큰 충격을 주었다.

MBC는 이상호 기자가 안기부의 도청 파일을 입수한 뒤로도 오랫동안 보도를 하지 않고 있었는데, 언론계에서는 그런 정황에 대한 소문이 퍼졌고, 급기야 일부 언론이 이 문제를 조금씩 보도하기 시작하자 마침내 MBC도 보도를 결정했다. 하지만 MBC의 보도 움직임을 감지한 이학수 실장과 홍석현 사장은 MBC를 상대로 녹음테이프에 대한 방송금지 가처분을 신청했고 법원은 이를 받아들였다. 그러자 MBC는 당사자의 실명을 거론하지 않는 방식으로 방송금지 가처분을 회피해 1보를 내보냈다. 하지만 다른 언론사에서 가처분 결정이 언급하지 않은 녹취 보고서를 근거로 등장인물들의 실명을 직접 보도하자 MBC도 X파일의 내용을 자세하게 보도하기에 이르렀다. 결국 이상호 기자는 통신비밀보호법 위반 혐의로 불구속 기소됐다. 또 일부 내용을 추려서 보도한 MBC와 달리 "유령처럼 떠돈 안기부 X파일 전문 공개"라는 제목으로 녹취록과 녹취 보고서 전문을 게재한 〈월간조선〉 김연광 편집장도 함께 불구속 기소되었다.

통신비밀보호법 제16조 제1항은 제1호에서 타인 간의 대화를 녹음하거나 청취하는 것을 금지하고 있다. 도청에 대한 포괄적인 금지 규정이다. 이를 위반하면 10년 이하의 징역형과 5년 이하의 자격정지라는 무거운 처벌이 기다리고 있다. 공익성 등을 이유로 한 면책 사유가 명문으로 규정된 것도 없다. 이어서 제2호에서는 이런 방법으로 알게 된 통신 또는 대화의 내용을 공개하거나 누설하는 것도 도청을 하는 행위와 똑같이 처벌하도록 규정하고 있다. 도청은 물론 도청 결과물의 공개도 똑같이 처벌함으로써 누군가가 도청을 했더라도 그 결과물의 유통까지 금지해 통신 비밀을 두텁게 보호하려는 것으로 볼 수 있다.

1심 재판부는 이상호 기자에 대해서는 비록 통신비밀보호법 제16조 제1항 제2호의 구성 요건에는 해당하나 전체적으로 그 보도 목적의 정당성, 법익의 균형성, 수단의 상당성 및 비례성 등의 요건을 모두 충족하여 위법성이 조각된다고 보고 무죄를 선고했다. 다만 〈월간조선〉의 보도는 MBC 보도와는 달리 녹취록과 녹취 보고서의 전문을 가감 없이 그대로 보도하였고 그중에는 공중의 정당한 관심사와 관계가 없는 내용도 포함되어 있어서 이러한 전문 게재는 그 목적의 정당성은 인정되더라도 수단과 방법에서 상당성과 비례성을 갖지 못해 위법성이 조각되지 않는다며 유죄 판결을 내렸다.[134]

하지만 서울고등법원은 이상호 기자에 대한 무죄 판결을 파기하고 징역 6개월과 자격정지 1년의 형에 대해 선고유예 판결을 내렸고 대법원도 전원합의체 심리를 거쳐 동일한 취지로 상고를 모두 기각했다.[135] 대법원의 다수 의견은 통신비밀보호법이 통신 비밀의 공개와 누설 행위를 불법 감청이나 녹음 등의 행위와 똑같이 처벌 대상으로 하고 법정형도 동일하게 규정하고 있는 것은 통신 비밀의 침해로 수집된 정보의 내용에 관계없이 정보 자체의 사용을 금지함으로써 당초 존재하지 않았어야 할 불법의 결과를 용인하지 않음으로써 불법의 결과를 이용하여 이익을 얻는 것을 금지함과 아울러 그러한 행위의 유인마저 없애겠다는 정책적 고려를 바탕으로 한 것이라고 밝혔다.

대법원은 이 판결에서 불법 감청이나 녹음에 관여하지 않은 언론 기관이 그 내용이 불법 감청이나 녹음을 통해 수집된 것이라는 점을 알면서도 보도하는 행위가 형법 제20조의 정당행위로서 위법성이 조각되기 위한 기준을 4가지로 정리해서 제시했다. 첫째, 보도 목적이 불법 감청이나 녹음 같은 범죄가 저질러졌다는 사실 자체를 고발하기 위한 것으로 그 과정에서 불가피하게

134 서울중앙지법 2006. 8. 11. 선고 2006고합177 판결.

135 대법원 2011. 3. 17. 선고 2006도8839 전원합의체 판결. 이 대법원 판결에는 당시 이용훈 대법원장과 후임 대법원장이 된 양승태, 그리고 김능환, 안대희, 차한성, 양창수, 신영철, 민일영 등 8명의 대법관이 찬성했고 박시환, 김지형, 이홍훈, 전수안, 이인복 등 5명이 반대했다.

통신 또는 대화의 내용을 공개할 수밖에 없는 경우이거나, 이를 공개하지 않으면 공중의 생명·신체·재산 기타 공익에 대한 중대한 침해가 발생할 가능성이 현저한 경우 등과 같이 비상한 공적 관심의 대상이 되는 경우에 해당해야 한다는 것이다.

둘째, 해당 언론 기관이 불법 감청이나 녹음 등의 결과물을 취득할 때 위법한 방법을 사용하거나 적극적, 주도적으로 취득에 관여해서는 안 되며, 셋째, 보도가 첫 번째 조건에서 제시한 목적을 달성하기 위해 필요한 부분에 한정되는 등 통신 비밀 침해를 최소화하는 방법으로 이루어져야 하며, 넷째, 언론이 그 내용을 보도함으로써 얻어지는 이익과 가치가 통신 비밀을 보호함으로써 달성되는 이익과 가치를 초과해야 한다는 것이다. 다수 의견은 MBC의 보도가 이 모든 기준을 충족하지 못하고 있다고 판단했다.

이에 대해 박시환 대법관 등 5명은 소수 의견을 통해 언론의 자유는 개인이 언론 활동을 통하여 자기의 인격을 형성하는 개인적 가치인 자기실현의 수단임과 동시에 사회구성원으로서 평등한 배려와 존중을 기본 원리로 공생, 공존 관계를 유지하고 정치적 의사 결정에 참여하는 사회적 가치인 자기통치를 실현하는 수단이 되는 핵심적 기본권인데도 불구하고 다수 의견이 지나치게 양자택일식 기준을 제시하고 있다고 비판하였다. 특히 이 사안에서 MBC의 보도는 형법 제20조에 규정된 사회상규에 위배되지 않는 행위, 즉 '정당행위'에 해당한다고 보았다.

결국 이 판결에서 다수설에 속한 대법관들의 생각은 1992년에 있었던 부산 초원복국집 기관장 회동 장소 도청 사건에 놀란 여야 정치권이 합심해서 위법성 조각이 될 가능성을 최대한 봉쇄한 상태로 만든 통신비밀보호법의 조항을 최대한 문안 그대로 적용하려는 태도를 보인 것이다. 물론 다수설이 이 판결에서 면책 사유가 아예 규정되지 않은 형사처벌 규정을 위반하는 취재 활동에 대해서도 일정한 경우 형법 제20조의 정당행위 조항을 근거로 면책을 시도할 수 있다는 점을 분명히 한 것은 나름 의미가 있다고 평가할 수 있다. 하지만 이 판결에서 보여 준 언론 활동을 어느 정도나 정당행위로 인정할 것인지에 대한 판단은 명예훼손 등에서 이른바 '상당성의 법리'를 도입하는 등 법률 해석을 통해 언론의 자유가 보장될 수 있는 공간을 조금씩 확대해 온 대법원의 그간의 움직임과는 상당한 거리가 있는 것이다.

특히 국가정보기관이 광범위한 도청을 했다는 문제와 함께 도청의 결과물을 통해 재벌과 언론, 정치권 등의 유착 관계가 적나라하게 드러났고, 역시 이를 통해 확인된 대통령 선거 과정에서의 불법 자금 지원 문제와 검찰에 대한 떡값 제공과 같은 심각한 우리 사회의 적폐조차 통신비밀보호법의 이름으로 공개하지 못하게 막는 것이 과연 사회적으로 건전한 양식에 부합하는 것인지 의문이 아닐 수 없다. 모든 대화의 도청 결과물 공개를 면책하자는 것이 아니라 이 정도로 공익성이 인정되는 사안에 대해 제한적으로 면책의 길을 열어 주는 것이 정말 국민 일반의 통신 비밀 보호에 부정적 영향을 줄 것인지 이해하기 어렵기 때문이다.

2) 종료되지 않은 전화 통화 녹음 및 보도

2012년 10월에는 대통령 선거를 목전에 두고 고 최필립 정수장학회 이사장과 이진숙 당시 MBC 기획홍보본부장 등이 정수장학회에서 모임을 갖고 정수장학회가 보유한 MBC 지분을 매각하고 그 대금을 어떻게 활용할 것인지를 논의한 것을 한겨레 최성진 기자가 단독 보도하면서 파문이 일었다. 당시 최필립 이사장은 최 기자와 전화 통화를 하던 중 이진숙 본부장 등이 들어오자 통화를 끝냈는데, 미처 휴대전화의 통화 종료 버튼을 누르지 않아 최 기자에게 대화 내용이 고스란히 들리게 되었다. 최 기자는 최 이사장과의 전화 통화를 처음부터 녹음하고 있었기 때문에 최 이사장과 이 본부장 일행의 대화도 그대로 녹음됐다. 최 기자는 이 녹음된 대화를 바탕으로 기사를 썼다가 통신비밀보호법 위반 혐의로 불구속 기소됐다.

1심 재판부는 최 기자가 최필립 이사장과 이 본부장 등과의 비공개 대화를 청취한 것은 통신비밀보호법 위반이라고 판단했다. 하지만 이미 합법적으로 진행되고 있던 녹음을 중단해야 할 의무까지 있는 것은 아니므로 녹음을 한 것은 문제가 없고, 따라서 이렇게 녹음된 내용을 바탕으로 기사를 쓴 것도 무죄라고 판단해 징역 4개월에 자격정지 1년형의 선고를 유예하는 판결을 내렸다.[136]

그러나 2심 재판부는 대화의 청취와 녹음 및 녹음된 내용의 보도를 구분한 1심을 뒤집고 대화 청취와 녹음, 이를 보도한 것 등 혐의 전부에 대해 유죄를 인정해 징역 6개월에 자격정지 1년으로 1심보다 형량을 높인 뒤 선고유예 판결을 내렸다.[137] 2심을 맡은 서울중앙지법 형사항소4부는 "처음부터 대화에 참여하지 않았던 제3자가 타인의 대화를 녹음해서는 안 된다"면서, 따라서 자신이 참여한 대화가 종료된 뒤의 다른 사람들의 대화를 녹음한 것도 불법이고, 그 녹음된 내용을 보도한 것도 정당한 행위로 볼 수 없다고 판단했다. 특히 "대화 당사자들이 공적 인물이라는 이유로 개인적인 대화를 할 권리까지 침해해서는 안 된다"면서 "녹음 경위와 보도의 가치가 통신 비밀 보호의 이익보다 크다고 할 수 없다"고 덧붙였다.

듣는 행위와 녹음하는 행위를 1심과 같이 분리할 수 있는지는 논란이 될 수 있다. 하지만 반대로 만약 대화 상대방은 물론 기자도 스스로 통화가 끝났다고 생각은 하면서도 통화 종료나 녹음 중단 버튼을 누르지 않고 전화기를

136 서울중앙지법 2013. 8. 20. 선고 2013고단205 판결.

137 서울중앙지법 2013. 11. 28. 선고 2013노2841 판결.

방치했는데, 나중에 보니 이번 같은 대화가 녹음되어 있었다면 어떻게 할 것인가? 이런 경우에도 2심 재판부가 이야기하는 것처럼 이 기자는 자신의 대화가 끝난 뒤 통화 종료와 녹음 종료 버튼을 눌러야 할 작위 의무를 행하지 않은 책임을 져야 한다고 보아야 할까? 통화가 끝날 때마다 꼬박꼬박 통화 종료를 확인해야 할 법적인 의무가 있는 것이 아니라면 이건 순전히 우연히 녹음이 된 것인데 그것은 도청의 결과물인가? 2심 재판부의 판결은 기본적으로 어떤 형태든 통신 비밀에 대한 보호를 두텁게 하려는 생각으로 보이는데, 이런 상황에 대한 답을 명확하게 줄 수 있을지 의문이다. 이 모든 것이 앞서 살펴본 X파일 사건에서 대법원이 통신비밀보호법과 언론 자유가 충돌할 경우 면책의 가능성을 너무나 제한적으로 설정하는 바람에 빚어진 일이 아닌가 싶다.

3) 국회 본회의장 대화 녹음 및 촬영 사례

통신비밀보호법의 적용이 워낙 엄격하다 보니 조금은 엉뚱한 상황에서 이 법률 위반을 주장하는 취재원들도 나타났다. 지난 2006년 6월 열린우리당 소속 국회의원이던 임종인 씨가 국회 본회의장에서 상임위원회 배정에 불만을 품고 당 지도부를 향해 거친 말을 하는 장면이 YTN 〈돌발영상〉 프로그램에 방영되자 본인의 동의 없이 전자 장비를 동원해 몰래 대화를 촬영, 녹음해 방송했다고 반발한 것이다. 그는 명예훼손과 함께 통신비밀보호법 위반이라고 주장하며 YTN을 상대로 인터넷 기사를 삭제하라는 가처분신청과 함께 소송을 제기했다. 하지만 1심과 2심 재판부는 모두 공적인 관심사에 대해 공익상 필요에 따라 정당한 방법에 따라 보도가 이뤄진 것이라며 명예훼손 등의 주장을 받아들이지 않았다.[138] 여기까지는 매우 단순 명쾌한 사건으로 보인다.

하지만 본안 사건이 진행되는 동안 가처분 사건이 처리된 과정에는 이런 문제에 대한 우리 사법부 내의 혼란이 그대로 드러난다. 문제의 대화 내용을 담은 방송 프로그램이 계속 인터넷에 서비스되지 않도록 해당 부분을 삭제하라고 요구한 가처분 신청이 문제였는데, 1심에서는 신청을 기각했지만 항고심인 서울고법은 신청을 일부 인용하는 결정을 내린 것이다. 서울고법의 담당 재판부는 "불만 엿듣기"라는 제목으로 게시한 동영상 가운데 임 의원이 본회의장 좌석에 앉아 타인과 대화하는 부분은 인터넷에서 삭제하라고 명령한 것이다.

당시 재판부는 "이 대화 부분은 임 의원이 동료 의원들과 사적인 대화를 하는 장면을 YTN 소속 기자가 몰래 촬영하고 몰래 녹음한 것으로서, 이러한 행위는 통신비밀보호법에서 금지하는 행위에 해당한다"고 밝혔다. 재판부는 특히 "그곳이 공개된 장소라거나 비밀 촬영·녹음 장치를 사용하지 않았다고 해서 '타인 간의 사적인 대화'를 몰래 녹음 또는 청취하는 위법 행위가 정당화될 수 없다"면서 "보도의 목적이 정당하다고 해서 통신비밀보호법을 위반하는 등의 수단을 사용하는 것이 정당화될 수 없고, YTN 측이 국가안전보장이나 중대한 공익을 보호하기 위해 사생활 침해했다고 볼 수도 없다"고 밝혔다.

가처분 신청이 이렇게 1심과 2심 법원에서 혼선을 빚었음에도 불구하고 본안 사건에서 통신비밀보호법 위반이 아닌 것으로 판단이 내려지면서 서울고법의 가처분 결정에 따라 인터넷에서 삭제됐던 '불만 엿듣기' 파일은 다시 YTN의 인터넷 홈페이지를 통해 계속 서비스되고 있다.[139] 애초에 국회 본회

138 서울중앙지법 2006. 10. 13. 선고 2006가합71378 판결; 서울고법 2007. 9. 19. 선고 2006나106066 판결.

139 YTN(2006. 6. 21), http://www.ytn.co.kr/search/search_view.php?s_mcd=0302&key= 20060621125 5060334.

의장에서 벌어진 일을 기자들이 정상적인 위치에서 일반적인 장비를 이용해 촬영한 것에 대해 통신비밀보호법을 들어 문제 삼은 것부터 상식적이지 않았는데, 그것이 비록 임시의 지위를 정하는 가처분 신청이었다고는 하나 사실심의 최고 법원인 고등법원에서 한때나마 이를 받아들였다는 것은 통신 비밀 문제와 언론 자유의 관계가 얼마나 애매한 상황에 놓여 있는지를 보여 주는 대목이다.

특히 중견 중에서도 중견인 법관들로 구성된 서울고등법원의 재판부가 기자석에서 녹취가 될 수 있을 정도로 국회의원들이 국회 본회의장에서 공개적으로 대화를 나누는 모습을 사생활이라고 판단했다는 사실도 매우 흥미롭다. 비록 본안 사건이 아닌 가처분 신청이어서 충분한 심리가 이루어지기 어려웠다고 하더라도 사법부가 사생활의 범위를 얼마나 폭넓게 생각하고 있는지를 잘 보여 주는 장면이다. 통신비밀보호법을 엄격히 적용했다는 것이라면 몰라도 국회 본회의장에서의 국회의원들의 정치 활동에 관한 대화에 사생활의 비밀이라는 잣대를 들이댄 것은 문제가 있는 관점이 아닌가 한다.

4) 비밀회의 도청과 녹음된 자료의 보도 외 사용 의혹

도청이 문제가 된 사건이기는 하지만 결국은 실체가 드러나지 않은 채 끝난 사건도 있다. 2011년 6월 국회에 있는 민주당 대표실을 KBS 기자가 도청했다는 의혹이 제기되었다. 이 사건은 민주당 대표실에서 열린 KBS 수신료 인상 문제가 논의된 비공개 회의 내용을 당시 한나라당 한선교 의원이 공개하면서 불거졌다. 당시는 KBS가 수신료 인상 문제에 회사 차원에서 총력전을 펴고 있었는데, 한나라당은 수신료 인상에 긍정적이었으므로 민주당의 태도가 수신료 인상 여부에 결정적인 상황이었다.

민주당이 비공개 회의 내용을 공개한 한선교 의원을 고발하면서 검찰이 수사에 나섰는데, 서울남부지검은 한 의원을 소환 조사한 것은 물론 도청을 한 당사자로 지목된 KBS의 기자도 수사했으나 모두 무혐의로 불기소 처분했다. KBS의 해당 기자는 이 사건에 관련된 파일 등이 남아 있을 것으로 추정됐던 노트북 컴퓨터와 휴대전화기를 마침 분실했다고 주장했고, 결국 검찰은 국회 내부 CCTV 동영상과 통화 내역 등으로는 도청 증거를 발견할 수 없다며 불기소 결정을 내린 것이다.

이 사안은 도청이 아니고서는 도저히 파악하기 어려워 보이는 특정 정당 대표실에서의 회의 내용이 다른 정당 국회의원을 통해 공개됐고, 도청 당사자로 지목된 기자가 하필이면 노트북 컴퓨터와 휴대전화기를 수사가 시작되기 전에 모두 분실해 새로 지급받았다고 주장하는 등 석연찮은 점을 많이 남긴 채 유야무야되었다. 만약 누군가가 휴대전화 등을 이용해 회의 내용을 녹음한 것이었다면 통신비밀보호법에 위반되는 것은 당연한 일이다. 하지만 직접적인 증거가 없고 수사 기관도 적극적으로 나서지 않는다면 실체적 진실이 밝혀지기는 쉽지 않다. 법적으로는 이렇게 종결이 되었지만 이 사건은 법적인 문제 외에 언론의 취재 윤리 차원에서도 적지 않은 논란을 남겼다. 언론사가 취재원에 대한 접근 기회를 자사의 이익을 위한 정보 수집 기회로 삼는 경우가 실제로 있고, 이런 상황은 분명히 언론윤리적으로 문제가 될 수 있기 때문이다.

5. 몰래카메라 사용

상대방의 동의를 받지 않고 촬영을 하는 이른바 '몰래카메라hidden camera'(몰카)는 방송을 보는 모든 사람에게 낯설지 않은 일이다. 굳이 보도 프로그램이 아니더라도 숨겨진 카메라에 촬영된 화면을 어렵지 않게 만날 수 있다. 유명인이 아니라도 누구나 숨겨진 카메라에 포착되는 것으로부터 자유롭지 않다. 이렇게 촬영한다는 것을 알리지 않고 몰래 촬영을 하는 것은 그 자체로 법적인 문제가 없을까? 취재를 하다 보면 카메라를 드러내고 촬영을 하는 것이 애초에 불가능한 경우가 많다. 이러한 때의 '몰래 촬영'은 그 자체로 문제가 되는 것일까, 아니면 촬영 과정에서 사생활이 침해되거나 초상권이 침해되는 것이 문제일까?

국내에서 광범위하게 벌어지고 있는 몰래카메라 촬영과 관련해 학계나 언론 관련 단체 등에서 많은 논란이 있었던 것과는 달리 국내에서 몰래카메라 촬영에 따른 문제를 정면으로 다룬 판례는 의외로 찾아보기 어렵다. 물론 방송에 대한 평가와 제재의 기준이 되는 방송심의규정은 몰래카메라의 사용을 일반적으로 금지하고 있다. 하지만 방송에서 수시로 몰래카메라를 이용해 촬영한 화면을 볼 수 있는 것이 현실이며, 실제로 이런 몰래카메라 촬영 자체가 전면적으로 불법으로 규정되어 있는 것도 아니다.

몰래카메라를 통해서 단순히 화면만을 촬영하는 것이 아니라 녹음이 함께 이루어질 경우에는 통신비밀보호법과 관련해 문제가 될 수도 있다. 통신비밀보호법은 '타인의 대화'를 무단 녹음하거나 청취하는 것을 금지하고 있기 때문이다. 실제로 건물 관리인이 식당 계산대 위에 마이크가 숨겨진 CCTV를 설치해 대화를 녹화 및 녹음하려 한 사건에서 비록 CCTV의 존재는 알았더라도 마이크의 존재까지는 알 수가 없었다면서 통신비밀보호법 위반죄의 유죄를 인정한 판례가 있다.[140]

140 서울서부지법 2007. 10. 12. 선고 2007노632 판결. 이 사건은 기술적인 실수로 녹음이 실제로 이루어지지 않았기 때문에 도청 미수로 징역 1년과 자격정지 1년에 집행유예 2년형이 선고

물론 자신이 참여한 대화를 몰래카메라로 녹취하는 것이 통신비밀보호법 위반이 되지는 않는다. 하지만 몰래카메라 문제는 취재 윤리나 사생활 보호 문제 등과 관련해 지속적으로 논란이 되고 있다. 법적으로만 보면 촬영이 공개적으로 이루어졌는지에 따라 일률적인 법적 평가를 내리지 않는다는 점에서 몰래카메라 촬영을 위법이나 합법이라고 단정적으로 말할 수는 없다. 몰래카메라를 통한 촬영의 경우에도 촬영 대상이 공인인지 사인인지, 촬영된 내용이 공적 활동인지 사생활인지, 촬영이 공익적 목적에 따라 행해진 것인지 아닌지, 다른 대체 수단이 없었던 것인지, 허락을 받고 취재를 할 수 없을 정도의 긴급성이 인정되는지 등을 종합적으로 고려하게 된다. 또한 전체적으로 그런 촬영으로 침해되는 이익과 이런 촬영을 통해 달성하고자 하는 공익을 비교 형량해서 합법 여부를 판단하게 된다.

은밀한 취재를 위한 기술과 장비들은 비약적인 발전을 거듭하고 있는 반면 통상적인 접촉을 통한 취재는 점점 어려워지는 상황이 몰래카메라와 같은 장비의 활용을 부추기고 있다. 이제는 과거와 같이 대형 취재 카메라를 테이블 밑에서 몰래 작동시키거나 가방 안에 큰 카메라를 숨기느라 애를 쓰는 것 같은 일은 거의 발생하지 않는다. 휴대전화나 볼펜 등은 물론 안경이나 단추 같은 것까지 몰래카메라 렌즈를 숨긴 제품을 일반인들조차 손쉽게 구할 수 있게 되었다. 정식으로 취재를 하기 위해 거쳐야 하는 온갖 번잡한 섭외 과정이나 형식적 딱딱함 등이 몰래카메라를 통한 취재에서는 너무도 자연스럽게 해결된다. 기자나 PD 입장에서는 몰래카메라에 대한 유혹을 떨치기가 쉽지 않은 것이다.

하지만 이와 같은 비밀 취재 장비의 남용은 전반적인 언론의 신뢰, 그리

되었다.

고 언론인에 대한 일반인들의 인식에도 좋지 않은 영향을 준다. 법적인 책임이 인정되든 되지 않든, 이러한 비밀 장비를 이용한 취재는 취재원과 그 주변에 있는 사람들에게 일정한 인격권의 침해를 발생시킨다. 따라서 이런 몰래카메라를 통한 취재는 이를 통해서 얻을 수 있는 공공의 이익, 다른 대체 수단의 존재 유무 등을 엄밀하게 고려할 뿐만 아니라 내부적인 행위 준칙까지 감안해 사회적으로 책임 있는 자세로 이루어져야 한다. 이런 사회적 분위기가 조성되기 위해서는 보도 자체의 정당성과 공익성과는 다른 차원에서 취재 방법의 적절성이나 합법성이 면밀하게 검토될 필요가 있다. 언론으로서는 최대한 정상적이고 취재 대상과 그 주변에 피해를 적게 주는 방법으로 정보를 얻기 위해 노력할 필요가 있다. 또 언론으로서는 공익성 있는 보도 결과물을 내놓는 것 못지않게 취재 과정에서 이런 노력을 기울이는 것이 사회적 책임을 다하는 길이기도 하다.[141]

여기서 미국의 경우를 간략하게 살펴보자. 판례를 보면 카메라를 숨긴 채 사적인 공간에 들어가 상대방의 동의 없이 대화나 모습 등을 촬영하는 행위는 사생활 침해라는 측면에서 불법 행위 책임이 인정될 가능성이 있다. 카메라를 숨기고 무허가 민간요법으로 진료를 하는 가정집에 들어가 진료 장면을 촬영한 사진과 대화 내용을 보도한 언론에 대해 미국 연방항소법원이 사생활 침해를 인정해 1000달러의 배상을 명령한 사례가 있다.[142] 재판부는 "수정헌법 제1조는 언론인이 취재 활동에서 벌어지는 불법 행위나 범죄에 대해 어떠한 면책특권을 주는 것으로 결코 해석된 적이 없다. 수정헌법 제1조는 다른 사람의 집이나 사무실에 대한 침입이나 절도, 혹은 전자적 방법에 의

141 김경호(2003. 8), "몰래카메라를 이용한 취재와 인격권의 침해에 관한 연구: 한국과 미국의 사례 비교를 통한 상충된 법익의 균형," 〈한국언론학보〉, 제47권 제4호, 한국언론학회, p.271.

142 *Dietemann v. Time*, 449 F.2d 245 (9th Cir. 1971).

한 침투를 허용하는 면허가 아니다"라며 수정헌법 제1조에 따른 언론의 자유를 주장한 〈라이프*Life*〉지의 항변을 받아들이지 않았다.

반대로 몰래카메라 취재가 사생활 침해로 인정될 수 없다는 판례도 있다. ABC 방송은 유명 안과 병원이 부적절한 백내장 수술을 한다는 정보를 확인하기 위해 기자들을 해당 병원에 보내면서 몰래카메라와 같은 취재를 하지 않고 공정하고 균형 있게 보도할 것이라고 약속을 했다. 하지만 ABC는 이미 몰래카메라를 가진 위장 환자를 다른 지역에 있는 이 병원의 분원에 보내 수술 장면을 촬영했고 이를 바탕으로 이 병원이 수술이 불필요한 환자들에게 수술이 필요한 것처럼 의료 기록을 조작했다는 의혹을 방송했다. 병원 측은 ABC를 프라이버시 침해와 사기 혐의로 제소했는데, 연방항소법원은 문제의 병원은 안과질환자들에게는 공개되어 있는 장소이며 몰래카메라로 촬영한 진료 행위는 사적인 것이 아니라 환자를 상대로 한 전문적인 행위이므로 프라이버시 침해를 인정할 수 없다고 판결했다.[143] 위에서 살펴본 무허가 진료 고발 사례와의 차이는 몰래카메라 촬영이 이루어진 장소가 사무실이나 병원이냐, 아니면 개인의 집이냐 하는 점, 광고 등 적극적인 비즈니스 행위를 했느냐 하지 않았느냐는 점, 또 사적인 대화가 녹음되었느냐 그렇지 않느냐는 점 등에서 차이가 있다.

기본적으로 사적 공간에서 누군가를 관찰하거나 엿보기 위해 CCTV 같은 장치를 설치하는 것을 아예 금지하는 주들이 있다. 앨라배마, 미네소타, 유타 주 등에서는 사적 공간에서 이런 몰래카메라를 사용하는 것이 금지되어 있다. 호텔 방과 같은 장소는 사적 장소로 간주되지만 호텔 로비는 사적 장소로 보지 않는다. 아칸소, 캘리포니아, 델라웨어, 조지아, 하와이, 캔자스,

143 *Desnick v. American Broadcasting Cos., Inc.*, 44 F.3d 1345 (7th Cir. 1995).

메인, 미시건, 뉴햄프셔, 사우스다코타 등의 주에서도 동의를 받지 않고 사적 공간에 몰래카메라를 설치하는 것을 금지하고 있다. 이런 주의 경우는 언론이라 하더라도 사적 공간에서 동의를 받지 않고 카메라를 숨긴 채 취재를 하다가는 법적인 책임을 져야 할 가능성이 크다. 하지만 사적 공간이 아닌 공개 장소에서의 몰래카메라 취재까지 그 자체로 불법 행위가 되는 것은 아니다.

6. 주거나 영업장 등에 대한 침입

취재를 하는 과정에서 주거 침입 문제가 종종 발생한다. 취재를 위해 누군가의 집이나 사무실 등을 방문할 때 사전에 허락을 받지 않으면 무조건 주거 침입이 되는 걸까? 식당이나 병원 등 누구나 방문할 수 있는 곳에 취재를 위해 들어가는 것도 주거 침입이 된다면 도대체 취재는 브리핑장이나 길거리에서밖에 할 수 없는 거냐는 말이 나올 수도 있다. 취재를 위해 허락 없이도 들어갈 수 있는 장소는 어떤 곳일까?

주거 침입은 취재 과정에서 단독으로 문제가 될 수 있지만 다른 불법 행위와 동시에 쟁점이 되는 경우도 많이 발생한다. 형법은 제319조에서 사람이 살고 있는 곳, 즉 주거나 관리하는 건조물, 선박이나 항공기 등에 침입하는 행위를 범죄로 규정하고 있다. 또 이러한 장소에 합법적으로 진입했다고 하더라도 거주자나 관리자 등이 퇴거를 요구했는데 응하지 않은 경우에도 마찬가지다. 법정형은 3년 이하의 징역이나 500만 원 이하의 벌금형으로 규정되어 있다. 형법 제321조는 이러한 장소를 뒤지는 행위에 대해서도 3년 이하의 징역형을 규정하고 있다. 공무원 신분을 사칭해서 다른 사람의 집이나 사무실에 들어간 뒤 서류 등을 뒤져서 가지고 올 경우에는 공무원 자격 사칭은 물론 주거 침입과 절도 등의 여러 불법 행위가 동시에 문제될 수 있다.

공인이나 공적 사안에서 언론의 표현의 자유를 점점 더 두텁게 보호하면서 보도 내용 자체를 시비 걸기가 어려워진 미국의 경우 보도 이전에 이루어진 언론인의 취재 활동 자체에 대한 법적 도전이 많아지고 있다. 국내의 경우도 병원이나 식당 같이 공개된 장소, 심지어는 평소 취재 과정에서 출입하던 곳에서도 상황에 따라서는 주거 침입 문제가 제기고 있다. 따라서 출입에 있어서 별도의 허가가 필요한 것인지, 해당 장소에 대한 취재가 어느 정도의 필요성을 가진 것인지 등에 대한 엄밀한 판단이 필요하다.

1) 당사자 동의 없는 거주지 및 영업장 출입

탐사 보도나 고발 보도에서 종종 벌어지는 잠입 취재는 대부분 주거 침입의 문제를 발생시킬 가능성이 크다. 그동안 이런 사례가 많지 않았던 것은 그나마 취재 내용이 사실이어서 사회적인 비난 가능성이 높을 경우 당사자들이 취재 과정에 대해서는 크게 문제 삼지 않고 넘어가는 경우가 많았기 때문이라고 할 수도 있다. 하지만 앞으로는 일반인들의 접근이 제한된 장소에 통상적이지 않은 방법으로 들어가는 경우에는 법적인 책임을 염두에 두는 것이 필요하다. 담이나 창문을 넘어가는 경우는 물론이고 비록 잠겨 있지는 않더라도 허락 없이 문을 열고 들어가는 경우도 마찬가지다.

식당과 같이 일반인들이 아무런 제한 없이 접근할 수 있는 장소에 통상적인 방법으로 들어갔더라도 숨겨진 카메라나 녹취 장비 등을 이용해 취재를 한 경우는 문제가 생길 수 있다. 1992년 대선 직전에 벌어졌던 이른바 '부산 초원복국집 기관장 회식 사건'에서 도청을 위해 식당에 들어갔던 사람들도 주거 침입으로 처벌됐다. 이 사건에서 대법원은 일반인의 출입이 허용된 음식점이라 하더라도 영업주의 명시적이거나 추정적 의사에 반하여 들어간 것이라면 주거 침입죄가 성립하며, 기관장들의 조찬 모임에서의 대화를 도청하기 위해 도청 장치를 설치할 목적으로 손님을 가장하여 음식점에 들어가는 것을 영업주가 허용하지 않았을 것이므로 주거침입죄가 성립한다고 보았다.[144] 당시는 통신비밀보호법이 제정되기 전이었는데, 만약 지금이라면 이 법 위반으로도 처벌받았을 것이다.

미국에서는 유사한 사례로 CBS 기자가 호화 레스토랑에 허락을 받지 않고 들어가 내부 촬영을 한 사례에서 법원이 "그 식당이 공중에 개방되어 있다고 하더라도 기자는 서비스를 구매하기 위해 들어온 것이 아니므로 촬영 허가를 받아야 책임을 면할 수 있다"는 판결을 내렸다.[145] 물론 이런 경우에도 기자 등 언론인이 해당 영업장에서 일반인과 같이 경험을 한 뒤 이를 바탕으로 기사를 쓰는 것까지 문제가 되지는 않는다.

평소 문제없이 출입하던 곳이라 하더라도 해당 장소를 관리하는 권한이 있는 사람이 퇴거를 요구한 경우에 불응하면 문제가 된다. 평소에 관행적으로 문제없이 출입을 했더라도 일단 퇴거 요구가 제기된 이상 이에 응하지 않으면 주거 침입이 될 수 있는 것이다. 대법원은 〈미디어오늘〉 기자가 MBC 보도국장실에 사전 약속 없이 들어온 뒤 나가라는 요구에 응하지 않았다가 현주건조물 침입과 업무방해 혐의로 고소를 당한 사건에서 주거 침입 부분에

144 대법원 1997. 3. 28. 선고 95도2674 판결. 당시에는 통신비밀보호법이 제정되지 않아 도청 자체에 대해서는 처벌이 불가능했다.

145 *Le Mistral, Inc., v. Columbia Broadcasting System*, 61 A.D.2d 491, 402 N.Y.S.2d 815 (1978).

대해 유죄를 인정해 벌금 100만 원을 선고한 원심을 확정했다.[146] 이 기자는 2013년 6월 MBC에 별도의 출입 허가 절차 없이 노동조합 사무실을 경유해 보도국으로 올라가 사전 약속 없이 김장겸 당시 MBC 보도국장실에 들어가 인터뷰를 시도하다 퇴거 요구를 받았으나 이에 응하지 않고 비서와 다른 직원이 밀어낼 때까지 2분여 정도를 국장실에 임의로 머무른 혐의로 재판을 받았다. 하급심과 대법원은 일관되게 이 기자가 MBC에 적법한 절차를 거치지 않고 침입함으로써 주거나 관리의 평온을 해쳤다고 판단했다.

당시 이 사건을 두고 여러 언론단체나 시민단체 등은 언론사가 자신을 취재하러 온 다른 언론사의 기자를 주거 침입으로 고소함으로써 앞으로 다른 취재원들이 MBC 기자들을 상대로 비슷한 상황에서 주거 침입을 주장하면 할 말이 없게 되었다고 비판하는 등 논란을 빚었다. 실제로 이 사건은 당시 〈미디어오늘〉의 잇따른 MBC에 대한 비판 보도에 대한 보복 차원에서 일어났을 것이라는 추측을 낳았다.

하지만 원칙적으로 퇴거 불응은 주거 침입의 주요한 한 형태인 점을 감안하면 취재 과정에서 이런 법적 문제가 생길 수 있다는 점을 분명히 기억하는 것은 중요하다. 자칫 그만한 가치가 없는 인터뷰나 현장 취재 때문에 불필요한 법적 분쟁에 휘말릴 수 있기 때문이다. 특히 이 사안에서처럼 일반인들의 출입이 통제되는 장소에 정상적인 출입 허가 절차를 거치지 않고 들어갈 때에는 법적 문제가 발생할 가능성이 높다. 언론사가 언론인의 취재를 막는 것이 온당하지 않다는 주장도 일리가 없는 것은 아니지만 언론이 과거 어느 때보다도 정파적으로 갈라져 있는 현실을 생각해 보면 반대의 상황이 얼마든지 가능하다는 점도 잊어서는 안 될 것 같다.

146 대법원 2015. 5. 28. 선고 2014도17737 판결.

2) 경찰 등의 단속 현장 동행 취재

경찰이 현장을 단속할 때 언론인이 동행 취재를 하는 경우에도 비슷한 문제가 생길 수 있다. 1999년 1월, SBS 기자가 한 음악대학 교수의 연습실에서 당시로서는 불법인 입시생을 대상으로 한 실기 과외 교습을 하는 것을 발견하고는 경찰에 신고해 출동한 경찰과 같이 연습실 안으로 들어가 취재를 하고 인터뷰까지 한 사례가 있다.

당시 서울고등법원은 언론의 자유를 보장하는 것에는 취재의 자유도 포함된다고 할 것이지만 취재의 자유도 다른 법익을 침해하지 않는 범위 내에서 인정되는 것이고 연습실은 관계자의 동의 없이는 출입이 금지되는 곳으로 그곳에서의 취재도 원칙적으로 불법이라고 선언하였다.[147] 비록 취재 당시 대상자가 현행범으로 체포되고 있는 상황이라고 하더라도 체포와 관련해 적법 절차를 갖춘 사람이 아니면 관계자의 동의를 받지 않고는 사적 공간에 출입할 수 없다는 것이다. 이 사건은 민사 사건으로 주거에 함부로 들어가 사진을 찍고 사생활을 침해한 책임을 물었다.[148]

기자의 경찰 동행 취재는 미국에서도 문제가 된 사례가 있다. 미국 연방대법원은 1999년 경찰이 용의자를 체포하기 위해 가정집 안으로 들어가면서 기자들을 동행한 것은 정당한 법집행이 아니라고 판결했다.[149] 이 사건은 연방 부보안관과 카운티 경찰이 도미닉 윌슨이라는 사람에 대한 체포 영장을 집행하기 위해 거주지를 급습하면서 〈워싱턴 포스트*The Washington Post*〉 취

147 서울고법 2001. 1. 11. 선고, 99나66474 판결.

148 이 사건에서 사생활과 초상권 침해에 대한 부분은 뒤에서 다시 자세히 다룬다.

149 *Wilson v. Layne*, 526 U.S. 603, 119 S.Ct. 1692 (1999).

재진과 동행한 것인데 실제로 거주지에서 체포한 사람은 도미닉이 아니라 그의 아버지였다. 이들은 그의 신원을 확인하고는 곧바로 집에서 철수했는데 집 안에서 체포와 수색이 이뤄지는 동안 사진기자는 계속 촬영을 했고 취재기자는 상황을 지켜보았다. 연방대법원은 법집행 공무원이 영장을 집행할 때 영장 집행을 돕도록 하기 위해 제3자를 동행시키는 것은 합헌이지만 이 사건에서 기자들은 어떤 의미에서도 영장 집행 자체를 돕기 위한 것이 아니었으므로 이들을 동행한 것은 수정헌법 제4조가 보장하고 있는 사생활의 비밀에 대한 침해에 해당한다고 판결했다.

국내에서도 과거에는 범죄 현장 단속에 나선 경찰 등이 카메라기자 등의 동행 취재를 허용하는 경우가 적지 않았다. 경찰 등으로서는 자신들의 실적과 활약상을 널리 알릴 수 있는 기회가 되고 언론으로서는 극적인 스토리를 확보할 수 있다는 점에서 서로 이해가 일치했기 때문이다. 하지만 사회 전반의 인권 의식이 올라가면서 이런 공권력 행사 과정에 언론인들이 동행해 촬영을 하는 것에 대한 비판이 제기되었고 적어도 가정집이나 영업장 등을 급습하면서 취재진과 동행하는 일은 거의 사라졌다. 대신에 경찰 등이 단속 상황을 자체적으로 촬영해 언론에 제공하는 방식으로 사건 현장 상황에 대한 언론 공개가 이루어지고 있다.

이러한 공권력 집행 과정에 대한 촬영은 스스로의 공권력 남용 가능성을 통제하는 기능과 함께 단속 상황을 촬영해 둠으로써 범죄 상황에 대한 증거를 확보하는 기능도 수행하게 된다. 위에서 살펴본 도미닉 윌슨 사건 판결에서 미국 연방대법원도 언론인의 법집행 현장 동행이 이런 기능을 수행할 수 있다는 연방 부보안관의 주장에 대해 정말 그런 목적을 달성하려면 출동한 공무원이 직접 법집행 현장을 촬영하는 것이 맞다고 지적했다.

3) 촬영된 영상으로 주거 침입 인정

이러한 주거 침입은 직접 침입한 현장을 누군가가 목격하지 않더라도 인정될 수 있다. 서울중앙지법은 2012년 8월에 발생한 이른바 '나주 초등생 성폭행 사건' 보도에서 촬영된 영상을 분석해 주거 침입을 인정했다.[150] 재판부는 문제가 된 영상의 촬영 각도, 해당 집 구조 등을 종합해 볼 때 집 외부에서 창문을 통하여 그런 영상을 촬영하는 것은 물리적으로 불가능하다고 보인다면서, 경험칙상 이는 결국 방송사 기자가 원고들의 집 내부로 들어가서 촬영한 것으로 보는 것이 타당하므로 주거 침입 행위가 인정된다는 것이다.

4) 관련자 허락만으로 집에 들어간 경우

집 주인의 허락 없이 집에 들어갔다고 하더라도 집 주인 측 인사가 문을 열어 주어서 집에 들어갔을 경우에는 주거 침입으로 볼 수 없다는 판결도 있다.[151] 수배 중인 사람의 아파트 경비실에서 경찰과 함께 만난 수배 대상의 운전기사가 아파트 문을 열어 줘 집 안에 들어가서 촬영을 했다면 주거 침입으로 볼 수 없다는 것이다. 아파트에 들어가는 과정에 위법성이 있다고 보기 어렵고 호화 생활을 보여 주기 위해 집에 들어가서 취재한 것인 만큼 취재 행위의 공익성도 인정된다는 것이다.

일반적으로 기자가 어떤 건조물 등에 들어갈 때 주거 침입에 해당하지 않으려면 가능한 명시적인 허가를 받는 것이 필요하다. 하지만 명시적 허가

150 서울중앙지법 2014. 3. 19. 선고, 2013가합50737 판결.

151 서울남부지법 2012. 11. 1. 선고 2011가합15231 판결.

가 없었더라도 이처럼 전후 사정을 살펴서 추정적 승낙이 있었다고 볼 수 있는 상황도 발생할 수 있다.

7. 취재원에 대한 협박

언론인이 취재 과정에서 취재원에게 기본적인 예의를 지키는 것은 매우 중요하다. 하지만 언론이 취재를 하기 위해서는 어느 정도 취재원을 압박하게 되는 경우가 있다. 그런데 어떤 경우에는 압박을 넘어 협박을 하는 것처럼 들릴 수도 있다. 이를테면 질문에 제대로 답을 하지 않는 사람에게 사건을 끝까지 파헤치겠다고 하는 말은 겁을 주는 것으로 받아들여질 수 있다. 취재에 협조하지 않으면 그때까지 취재한 내용을 모조리 기사로 써 버리겠다는 말도 마찬가지다. 혹시 이런 말이 형법상의 협박에 해당하는 것은 아닐까? 어느 정도의 말이 무례하거나 불쾌한 수준이고 어느 정도가 되면 법적인 문제가 생기는 것일까? 언론인이 취재를 위해 취재원을 압박하는 것이 어느 정도나 허용될 것인가?

취재 과정에서 취재원으로부터 필요한 정보를 얻어내기 위해 협박을 하는 것이 바람직하지 않다는 것은 취재 윤리의 기본에 해당한다. 신문윤리실천요강은 취재 준칙에서 취재를 위해 개인을 위협하거나 괴롭히지 말라고 규정하고 있다. 그렇다고 취재원을 부드럽고 상냥하게만 대해서는 자신에 대한 홍보를 원하는 사람을 제외하고는 입을 열게 하기가 쉽지 않을 것이다.

취재 과정이 항상 일반적인 비즈니스나 사교 관계에서와 같은 예의범절을 지키면서 진행되기는 어려움이 있다는 정도는 모두가 이해할 수 있다. 본질적으로 취재는 무엇인가 숨겨진 것을 알아내는 과정일 수밖에 없기 때문이다. 취재원이 하고 싶은 말만 듣는 것으로 끝나서는 사안의 진실에 접근하는 것은 어려울 가능성이 크다. 그렇다면 언론인은 취재원에게 다소 기분에 거슬리는 질문도 해야 하며, 더욱이 권력을 가진 취재원에 대해서는 그 권력 앞에 주눅 들지 말고 당당하게 캐묻고 진실을 밝힐 것을 요구할 수 있어야 한다. 시청자나 독자의 입장에서 궁금한 것을 제대로 풀어내기 위해서는 더욱 그럴 수밖에 없다. 때문에 이런 취재 과정이 취재원 입장에서는 불쾌할 수도 있고 무례하게 느껴질 수도 있다. 기자가 취재원에게 좋은 이미지를 유지하기가 쉽지 않은 이유다.

여기서 언론인이 취재 과정에서 취재원에게 거친 말을 하거나 취재에 응하지 않으면 어떤 불이익, 피해를 줄 수 있다고 말하는 상황을 생각해 볼 수 있다. 언론인의 거친 태도가 가끔 논란을 빚는 경우가 있는데, 언론인이 취재원에게 취재에 응하지 않으면 지금까지 자신이 취재한 내용대로 보도를 하겠다고 말했다가 협박죄로 기소된 사건이 실제로 있었다.

법무사의 탈세 혐의 사건을 취재하던 기자가 "취재에 응하지 않으면 지금까지 내가 조사한 내용을 그대로 신문에 보도하겠다"며 1회 겁을 주고, 다시 며칠 뒤에는 인터뷰 협조 요청서와 서면 질의 내용을 책상 위에 올려놓고 "취재에 응하지 않으면 내가 조사한 ○○○ 재산의 불법 편취, 증여세 탈세, ○○○의 사문서 위조 등에 관한 내용을 그대로 다음 주 신문, 방송에 보도하겠다. 마지막으로 한 번의 기회를 주겠다. 다음 주 월요일까지 시간을 주는데 응하지 않으면 불리할 것이다"라고 2회에 걸쳐서 겁을 주었다가 협박죄로 고소를 당해 기소까지 된 사안이다.

1심 법원은 기자에 대해 무죄를 선고했는데 항소심은 이러한 행위는 취재 요구의 과정과 방법, 언론인과 취재원의 관계, 취재 대상의 내용에 비추어 볼 때 사회 통념상 용인되는 정당 행위라고 할 수 없다면서 유죄를 선고하였다.[152] 하지만 대법원은 다시 무죄 취지로 이 판결을 파기했다.[153] 대법원은 신문은 헌법상 보장되는 언론 자유의 하나로서 정보원에 대하여 자유로이 접근할 권리와 그 취재한 정보를 자유로이 공표할 자유를 가지므로 그 종사자인 신문 기자가 기사 작성을 위한 자료를 수집하기 위해 취재 활동을 하면서 취재원에게 취재에 응해 줄 것을 요청하고 취재한 내용을 관계 법령에 저촉되지 않는 범위 내에서 보도하는 것은 신문 기자로서의 일상적인 업무 범위 내에 속하는 것으로서 특별한 사정이 없는 한 사회 통념상 용인되는 행위로 보아야 한다고 밝혔다. 신문이 갖는 취재의 자유의 근거로 '신문 등의 진흥에 관한 법률' 제3조 제2항을 들었다.

대법원은 또 취재원에 대해 불리한 사실을 보도하는 경우 기자로서는 보도에 앞서 정확한 사실 확인과 보도 여부 결정을 위해 당사자에 대한 취재가 필요했을 것으로 보인다고 밝혔다. 대법원은 특히 취재에 응하지 않을 경우 이미 조사한 대로 보도하겠다고 한 것이 이른바 협박죄의 구성 요건인 '해악의 고지'에 해당한다고 하더라도 그것은 특별한 사정이 없는 한 기사 작성을 위한 자료를 수집하고 이를 보도하기 위한 것으로 기자의 일상적인 업무 범위에 속하는 것이어서 사회상규에 반하지 않는 행위라고 보는 것이 상당하다고 덧붙였다. 형법 제20조의 정당행위에 해당하는 행위로 본 것이다.

취재한 대로 보도하겠다는 것이 협박죄를 구성하지 않는다는 이 판례는 일견 너무나 당연한 것으로 보이지만 2심 재판부가 유죄라고 판단했다는 것은 취재 과정을 둘러싸고 유사한 논란이 언제든지 발생할 수 있다는 점을 보여 주었다. 또한 '취재한 대로 보도하겠다'는 선을 넘어서는 발언의 경우 자

152 서울북부지법 2010. 12. 29. 선고 2010노537 판결.

153 대법원 2011. 7. 14. 선고 2011도639 판결.

칫 문제를 발생시킬 수도 있다는 것을 유념할 필요가 있다. 무엇보다도 기자가 '취재와 보도'라는 선을 넘어서는 어떤 해악을 언급하면서 취재원을 압박하는 것은 특별한 사정이 없는 한 윤리적인 문제를 야기할 가능성이 크다.

취재 과정에서 빚어진 것은 아니지만 인터넷 칼럼에서 대통령에게 "개××야"라는 욕설과 함께 "대통령과 그 가족들이 목숨을 보전하기 어려울 것" 등의 표현을 한 사람을 협박죄로 기소한 사건에서 법원이 무죄를 선고한 사건이 있다.[154] 재판부는 판결문에서 이들 표현을 '해악의 고지'로 보더라도 그러한 고지가 피해자에게 도달했다는 증명이 없고, "주관적으로든 일반인의 사고, 즉 사회적 통념에 비추어 보든 이를 협박죄에 해당하는 해악이라고 보기 어렵다"며 문제의 표현들은 전체적인 맥락이 "피해자에 대한 욕설과 분노의 표현일 뿐"이라고 지적했다.

언론 보도가 사실을 적시하지 않았을 경우에도 모욕의 문제가 발생할 수는 있으나 모욕죄는 친고죄이므로 피해 당사자의 고소가 필요하다. 이 사건의 경우 이명박 당시 대통령이 직접 고소를 하지도 않은 상황이라 검찰로서는 협박죄로 기소하게 된 것으로 보인다. 역시 권력에 대한 비판을 그 표현을 문제 삼아 수사권을 발동해 수사를 하고 기소까지 해서 징역 1년형을 구형한 것은 수사권이나 기소권 남용의 문제가 제기될 수 있는 사안이었다. 항소심 재판부도 피고인의 이런 발언은 피해자에 대한 감정적인 욕설 내지 일시적 분노의 표시에 불과하여 피해자에 대한 모욕에 해당할 뿐 협박죄의 구성 요건인 해악의 고지로 볼 수 없다고 판시했다.[155]

154 서울남부지법 2012. 8. 31. 선고 2012고단1370 판결.

155 서울남부지법 2013. 1. 18. 선고 2012노1323 판결.

8. 언론사 압수수색과 취재원 진술 요구

수사 기관이 취재원이나 취재 내용을 밝히겠다면서 언론사를 압수수색하려고 하거나 언론에 취재원을 밝히라고 요구하는 경우가 있다. 이 문제는 '언론은 취재원을 보호해야 한다'는 기본적인 언론인의 직업윤리를 법적으로도 보장받을 수 있느냐는 질문으로 연결된다. 취재원의 비밀 유지, 즉 취재원 비닉은 언론인의 가장 오래된 직업윤리라고 한다. 하지만 우리는 종종 수사 기관이 관련 증거 확보 등을 이유로 언론인의 취재 자료 등을 압수수색하려고 시도한 것을 기억하고 있다. 취재 자료가 공개되면 취재원이 누구인지가 드러날 가능성도 매우 높다. 그럼 취재원 보호라는 직업윤리를 내세워 수사 기관이 취재 자료를 압수수색하려는 것을 막을 수 있을까? 또 기자나 언론인에게 수사 기관이 취재원에 대한 진술을 요구할 경우에는 어떻게 해야 할까?

1) 취재 자료에 대한 압수수색

수사와 관련해서 취재원 보호가 문제가 되는 상황은 언론 보도의 대상이 된 사람 등이 명예훼손 등을 이유로 고소나 고발을 하고, 이를 근거로 수사 기관이 취재 자료 등을 확보하러 나설 경우에 발생하게 된다. 언론으로서는 취재원과의 신뢰 관계를 깨뜨리는 행위는 해당 취재원은 물론 앞으로 그 언론사에 정보를 제공하려는 사람들의 신뢰를 해치는 것으로서 피하려 하는 것이 당연하다. 언론의 자유에는 취재의 자유가 포함되고 그 취재의 자유에는 취재 내용의 비밀을 보장하는 것이 포함된다고 보는 것이 타당하다. 따라서 수사 등의 필요에 의해 함부로 언론의 취재물을 강제력을 동원해 확보하려는 것은 언론의 자유를 해칠 가능성이 높은 것으로 보고 매우 신중하게 판단해야 한다.

국내에서는 수사상 필요에 의한 언론사에 대한 압수수색이 종종 시도된다. 법원도 검찰이 언론사에 대한 압수수색 영장을 청구할 경우 특별히 까다롭게 취급하는 것으로 보이지 않는다. 청구가 되면 거의 발부가 된다고 보아도 될 정도다. 법원이 일단 영장을 발부하는 순간 어떤 이유에서든 그 영장의 집행을 방해하는 것은 공무집행방해라는 형법상 범죄가 된다. 그렇다고 언론사들로서는 취재원이 누구인지는 물론 보도되지 않은 다른 내용들까지 수사 기관에 넘어갈 수밖에 없는 압수수색을 무작정 받아들일 수도 없다.

때문에 기자 등 언론인들이 물리력을 동원해 압수수색을 저지하고, 결국은 그런 행동을 한 책임자들이 형사처벌을 받는 일이 반복되고 있다. 우리 사회가 과거의 권위적 정부 체제에서 민주화 체제로 넘어간 것으로 평가되는 1987년 이후 전국 규모의 언론사에 대한 압수수색 시도 가운데 유일하게 성공한 것은 1989년 7월 〈한겨레신문〉에 대한 압수수색뿐이다. 이후 2003년 SBS, 2007년 〈동아일보〉, 2009년 MBC 등에 대해 압수수색이 시도되었으나 기자 등 실무자들의 물리적 저지로 무산되었다. 어차피 언론사에 대한 압수수색 영장이 발부되더라도 중요 사안이라고 판단되면 언론인들이 물리력으로 저지할 것이기 때문에 언론 자유와 관련해 큰 문제가 생기는 것은 아니라는 인식을 보이는 판사들도 있다. 실제로 이렇게 압수수색을 거부한 경우 이를 주도한 언론인들에 대한 처벌이 벌금형 등에 그치는 등 그렇게 무거운 처벌이 내려지지 않는 것도 이런 판사들의 인식과 관련이 있다고 볼 수도 있다.

1989년 7월 12일에 있었던 〈한겨레신문〉 편집국에 대한 압수수색은 서경원 전 의원의 밀입북 사건과 관련된 것이었는데, 신생 언론사인 〈한겨레신문〉 기자들이 당시 서울 양평동에 있던 사옥 편집국의 문을 잠그고 저항했으나 대규모 경찰력이 투입되어 영장 집행에 성공했다. 하지만 2003년 8월, 양길승 당시 청와대 부속실장의 몰래카메라 보도 사건과 관련해 SBS 보도

국을 청주지검이 압수수색하려 하였으나 기자들이 물리적으로 저항하면서 몇 차례의 시도 끝에 철수한 적이 있다. 영장 집행 저지의 책임을 지고 당시 SBS 기자협회장이 벌금형을 선고받았다. 이 사건은 불법적으로 촬영된 것으로 보이는 몰래카메라 영상을 제보받아 보도에 사용한 것인데 원본을 검찰이 증거물로 압수하려 한 것이다. 하지만 제보된 내용을 제보자의 동의가 없는 상태에서 수사의 증거물로 제출하는 것은 제보자와 언론사와의 신뢰를 훼손한다는 지적이 있었다.

물론 테이프 자체가 특정인을 처벌받게 하려는 동기에 따라 몰래카메라를 통해 제작되었다는 점, 그리고 SBS도 취재원이 누구인지를 구체적으로 알지 못한다는 점에서 전형적인 취재원 보호 사례로 볼 수 없다는 주장도 있다.[156] 하지만 구체적인 테이프 입수 과정 등을 외부에서는 정확하게 알지 못한다는 점에서 이처럼 테이프의 성격과 제보자와의 관계 등을 단정하는 것은 성급하다고 볼 수밖에 없다. 언론사에 익명으로 제보한 자료라 하더라도 손쉽게 수사 기관에 넘어간다고 생각하면 그만큼 제보 행위를 꺼리게 만들 가능성이 높다는 측면도 고려할 필요가 있다.

당시 SBS의 자료 제출 거부와 압수수색 저지를 둘러싸고 사회적으로도 논란이 일었다. 압수수색에 찬성한 사람들은 당시 제보된 영상이 몰래카메라 촬영 화면이라는 데 주목하면서 이런 몰래카메라의 사용은 극히 제한적으로만 인정해야 하고, 따라서 이 사건에서는 제보 영상의 압수를 취재원 보호 차원에서 막을 아무런 공익적 필요성이 없다는 주장을 폈다.[157] 법률 실무가들 사이에서는 검찰이 청구하고 법원이 적법하게 발부한 압수수색 영장의

156 김옥조(2012), 앞의 책, p.305.

157 안상운(2003. 9), "몰래카메라는 범죄 행위, 압수는 법원 권한: 검찰의 SBS 압수수색–찬성," 〈신문과 방송〉, 한국언론진흥재단, pp.54~57.

집행을 방송사가 저지하는 것은 어떤 경우에도 합리화될 수 없다는 실정법 중심의 목소리가 높았다.[158]

하지만 당시 검찰이 수사를 위해 필요한 정보를 다른 방법으로 입수하려고 얼마나 노력했는지 의문이라거나, 결과적으로 SBS 측의 영장 집행 거부에도 불구하고 해당 제보자에 대한 수사가 진행되고 용의자도 체포된 것을 보면 언론사에 대한 강제 수사가 필요한 정보를 수집하기 위한 최후 수단으로 동원된 것이 아님을 보여 주는 것이라는 반론도 만만치 않았다.[159] 당시 한국방송학회장이던 김재범 한양대 교수도 "언론사가 취재 보도 과정에서 지켜야 할 가장 중요한 원칙 중 하나는 취재원 보호"라면서 "취재원을 보호하지 않는다면 누가 다음에 그 방송사에 제보하겠는가"라고 검찰을 비판했고, 김민환 당시 한국언론학회장도 "실정법과 대치되는 상황에서 [……] 형사처벌 등 불이익을 당하더라도 끝까지 취재원을 보호해야 한다"며 SBS의 압수수색 거부를 지지했다.[160]

〈신동아〉의 이른바 최태민 보고서 사건과 관련해 2007년 7월 취재 기자의 이메일 계정을 압수하기 위해 〈동아일보〉 사옥 전산실에 대한 압수수색 시도가 있었으나 역시 기자들의 저항으로 실패한 사례도 있다. 2009년에는 이른바 광우병 사태에 대한 보도를 수사하던 검찰이 MBC 〈PD수첩〉의 취

158 당시 박재승 대한변협 회장도 "국가의 기강과 법 적용의 형평성 확립을 위해 엄정한 검찰권 행사를 촉구한다"며 검찰을 지원했다. 하지만 당시 보도 내용이 청와대의 도덕성과 관련한 것이었다는 점에서 이런 주장들의 중립성을 의심하는 시각도 있다.

159 오양호(2003. 9), "취재원 강제 수사는 최후 수단이어야: 검찰의 SBS 압수수색–반대," 〈신문과 방송〉, 한국언론진흥재단, pp.58~61.

160 오마이뉴스(2003. 8. 18), "SBS 몰카 관련 방송노조는 왜 침묵하는가? — MBC·KBS·언론노조는 공식 입장을 밝혀야 한다," http://www.ohmynews.com/NWS_Web/view/at_pg.aspx?CNTN_CD=A0000139226

재 원본 등을 확보하기 위해 압수수색을 시도했으나 역시 실패하였다. 문제는 이런 충돌에도 불구하고 언론사에 대한 압수수색이 지속적으로 반복되고 있을 뿐만 아니라 이 문제를 사회적으로 민감하게 인식하지도 않고 있다는 것이다. 정치적 사안이 발생했을 때에만 언론에 대한 압수수색 제한 문제가 거론될 뿐이다. 2015년 2월 고 성완종 경남기업 회장이 자살하기 전 〈경향신문〉 기자와 장시간 통화를 하고 〈경향신문〉이 이 녹음 파일을 근거로 이른바 '성완종 리스트' 등을 계속 보도하면서 정치적 쟁점으로 등장하자 검찰 출신인 새누리당의 권성동 의원이 〈경향신문〉에 대한 압수수색을 주장할 정도로 법률 실무가들이나 정치인들 중에서는 언론에 대한 압수수색에 대해 별 문제의식을 느끼지 못하는 경우도 많다. 시민단체는 물론 언론계조차도 막상 이런 일이 자신의 문제로 등장하지 않는 한 이런 부분에 대한 문제를 제기하거나 제도 개선을 추진하고 있지도 않다.

결국 언론으로서는 취재원이 드러날 수 있는 수사 기관의 압수수색에 대해서는 자신들이 법적 책임을 질 것을 감수하고 물리적으로 저지하는 것 외에는 달리 선택할 방법이 마땅치 않다. 이런 문제가 발생하기 전에 언론계와 각계가 머리를 맞대고 개선책을 마련하기 위해 나서는 것이 필요하다. 독일이나 미국에서처럼 취재원 조사를 위한 압수수색을 금지하거나, 언론사에 대한 압수수색은 보다 높은 소명을 요구하는 것과 같은 법제를 도입하는 것도 생각해 볼 수 있다.

2) 기자의 통신 내역 조사

이런 압수수색 상황을 제외하고는 수사 과정에서는 강제로 취재원을 밝히도록 직접적으로 강제할 수 있는 수단이 없다. 형사 사건에 기자가 참고인으로 소환되더라도 출석 자체를 강제할 방법이 없고 직접 명예훼손 사건 등의 피의자로 수사 대상이 되더라도 특정한 진술을 검찰이 강제할 방법은 없다.

그러나 최근 들어 관심을 끌고 있는 것은 각종 통신 수단에 대한 강제 수사로, 기자의 통화 내역이나 이메일 사용 내역은 물론 이메일의 내용 등까지 수사 기관이 강제로 확보하는 것이다. 〈PD수첩〉 '광우병' 편에 대한 수사 과정에서도 제작진의 이메일을 압수수색한 뒤 그 내용을 수사 발표문에서 자세하게 언급하는 바람에 사생활 침해 논란까지 불러일으킨 적이 있다. 〈한겨레신문〉 기자의 정수장학회 관련 기사와 관련해서는 해당 기자의 휴대전화를 통째로 확보해 과잉 수사라는 비판을 받았다. 수사 기관이 수시로 SNS 서비스 사업자들을 통해 개인들의 메신저 대화 기록을 확보하는 바람에 해외에 서버를 둔 업체로 이용자들이 옮겨가는 촌극이 벌어지기도 했다.

어떤 방식으로든 취재원 보호에 대한 사회적 합의와 일정한 제도화가 이루어지기 전에는 앞으로도 계속 취재원을 밝히려는 수사 기관과 이를 피하려는 언론 사이의 힘겨루기는 계속될 수밖에 없어 보인다. 문제는 언론이 지나치게 정파적으로 진영을 중심으로 갈라서면서 이런 사안조차도 언론 전체를 고려하는 보편적 시각에서 접근하지 못하는 게 현실이라는 점이다. 2015년 중반 국회에 취재원 보호 법안이 하나 제출되기는 했으나 큰 관심을 받지도 못하고 있고 법안 자체로도 허점이 많아 큰 기대를 하기는 어려워 보인다. 무엇보다 언론계 전체에서 이런 문제에 대한 경각심이 높지 않은 것이 현실이기 때문이다.

9. 재판 중 취재 내용 제출 명령과 취재원 보호

재판 과정에서도 검찰의 압수수색과 마찬가지로 취재 내용에 대한 제출을 재판부가 명령함으로써 사실상 취재원이 드러나는 상황이 만들어질 수 있다. 취재원 보호를 이유로 재판부의 취재 내용 제출 명령을 거부해도 될까?

법원의 자료 제출 명령은 그 자체로는 강제력이 없다. 법원의 명령을 이행하지 않을 경우 법정모독죄로 강력한 처벌을 받을 수 있는 미국과는 다르다. 하지만 재판부는 꼭 필요하다고 생각하면 제출 명령에 그치지 않고 직접 압수수색 영장을 발부해 자료 확보에 나설 수도 있다.

재판부가 직접 영장을 발부하면 마찬가지로 집행은 검찰을 통해 하게 되므로 앞에서 살펴본 것과 같은 상황이 아니냐고 생각할 수도 있다. 하지만 수사 과정에서 검찰이 자신의 필요에 따라 법원에 청구해 발부받은 압수수색 영장의 집행을 거부하는 것과 재판부가 재판 과정에서 그 필요성이 있다고 판단해 직접 발부한 영장의 집행을 거부하는 것은 언론사가 지는 부담의 크기가 다르다. 무엇보다 법원이 수사 기관에 비해서는 정치적인 영향력으로부터 자유로운 위치에 있다는 점에서 법원의 영장을 거부하기 어렵다는 것이고, 둘째는 수사 과정에서의 압수수색과는 달리 법원의 명령이나 영장 거부는 곧바로 재판의 결과에 영향을 미칠 가능성이 크기 때문이다.

재판 과정에서 취재 보도물을 제출하라는 명령이 국내에서도 쟁점이 된 사례들이 있다. 최근의 사례로는 2010년 MBC 〈PD수첩〉 '광우병' 편과 관련해 명예훼손 혐의로 기소된 PD 등에 대한 형사재판 항소심 과정에서 재판부가 일부 인터뷰 원본 테이프와 녹취서 제출을 명령한 것이 있다. 검찰이 수사 과정에서 이미 이들 원본 테이프를 확보하기 위해 압수수색 영장을 발부받아 강제 집행에 나섰으나 MBC 노동조합 등의 저지로 무산된 적이 있을 정도로 원본 테이프 제출은 민감한 문제로 받아들여졌다. 법원의 자료 제출 명령 자체는 강제력이 없지만 재판부가 꼭 필요하다고 생각하면 압수수색 영장을 발부해 자료 확보에 나설 수도 있었다.

당시 보도에 따르면 재판부는 "형사 사법 절차에서 실체적 진실을 밝히는 것은 언론의 자유만큼 중요하다"면서 "이 사건에서 해당 제출 명령이 언론의 자유를 그리 크게 침해하지 않을 것"이라며 자료 제출을 요구했다.[161] 당시 재판부가 제출을 명령한 부분은 〈PD수첩〉에서 방송한 CJD(크로이츠펠트야콥병)와 vCJD(인간광우병)의 용어 사용의 적절성을 따져보기 위한 것인데 재판부는 "쌍방의 다툼이 있고 CJD와 vCJD의 용어가 왔다 갔다 하고 있어 전체 테이프를 봄으로써 어떤 문맥에서 용어를 사용한 것인지 파악해야 한다"고 설명했다. 특히 취재원이 이미 공개된 상태이기 때문에 취재원 보호와는 전혀 상관이 없다는 것이었다. 재판부는 그러나 피고인들이 이미 테이프 제출 거부 의사를 분명히 하고 있다는 점에서 〈PD수첩〉 제작진이 아닌 MBC 회사 측에 원본 테이프와 녹취서를 제출하라고 명령했고 이는 MBC 측에 의해 수용됐다.

실제로 이 사안처럼 취재원은 이미 공개되어 있고 용어 사용의 맥락이나 적절성이 쟁점이 된 것과 관련해 원본 테이프 제출을 요구하는 것은 취재원 보호의 관점에서 문제가 되기는 어렵다는 시각이 있다. 특히 검찰 수사 단계에서처럼 프로그램 제작 과정에서 취재된 모든 테이프와 취재 자료를 대상으로 한 것이 아니라 일부 쟁점이 되는 부분만을 특정해 제출을 요구하는 경우에도 무조건 언론 자유를 이유로 제출을 거부하는 것이 설득력을 갖기 어려울 수 있다.

하지만 방송이나 보도 내용이 문제가 될 때마다 사법 절차에서 원본 테이프를 들여다보면서 프로그램 제작의 적절성을 평가하겠다고 나서게 된다

161 연합뉴스(2010. 5. 27), "MBC, PD수첩 원본 테이프 제출하라."

면 언론의 자율성을 위축시키는 결과를 가져올 가능성이 크다. 결국은 사안별로 언론 자유에 미치는 영향과 실체적 진실을 가리기 위한 자료 제출의 불가피성 등을 엄밀히 따져서 결정할 수밖에 없다고 하겠다.

특히 취재원 보호의 범위를 지나치게 형식적으로만 해석하는 것도 곤란하다고 볼 수 있다. 명백하게 취재원이 공개된 사안에서는 취재원이 누구인지를 공개하지 않기 위해 자료 공개나 제출을 거부하는 것은 타당성을 갖기 어려울 것이다. 하지만 취재원 보호의 범위에는 해당 취재원이 누구인지와 함께 특정 취재원이 제공한 정보나 발언 내용이 구체적으로 무엇인지까지 포함되는 것으로 보아야 한다는 점도 잊어서는 안 된다. 실제로 보도에 사용한 발언 외에 비보도를 전제로 한 발언이나, 달리 당사자 등에게 민감한 내용이 포함되어 있을 수도 있는 녹취 테이프나 취재물 전체를 공개하는 것은 어떤 경우라도 취재원을 최대한 보호해야 하는 언론 입장에서는 쉽게 응하기 어렵다.

취재 원본이 아니라 이미 방송된 내용을 증거로 사용하는 것은 이미 공개된 화면이므로 취재원 보호 등의 관점에서 문제가 되기는 어렵다. 특히 이해관계자 등이 이미 공개된 방송 영상을 증거로 사용하는 것 자체는 막을 수 있는 방법이 없다. 더구나 지금은 거의 모든 방송 내용이 인터넷 등을 통해 곧바로 '다시 보기' 형태로 제공되고 있기 때문에 이 내용을 그대로 재판 등에서 사용할 수도 있다. 최근의 디지털 방송은 초고화질로 이뤄지고 이런 고화질 영상을 인터넷상에서 어렵지 않게 구해 볼 수 있는 상황이기 때문에 방송된 내용을 따로 언론이 제공하느냐 마느냐는 아예 쟁점이 되지 않을 수도 있다.

다만 일단 편집되어 방송된 내용을 증거 등으로 채택하기 위해서 취재나 촬영 경위 등에 대한 진술을 요구할 경우는 다른 문제가 된다. 이는 위에서 살펴본 취재원 보호의 문제와 관련한 쟁점들을 그대로 불러일으킬 가능성이 크다. 또 이미 방송된 부분에 대해서 실제 방송된 것보다 더 좋은 화질의 원본 화면을 제공하는 것도 문제가 될 가능성이 없지 않다. 수사 기관이나 사건 당사자가 이미 방송된 것을 자체적으로 확보하거나 인터넷으로 제공되고 있는 VOD 등 공개된 것을 재판에 제출하는 것 외에, 같은 내용이라고 하더라도 재판부가 원본 수준의 고화질 자료 제공을 명령하는 경우는 실제 방송 등에서 알 수 있는 것보다 더 많은 자료나 단서를 담고 있을 가능성이 있으므로 방송되지 않은 화면을 다룰 때와 같은 고려가 필요해 보인다. 언론 보도와 관련한 명예훼손소송에서 법적 책임을 논의할 때 이른바 '통상의 시청 방법,' 즉 시청자들이 일반적으로 방송을 시청할 때 어떻게 인식할 것인가를 기본으로 삼는다는 것을 여기서 활용할 수도 있겠다.

이러한 방송 영상에 대한 기준은 신문 등이 촬영한 보도 사진에 대해서도 그대로 적용될 수 있을 것이다. 또한 영상이나 사진 외에 취재의 기록이 담긴 노트나 각종 자료의 제출을 요구하는 경우도 있는데, 이에 대해서는 더욱 엄격하게 다루는 것이 타당해 보인다. 이는 단순히 취재원 보호의 관점을 넘어서서 취재 보도 등 언론 자유 전반에 미치는 악영향이 클 수밖에 없기 때문이다.

10. 수사 기관에 대한 취재 정보 제공

언론인들이 취재한 내용을 수사 기관에 제공해 수사가 이루어지게 하는 경우가 있다. 애초에 언론인에게 정보를 제공했던 사람의 요청이나 동의에 의한 경우도 있지만 독자적으로 판단해 정보를 수사 기관에 넘기는 경우도 있다. 이런 행동이 언론윤리를 위반한 것일 뿐만 아니라 취재원의 신뢰를 위반한 것으로 책임을 물어야 한다는 주장도 있다. 언론의 취재 정보 제공은 문제가 없는 것인가?

언론사나 기자가 수사에 협조하기 위해 스스로 각종 정보를 제공하는 것에 대해서는 취재원의 보호가 문제될 때와 그렇지 않은 경우를 구분하는 것이 필요해 보인다. '일반적'으로 언론인이 취재물의 공개를 거부해야 하는지에 대해서는 의문이 제기될 수 있기 때문이다.

먼저 제보자나 자발적 진술자가 아닌 경우에 취재와 관련한 내용을 무조건 보호할 필요가 있느냐는 문제가 있다. 제보를 해 왔거나 자발적으로 취재에 협조한 경우가 아니라면 취재 내용의 보안을 통해 당사자를 보호할 의무가 있다고 볼 필요가 있느냐는 것이다. 다음으로 취재나 보도의 목적이 비리나 위법의 고발과 시정이라면 당연히 해당 내용을 관계 기관에 제공하여 공식적으로 처리하게 하는 것이 옳지 않느냐는 것이다. 특정인의 비리를 취재한 언론인이 해당 취재물을 수사 기관이나 당국에 넘겨 필요한 조치를 취하도록 하는 것을 비난할 이유는 없어 보인다. 마지막으로 공익적으로 수사 등의 조치가 필요한 사안일 경우, 취재원 보호를 이유로 무조건 취재 자료를 공개하지 않는 것이 옳은지는 의문이다. 생명의 위협이나 안전 등 중대한 공익적 필요성이 있다면 수사 기관 등이 가능한 한 우선적으로 다른 경로를 통해 해당 정보를 입수하도록 요청하고 달리 방법이 없을 경우에는 취재 자료를 이용하는 것도 허용할 수 있을 것이다.

역으로 소송 등에서 기자나 언론사가 스스로의 취재 경위의 공익성, 공공성 등을 주장하거나 진실성을 입증하기 위한 자료로 이러한 각종 자료를 활용하는 것은 스스로가 부담하고 있는 취재원 보호의 의무를 벗어나지 않는 선에서 정당성을 갖는다고 보아야 할 것이다. 보도의 정당성을 입증하기 위한 자료로 활용하기 위해 취재원의 의사에 반해 취재 자료 등을 공개하는 것은 법률적 판단을 넘어서서 기본적으로 취재원 보호라는 언론윤리에 위반되는 것이다. 뒤에서 언급하겠지만 스웨덴의 경우 언론인이 이렇게 취재원을 부당하게 공개하는 것을 아예 범죄로 규정하고 있음을 참고할 필요가 있다.

11. 취재원 보호를 위한 법정 증인 출석과 진술 거부

재판 과정에서 언론인을 증인으로 채택하는 경우가 있다. 이때 증인으로 채택된 언론인이 직업윤리를 이유로 취재원에 대한 증언을 거부하면 어떻게 될까? 공정한 재판을 위해 증인으로 채택된 사람은 누구든지 증언을 해야 한다는 사람도 있다. 언론인의 사회적 책임을 거론하는 경우도 있다. 하지만 재판에 출석해 증언을 하게 되면 역시 취재원이 드러나는 등의 문제가 있다. 또한 언론인이 자신의 업무와 관련해 재판에서 증언을 강제받게 된다면 언론의 자유에 좋지 않은 영향을 미친다고 볼 수도 있다. 증인으로 출석해 진술하는 것을 거부하는 것은 가능한가?

민사재판과 형사재판을 나누어서 생각해 볼 필요가 있다. 형사재판의 경우부터 살펴본다. 형사소송법 제146조는 법원은 법률에 다른 규정이 없는 한 누구든지 증인으로 채택해 신문할 수 있도록 규정하고 있다. 다만 제149조는 일부 직업군에 대해서는 업무상 비밀에 대한 증언을 거부할 수 있도록 규정하고 있다.

여기에 해당하는 것은 변호사, 변리사, 공증인, 공인회계사, 세무사, 대서업자, 의사, 한의사, 치과의사, 약사, 약종상, 조산사, 간호사, 종교의 직에 있는 자와 과거 이러한 직에 있던 자 등이다. 이러한 사람들이 업무상 위탁을 받은 관계로 알게 된 사실로서 타인의 비밀에 관한 것은 증언을 거부할 수 있는데, 본인의 승낙이나 중대한 공익상 필요가 있는 경우는 예외로 되어 있다. 기본적으로 다른 사람의 업무를 위탁받아 처리하는 사람들에 대해 해당 업무로 인해 알게 된 비밀이 유지될 수 있도록 함으로써 그와 같은 업무를 처리하는 사람을 믿고 일을 맡길 수 있도록 법으로 보장하고 있는 것이다.

하지만 언론인에 대해서는 아무런 언급이 없다. 다시 말해 언론인은 이런 증언거부권을 갖고 있지 않다는 이야기다. 증언거부권이 인정되는 직업을 보면 변호사에서부터 대서업자에 이르기까지 순전히 타인의 업무를 위탁받아 처리하는 경우와 의사에서 간호사, 종교의 직에 있는 사람까지 개인의 지극히 내밀한 사적인 측면을 알고 있는 사람으로 나누어 볼 수 있다. 앞의 경우는 이 사회에서 해당 직업에 대해 법적으로 신뢰를 부여함으로써 직접적으로는 이들 직업을 보호하는 것이고 뒤의 경우는 이런 측면과 함께 개인들의 내밀한 사생활을 보호하기 위한 것이라고 볼 수 있다.

그런데 이런 직업군에 대해 업무상 알게 된 비밀에 대한 증언 거부를 인정하면서 언론인에 대해서는 증언 거부를 인정하지 않는 입법 태도에 대해서는 다시 생각해 볼 필요가 있다. 사회 전체적으로 민주주의 체제의 유지와 운영에 있어서 핵심적인 역할을 하는 언론이 제대로 기능할 수 있도록 취재원 등을 보호하는 문제가 위에 규정된 두 종류의 직업군에 대해 업무상 비밀을 유지하도록 하는 것에 비해 소홀하게 취급되는 것이 타당하느냐는 것이다. 투명한 사회 유지를 위해서는 공익적인 제보가 활발히 이루어져야 하고, 특히 각종 비리와 부조리가 여전한 공직 사회의 실상을 고려해 보면 이러한 공익적 제보자들을 보호할 필요는 오히려 점점 커지고 있다는 점을 감안해 취재원 보호를 위한 언론인의 증언 거부를 보호할 필요가 있기 때문이다.

현행 형사소송법하에서 언론인은 제149조의 증언거부권이 인정되는 직업이 아니므로 제151조에 따라 소환장을 송달받고도 출석하지 않으면 500만 원 이하의 과태료 처분을 받을 수 있고 그러고도 출석하지 않으면 7일 이내의 감치 처분을 받을 수 있다. 소환에 불응하면 구인을 할 수도 있고, 막상 증인으로 출석하더라도 선서나 증언을 거부하면 50만 원 이하의 과태료 처분을 받을 수 있다. 물론 이들 조항에는 모두 '정당한 이유 없이'라는 조건이

붙어 있기는 한데, '취재원 보호'를 여기서 말하는 증언을 거부할 수 있는 '정당한 이유'로 인정한 판례는 없다. 물론 앞으로 법원이 이 법률 조항에 대한 해석을 통해 취재원 보호를 위한 증언 거부를 '정당한 이유'로 해석할 가능성이 전혀 없는 것은 아니다. 하지만 그보다는 명시적으로 증언거부권에 관한 조항에서 언론인을 해당 직군에 포함시키는 것이 적절해 보인다.

민사소송이라면 상황이 다르다. 민사소송법도 원칙적으로는 누구든지 증인으로 신문할 수 있도록 규정하고 정당한 이유 없이 출석을 거부하면 500만 원 이하의 과태료를, 그래도 출석하지 않으면 7일 이내의 감치 처분을 내리고 강제 구인도 할 수 있도록 규정하고 있다. 하지만 증언거부권을 규정한 제315조에서 형사소송법에 비해서는 훨씬 거부권이 인정되는 범위를 넓게 설정하고 있다. 먼저 변호사, 변리사, 공증인, 공인회계사, 세무사, 의료인, 약사, 그 밖에 법령에 따라 비밀을 지킬 의무가 있는 직책이나 종교의 직책에 있거나 과거 그런 직책에 있었던 사람이 직무상 비밀에 속하는 사항에 관하여 신문을 받을 경우 증언을 거부할 수 있도록 규정하고 있다. 여기까지는 형사소송법과 유사하다.

하지만 다음으로 '기술 또는 직업의 비밀에 속하는 사항에 대하여 신문을 받을 때'라는 항목을 통해 직접 열거되지 않은 여타의 직업에 대해서도 기술적인 내용이나 직업상의 비밀에 해당하는 사항에 대한 증언을 거부할 수 있는 길을 열어놓고 있다. 취재원 보호를 중대한 직업윤리로 갖고 있는 언론인의 경우 이를 근거로 민사소송에서는 증언을 거부할 수 있다고 볼 수 있다. 증인으로 채택된 사람이 이런 사유를 들어 증언을 거부할 경우에는 자신이 증언을 거부하는 이유를 소명해야 하고, 법원은 증언 거부가 정당한지를 재판을 통해 판단하게 된다.

형사나 민사재판 어느 경우이든 공정한 재판이 이루어질 수 있도록 언론도 최대한 협조를 하는 것이 바람직하다. 하지만 언론이 이러한 법적 책임을 이행하는 것이 보다 근본적인 언론의 기능에 어떠한 영향을 주는 것인지에 대한 진지한 성찰이 동시에 이루어져야 한다. 앞에서도 언급했지만 당장 눈앞에 있는 사건의 직접성이 언론의 자유 전반이 갖는 본질적 중요성을 간과하게 만들 가능성이 크기 때문이다.

12. 국가 기관의 언론인 소환이나 취재 정보 제공 요구

국회가 기자를 '국회에서의 증언·감정에 관한 법률'에 따라 증인으로 채택해 국회에 나와 증언할 것을 요구하거나 법률에 따라 설치된 정부 위원회 등이 언론에 자료 제출을 요구하는 경우가 있다. 이런 경우에도 일단 형식적인 법적 절차를 거쳐 국회나 정부 등이 요구하는 것이라면 언론이 따라야 한다는 주장이 있는 반면 본질적으로 언론의 자유를 침해하는 것이라면 응하지 말아야 한다는 주장이 있다. 이런 경우는 어떻게 대처해야 할까?

국회에서 '국회에서의 증언·감정 등에 관한 법률'에 따라 언론인을 증인으로 채택했는데도 증언을 거부할 경우에는 국회의 고발에 따라 3년 이하의 징역이나 1000만 원 이하의 벌금에 처할 수 있다. 다만 이 처벌 조항은 '정당한 이유 없이'라는 단서를 달고 있는데, 언론인이 취재원 보호라는 직업윤리상의 기본적 원칙을 지키기 위해 증언을 거부하는 것은 여기서 말하는 '정당한 이유'가 있는 것으로 해석하는 것이 타당하다고 본다. 민사재판에서도 언론인이 증언을 거부할 수 있다는 점도 이렇게 '정당한 이유'를 해석하는 논리를 뒷받침할 수 있을 것이다. 하지만 실제 판례는 그렇게 언론에 우호적이지 못하다.

직접적으로 취재원 보호가 쟁점이 된 것은 아니지만 국회가 출석 요구에 불응한 기자를 고발해 약식재판에서 유죄가 인정돼 벌금형이 선고됐다가 정식 재판에서 무죄가 선고된 사례가 있다. 2000년 국회 환경노동위원회는 월간 〈말〉에 야당 국회의원들을 비난한 국립공원관리공단 이사장에 대한 인터뷰 기사가 실리자 이 기사의 진위를 확인하겠다면서 기사를 쓴 노정환 기자를 증인으로 채택해 출석을 요구했고 노 기자는 끝까지 출석을 거부했다. 국회 환경노동위는 노 기자를 검찰에 고발했고, 검찰의 벌금 500만 원 약식 기소에 따라 서울지방법원은 벌금 200만 원을 선고했다. 노 기자는 정식 재판을 청구했는데 서울지방법원은 2001년 4월, 노 기자에 대해 무죄를 선고하면서 "당시 의원들이 자신들에 대한 비판 내용이 담긴 인터뷰 기사를 확인하기 위해 피고인을 증인으로 채택했으나 이 기사와 국감 업무 사이에 관련이 있다고 보기 힘들다"면서 이런 상황에서 출석을 거부했다고 처벌할 수 없다고 지적했다.[162]

하지만 항소심부터는 상황이 좀 달라졌다. 항소심에서도 비록 노 기자에 대한 무죄는 유지되었지만 재판부는 국립공원관리공단 이사진의 경질 문제가 국정감사 사항에 포함되어 있으며 노 기자가 쓴 인터뷰 기사에는 그 문제에 관한 내용도 들어 있으므로 기자에게 증인 출석 요구를 한 것은 적법하다고 판단한 것이다.[163] 증인 출석 요구서의 신문 요지에 상세하게 항목을 나누어서 기재할 필요까지는 없다면서 대체적인 신문 요지를 기재한 증인 출석 요구서를 보낸 것도 적법하다고 보았다. 반대로 기자에 대한 증인 출석 요구

162 서울지법 2001. 4. 4. 선고 2000고단4592 판결.

163 서울지법 2001. 9. 28. 선고 2001노3094 판결.

가 사실상의 언론 검열에 해당한다는 이유를 들어 불출석한 것은 정당한 이유가 되지 못한다고 판시했다.

그럼에도 불구하고 무죄를 선고한 것은 당시 증인 출석 요구서를 '국회에서의 증언·감정에 관한 법률'에 명시된 출석 요구일 7일 전에 송달해야 한다는 규정을 위반한 것이 명백하다는 절차적 문제 때문이었다. 정상적인 출석 요구서 송달이 되지 않았으므로 출석해야 할 의무가 없고, 따라서 공소사실 자체가 범죄로 되지 않아 무죄라는 것이다. 대법원도 같은 입장을 취했다.[164]

당시 국감 도중 노 기자에 대한 출석 요구를 한 것은 실제로는 의원들을 비난한 발언을 확인하기 위한 것이어서 국회가 필요하다면 실제 발언을 한 당사자를 조사하면 될 것이었다. 하지만 의원들이 인터뷰 기사를 쓴 기자를 불러 기사의 진위를 따지거나 혹은 보도에 사용한 자료의 제출 등을 요구하는 것은 언론의 취재와 보도의 자유에 대한 침해라고 볼 여지가 많다. 국정감사는 기본적으로 정부 기관의 업무 수행의 적정성을 살펴서 다음 해의 예산 편성에 참고하기 위한 자료 확보를 위한 것인데, 이처럼 형식적인 연결 고리를 걸어 언론의 취재 내용을 조사하려는 것에까지 정당성을 부여한 것은 문제가 아닌가 싶다. 이런 법원의 태도대로라면 앞으로 국정감사 과정에서 감사 대상에 관련된 기사를 쓴 기자는 누구든 증인으로 부를 수 있다는 얘기가 될 수도 있기 때문이다.

특정한 사건에 대한 언론 보도의 공정성이나 적정성을 국가 기관이 조사하는 경우도 있다. 2014년 4월 16일에 일어난 초대형 해상 참사인 '세월호 침몰' 참사의 진상을 밝히기 위해 제정된 '4·16세월호참사 진상규명 및 안전사

164 대법원 2001. 12. 27. 선고 2001도5531 판결.

회 건설 등을 위한 특별법'(약칭 '세월호진상규명법')[165]은 이 법에 따라 설치되는 '4·16세월호참사 특별조사위원회'(약칭 '세월호특조위')의 업무로 '4·16세월호 참사와 관련한 언론 보도의 공정성·적정성과 정보통신망 게시물 등에 의한 피해자의 명예훼손 실태에 관한 조사에 관한 사항'을 명시하고 있다. 2015년 10월 세월호특조위는 이 규정에 근거해 방송사들에 대해 참사 당일의 관련 방송 내용 일체를 제출할 것을 요구하기도 하였다.

세월호 참사와 관련해서 당시 방송 보도들의 문제점에 대해서는 현업 언론인단체, 시민단체, 학계 등에서 매우 심도 있는 논의가 이루어졌고 국회 등의 요구에 따라 방송통신심의위원회 차원에서도 조사와 심의가 이루어졌다. 또 앞에서 살펴보았듯이 보도 전 과정에 대해 기록적인 건수의 언론조정 신청이 제기되기도 하였다. 그런데 특별법에 따라 설치되는 국가 기관이 언론 보도의 적정성과 공정성을 조사하기 위해 각종 자료 제출이나 출석을 요구하고 이를 따르지 않으면 동행 명령을 내릴 수도 있고, 아울러 다양한 처벌이나 제재를 취할 수 있도록 하는 것은 별개의 문제다. 언론 보도의 적정성과 공정성을 국가 기관이 조사하는 것만으로도 언론 자유와 관련하여 본질적인 문제가 제기될 수 있는 것인데, 그러한 조사에 각종 강제 조치를 동원할 수 있도록 한 것은 세월호 보도 과정에서 방송 등 언론 보도에 아무리 문제가 많았다고 하더라도 헌법적 관점에서 넘어서는 안 될 선을 넘었다는 지적이 제기될 수 있는 부분이다.

앞에서 구체적인 개인들의 인격권 보장이 확대되는 만큼 전반적인 언론 자유가 축소되거나 위협을 받고 있음에도 이로 인한 사회 전체적인 피해에 대해서는 크게 주목하지 못하고 있는 현실을 언급한 바 있다. 세월호 참사에

165 2014. 11. 19. 제정, 2015. 1. 1. 시행. 법률 제12843호.

대한 충격과 일련의 오보 사태 등으로 인한 언론에 대한 사회적 비난 여론을 인정하더라도 국가 기관이 강제력을 동원해 언론 보도의 적절성과 공정성을 조사하겠다는 법률이 만들어지는 과정에서 누구도 이 부분을 주목하지 않았다는 점은 우리 사회의 언론 자유에 대한 허술한 인식을 단적으로 보여 주는 것이다. 이처럼 국가 공권력을 동원해 언론의 잘잘못을 심사하겠다는 발상은 언론에 대해 엄정하고 비판적인 잣대를 들이대며 사회적 책임성을 요구하는 것과는 전혀 차원이 다르다는 것을 분명히 인식할 필요가 있다.

13. 취재원 보호의 법제화 필요성

국내에서는 2015년에 처음으로 취재원 보호를 위한 법률안이 국회에 제출되었지만 처리되지 못하였다. 이러한 법안이 제출된 것을 환영하고 통과를 위해 노력해야 할 언론사들이 보도조차 제대로 하지 않았는데, 그 이유는 무엇일까? 우리의 취재원 보호는 다른 나라와 비교하면 어떤 수준일까? 주요 국가들은 취재원 보호에 대해 어떤 법제를 갖고 있을까?

우리 언론은 취재원 보호 문제가 막상 자신의 문제로 닥치지 않는 한 별로 관심을 기울인 적이 없다. 심지어 다른 언론사가 취재원 보호 문제로 수사 당국과 압수수색 등을 놓고 줄다리기를 하고 있을 때에도 제대로 보도조차 하지 않는다. 언론의 자유 전반에 영향을 미치는 언론법제나 관련 쟁점들에 대해 언론사들이 무관심한 태도를 보이는 것은 어제 오늘의 일이 아니다. 사실은 언론사들만이 아니라 사회 전반적인 분위기도 마찬가지다. 막상 언론의 부실한 보도, 선정적 보도 등의 문제가 터지면 목소리를 높이면서도 언론 제도 전반에 대한 관심은 높지 않다. 미국이나 독일, 스웨덴 등과는 물론 이웃 일본의 사회적 분위기와도 차이가 있다. 주요 국가의 취재원 보호 관련 법제를 간략히 살펴본다.

1) 미국

언론 자유가 상대적으로 매우 높은 수준으로 보호되고 있는 나라로 꼽히는 미국에서도 연방 차원에서는 취재원 보호에 관한 명시적인 법제는 없다. 다만 주 차원에서는 이른바 '방패법Shield Law'을 제정한 곳들이 많이 있다. 또 이런 입법과는 별도로 사법부가 기자들의 증언 거부 특권을 인정한 경우도 적지 않다. 앞에서 우리 형사소송법에서 언론인의 직업윤리인 취재원 보호를 증언을 거부할 수 있는 '정당한 이유'로 해석하는 것이 필요하다고 언급했던 것과 비슷한 상황을 상정해 보면 되겠다.

미국에서 기자들에게 증언거부권을 인정하는 '방패법'이 처음 도입된 것은 1896년 메릴랜드 주였다. 당시 〈볼티모어 선*The Baltimore Sun*〉의 기자가 대배심에 출석해 취재원에 관해 증언하라는 명령을 거부했다가 구속된 것을 계기로 방패법이 처음 만들어진 것이다.[166] 메릴랜드 주가 도입한 이 방패법은 모든 종류의 뉴스 매체에 어떠한 형태로 고용된 사람이든 뉴스 정보 수집에 관여한 사람에 대해 사법부와 입법부, 행정부 등 정부의 어느 분야에 속한 기관이든 취재원에 대해 비밀 보장 약속을 했는지와 상관없이 취재원을 공개하도록 강요하지 못하도록 규정하고 있다. 또한 취재 노트나 발췌본, 사진이

166 Act of Apr. 2, 1896, ch. 249, 1896 Md. Laws 437 (codified at MD. CODE ANN., CTS. & JUD. PROC. § 9-112).

나 필름 원본, 영상 테이프, 기타 공개되지 않은 모든 자료에 대해서도 공개를 강요할 수 없도록 규정하고 있다. 물론 해당 사안이 사법부나 입법, 행정부가 다루고 있는 중요한 법적 쟁점과 관련이 있고, 해당 정보를 다른 어떤 방법으로도 구할 수 없으며, 공개에 따른 중대한 공익성이 있다고 '명백하고 의심의 여지없이' 입증된 경우는 예외적으로 증언을 강제할 수 있다.

미국에서는 이후 이와 같은 취재원 보호 입법을 한 곳이 점차 늘어 2015년 현재 50개의 주들 가운데 13개 주를 제외한 모든 주와 워싱턴 D.C.에서 방패법을 적용하고 있다고 한다.[167] 방패법을 갖고 있는 주들의 경우에도 워싱턴 주나 뉴욕 주 등 10여 개 주들처럼 취재원에 대해서는 절대적 증언거부권을 인정한 곳들과 캘리포니아 주와 텍사스 주 등과 같이 일정한 조건하에서만 증언거부권을 인정하는 다수의 주들로 나뉜다. 어느 정도의 취재원에 대한 증언거부권을 인정하는 것을 여기서 말하는 '방패법'에 해당하는 것으로 볼 것이냐에 따라 도입 주의 숫자를 다르게 보기도 한다. 법원에서 기자들의 증언 거부 특권을 인정한 경우도 30여 개 주를 넘는다. 이처럼 두 가지 방식을 모두 합치면 거의 대부분의 주에서 취재원 보호와 관련해 기자들에게 어느 정도의 보호가 주어지고 있다고 보면 될 것 같다.

하지만 이런 방패법과 증언 거부 특권이 있다고 해서 주 차원에서는 취재원에 대한 증언 거부가 항상 인정되는 것으로 보아서는 안 된다. 기본적으로 언론에 대해서 일반 국민에 비해 더 높은 언론 자유를 보장하는 것이 아니라는 인식과 함께 당장의 사건 처리를 위해 필요한 정보를 어떻게든 얻어내려는 필요성 때문에 개별 사건들을 처리하는 과정에서 증언거부권을 침범하는 경우가 적지 않게 생긴다.

167 Reporters Committee for Freedom of the Press의 인터넷 홈페이지 https://www.rcfp.org/browse -media-law-resources/guides/reporters-privilege/shield-laws 참조.

대표적인 사례 가운데 하나로 브랜즈버그 대 헤이스Branzburg v. Hayes 사건(1972)에서 연방대법원은 켄터키 주의 방패법 조항[168]에도 불구하고 5대 4로 기자들이 취재원 보호를 위한 법정 출석이나 증언을 거부할 법적 근거가 없다고 판결했다.[169] 다수 의견은 이 사건에서 "뉴스거리를 찾는 데 일정한 보호가 없다면 언론 자유는 껍데기만 남을지도 모른다without some protection for seeking out the news, freedom of the press could be eviscerated"고 하면서도 기자들에게 패소 판결을 내렸다. 이 사건은 원래 켄터키 주 법원이 방패법에도 불구하고 증언 거부를 수용하지 않아서 제기된 것이었는데 주 법원과 연방대법원 모두 켄터키 주 방패법의 보호 대상은 기자가 정보를 얻은 정보제공자의 신원에 관한 것이지 기자가 스스로 목격한 내용은 해당하지 않는다고 해석했다.

실제로 켄터키 주의 방패법은 앞서 살펴본 메릴랜드 주의 방패법과는 달리 매우 간결하게 증언거부권을 규정하고 있는데, 뒷부분에서 증언 거부의 대상을 모든 정보의 출처, 즉 취재원이라고 언급한 대목이 있다. 문제는 앞부분의 포괄적인 증언거부권이 아니라 뒷부분의 제한적인 부분에만 주목해 방패법의 내용을 사실상 무력화시키고 있다는 점이다. 실제로 해당 조문의 어

168 Kentucky Statute Sec. 421.100. 421.100. 전체 조문의 내용은 다음과 같다. 밑줄은 필자가 추가한 것이다. "Newspaper, radio or television broadcasting station personnel need not disclose source of information. No person shall be compelled to disclose in any legal proceeding or trial before any court, or before any grand or petit jury, or before the presiding officer of any tribunal, or his agent or agents, or before the General Assembly, or any committee thereof, or before any city or county legislative body, or any committee thereof, or elsewhere, the source of any information procured or obtained by him, and published in a newspaper or by a radio or television broadcasting station by which he is engaged or employed, or with which he is connected."

169 *Branzburg v. Hayes*, 408 U.S. 665 (1972).

디에도 기자가 직접 목격한 것은 보호 대상인 취재원의 범위에 포함되지 않는다는 규정은 없다. 아주 독특한 법리 구성인데, 기자에게 정리된 정보를 건네 줬을 때에는 그 정보와 정보원이 모두 보호가 되는데 정보원이 기자의 현장 출입을 허용해 직접 상황을 목격하게 했을 때는 아무런 보호도 제공하지 않게 되는 셈이다.

이에 대해 반대 의견을 낸 스튜어트 대법관은 언론의 취재에 대해 사실상 헌법적 보호를 주지 못했다고 강력히 비판을 했다. 그는 국가가 취재원이 누구인지를 알아야 한다면 다음의 3가지 조건을 사전에 밝혀야 한다고 지적했다. 그것은 ① 그 기자가 특정 법률 위반과 명확한 관련이 있는 정보를 갖고 있다는 사실, ② 요구되는 정보를 다른 수단으로는 얻을 수 없다는 사실, ③ 그 정보에 우월적이고 압도적인 국가 이익overriding and compelling state interest이 있다는 사실이다. 세 가지 모두 메릴랜드 주의 방패법에 명시된 예외 조건이다.

실제로 미국 연방대법원에서 9명의 대법관이 5대 4로 갈라진 경우에는 그 판단이 당해 사건에서는 결정적으로 작용하지만 향후의 선례로서 강한 힘을 갖기는 어렵다고 본다. 언제든 한 명의 대법관만 생각이 바뀌어도 판결이 뒤집어지기 때문이다. 따라서 방패법에 대한 이런 편협한 시각도 언제든지 바뀔 수 있다고 볼 수 있다. 하지만 미국 연방대법원의 이런 태도는 아직은 변화하지 않고 있는 것으로 보인다. 2005년에 있었던 이른바 리크게이트Leak Gate 사건에서도 특별검사의 취재원 공개 요구를 거부한 〈뉴욕 타임스〉 기자가 법정모독죄로 유죄 판결을 받았으며 연방대법원은 주디스 밀러Judith Miller 등 기자들의 상고를 기각했다.[170]

170 *Miller v. U.S.*, 545 U.S. 1150; *Copper v. U.S.*, 545 U.S. 1150 (2005). 이들 사건에 대한 설명으로는 조재현(2009), "취재원 보호와 언론의 책임," 〈언론중재〉, 통권 111호, 언론중재위원

비록 이처럼 취재원 보호를 위한 증언거부권이 수시로 공격을 받고 있기는 하지만 그래도 이런 제도적 장치가 있는 것은 언론 자유 보장에는 큰 힘이 되는 게 사실이다. 실제로 연방 차원에서도 지속적으로 취재원 보호를 위한 법제를 도입하려는 시도가 이뤄지고 있다.

취재원에 대한 증언 외에 취재물에 대한 압수수색이나 법원 등의 취재물 제출 명령도 쟁점이 된다. 미국은 취재물 보호에 관한 연방 차원의 법률을 두고 있다. 먼저 '프라이버시보호법'(The Privacy Protection Act of 1980)에서 언론사의 보도국과 기자 등이 보유하고 있는 사진이나 테이프 등 취재물work of product과 공문서 등 기록물documentary materials에 대한 압수수색을 제한하고 있다. 이러한 제한에는 4가지 예외가 있다. ① 문제의 정보 소유자가 범죄 혐의를 받고 있는 경우, ② 제3자의 생명이나 신체의 위해를 막기 위해 즉각적인 압수, 수색이 반드시 필요한 경우, ③ 압수수색 영장 청구가 알려지면 취재물을 파괴, 변경, 은닉할 염려가 있는 경우, ④ 다른 수단은 다 동원해 보았고 더 이상 미루는 것이 사법 정의에 어긋나는 경우가 그것이다.

또 취재물과 취재 문서에 대한 압수수색을 위해서는 단순한 수색 영장search warrant만으로는 부족하고 반드시 소환장subpoena을 필요로 한다. 다시 말해 범죄 관련성을 '소명'하기만 하면 되는 수색 영장이 아니라 인신 구속에 필요한 정도의 '상당한 수준의 증명'을 요구함으로써 수사 기관이 함부로 취재물을 강제로 확보할 수 없도록 한 것이다. 압수수색 영장 발부에 있어서 아무런 가중 요건을 적용하지 않고 있는 국내 사례와 비교되는 대목이다.

회, pp.20~29 참조.

2) 영국

영국의 경우는 이른바 '법정모독법'(The Contempt of Court Act, 1981) 제10조에서 국가안보 등 4가지 요건을 갖추지 않으면 법원은 누구에게도 정보제공자의 신원을 밝히도록 요구할 수 없고 이를 거절하였다고 하여 법정모독죄에 해당하지 않는다고 명시하고 있다.[171] 취재원을 비롯한 정보제공자에 대한 증언을 거부할 수 있는 길을 명시적으로 인정하고 있는 것이다. 하지만 4가지의 예외를 규정하고 있는데, 이는 ① 공정한 재판, ② 국가안보상 필요, ③ 질서 혼란 예방, ④ 범죄 예방을 위해 필요한 경우 등이다. 문제는 이러한 예외 조항이 너무나 광범위해서 사실상 증언거부권을 인정하는 조항이 실효성이 있느냐는 것이다.

실제로 영국 법원은 익명 대 모건-그램피언출판사X v. Morgan-Grampian Publishers(1990) 사건[172]에서 전화로 받은 특정 회사의 재정 상태에 대한 익명의 제보에 관해 법정 증언을 거부한 한 전문지 수습 기자 윌리엄 굿윈에게 이 법정모독법 제10조에도 불구하고 5000파운드의 벌금형을 부과하였다. 영국 법원은 보도금지 명령injunction을 자주 내리는 것으로 악명이 높은데, 이 사건에서도 굿윈 기자가 확인 취재를 위해 문제의 회사에 전화를 하자 곧바로 이 회사는 해당 정보는 도난 자료에 있던 내용이라며 해당 자료의 모든 내용에

171 원문은 다음과 같다. "**10. Sources of information**. No court may require a person to disclose, nor is any person guilty of contempt of court for refusing to disclose, the source of information contained in a publication for which he is responsible, unless it be established to the satisfaction of the court that disclosure is necessary in the interests of justice or national security or for the prevention of disorder or crime."

172 *X Ltd. v. Morgan-Grampian (Publishers) Ltd HL* ([1991] 1 AC 1, [1990] 2 All ER 1, [1990] 2 WLR 1000).

관해 보도금지를 신청했고 법원은 보도금지와 함께 취재원과 그 문서에 관한 자료를 공개할 것을 명령했던 것이다. 결국 굿윈은 이 사건을 유럽인권재판소(European Court of Human Rights: ECHR)로 가져갔다. 유럽인권재판소는 1996년 영국 법원이 굿윈 기자에게 증언을 강제한 것은 '유럽인권협약European Convention of Human Rights' 제10조에 위반된다며 영국 법원의 판결을 파기하고 영국 정부는 굿윈 기자에게 약 3만 7000파운드를 손해배상금으로 지급하라고 명령하였다.[173]

3) 독일

독일연방기본법은 제5조에서 표현의 자유를 보장하고 있는데, 연방헌법재판소는 1966년 8월의 이른바 '〈슈피겔*Der Spiegel*〉 사건'에서 다음과 같이 밝히고 있다. "기본법 제5조의 언론의 자율성은 정보의 수집에서부터 뉴스와 의견의 공표의 제반 활동을 보장하는 것이다. 따라서 언론의 자유는 언론과 사적인 정보제공자 사이에서 신뢰 관계에 대한 일정한 보호도 포함하는 것이다. 언론은 사적으로 제공된 정보 없이는 작동할 수 없고, 정보제공자들이 편집상의 비밀이 보호된다고 확실하게 믿지 않는 한 정보 제공이 원활하게 이루어질 것을 기대할 수 있다는 점에서 그런 보호는 절대적으로 중요하다"는 것이다.[174]

〈슈피겔〉 사건은 이 잡지가 1962년 10월, 정부와 NATO의 방어 대비 태세에 관한 보도를 하자 연방검찰이 이 잡지와 편집인 등에 대해 반역죄로 수

173 Case of Goodwin v. The United Kingdom, 16/1994/463/544 (1996. 3. 27). 전문은 http://hudoc.echr.coe.int/eng?i=001-57974에서 찾을 수 있다.

174 BVerfGE 20, 162 1 BvR 586/62, 610/63 and 512/64 (1966. 8. 5).

사를 시작해 법원에서 압수수색 영장과 체포 영장을 발부받아 강제 수사에 나섰고, 이에 대해 〈슈피겔〉 측이 헌법상 언론 자유 침해라며 소송을 낸 것이다. 당시 〈슈피겔〉에 대한 정부의 수색과 언론인 구금은 사회적으로 큰 반발을 불러왔고 총리가 사임하는 등의 정치적 파장을 일으켰다. 하지만 연방헌법재판소는 이 판결에서 언론의 자유와 국가의 군사 비밀 유지는 어느 한쪽이 다른 쪽을 압도할 수 없는 가치라며, 비교 형량을 통해 이 조치가 헌법에 위반된다는 〈슈피겔〉 측의 주장을 받아들이지 않았다.

이후 1975년과 2002년의 연방 형사소송법 개정을 통해 취재원에 대한 보호 법제가 도입되었다. 형사소송법 제53조는 '직업상 비밀준수자의 증언거부권'을 규정하고 있는데, 제1항 제5호는 "인쇄물, 방송, 영화 또는 정보 제공이나 의사 형성에 기여하는 정보 및 커뮤니케이션 서비스의 준비, 제작 또는 유포에 직업상으로 관여하거나 관여했던 자"에게 증언거부권을 부여하였다. 이에 덧붙여 "제5호에 언급한 자는 저작물 또는 방송물의 저자나 방송전파자 또는 기타 정보제공자의 신상 및 자신의 활동과 관련하여 행한 통보와 그 내용 그리고 직접 처리한 자료의 내용 및 직업과 관련하여 지각하게 된 대상에 관하여 증언을 거부할 수 있다"고 규정하고 있다.[175]

다만 여기 언급된 언론인들의 경우 취급한 자료나 인지한 내용 등이 평화 위반과 민주적 법치국가에 대한 위해 또는 반역과 국가안전에 대한 위해에 해당하는 범죄, 성적 자기결정권을 침해하는 범죄, 불법적으로 취득한 재화를 은닉하기 위한 금전세탁에 관한 것일 때에는 증언을 거부할 수 없도록 예외가 규정되어 있다. 다만 이 경우에도 취재원의 신상을 공개하는 것일 때에는 진술을 거부할 수 있도록 규정되어서 취재원 자체에 대해서는 두텁게

175 독일 연방 형사소송법 제53조. 번역은 법무부(2012), 《독일형사소송법》.

보호하고 있다.

또 형사소송법 제97조 제5항은 앞의 제53조 제1항 제5호에 열거된 언론인들의 증언거부권과 관련되는 한, 이들 또는 편집국, 출판사, 인쇄소 또는 방송 시설에 보관되어 있는 문서, 음향 기록 장치, 영상 기록 장치, 데이터 기록 장치, 도화 또는 기타 표현물의 압수는 허용되지 않는다고 규정하고 있다. 예외적으로 독일 기본법 제5조의 청소년이나 명예권 보호 등 일반적인 표현의 자유의 한계 조항을 감안해 비례성에 반하지 않고 압수를 통하지 않고는 해당 사안에 대한 수사나 범인의 소재지 확인이 불가능하거나 현저히 어려워질 것으로 예상되는 경우에는 압수가 허용된다.

제보자 색출에 관한 최근 사례로 2005년 4월에 독일의 시사 월간지인 〈치체로*CICERO*〉가 연방경찰청의 대외비 보고서를 상세히 인용한 기사를 싣자 검찰이 수사를 개시해 제보자 색출에 나섰고 법원은 이 기사를 쓴 기자의 집과 사무실, 〈치체로〉 편집국에 대한 압수수색 영장을 발부한 사건이 있다. 포츠담 주 법원은 지방법원의 편집국에 대한 압수수색 영장 발부에 대한 〈치체로〉 측의 항고를 기각했다. 2002년 형사소송법 개정 이후에 일어난 사건으로 이 사건에서는 해당 기자에 대해 직무상 비밀 침해 방조 혐의를 적용했는데, 취재원에 대한 수사가 아니라 언론인이 수사 대상 범죄의 피의자이거나 공범인 경우로 보고 압수수색을 한 것이다. 이에 대해 독일 연방헌법재판소는 취재원을 찾기 위해 언론사를 압수수색하는 것은 위헌이라고 결정했다.

4) 스웨덴

스웨덴은 아예 헌법에서 취재원 보호를 규정한 사례다. 스웨덴의 헌법을 구성하는 4개의 기본법 가운데 하나인 언론자유법은 제2장 제14조에서 취재원에 대한 비닉 의무를 규정하고 있다. 어떤 공적 기관도 공문서를 열람하려고 한 사람이 누구인지를 조사하지 못하도록 규정하고 있는 것이다. 또 공문서를 열람하려는 목적을 조사할 수 없도록 규정했는데, 유일하게 조사가 가능한 것은 공문서를 열람하는 데 어떤 방해가 있었는지를 알아내기 위한 경우다. 익명성을 유지하는 것을 하나의 권리로 인정하고 있는 언론자유법의 제3장은 모두 4개 조항에 걸쳐서 익명성에 관한 자세한 규정을 두고 있다. 제1조는 모든 출판물에서 익명을 사용할 권리를 규정하고 있으며 제2조는 언론자유에 반해서 정보원이나 저자 등의 신원을 밝히기 위한 어떠한 조사도 허용되지 않는다고 명시하고 있다.

또한 제3조는 언론인이나 언론사 등이 보도된 내용의 저자나 보도를 위해 정보를 주고받은 사람 등의 신원을 공개하는 것을 몇 가지 예외가 있기는 하지만 원칙적으로 금지하고 있다. 이른바 '내사금지' 조항으로 불리는 제4조는 모든 공공 기관에 대해 보도물의 저자나 정보원 등의 신원을 파악하기 위한 조사를 할 수 없도록 규정하고 있다. 예외적으로 조사가 가능한 경우라도 제3조의 비밀 준수 의무를 존중하도록 규정함으로써 신원에 대한 진술을 강제할 수 없도록 하고 있다. 제5조는 심지어 과실이나 고의에 의해 당사자의 의사에 반해서 저자나 정보원의 이름이나 필명 등 신원을 파악할 수 있는 명칭을 공개하거나 비밀 준수 의무를 위반한 사람에 대해서는 벌금형이나 1년 이하의 징역형에 처하도록 규정하고, 저자나 제보자 등의 신원을 밝히기 위해 부당하게 조사를 하는 경우에도 벌금이나 1년 이하의 징역형에 처할 수 있도록 규정하고 있다.

취재원 보호에 대한 이런 강력한 법제는 공무원도 언제든지 문제가 있는 사안에 대해서는 안심하고 언론에 제보를 할 수 있는 환경을 만들어 주고 있다. 이런 법제를 배경으로 스웨덴에서는 일반 기업이나 단체 구성원은 물론 공무원이라도 자신의 양심에 따라 정부가 비밀로 보호하려는 내용을 언론 등을 통해 공개할 수 있다. 이러한 익명성에 대한 강력한 보호 제도는 행정의 효율성은 물론 사회 전체적인 투명성을 확보하는 데에도 큰 도움이 되는 것으로 평가되고 있다. 제보자가 직장 상사나 사업상의 이해 등으로부터 자유롭게, 공공의 이익을 위해 필요하다는 판단이 들 경우 정보를 제공할 수 있기 때문이다.[176] 공익 제보에 대한 보호 제도조차 미비한 우리로서는 스웨덴의 오랜 경험을 잘 연구할 필요가 있다.

5) 일본

일본의 경우 방송사가 갖고 있는 영상에 대한 압수 조치가 종종 이뤄져 왔다. 1989년 1월 30일에는 검찰 수사 단계에서 압수수색 영장이 발부되어 일본 최대 민영 방송사인 니혼TV에 대한 비디오테이프 압수 조치가 있었다. 이 사건에서 법원은 공정한 형사재판 실현을 위해서는 적정하고 신속한 수사가 불가결의 전제가 된다고 영장 발부 이유를 밝혔다. 언론의 자유와 공정한 형사재판의 실현이라는 두 법익을 비교 형량한 결과 방송사에 대한 압수수색의 필요성을 인정했다는 것이다. 1990년 7월 9일에는 경찰 수사 단계에서 역시 민영 방송인 TBS의 취재 테이프에 대한 압수가 이뤄졌다. 이번에는 일본의 많은 언론사들이 계속 이런 식으로 언론사에 대한 압수수색이 이루어진다면 언론의 취재 행위가 경찰이나 검찰의 채증 행위와 다를 바 없어진다면서 강력하게 반발하였다. 하지만 일본의 경우는 미국이나 독일 등에서와 같이 언론에 대한 압수수색을 제한하는 법제를 갖고 있지는 않다.

우리와 마찬가지로 형사소송에 있어서는 언론인이 증언을 거부할 수 없다. 일본 최고재판소는 1952년 이른바 〈아사히신문〉의 '이시이 기자 사건'에

176 심영섭(2008), 앞의 책, p.96.

서 "표현의 자유는 일반인에게도 평등하게 보장되어야 한다는 점에서 취재의 자유에 따라 신문 기자들에게 취재원 비닉권을 포함한 언론의 자유를 특별히 보장할 수는 없다"고 판시하였다. 이 사건은 이시이 기자가 1949년 지방 세무공무원의 수뢰 혐의 사건을 보도했는데, 수사 기관이 내부자가 수사 기밀을 누설한 혐의가 있다며 수사에 나섰고 법원이 이시이 기자를 증인으로 출석시켰으나 증언을 거부한 것이다. 결국 이시이 기자는 증언 거부를 이유로 기소되어 최고재판소까지 법정 싸움을 벌였으나 벌금 2000엔의 유죄 판결이 확정되었다. 당시 최고재판소도 신문 기자에게 취재원에 대한 증언거부권을 인정할 것인지는 입법 정책상 고려할 여지가 있다고 인정하였지만 "표현의 자유를 규정한 헌법 조문(제21조)은 재판의 공정을 희생하면서까지 기자의 증언 거부를 보장하고 있는 것은 아니"라며 증언거부권을 부인하였다.[177] 이어서 1978년에는 이른바 '니시야마 사건'에서 일본 최고재판소는 〈마이니치신문〉의 니시야마 기자의 취재원 보호 주장에 대해 "보도의 자유 및 이와 밀접한 취재의 자유는 존중할 가치가 있다"면서도 역시 취재원의 비밀 보장까지 인정하지는 않았다.

일본도 민사소송법에는 우리와 마찬가지로 기술이나 직업상의 비밀에 관한 사항은 증언을 거부할 수 있도록 되어 있다. 일본은 당초 민사소송에서도 언론인의 증언거부권을 인정하지 않아왔으나 1979년 삿포로 지방법원이 민사 사건에서는 처음으로 기자의 취재 내용이 민사소송법이 규정한 직업의 비밀에 해당한다면서, 공정한 재판의 실현이라는 이익과 취재원의 비닉에 의해 얻어지는 이익을 비교 형량하여 일정한 요건 아래에서 취재원에 관한 증언을 거부할 수 있다고 판시하였다.

177 박진우(2010. 11), "취재의 자유와 취재원 비닉권," 〈경원법학〉, 제3권 제3호, 경원대학교, pp.77~78.

이 사건은 〈홋카이도신문〉의 시마다 기자가 1978년 6월 24일자 조간에 한 보육원의 원아 구타 사건을 취재 보도한 데서 시작되었는데 이 보육원 소속인 보모가 신문을 명예훼손으로 제소했다. 원고 측 변호사는 법정에서 시마다 기자를 상대로 취재원인 보육원 직원의 이름을 밝힐 것을 요구했으나 시마다 기자는 취재원을 밝히지 않는다는 직업윤리에 어긋난다며 증언을 거부한 것이다. 원고 측 변호사는 시마다 기자의 증언 거부가 부당하다며 별도의 소송을 냈는데, 삿포로 지법은 "자유로운 언론을 위해 사회적 사명을 갖고 있는 신문 기자의 취재원은, 이것을 공표할 경우 앞으로의 취재 활동에 지장이 온다는 관점에서 증언 거절이 인정되는 직업의 비밀에 해당된다"고 시마다 기자에게 승소 판결을 내렸다.[178] 이 판결은 이후 고등법원에서도 그대로 유지되었다.

일본 최고재판소가 증언 거부를 인정한 사례로는 2006년 10월 NHK 기자에 대해 미국 건강식품회사가 낸 소송에서 기자의 취재원 공개 거부를 인정한 것이 있다. 당시 재판부는 기자의 취재원 비닉이 민사소송법이 규정한 직업의 비밀 중에서도 사회적 필요성이 높은 중요한 것으로 인정하였다. 다만 여기에는 자세한 전제 조건이 달려 있음을 유의해야 한다. 재판부는 판결에서 직업의 비밀이라는 것은 공개되면 심각한 영향을 주어 앞으로 직업의 수행이 곤란하게 되는 것을 말하고, 이 가운데서도 보호할 가치가 있는 비밀에 대해서만 증언 거부가 인정된다고 하였다.

이 판결에서 재판부가 제시한 증언거부권 인정의 기준은 다음의 세 가지다. 첫째는 공공의 이익에 관한 것이어야 하고, 둘째로 취재 방식이 일반 형사법에 저촉되지 않고, 취재원이 스스로 공개해도 좋다고 승낙한 사실이 없어

178 박진우(2010. 11), 앞의 글, p.79; 동아일보(1979. 6. 2), "취재원은 기자의 직업 비밀" 참조.

야 하고, 셋째로 재판의 대상이 사회적 의의가 있는 중대한 사건으로 공정한 재판의 실현을 위해 취재원에 대한 증언이 불가피하다는 사정이 존재하지 않아야 한다는 것이다. 중대 사건으로서 해당 증언 없이는 공정한 재판이 힘든 사정이 있다면 증언을 강제할 수밖에 없다는 것이다.

14. '오프더레코드' 약속의 위반

실제 취재 과정에서 상대방에게 보도를 하지 않기로 약속을 하고 정보를 얻는 경우가 생긴다. 물론 취재원이 어떤 발언을 한 뒤에 "아, 이건 오프더레코드야"라고 얘기하는 경우도 생기고, 그런 발언을 하기 전에 미리 기사를 쓰지 않겠다는 약속을 요구하는 경우도 있다. 이런 경우에 모두 오프더레코드 약속이 성립한 것일까? 만약 오프더레코드 약속을 하고도 지키지 않으면 어떻게 되는 것일까?

취재 과정에서 인터뷰나 촬영 허락은 물론 각종 자료 등을 구하기 위해 취재원에게 사실과 다른 말을 하는 일은 광범위하게 일어날 수 있다. 취재원이 자신에게 유리하다고 생각하는 것 외에는 쉽게 정보나 자료를 공개할 리가 없고, 무엇인가 불리한 상황에서는 아예 인터뷰를 하거나 만나는 것 자체를 꺼리는 것이 일반적이기 때문이다. 그래서 언론인이 취재원에게 항상 사실 그대로 이야기해서는 취재 자체가 안 될 가능성이 크다. 그렇다고 취재원과 언론인 사이에 기본적인 신뢰 관계가 마련되지 않는다면 그 또한 취재를 제대로 할 수 있는 토대가 허물어지는 것을 의미한다. 이런 역설적 상황을 최소화하기 위해서는 언론과 취재원 사이의 약속에 대한 기본적인 규칙을 분명히 하는 것이 필요하다. 오프더레코드off the record 약속의 경우도 마찬가지다.

오프더레코드는 말 그대로 '비보도' 약속이다. 제공받은 내용을 그대로 보도하지 않고 단지 다른 취재나 보도를 위한 참고 자료로만 활용하겠다는 약속이다. 보도하지 않는 것을 전제로 한 취재가 처음부터 무슨 의미가 있느냐는 생각을 할 수도 있다. 하지만 실제로는 특정 정보를 그 자체로 보도하지는 않더라도 이를 통해 관련 사건의 전후 맥락이 어떻게 된 것이었는지, 등장인물들의 의도는 무엇이었는지 등을 제대로 파악할 수 있기 때문에 다른 취재나 보도 행위가 엉뚱한 길로 가는 것을 막을 수 있다는 점에서 매우 의미가 있다. 또 이런 정보를 이용해 다른 취재를 할 수도 있다. 이 때문에 오프더레코드는 실제 취재 과정에서 종종 사용되는 약속이다.

그런데 의외로 취재원은 물론 언론인들도 어떤 경우에 오프더레코드 약속을 하는 것이 맞는지, 어떤 경우에 오프더레코드 합의가 성립한 것인지, 그런 합의에 따른 책임은 무엇인지 등을 정확하게 이해하지 못한 경우가 많다. 그러다 보니 오프더레코드 약속을 하고 일단 자료를 제공받거나 설명을 들은 뒤에 약속을 어기고 보도를 하거나 익명 약속을 한 뒤에 실명을 공개하는 경우도 있다. 고의로 약속을 어기려 한 것은 아닌데 기사의 표현이나 사진, 도표, 지도 등의 사용을 통해 당사자가 특정됨으로써 취재원이 노출되는 경우도 생긴다. 또 통상의 경우라면 특정이 되지 않을 사안인데, 사안이나 당사자의 특수성이나 민감성 때문에 결과적으로 특정이 되는 경우도 생길 수 있다.

국내에서 오프더레코드와 관련한 대표적인 사례로 거론되는 것으로 지금은 고인이 된 서석재 전 총무처 장관의 '전직 대통령 4000억 원 비자금설' 발언이 있다. 1995년에 있었던 이 사건에서 대부분의 기자들이 오프더레코드 약속을 지켰으나 한 언론이 보도를 함으로써 발언이 공개가 되었다. 보도를 한 언론사의 기자도 오프더레코드 약속을 한 사실과 함께 발언 내용을 데스크에 보고하였으나 편집국 차원에서 기사화를 지시해 보도에 이르게 되었다고 한다. 발언의 당사자인 서 전 장관은 물론 함께 발언을 들었던 다른 언론사 기자들에게도 해당 발언을 기사화한다는 사실을 통보하지 않아 외형적으로는 단독 보도 형태가 되었다.

이 사건은 결국 전두환, 노태우 두 전직 대통령의 구속으로 이어졌고 언론계 내에서 오프더레코드 약속의 적절성을 둘러싼 논란이 일었다. 당시 함께 식사 자리에 참석해 서 전 장관의 발언을 들었던 기자들 중에는 회사에 오프더레코드 약속을 했다는 말과 함께 보고를 한 경우도 있고 아예 보고조차 하지 않았던 기자도 있었다고 한다. 어쨌든 오프더레코드라는 말에 '당연히' 보도를 하지 않아야 한다고 생각했던 기자나 데스크로서는 땅을 칠 일이다.

당시에도 이 사건에서 오프더레코드 약속이 제대로 성립한 것인지가 논란이 되었다. 사실 서 전 장관이 참석자들에게 일일이 동의를 구하는 절차를 거치지 않고 일방적으로 "오프더레코드야"라고 말했고 이에 대해 참석자들이 이의 제기를 하지 않았다는 것만으로 오프더레코드가 성립됐다고 보기에는 어려움이 있다는 주장이 설득력이 있다. 정치인들을 비롯한 고급 정보원들이 "오프더레코드로 해 준다면 얘기를 해 줄게"라는 말을 남발하면서 실제로는 보도가 되기를 바라는 내용을 슬그머니 흘리는 관행이 있는 것도 사실이다. 취재원과 언론인이 이런 관행의 존재를 잘 알고 있다면 현장에서 "오프더레코드야"라고 말했다고 해서 실제로 정상적인 오프더레코드 약속이 성립했다고 보기는 어렵다.

여기에 ① 오프더레코드 약속은 기본적으로는 해당 언론사와 취재원 사이에서 성립하는 약속이라는 측면에서 개별 기자가 마음대로 할 수 있는 것이 아니라 적어도 데스크 등의 동의가 필요한 것이라는 점, ② 일방적인 발언으로 '선포'되는 것이 아니라 개별적인 동의 과정이 필요하다는 점, ③ 이미 해놓은 발언에 대해 사후적으로 요구를 하는 것이 아니라 발언 전에 약속이 성립해야 한다는 점 등을 고려할 필요가 있다. ④ 여기에 공식 기록에 들어 있는 내용이나 목격한 사실, 기타 다른 자료 등을 통해 확인이 가능한 것을 미리 오프더레코드 약속을 이용해 묶어 놓는 것도 인정될 수 없다. 서석재 전 장관 발언의 경우에는 첫 번째와 두 번째 측면에서 정상적인 오프더레코드 약속이 성립했다고 보기 어렵고, 따라서 이른바 동업자들 사이의 신의 문제를 제외하고는 보도를 한 언론사에게 달리 책임을 묻기 어렵다고 할 것이다.

제대로 성립한 오프더레코드나 익명 처리 약속을 언론이 파기한다면 그 법적인 책임은 어떻게 될까? 국내에서는 관련 판례가 없으나 미국에서는 일종의 '금반언 원칙promissory estoppel'을 위반한 것으로 보아 법적 책임을 져야 한다는 판결이 있다.[179] 이 사건에서 미네소타 〈스타 트리뷴*Star Tribune*〉과 세인트폴 〈파이어니어 프레스*Pioneer Press*〉 소속 기자는 1982년 익명을 약속하고 취재원으로부터 정보를 얻었는데, 두 언론사 모두 취재 기자들의 반대에도 불구하고 취재원의 이름을 보도했고, 이로 인해 제보자인 코언은 실직을 하게 되었다. 1988년 1심 판결에서는 코언이 승소해 20만 달러의 배상금을 받았는데, 주 대법원이 이를 파기했다.

하지만 연방대법원은 사건을 다시 미네소타 주 대법원으로 돌려보냈다. 대법원은 이 금반언 원칙은 '일반적으로 적용될 수 있는 원칙'으로 특별히 언론의 자유를 제한하기 위한 것이 아니며, 실제로 이로 인해 발생하는 언론 자유에 대한 제한은 순전히 우연적인 것으로 헌법적으로 볼 때 중요한 것이 아니라고 판결했다. 이에 대해서는 금반언 원칙이 진실에 대한 보도를 처벌하는 결과를 가져오게 된다거나, 공적 논의에서 해당 정보가 갖는 중요성이라는 측면에서 코언이 지방 선거에 나선 인물이라는 점을 주목해야 한다는

179 *Cohen v. Cowles Media Co.*, 501 U.S. 663 (1991).

반대 의견이 있었다.

물론 반대로 제보자의 요청에 따라 익명 처리를 약속하고 취재를 했는데 확인 결과 제보 내용이 사실이 아닌 경우도 생긴다. 역시 미국 사례인데, 익명을 전제로 제보한 내용이 취재 결과 허위로 드러날 때에는 언론이 제보자에 대해 익명을 유지할 의무가 소멸한다는 판결이 있다.[180] 제보자인 줄리 하얏트 스틸이 익명 약속을 어기고 자신의 이름을 보도한 〈뉴스위크〉 기자인 마이클 이시코프와 뉴스위크사, 워싱턴 포스트사를 상대로 금반언 원칙과 기망, 계약 위반 등을 근거로 징벌적 손해배상을 청구한 소송에 대한 판결이다. 당시 스틸과 이시코프 사이에는 취재원의 이름에 대해 오프더레코드하기로 한 약속이 있었는데, 재판부는 기본적으로 취재원과 기자 사이의 비밀 유지 약속은 계약법적 법리가 아니라 도덕적 약속으로 보는 것이 적절하다고 보았다. 재판부는 여기서 한발 더 나아가 만약 익명 유지 약속에 도덕적인 의무를 넘어서는 계약에 따른 의무를 부여한다고 하더라도 이 사안에서는 스틸이 처음부터 거짓말을 한 것이기 때문에 계약은 성립하지 않은 것으로 보아야 한다고 덧붙였다.[181]

180 *Steele v. Isikoff*, 130 F.Supp.2d 23 (2000).

181 이 사건에 대한 재판이 이루어진 워싱턴 D.C.와 버지니아 주는 이른바 '금반언 원칙'을 보통법 원칙의 하나로 인정하고 있지 않기 때문에 앞의 코언 대 콜스 미디어사Cohen v. Cowles Media Co. 사건과는 다른 결론에 도달한 것으로 볼 수도 있다. 그렇다 하더라도 이 사건에서는 제보자의 의도된 거짓말이 금반언 원칙이 작동하는 것을 막았을 가능성이 높다. 당시 원고는 기자 등이 이 약속을 통해 부당한 이익을 얻었다는 주장을 했는데, 이 주장 역시 거짓말을 이유로 기각되었기 때문이다.

15. '엠바고' 요청의 법적 효력

'엠바고Embargo,' 즉 '보도 유예' 요청을 받은 언론사는 이를 수용해야 할 의무가 있을까? 만약 취재원으로부터 엠바고 요청을 받은 뒤 이를 수락한 언론사는 법적으로 이를 이행해야 할 의무를 지는 걸까? 만약 엠바고 요청을 받지 않은 언론사가 이른바 엠바고가 걸린 기사를 보도하면 어떤 문제가 있을까? 엠바고 요청을 거부한 언론사에 대해 정부 등 취재원이 정보의 제공이나 기자실 등의 이용을 제한하는 것이 법적으로도 허용될까?

'엠바고'는 과거 특정 국가의 항구에 선박이 드나드는 것을 금지함으로써 해당국을 고립시키는 조치를 말하는 것이었다. 지금은 이런 의미보다는 언론에 대해 일정한 시점까지 특정 사안을 보도하지 말도록 하는, 보도 유예를 뜻하는 것으로 많이 사용된다. 취재원이 언론사에 어떤 사안에 대한 정보를 제공하기 전에 특정 시점까지 보도하지 말 것을 요구하고 이를 수용한 언론사에 대해서만 정보를 제공하는 것이 기본적인 방식이다.

하지만 실무적으로는 특정한 기자단 등에 등록된 언론사에 정보를 제공하면서 보도 시점을 별도로 표시해 놓고, 특별한 사정이 없는 한 해당 기자단 소속 언론사들이 이를 존중하는 방식으로 운영되는 경우가 많다. 과학 보도 등에서는 특정 연구 발표 등과 관련해 국제적으로 엠바고가 걸려 있는 경우도 많다. 정상회담 일정과 같은 국가 간의 외교적 사안의 발표 등에서 특정 시간을 정해 놓고 관련 국가의 언론이 동시에 기사화를 하는 경우도 여기에 해당한다.

국내의 언론 관행 가운데 취재원의 요구와는 무관하게, 기자단에서 보도의 편의를 위해 임의로 특정 사안에 대한 보도 시점 등을 정하는 것도 엠바고라고 부르는데, 이는 원칙적 의미에서 원래의 엠바고와는 거리가 멀다. 어떤 의미에서는 당장 알려져야 할 것을 일정한 시점 이후에 보도하자고 함으로써 알 권리에 역행하는 담합이라는 비판도 있다. 물론 실제로는 한꺼번에 쏟아져 나오는 정보들을 언론이 동시에 기사화할 수 없어서 결국 취사선택을 해야 하는데, 이럴 때 제대로 보도되어야 할 것들이 묻혀 버리는 것을 방지하는 효과도 있다. 때문에 취재원이 정보 제공 시기를 조절하는 것은 아무 문제가 없다고 하면서 특정 분야를 잘 아는 기자단이 뉴스 보도의 현실적 한계를 감안해 사안별로 보도 시점을 조절하는 것을 무조건 나쁘다고 볼 수 없다는 주장도 나름의 설득력이 있다. 다만 문제는 이런 엠바고 관행이 지나치게 자의적이고 편의적으로 운영될 수도 있다는 점이다.

그런데 취재원이 정식으로 엠바고를 언론에 요청했을 때, 언론이 이를 받아들여야 할 의무가 있는지를 생각해 보자. 앞에서 살펴본 오프더레코드의 경우와 마찬가지로, 취재원은 엠바고 요청을 받아들이지 않는 언론에 대해서는 해당 브리핑 참여를 제한하는 등 정보 제공에서 배제할 수 있다. 언론으로서는 엠바고 요청을 받아들이지 않는 대신 해당 정보를 직접 취재해 보도하는 것을 선택하면 되는 것이다. 일반적으로 언론이 엠바고 요청을 받아들여야 할 의무를 규정하고 있는 것은 어디에도 없기 때문이다.

하지만 언론은 정보를 쥐고 있는 정부 기관 등이 엠바고 요구를 할 경우 이를 거스르기가 쉽지 않다. 그런 요구를 거부하고 당장은 특종을 할 수도 있지만 장기적으로 상당한 불이익을 피하기 어려울 것이기 때문이다. 또 하나는, 인명 구조나 안전, 안보 등에 관한 사안과 같이 공익적 필요에 의한 엠바고 요구를 거부하는 것도 언론윤리적으로 문제가 될 것이다. 따라서 일차적으로는 현실적인 이유로, 다음으로는 언론윤리적인 이유로 통상의 엠바고 요청을 거부하기가 어려운 것이다. 그리고 일단 엠바고 요청을 수용한다면, 앞에서 본 오프더레코드에서와 같이 일종의 약속이 성립한다고 볼 것이고 이에 대해서는 언론윤리적인 측면에서와 함께 법적으로도 약속을 지키지 않을 경우 일정한 책임을 지는 것을 생각해 볼 수 있다.

실제로 국내에서 엠바고를 둘러싼 책임 문제가 소송으로 다뤄진 사례가 있다. 2011년 1월, 소말리아 해적에 납치됐던 삼호주얼리호에 대한 군사 작전을 〈부산일보〉가 보도했는데, 이 작전 자체에 대해 국방부가 출입기자단에 작전 완료 시까지 엠바고를 요청해 받아들여진 상태였다. 〈부산일보〉는 국방부에 출입 기자를 두고 있지도 않고 달리 엠바고 요청을 직접 받은 사실도 없었다. 〈부산일보〉는 "소말리아 해적과 교전 해군 3명 부상"이라는 대제목과 "피랍 삼호주얼리호 구출 작전 중"이라는 소제목으로 기사를 게재했다가 추후 작전에 차질을 줄 수 있다는 국방부의 요청에 따라 기사를 삭제하였다.

하지만 국방부는 선원들이 구출된 뒤 각급 중앙 행정 기관 등에 〈부산일보〉에 대한 제재 조치를 요청하는 공문을 발송하였다. 이에 따라 청와대와 국무총리실을 비롯한 각급 중앙 행정 기관 등에서 〈부산일보〉 소속 기자들에 대해 1개월간의 출입 정지와 보도자료 제공 중지 조치를 내렸다. 국방부는 당시 공문을 통해 인질 구출에 심각한 영향이 있다는 정부의 정당한 협조 요청에도 불구하고 이에 응하지 않은 것은 공익을 위한다는 언론 기관의 사회적 책임에 어긋나므로 범정부 차원의 제재 조치가 필요하다고 주장하였다. 국방부는 특히 이 사건은 인질의 안전과 관련한 중대한 사안으로 기사화를 하기 전에 국방부에 문의할 경우 포괄적 엠바고 사실을 충분히 확인할 수 있었는데도 이를 확인하지 않고 기사를 인터넷과 신문에 보도했다고 주장하였다.

실제로 청와대와 국무총리실, 문화관광부는 〈부산일보〉에 대해 출입 정지와 보도자료 제공 중지 조치를 내린다. 그러자 〈부산일보〉는 이런 정부의 제재 조치는 위법한 것이라며 국가를 상대로 1억 100만 원의 손해배상을 청구하는 소송을 냈다. 법원은 엠바고 요청에 따라 당연히 기자들이 관련 보도를 유예해야 할 의무는 없다고 하면서도 엠바고가 걸린 기사는 다른 기자들이 보도를 하지 않을 것이므로 엠바고 요청을 받지 않은 기자는 그 당사자가 아니라는 이유만으로 아무런 제한 없이 관련 내용을 보도할 수 있다고 볼 수는 없다는 판단을 내렸다. 특히 보도하려는 사안이 국가 안위나 중대한 공익과 관련된 경우, 또는 국민의 생명이나 신체에 위해를 끼칠 수 있는 사안인지에 따라 엠바고 요청을 받지 않은 기자도 엠바고 취지를 존중해야 할 의무가 있다고 인정할 수 있는 경우도 있다고 덧붙였다.[182] 사실상 엠바고 요청을 받지 않은 언론사에 대해서도 일정한 경우 엠바고가 효력이 있으며, 더구나 이런 사안에서는 엠바고를 존중할 일종의 법률적 의무가 인정된다고 본 것이다.

이 판결은 엠바고가 걸렸다고 해서 언론사에 일반적인 보도 유예 의무를 지울 법적 근거가 없다면서도 사안의 중대성을 들어서 〈부산일보〉에 대해 법적인 보도 유예 의무를 인정하는 다소 모순적인 태도를 보이고 있다. 엠바고 의무를 발생시키는 법적 근거가 무엇인지에 대한 언급도 빠져 있다. 더구나 엠바고 요청을 받지도 않은 언론사에 대해서까지 엠바고의 효력이 발생하는지에 대해서도 언급하지 않고 있다. 이에 대해서는 당시에도 비판이 제기되기도 했으나 〈부산일보〉는 이러한 1심 판결에 항소하지 않아 이 판결이 그대로 확정됨으로써 상급심에서 보다 엄밀한 법적 판단을 받아볼 기회를 잃어버렸다.[183]

순전히 인질의 생명과 안전을 최우선으로 하여야 한다는 언론윤리적, 사회적 책임 논리에 기초해서 본다면 판결의 결론에는 동의할 수 있다. 하지만 언론윤리적 판단이 아닌 법적 판단이라는 점에 비춰 본다면 언론에 대해 어

182 부산지법 2012. 6. 27. 선고 2011가합3841 판결.

183 양재규(2012. 10), “자율과 의무 사이 엠바고 효력은 여전히 방황 중,” 〈신문과 방송〉, 통권 504호, 한국언론진흥재단, pp.94~98.

떤 법적 의무가 존재한다고 선언하면서 그 근거를 명확하게 밝히지도 않은 채 엠바고에 대한 법적 효력을 인정했다는 점에서 그 논리 전개 방식에 대해서는 동의하기 어렵다. 특히 〈부산일보〉가 이런 중요한 군사작전에 대해 엠바고 요청이 있었을 가능성을 '예측할 수 있었을 것'이라는 점을 근거로 엠바고 요청을 직접 받은 적도 없는 언론사에 대해 엠바고의 효력이 발생한다고 본 것도 매우 자의적이라는 비판을 피하기 어렵다고 본다.

재판부는 특히 각 출입처가 기자실 출입 제한 등의 조치를 취한 것과 관련해 헌법과 법률이 언론의 사회적 책임 준수를 규정하고 있다는 것을 근거로 사회적 책임을 다하지 못한 언론에 대해 행정 기관이 기자실 출입과 보도자료 제공을 제한할 법령상의 근거가 있다고 선언하였다. 행정 기관이 언론사의 사회적 책임 준수 여부를 판단해서 취재에 대해 차별적인 대우를 하는 것에 대해서도 법적인 정당성을 부여한 것이다. 과연 언론에 대한 일반적인 사회적 책임 규정이 행정 기관의 판단에 따라 언론에 대한 차별적 대우의 근거가 될 수 있는지 의문이 아닐 수 없다. 특히 이 대목은 우리 언론법제의 곳곳에 나타나는 언론의 사회적 책임에 관한 조항이 단순한 훈시 규정이나 선언적 규정에 그치지 않고 실제로 언론에 대한 제재 조치의 근거로 동원될 수 있음을 보여 주는 것이기도 하다.

언론으로서는 국가의 안위에 대한 필요성이나 국민의 생명이나 안전 등을 위한 엠바고 요청을 거부하는 것은 정말 특수한 사정이 있지 않는 한 상정하기 어려운 일이다. 이 사건의 경우에도 과연 〈부산일보〉가 이를 먼저 보도하는 것이 윤리적으로 옳았는지에 대해서는 비판적인 의견이 얼마든지 가능하다. 비록 직접 엠바고 요청을 받지 않았다고 하더라도 이런 사안이라면 당연히 직접 관련된 부처에 확인하는 것이 기본이고, 그랬다면 엠바고 사실도 알 수 있었을 것이다. 하지만 그렇다고 해서 법적으로, 엠바고 요청이나 수용 여부와 상관없이 중대한 사안이라면 엠바고를 지켜야 할 법적 의무가 있다고 보는 것이 타당한 것인지 의문이다. 또 이런 조치에 대해 정부가 아무런 명시적인 법적 근거도 없이 언론 일반에 제공되는 편의와 정보 접근권을 차별적으로 제한하는 조치를 취하는 것이 정당한 것인지도 되돌아볼 필요가 있다.

16. 취재를 위한 위장 취업

어떤 기업이나 조직의 활동에 문제가 있다는 제보가 있는데 이를 확인할 방법이 마땅치 않다면 어떻게 해야 할까? 어느 정도의 단서가 있더라도 수사 기관과는 달리 강제적 조사 수단을 갖고 있지 않은 언론으로서는 직접 현장을 확인하는 것이 어려울 수밖에 없다. 물론 내부자가 보도를 할 수 있을 정도의 충분한 자료를 제공한다면 상황이 다르겠지만 언론으로서는 가급적 현장을 직접 목격해 생생한 기사를 쓰고 싶은 욕구를 갖고 있기 마련이다. 강제적인 조사 권한이 없는 언론이 일반인들에게는 접근이 허락되지 않는 현장에 들어갈 수 있는 방법은 무엇일까? 만약 특정 기업이나 조직 등에 위장 취업해서 현장을 취재하는 것은 어떤 문제가 있을까?

국내에서는 언론인이 취재 대상의 내부 사정 등을 취재하기 위해 위장 취업을 한 사례를 다룬 판례는 찾아보기 어렵다. 지난 2002년 대구에 있는 〈매일신문〉 기자가 고추 작업장에 위장 취업을 한 뒤 '고추 군납 비리 사건'을 취재해 잇달아 보도하면서 군 수사 기관과 경찰이 수사에 착수해 수십 년 동안 이어져온 군납 비리가 드러나게 된 일이 있었다. 또 2005년에는 〈조선일보〉

의 한 기자가 패스트푸드점에 위장 취업했던 사례가 있다. 하지만 두 사건 모두 기자의 위장 취업이 법적인 문제로 쟁점화하지는 않았다.

2009년 9월 초에는 MBC 소비자 고발 프로그램인 〈불만제로〉가 서울의 한 유치원에 제작진 1명을 보조 교사로 위장 취업시켜 몰래카메라로 유통 기한이 지난 어묵과 녹슨 통에 든 케첩 등을 아이들에게 먹이는 장면을 촬영해 방송하고는 해당 유치원을 관할 구청에 신고한 사례가 있다. 유치원 측이 〈불만제로〉 제작진을 업무 방해와 주거 침입, 명예훼손 혐의로 고소하면서 검찰이 수사에 착수했는데, 결국은 기소유예 처분을 내리는 것으로 마무리되었다. 검찰은 고소인이 처벌을 원하지 않는다며 고소를 취하했기 때문에 당사자의 명시된 의사에 반해 처벌할 수 없다는 이른바 '반의사불벌죄'인 명예훼손은 공소권이 없고, 나머지 고소 사실에 대해서는 별다른 혐의점을 발견하지 못했기 때문이라고 설명했다. 당시 검찰은 제작진으로부터 몰래카메라 관련 해외 취재 사례와 국내외 판례, MBC 내부 취재 가이드라인까지 제출받아 수사를 벌였는데, 고소 취소로 처벌할 수 없게 된 명예훼손 외에 주거 침입이나 업무 방해의 경우에도 처벌 논리를 구성하기가 쉽지 않았다고 볼 수 있다.[184]

미국의 경우에는 위장 취업을 한 뒤 몰래카메라 촬영과 녹음 등을 해서 보도를 해 법적인 쟁점으로 다루어진 사례들이 있다. 먼저 ABC 방송의 탐사 보도 프로그램인 〈프라임 타임 라이브*Prime Time Live*〉가 전화로 점괘를 봐 주는 사업을 취재하기 위해 기자를 이 업체에 위장 취업시킨 사례가 있다. 이 기자는 모자 속에 감춘 몰래카메라를 이용해 원고를 비롯한 동료 직원들의 행위를 촬영하고 속옷에 감춘 고성능 마이크로 사무실에서 이루어지는

184 엄기열(2010), "몰래카메라를 사용한 탐사 보도 프로그램의 법적 용인 범위에 대한 연구: 국민의 알 권리 확보의 측면에서," 〈언론과 법〉, 제9권 제1호, 한국언론법학회, p.248.

대화를 녹음한 뒤 방송에 사용하였다. 캘리포니아 주 지방법원은 원고의 사생활 침해 주장을 받아들여 120만 달러의 배상금 지급을 명령했는데, 주 항소법원은 이 업체 종사자들이 객관적으로 합리적인 프라이버시 보호에 대한 기대를 갖고 있지 못하다는 이유로 판결을 뒤집었다.

하지만 주 대법원은 낮은 정도라 하더라도 직장 내에서도 프라이버시가 존재할 수 있다면서 다시 판결을 뒤집었다. 일반인들의 출입이 규제되는 사무실이나 작업장에서는 제한적이라 하더라도 프라이버시가 보호될 필요가 있다면서, 단지 사업장이냐 아니냐를 기준으로 프라이버시 보호를 일률적으로 판단해서는 안 된다고 판결한 것이다. 특히 다른 사람들이 들을 수 있는 상황에서의 대화라고 하더라도 이를 듣는 사람이 침입자라면 그의 신분과 침입의 성격, 침해의 동기 등을 포함해 판단해야 한다면서 프라이버시 침해 가능성을 인정한 것이다.[185]

위장 취업과 관련해 가장 유명한 사건은 ABC 방송과 육류가공업체인 푸드라이온 사이에 벌어진 소송이다. 역시 ABC 방송의 〈프라임 타임 라이브〉 소속인 기자 2명이 신분과 학력, 경력 등을 허위로 기재해 푸드라이온사에 취업한 뒤 2주 정도에 걸쳐서 작업장 내에서 벌어지는 일들을 몰래 촬영해 방송한 것이다. 비위생적인 식품 가공 과정에 대한 방송이 나가자 푸드라이온의 주가가 폭락하고 85개의 매장이 문을 닫았으며 종업원 1000명 이상이 해고되는 등 이 업체는 큰 타격을 입었다. 그러자 푸드라이온은 ABC와 담당 프로듀서, 기자들을 상대로 사기, 프라이버시 침해, 불공정 경쟁, 충실 의무 위반 등의 혐의로 24억 7000만 달러의 손해배상을 요구하는 소송을 냈다.

1997년에 나온 연방지방법원의 1심 재판에서 배심원단은 이 업체가 기

185 *Sanders v. ABC, Inc.*, 978 P.2d 67 (1999).

자들을 취업시킨 것은 거짓 진술에 의한 것으로 충실 의무 위반과 사생활 침해를 모두 인정해 '징벌적 손해배상punitive damage'으로 550만 달러, '실제 발생 손해에 대한 배상actual damage'으로 1402만 달러를 인정했으나 재판장이 징벌적 배상액수를 31만 5000달러로 낮췄다. 그런데 2년 뒤에 열린 연방항소법원의 2심 재판에서는 기망fraud과 이에 따른 징벌적 손해배상청구를 기각하고 위장 취업한 기자들이 고용주인 푸드라이온을 위해 일하지 않은 충실 의무 위반으로 1달러의 상징적 손해배상을, 거짓말로 비공개 장소인 작업장에 출입한 것을 불법 침입으로 보아 역시 1달러의 상징적 손해배상을 인정함으로써 사실상 원고의 청구를 기각하였다.[186]

특기할 만한 것은 기자들이 위장 취업을 함으로써 푸드라이온에 불필요한 행정 비용을 발생시켰다는 주장에 대해서 항소심 재판부가 기자들이 취업을 할 때 고용 기간에 대해 약속을 한 것이 없기 때문에 비용 발생 주장을 받아들일 수 없다고 한 것이다. 국내에서 위장 취업과 관련해서 인정되는 업무 방해 주장의 타당성을 여기에 비추어 생각해 볼 여지가 있다. 또 보도로 인해서 발생한 손해배상도 인정하지 않았는데 1심 법원은 푸드라이온의 손해는 보도 때문이 아니라 비위생적인 식품 가공으로 소비자의 신뢰를 저버렸기 때문에 일어난 것이라고 보았고, 2심은 푸드라이온이 명예훼손 소송을 제기해서는 이길 가능성이 없다는 것을 알고 취재 과정의 위법성을 근거로 손해배상을 청구한 것으로 보이는데, 이는 수정헌법 제1조가 제한하고 있는 내용이라고 지적했다.

186 *Food Lion, Inc. v. Capital Cities/ABC, Inc.*, 194 F.3d 505 (4th Cir. 1999).

17. 공권력 등이 취재를 제한할 경우

지금까지는 주로 취재 과정에서 언론인의 취재 행위가 실정법과 충돌하는 상황들을 살펴보았다. 대부분 언론인이 통상의 방법으로 확보하기 어려운 정보나 자료 등을 구하기 위해 동원하는 수단이 실정법에 어긋나느냐는 문제가 쟁점이 된 것들이다. 그런데 공권력 등이 취재에 협조를 해 주지 않는 차원을 넘어서 특정 언론이나 언론인에게 차별적으로 취재를 제한한다면 어떻게 해야 할까? 만약 특정 언론이나 언론인에 대해서만 공식 브리핑 참여를 막는다든지, 통상의 보도자료 제공을 제한한다든지 할 경우에 언론인은 어떻게 대응하는 것이 적절할까?

언론 현실에서는 공권력에 의해서 취재가 제한되는 경우도 종종 발생한다. 대표적으로 공개된 법정이라고 하더라도 촬영이나 녹음은 나라에 따라 제한되는 경우가 많다. 우리의 경우도 법정에서의 촬영과 녹음은 재판장의 허가를 받지 않는 한 원칙적으로 금지된다. 성범죄나 가사재판 등과 같이 아예 재판 자체가 공개되지 않아 방청을 할 수 없는 경우도 있다. 유치장이나 구치소, 교도소 등 시설에 구금된 수용자를 언론이 접촉해 취재를 하는 것에도 제한이 있다.

이런 경우와는 달리 공공 기관이 취재에 응하지 않거나 방해를 하는 경우, 출입 자체를 거부하는 경우도 있다. 취재의 자유는 있지만 일반적으로 공공 기관이라고 하여 취재에 응할 의무를 지는 것은 아니기 때문에 취재에 협조하지 않는 행위가 일반적으로 법적인 문제를 발생시키지는 않는다. 이런 경우는 정보공개법 등을 이용하거나 헌법상의 알 권리에 기반을 둔 사법적 절차를 거쳐 취재에 응하도록 하는 방안을 강구할 필요가 있다.

그런데 이런 일반적인 취재에 대한 제한이 아니라 차별적으로 특정 언론 등에만 접근을 제한하는 것은 조금 다른 차원의 문제를 제기한다. 어떤 언론사에는 취재를 허용하면서 다른 언론사에는 취재를 불허하는 경우 문제가 될 수 있다. 국내의 경우는 여러 중앙 정부 기관들이 〈부산일보〉 기자들에게 엠바고 파기를 이유로 기자실 출입 제한과 함께 보도자료 제공을 중단했다가 소송이 제기된 경우가 있다.

이 사건에서 재판부는 행정 기관의 기자실 운영이나 보도자료 제공을 통해 언론사가 보도와 관련해 얻는 편익이 단순히 행정 기관의 시혜적인 편의 제공에 따른 반사적인 이익에 불과하다고 볼 수는 없다고 하면서도 결론적으로 취재의 자유는 권력 기관으로부터의 방해나 간섭을 받지 않고 자유롭게 취재를 할 수 있는 자유권일 뿐이며 행정 기관이 기자실을 운영하고 보도자료를 제공하는 것은 취재원이 취재 기자에게 편의를 제공하는 측면이 강하다며 취재 제한과 보도자료 제공 중단 조치의 위법성이 없다고 하였다.[187]

하지만 이 사건에서는 행정 기관이 예산을 사용해 운영하고 있는 시설과 제공하는 서비스에서 차별을 두는 것이라는 점을 심도 있게 검토하지 않았다. 청와대와 국무총리실 등 행정 기관들이 아무런 명문의 근거도 없이 특정 언론사에 대해서만 일반적으로 제공되는 서비스에서 배제하는 것은 그 자체로 별도로 법적 정당성을 검토하는 것이 바람직할 것이다. 실제로 일반적으로 엠바고 파기와 같은 비신사적인 행동이 있었을 경우 행정 기관이 주체가 되어서가 아니라 기자단 차원에서 자율적으로 출입 정지 등의 조치가 내려지는 것은 이런 이유에서이다. 행정 기관이 주체가 되어서 특정 언론사(들)에

187 부산지법 2012. 6. 27. 선고 2011가합3841 판결.

대한 차별적 조치를 취하는 것은 언론 자유에 대한 도전으로 볼 여지가 크며, 법적인 구제가 가능하다고 보는 것이 타당하다고 생각된다.

이와 관련해 미국에서 나왔던 취재 제한과 관련한 몇 개의 사례를 참고할 수 있겠다. 먼저 특정 언론사 기자들을 기자회견에서 배제한 조치에 대해 다른 기자들과 같은 조건으로 기자회견 참석을 허용하라는 판결이 있었다.[188] 〈호놀룰루 스타 불리틴*Honolulu Star-Bulletin*〉지의 시청 출입 기자인 리처드 보레카가 프랭크 F. 파시 시장을 상대로 시청에 대한 취재를 제한한 조치에 대한 중지와 손해배상을 청구한 사건에서 재판부는 가처분 신청을 받아들인 데 이어 최종적으로 파시 시장에게 시청에서 일어나는 어떠한 형식의 기자 회견이든 원고에 대해 다른 기자들과 동일한 조건으로 참여하는 것을 직접 제한하거나 다른 사람에게 제한하도록 해서는 안 된다고 금지하는 명령을 내렸다. 또 지방검사가 특정한 기자에게만 다른 기자에게는 요구하지 않는 조건을 걸고 질문이나 면담을 거부하는 것에 대해 "합리적인 한계 속의 균등한 접촉 기회가 주어져야 한다"고 밝힌 판결이 있다.[189]

기자회견과 같은 공개된 취재 기회 외에 개별적인 접촉을 제한하는 것과 관련해서는 다음과 같은 판결들이 있다. 먼저 자신과 시청에 대해 비우호적인 보도를 일삼는 언론에 대해 시장이 모든 시 공무원들에게 개별적인 인터뷰 등 접촉을 금지하는 조치를 취한 것은 헌법에 위반되지 않는다는 판결도 있었다.[190] 오하이오 주의 영스타운 시장이 비판적인 보도를 계속하고 있는

188 *Borreca v. Fasi*, 369 F.Supp. 906 (1974).

189 *Southwestern Newspapers Corp. v. Curtis*, 584 S.W.2d 362 (1979).

190 *Youngstown Publishing Co. v. McKelvey,* No. 4:05 CV 00625 (N.D. Ohio, 2005). 항소심 판결이 나오기 전에 새로 취임한 시장이 전임 맥켈비 시장의 조치를 철회하면서 항소심 판결 No. 05－3842(6th Cir., 2006)에서는 청구 이유가 없어졌다는 이유로 소송에 대한 각하 결정

특정 언론에 대해 정보공개법에 따른 정보 제공을 하는 것 외에 일대일 접촉 등 개별적인 취재를 금지한 사건이었는데, 재판부는 정보공개법에 따른 정보 제공처럼 일반인에 대해 주어지는 것을 넘어서는 정보원에 대한 접근을 허락하도록 누군가를 강제할 권리는 없다며 패소 판결했다. 언론에 대해서도 일반인과 동등한 수준에서의 정보에 대한 접근권만이 인정된다는 것이다.

마찬가지로 정부 관리가 기자에게 정보를 제공할 때 보도 내용에 따라 기자들을 가려서 정보를 주는 것이 헌법에 위반되지 않는다는 판결도 있었다.[191] 해당 언론의 성격이나 사안의 특성 등을 감안해 관심을 가질 만한 언론사에 특정 정보를 차별적으로 제공하는 것이 잘못은 아니라는 것이다. 이 사건은 메릴랜드 주의 엘리치 지사가 〈볼티모어 선〉지의 두 기자가 객관성을 잃은 보도를 한다면서 면담이나 전화 응대를 하지 말 것을 지시한 것에 대한 소송이었는데, 일반적으로 제공되는 취재 편의 등을 거절한 것이 아니라 개별적인 면담이나 전화 응대를 하는 것을 거부하는 것은 위헌이 아니라고 보았다.

기본적으로 차별적인 정보 제공은 문제가 된다. 하지만 언론이 분별없이 함부로 기사를 쓰는 것에 대해 공권력이라고 해서 무조건 참아야 할까? 원칙적으로는 공권력이라고 해서 무작정 참을 필요는 없다고 하겠지만 그렇다고 공권력이 일반적인 취재를 제한하고 거부하는 것은 옳지 않다. 공권력을 가진 정부 기관 등은 다른 여러 가지 법적 장치들을 활용할 수 있기 때문이다. 정부 기관은 자체 인터넷 홈페이지 등을 통해 정보를 공개할 수도 있고, 기자 회견 등을 통해서도 자신들의 입장을 밝히거나 필요한 정보 등을 공개할 수

이 내려졌다.

191 *Baltimore Sun Co. v. Ehrlich*, 356 F.Supp.2d 577 (2005). 2006년에 내려진 연방항소법원의 2심에서도 같은 결론이 내려졌다.

있기 때문이다.

정부 기관이 아닌 개별 정치인, 정당, 시민단체 등이 취재를 거부하는 것은 어떨까? 언론의 과도한 정파성이 배경이 되기는 했지만 시민단체는 물론이고 국회의원이나 공공 기관까지 특정한 언론에 대한 인터뷰, 출연 등을 거부하는 등 언론과의 갈등 사례는 많다. 대표적으로 노무현 전 대통령의 경우 국회의원과 대통령 후보 시절 특정 언론의 취재를 거부했고 2011년 12월에 종합 편성 채널이 4개나 출범한 뒤에는 종편 도입에 반대했던 야당 인사들이 종편의 개별 취재와 인터뷰, 출연 등을 일정 기간 거부한 사례가 있다. 이처럼 언론의 정파성을 배경으로 특정 언론에 대한 취재에 불응하는 것과 일반적인 취재 제한을 같이 보기는 어려울 것이다.

하지만 기본적으로는 공개된 장소에서의 적법한 취재 자체를 제한하는 것은 어떤 경우에도 문제가 될 수 있다. 선거 비용이나 운영 등에 국고의 지원을 받는 정당이 자신에게 비판적인 언론의 대변인실 출입을 금지하는 등 전면적인 취재 거부를 한 사례가 있다. 2014년 헌법재판소에 의해 위헌 정당으로 인정되어 해산 결정이 내려진 통합진보당은 2012년 3월 총선을 앞두고 〈조선일보〉가 악의적인 기사를 쏟아내고 있다면서 대변인실 명의로 취재 거부와 출입금지 조치를 선언한 적이 있다. 당시 〈조선일보〉는 이른바 '경기동부연합' 관련 특집 보도 등으로 통합진보당의 정체성 문제를 지속적으로 거론하고 있었다. 이에 대해서는 기본적으로 정당은 자율적인 단체로서 언론의 일방적인 보도를 무조건 감내할 필요가 없다는 주장과 함께 국고 지원을 받고 있는 공당으로서 특별한 취재 편의를 제공하는 문제가 아니라 공식 브리핑 참석과 같은 일반적인 취재까지 제한하는 것은 권한의 남용에 해당한다는 비판이 동시에 있었다. 과거 새누리당의 전신인 한나라당도 기자의 출입 자체를 막은 것은 아니지만 총선 과정에서 자신에게 비판적 보도를 한 방송사에 대해 개표 방송을 위한 중계 시설의 설치를 거부함으로써 개표 방송을 옥외에서 실시하도록 한 적이 있다.

공권력이 취재를 거부할 경우 우리는 언론사들이 공식적으로 공동 대응에 나서는 경우가 거의 없다. 언론사에 대한 압수수색 등에 대해서도 마찬가지다. 잘 해야 기자실 차원에서 일선 기자들 차원의 항의가 이뤄질 뿐이다. 하지만 일본의 경우는 언론의 자유에 대한 공권력의 제한에 대해서는 언론사들이 공식적인 공동 대응에 나서는 경우가 많다. 아무래도 국내의 경우 언론사들 사이의 경쟁이 더 치열한 데다 정파적인 대립 양상까지 깔려 있는 것이 큰 원인이겠지만 그래도 언론의 자유 자체에 대한 제한에 대응하는 문제에서까지 경쟁의식이나 편 가르기가 앞서는 것은 안타까운 일이다.

미국의 경우 이른바 '압도적인 이유compelling reason' 없이 공권력이 언론의 접근에 차별을 두는 것을 불허하고 있다. 언론에 취재상의 특권을 인정하지도 않지만 언론이라고 해서 차별적인 대우를 해서는 안 된다는 태도다. 미국의 경우 방송에서 재판 중인 법정 상황이 생중계되는 모습도 종종 볼 수 있다. 물론 재판에 대해서는 미국에서도 취재에 상당한 제한이 따르는 것이 현실이다. 특히 배심제 재판 제도를 갖고 있는 미국에서는 과도한 언론 보도가 공정한 재판 진행에 방해가 되는 사례가 생기기도 한다. 실제로 공정한 배심원단을 확보하기 어려울 정도로 사안에 대한 보도가 치열했던 경우에는 다른 지역으로 재판지를 옮겨서 재판을 진행하는 경우도 있다. 하지만 판결문은 물론 각종 서면들을 포함한 기본적인 재판 관련 자료가 폭넓게 공개되는 것은 물론 법정에서의 취재나 촬영, 심지어는 중계까지도 심심찮게 이루어지는 모습은 우리와는 큰 대조를 이룬다.

7장 명예훼손 관련 쟁점

1. 익명 표현에 의한 명예훼손

명예훼손은 기본적으로 그것이 누구에 대한 것인지를 알 수 있어야, 즉 피해자가 특정되어야 성립하는 것인데 기사를 쓰면서 비판하는 대상의 이름 전체를 쓰지 않고 일부만 쓰거나 혹은 이름의 첫 글자나 이니셜만 쓴 경우에도 명예훼손이 성립할 수 있을까? 그것이 누구인지를 알 수 있어야만 당사자가 특정된다고 하는데, 그렇다면 어느 정도 범위의 사람들이 그 사람이 누구인지 인식할 수 있어야 이른바 '특정'이 됐다고 하는 것일까?

아무리 명예훼손적인 표현이라도 그것이 누구에 대한 것인지를 알 수 없다면 어떤 사람에게도 피해를 줄 수 없다. 따라서 명예훼손이 성립하지 않는 것이다. 피해자의 특정은 명예훼손의 매우 기본적인 성립 요건이다. 인터넷 댓글로 허위 사실을 올려 비방을 한 혐의로 기소된 피고인에게 실체적인 사람에 대한 특정 없이 인터넷상의 아이디만을 지칭하며 비방 글을 게시한 것으로는 명예훼손죄가 성립하지 않는다며 무죄가 선고된 것도 이런 이유에서다. 〈뉴스타파〉가 중국 화교 출신 공무원의 간첩 의혹 사건에서 국정원 수사관이 그를 폭행, 협박, 감금, 회유한 것으로 보도하면서 '큰삼촌 수사관, 대머리 수사관, 아줌마 수사관'으로 묘사한 것은 누구인지가 인식될 정도로 대상이 특정되었다고 볼 수 없다며 청구를 전면 기각한 것도 마찬가지다.[192]

또 완전히 이름을 유추할 수 있는 단서를 제공하지 않고 기사를 쓰는 경우에도 당사자가 누구인지 특정되지 않기 때문에 명예훼손이 인정되지 않는다. 사이비 기자 검거와 관련해 "모 인터넷 통신사 기자 B(45세)씨"라고만 표시하여 실명은 물론 실명을 유추할 수 있는 두문자나 이니셜도 전혀 사용하지 않았고 그 기자의 소속 통신사나 주재 지역을 확인할 수 있는 지역명도 명시하지 않았기 때문에 피해자가 특정되지 않았다고 본 판례가 있다.[193] 만약 당사자가 특정되는 것을 피하기 위한 익명 처리라면 이렇게 완전하게 그 사람이 누구인지 추정을 할 수 없도록 확실하게 익명화를 해야 한다는 얘기다.

이 말을 뒤집어서 생각해 보면 아무리 피해자의 이름을 애매하게 돌려서 쓰거나 아예 이름을 쓰지 않더라도 그 내용을 통해 그가 누구인지를 알 수 있다면 이름을 부르는 것이나 별반 차이가 없어진다는 것이다.

현직 검사를 실명을 언급하지 않은 채 'A검사'라고만 보도했지만 그 검사의 근무지, 담당 사건 등을 명시한 사건에서 법원은 피해자가 누구인지를 알 수 있기 때문에 그것만으로도 피해자가 특정되었다고 판단했다. 〈서울신

192 서울중앙지법 2014. 9. 17. 선고 2013가합547101 판결.

193 창원지법 진주지원 2012. 10. 25 선고 2012가단7881 판결.

문〉은 "강력부 검사들이 '브로커' 전락"이라는 제목의 기사에서 'A검사'가 "지난해 서울중앙지검 강력부 검사"였고 "현재 지방 소재 검찰청에 근무하는 검사"라고 표시했다. 덧붙여 A검사가 수사한 문제의 사건이 경찰이 피의자인 뇌물 사건이라고 하면서 해당 경찰관의 신상까지 자세하게 명시하였기 때문에 A검사가 누구인지를 쉽게 알아차릴 수 있다는 점에서 피해자가 특정되었다는 것이다.[194]

KBS의 시사 프로그램 제작진이 자사를 담당하고 있는 특정 언론사 기자가 어떤 프로그램 제작 과정에서 수차례 취재를 이유로 전화를 걸어온 것과 관련해 이를 외부에서의 프로그램 제작 방해 행동으로 규정해 방송한 사례가 있다. 당시 KBS는 'S 신문사의 홍길○ 기자'라는 식으로 표기를 했는데 국내의 신문사 중에 'S신문사'로 지칭되는 신문은 하나 밖에 없고 그 신문사 안에서 '홍길○ 기자'는 한 명밖에 없었다. 따라서 재판부는 주위 사정상 적어도 그가 근무하는 해당 신문사에서 일하는 시청자들은 이 방송에서 지칭하는 인물이 누구인지를 어렵지 않게 알 수 있었을 것이라고 보았다.[195] 이름 전체를 쓰지 않았다고 해도 당사자 특정에 아무 문제가 없다는 것이다.

특히 마침 문제가 된 폭력 혐의 수배자와 이름의 두 글자가 같다는 점까지 방송에 내보냈는데, 실제로는 두 사람 사이에는 아무런 관계도 없는 것으로 드러났다. 재판부는 이 사건에서 비록 단편적으로는 해당 내용들이 사실이라고 하더라도 전체적으로 볼 때 이런 내용은 피해자가 해당 폭력 조직과 어떤 연관을 갖고 그 폭력 조직의 비리를 파헤치려는 것을 부당하게 방해하려한 것 같은 인상을 시청자들에게 주고 있다고 판단했다.

194 서울중앙지법 2014. 2. 20. 선고 2013가단5006059 판결.

195 서울지법 남부지원 1995. 8. 3. 선고 94가합14378 판결.

이처럼 '홍길동'을 '홍길○'으로 쓰는 것처럼 이름에서 한 글자만 익명화하는 경우는 실제로는 매우 드물다. 어떤 면에서는 이 사례는 익명화하는 모양새만 취한 것이지 실제로는 당사자를 특정하려고 했거나 특정되어도 어쩔 수 없다는 미필적 고의가 있다고 볼 여지도 있다. 실제로는 이보다는 훨씬 더 강하게 익명화를 시도하지만 사실상 그가 누구인지를 알아보기가 어렵지 않은 경우들이 많다.

단순히 상습 사기 혐의로 구속기소된 사람의 진술에만 의존해 중견 모델이 호텔과 여관을 돌아다니며 접대를 했다는 기사를 실으면서 이 중견 모델을 '26세의 중견 모델 진 모 양'이라고 표시한 사건에서 대법원은 이 정도의 표현만으로도 방송이나 모델업계에 종사하는 사람들로서는 이 사람이 누구를 지칭하는지를 알 수 있으므로 허위 사실에 의해 명예가 훼손되었다고 인정한 사례도 있다.[196] 원심인 서울고법은 피고 언론사와 기자가 이른바 '진 모 양'으로부터 접대를 받았다는 상습사기 피고인의 진술서를 검찰로부터 제공받아 열람하는 등 기사 내용이 진실이라고 믿을 상당한 이유가 있었다고 보았으나 대법원은 이를 받아들이지 않았다.

2. 집단 표시에 의한 명예훼손

상대방이 누구인지 특정하지 않으면 아예 명예훼손이 성립할 수가 없다. 누구에 대한 것인지를 알 수도 없는 말이 어떤 사람의 사회적 평가를 저하시킬 수는 없기 때문이다. 그렇다면 여러 명을 동시에 지칭해서 기사를 쓴다면 어떻게 될까?

196 대법원 1998. 5. 8. 선고 96다36395 판결.

만약 수십 명을 한꺼번에 지칭해서 사회적 평가를 저하시킬 수 있는 기사를 쓴다면 그들에게 모두 명예훼손이 성립할 수 있을까? 서울 사람을 통째로 지칭하는 것으로 서울 사람 개개인의 명예훼손이 될 수 있을까? 어느 정도 규모의 사람들을 한꺼번에 지칭할 경우에 명예훼손이 성립할 수 있을까?

1) 집단 표시 명예훼손이 인정되는 '집단'의 크기

어느 누구를 꼭 집어서 언급해야만 어떤 사람이 특정되는 것은 아니다. 그저 집단이나 단체를 지칭했을 뿐이지만 합리적인 제3자가 볼 때 그 표현에서 개개 구성원들이 누구인지 그 범위가 분명하게 인식될 수 있다면 그 구성원들 각각에 대해서 모두 명예훼손이 성립될 수 있다. 피해자의 범위가 분명하게 특정된다면 거기에 속하는 개인들에게 직접적인 명예훼손의 피해가 발생하는 것이기 때문이다. 이런 경우를 '집단 표시에 의한 명예훼손'이라고 부른다.

물론 어떤 집단을 지칭하는 것으로 그 범위가 분명하게 정해지는 것이라고 하더라도 범위가 너무 커서 거기에 속하는 구성원 개개인의 사회적 평가에 현실적으로 영향을 미칠 정도가 아니면 각 개인들의 명예가 훼손되었다고 보기 어렵다. 이런 경우는 전체 명예훼손이 성립하지 않는 것으로 보는 것이 합리적이다. 이를테면 누군가가 "서울 사람들은 사기꾼이다"라는 말을 한 경우 최소한 서울에 주소를 두고 있는 사람은 '서울 사람'에 해당하는 것이 분명하다고 할 수 있으므로 누구를 가리키는지 그 범위가 특정이 되고, 따라서 이런 발언에 의한 피해자도 분명하게 정해진다고 할 수 있다.

하지만 이런 말 때문에 무려 1000만 명에 달하는 서울 시민들 개개인의 사회적 평가가 훼손된다고 보기는 어렵다. 실제로 어느 정도의 영향은 있다고 하더라도 이런 식의 표현까지 제한한다면 표현의 자유에 미치는 부담이 너무 커진다. 신도 수가 800만 명에 이르는 종교단체의 거리 포교를 비판하는 보도와 관련해 방송에서 거론한 특정 지역의 해당 종교 임원이 27명에 불과하더라도 보도 자체에서 해당 지역 임원들을 언급하는 등의 특별한 사정이 없는 한 개별 임원들이 피해자로 특정되었다고 볼 수 없다고 한 판례도 같은 취지라고 볼 수 있다.[197]

국내에서도 이런 집단 표시에 의한 명예훼손을 인정한 판례가 여럿 나오면서 어느 정도의 표현에 의해서 그 집단에 속하는 개개인들의 명예가 훼손됐다고 볼 것인지에 대한 기준이 형성되어 있다. 일반적으로 어떤 집단에 대한 명예훼손적인 언급은 해당 구성원들의 수만큼 영향이 희석되기 마련이고, 따라서 집단이 커질수록 개개인에 이르러서는 별 영향이 없게 된다. 대표적인 국내 판례 몇 개를 살펴본다.

먼저 서울의 주요 대학에 있는 특정 단과대학의 특정 학번에 속하는 여학생을 지칭해 사실이 아닌 내용의 기사를 쓴 사건에서 이른바 집단 표시에 의한 명예훼손이 인정된 판례가 있다. 당시 이 조건에 해당하는 대상자는 모두 49명이었다. 당시 재판부는 "○○대학교 사회대에는 ◇◇학번 여학생들이 49명의 소수 인원에 불과한 점 등에 비추어 보면 원고들이 생활하는 범위 내의 주변 사람들 사이에서는 이 사건 기사의 모델이 원고들일 수 있다고 추지하기에 충분하다 할 것"이라면서 소송을 낸 개개인에게 모두 명예훼손을 인정한 것이다.[198]

이 사건은 '○○대학교 사회대 ◇◇학번 여학생' 한 명이 이른바 운동권 선배를 사랑하다 배신당한 뒤 유흥업소 호스티스 생활을 하게 되었다는 수

197 서울중앙지법 2013. 5. 10. 선고 2012가단198734 판결.

198 서울지법 1996. 5. 14. 선고 94가합91515 판결.

기 형식의 글을 게재한 잡지를 상대로 해당 학번 여학생들이 낸 소송이었다. 이 수기에 대해 해당 잡지사 측은 그 내용이 사실이라는 아무런 근거를 제시하지도 못하였고 나중에는 '단순히 독자들에게 가벼운 오락거리를 제공하려는 의도에서 가공의 사실을 수기 형식으로 기사화한 것일 뿐'이라는 항변까지 했다. 완전히 엉터리 기사였음을 스스로 시인한 것이다. 이 잡지는 국내 주요 일간지의 자매지였는데 이 사건이 있은 뒤 폐간되고 말았다.

당시 재판부는 판결문에서 "일반적으로 명예훼손의 주체는 특정한 자임을 요하지만 반드시 성명을 명시하여야 하는 것은 아니고 표현의 전 취지나 주위의 사정상 특정인을 추지할 수 있으면 족하고, 특히 잡지의 배포에 의한 사실 적시라는 방법이 취하여진 때에는 그 독자 전원이 명예가 훼손된 특정인이 누구인가를 알 것을 요하는 것이 아니라 적어도 동인을 알고 있는 불특정 또는 다수인에 있어서 그 사실의 표현 전체나 특정인에 대한 예비지식을 종합해서 적시된 사실이 누구에 관한 것인가를 추지할 수 있으면 족하다 할 것"이라고 밝혔다.

또 "일반적으로 취재원의 성명을 밝히지 아니한 채 수기 형식의 기사를 게재할 경우에는 취재원의 동일성에 관한 오인 가능성이 높은 만큼 취재원의 특정에 관하여 이를 아예 추상화하거나 아니면 비록 성명을 밝히지 아니하더라도 가능한 특정 방법을 통해 일반인으로 하여금 취재원의 동일성에 관하여 오인을 하지 않도록 해야 할 것이고, 나아가 단순히 독자들에게 가벼운 오락거리를 제공하려는 의도에서 가공의 사실을 수기 형식으로 기사화하는 경우에도 독자들이 기사 중의 모델을 실재의 인물에 맞추어서 추측하는 수도 있으므로 기사의 형식과 내용면에서 일반인들이 그 기사 내용을 완전한 허구라고 인식할 수 있을 정도로 승화시켜 특정인의 구체적 행동을 추지할 수 없을 정도가 되어야" 한다고 지적하고 있다. 아예 오락거리로 만든 허구라면 정말 누가 봐도 허구라고 볼 수 있도록 해야지 사실 묘사로 인식되도록 서술을 했다면 그에 대한 책임을 져야 한다는 것이다.

문제의 월간지 기사(부분)

"나는 지금 또 휴학 중이다. (……) ○○대 입학. 학교에서 별로 튀지도 않던 가난에 찌들린 집안의 여학생이 ○○대에 입학했다고 떠들썩하던 때가 엊그제 같은데 벌써 9년이 지났다. 고향 ㅁㅁ에 있는 모교의 정문에 내 이름이 걸려있던 그 시절. (……) ◇◇년 3월 나는 그런 동생들을 남겨두고 서울로 올라왔다. ○○대 뒷편 △△산 기슭의 기숙사 그곳은 나의 해방지였다. (……) 나는 사회대에서도 꽤나 지명도 높은 써클에 들어갔고 열심히 공부했다. 나는 점점 투사가 되어갔다. (……) 거기서 나는 운동의 순수성을 깨뜨리고 말았다. 써클 선배를 사랑하게 된 것이다. 그건 운명이었고 불행이었고 파멸의 시작이었다. (……) 그의 별명은 '딘레닌'이었다. (……) 새학기 들어서는 더욱 열심히 운동을 했다. 박종철군 사망과 호헌철폐 운동이 합쳐져 학교와 사회 모두 정신이 없었다. 나는 그 전위에서 뛰는 행동대원이었다. 그 운동의 와중에서도 나와 그 선배는 사랑을 불태웠다. (……) 그해 6월 우리는 승리했고 여름은 온통 민주화의 열기로 뜨거웠다 하지만 나는 기뻐할 수 없었다. 그 여름 승리의 환희를 채 느껴볼 틈도 없이 나는 절망의 나락으로 떨어졌다. (……) 어느날 한 여자가 찾아왔다. 귀티가 줄줄 흐르는 그녀는 서울 모여대 4학년이었다. "그이와 헤어져 주세요. 우린 결혼할 사이예요. (……) 제 몸속에는 이미 그이의 아기가 자라고 있어요". (……) 단지 저주했다. 나의 운명, 그의 위선, 얼마 후 나는 그 여자의 소개로 강남의 어떤 룸살롱으로 나갔다. (……) 급기야 하루는 고급 요정에 차출까지 되었다.

대법원도 교사들로 이루어진 특정 단체를 지칭한 이른바 '3 · 19동지회' 사건에서 "명예훼손죄는 어떤 특정한 사람 또는 인격을 보유하는 단체에 대하여 그 명예를 훼손함으로써 성립하는 것이므로 그 피해자는 특정한 것임을 요구하고, 다만 서울시민 또는 경기도민이라 함과 같은 막연한 표시에 의해서는 명예훼손죄를 구성하지 아니한다 할 것이지만, 집합적 명사를 쓴 경우에도 그것에 의하여 그 범위에 속하는 특정인을 가리키는 것이 명백하면, 이를 각자의 명예를 훼손하는 행위라고 볼 수 있다고 할 것"이라고 밝히고 있다. 따라서 특정 고등학교의 교사가 모두 66명이고 그 가운데 37명이 해당 동지회 소속 교사인 상황에서 이 단체에 대해 허위 사실을 적시한 경우에는 해당 동지회 소속 교사 모두에 대한 명예가 훼손되었다고 보아야 한다는 것이다.[199]

다음으로 이른바 '대전 법조 비리' 사건에서는 '대전 지역 검사들'이라는 표현으로 기사가 지적하고 있는 기간에 대전에 있는 대전지방검찰청과 대전고등검찰청에서 근무한 31명의 검사들에 대해서는 명예훼손이 인정되었다. 다만 대전 이외의 지역에 있는 대전지검 산하 지청들에 근무하던 검사들까지 '대전 지역 검사들'이라는 표현으로 명예가 훼손되었다고 보기는 어렵다는 판결이 있었다. 당시 재판부는 "'대전 지역 검사들' 표시에 의한 명예훼손은 구성원 개개인에 대하여 방송하는 것으로 여겨질 정도로 구성원 수가 적고, 한 달여에 걸친 집중적인 관련 방송 보도 등 당시의 주위 정황 등으로 보아 집단 내 개별 구성원을 지칭하는 것으로 여겨질 수 있으므로, 집단 내 개별 구성원인 대전 지역 검사 개개인이 피해자로 특정될 수 있다"고 보았다.[200]

199 대법원 2000. 10. 10. 선고 99도5407 판결.

200 서울고법 2002. 10. 10. 선고 2001나42662 판결.

그런데 이 사건의 경우에는 집단 표시에 의한 명예훼손이 성립하느냐를 떠나 기본적으로 이런 보도에 대해 명예훼손 책임을 물어도 되는지 의문이 남는다. 검사들은 사법부를 구성하는 판사와 같은 수준의 대우를 받으며 국가의 형사소추권, 즉 기소권을 독점하고 있는 국가형벌권 발동의 주체다. 특히 검찰청법상 검사는 한 명 한 명이 독립 관청으로서의 지위를 가지며 수사의 착수나 진행, 기소 여부 등을 결정하는 데서 큰 재량권을 갖는다는 점을 생각하면 공인에 해당한다고 보지 않을 수 없다. 특히 당시 MBC가 완전히 허위 사실을 보도한 것도 아니었고, 실제로 대전지검 부장검사 출신인 특정 변호사와 수백 명의 법조계 인사들 사이의 유착 관계까지 드러나 판사 2명, 검사장 2명을 비롯한 검사 6명이 사직하고 7명이 징계를 받거나 인사 조치를 당했던 사안이다. 그런데 당사자들이 직접적으로 비리에 연루된 사실이 없다는 이유로 해당 지역 검사들 전체에 대한 명예훼손이 인정된다면 공직 사회 전반과 권력 기관에 대한 언론의 감시 활동은 현저하게 위축될 수밖에 없다. 이 정도의 검사들이 연루된 비리 사건에서 '대전 지역 검사들'이라는 표현 외에 달리 어떤 표현을 쓸 수 있을까 싶기도 하다.

집단 표시에 의한 명예훼손이 인정된 사례는 이 밖에 '검찰'의 감청 의혹 관련 기사에서 10명 안팎의 검사로 구성된 '검찰특별수사본부' 소속 검사를 지칭한 것이 해당 검사들 개개인의 명예를 훼손했다고 인정한 것,[201] 소속 인원이 21명인 '○○지방경찰청 기동수사대'라는 표시로 소속 경찰관들이 피해자로 특정되었다고 인정한 것 등이 있다.[202]

기사에서 특정인을 지목하게 될 경우의 위험을 회피하기 위한 목적 등으

201 대법원 2005. 1. 14. 선고 2001다28619 판결.

202 대법원 2006. 5. 12. 선고 2004다35199 판결.

로 대상자를 직접 언급하는 대신 특정 집단이나 단위, 조직 등을 언급하는 경우가 있다. 누군가에 대한 비판적 보도의 경우에는 일단 실명을 흐려서 쓰려는 경향이 짙은 것이다. 이처럼 당사자 특정을 피함으로써 아예 명예훼손 시비를 차단하려는 의도라면 조직이나 단체 등의 명칭을 쓰는 것도 주의해야 한다. 자칫 대상자를 특정하지 않으려고 집단을 언급했다가 상황에 따라서는 그 집단에 속하는 사람들 모두를 피해자로 만드는 상황을 초래할 수 있기 때문이다. 집단 표시에 의한 명예훼손은 원래 특정을 피하고자 했던 그 대상자는 물론 그 집단에 속하는 모든 사람에 대해 성립하기 때문이다. 문제가 된 국군 기무사령부의 장성들을 특정하지 않기 위해 '기무사 소속 현역 장성'이라면서 'A장성, B장성' 등으로 표시한 사건에서 모든 장성에 대한 명예훼손이 성립한다고 본 것이 그런 사례다.

이 사건에서 재판부는 "사람의 성명을 명시하지 않은 경우라도 그 표현의 내용을 주위 사정과 종합해 볼 때 그 표시가 누구를 지목하는가를 알아차릴 수 있을 정도이면 피해자가 특정되었다 할 것이고, 아울러 직업, 학력, 지연, 출신 등에서 유래하는 공통성을 가지는 사람들의 집단에 대하여 그 집단에 속하는 일부 구성원들에게만 해당될 수 있는 명예훼손 사실이 보도된 경우 그 보도로 인하여 그 집단에 속한 구성원 개개인 모두에 대하여 명예훼손이 성립하는지는 그 집단에 속한 구성원의 수(집단의 크기), 그 집단을 다른 집단이나 단체와 구별하게 하는 구성원들 사이의 공통 요소, 보도 내용 등을 종합하여 판단하여야 한다"는 판단 기준을 제시하였다.

이를 바탕으로 기무사 현역 장성이 모두 8명에 불과한데도 '기무사 소속 현역 장성들'이 "대거 연루된 것으로 밝혀졌다"고 보도한 다음 A, B, C라는 이니셜을 사용하여 기무사 현역 장성 가운데 3~4명이 병무 비리에 연루된 것으로 밝혀졌다고 보도했다면 '기무사 현역 장성'이라는 집단의 소규모성, 직업과 직위를 특정하여 보도한 점 등을 종합해 볼 때 원고들이 생활하는 범위 내의 사람들 사이에서는 위 보도에서 지적한 병무 비리에 관련된 사람들이 원고들일 수 있다고 생각하기에 충분하다고 보인다면서 장성들 개개인의 명예가 모두 훼손되었다고 본 것이다.[203]

일부에서는 우리 법원이 집단 표시에 의한 명예훼손을 너무 쉽게 인정한다는 지적을 하기도 하지만, 모호하게 집단을 지칭하는 방식으로 손쉽게 명예훼손 논란을 피해갈 수 있다는 생각을 하는 것이 문제가 있는 것도 분명하다. 기사에서 집단 표시를 남용하는 경우에는 엉뚱한 피해자를 낳을 수 있기 때문이다.

2) 집단 표시에 의한 모욕

집단 표시에 의한 명예훼손의 법리는 모욕에 대해서도 비슷하게 적용된다. 모욕에 해당하는 경멸적 언사의 대상이 매우 큰 경우에는 그 대상이 되는 개개인에게까지 영향을 미친다고 보기 어렵지만 그렇지 않은 경우에는 집단 표시만으로도 모욕이 성립하는 것이다. 물론 어느 정도 크기의 집단을 지칭할 경우 개개인에게까지 피해가 미치는지를 판단하는 것이 쉽지는 않다. 현직 국회의원이 여성 아나운서들을 비하하는 발언을 해 사회적으로 큰 물의를 빚었던 강용석 전 의원의 이른바 '여성 아나운서 발언' 사건에서 1심과 2심은 모욕죄에 대해 유죄를 선고했으나 대법원에서는 집단의 크기 등을 감안해 무죄 취지로 파기 환송했다. 물론 대법원은 강 전 의원이 이 사건을 처음 보도한 일간지 기자를 허위 보도를 했다며 고소해 무고를 한 부분에 대해서는 유죄 판결을 확정했다.

203 서울지법 2000. 10. 18. 선고 99가합95970 판결.

이 사건에서 쟁점은 '여자 아나운서'라는 표현에 해당하는 사람의 범위를 어디까지로 볼 것인지, 그리고 그 구성원의 수를 감안할 때 개별 여성 아나운서의 사회적 평가나 시선 등에 강 전 의원의 발언이 실제로 영향을 미칠 것이냐는 점이었다. 실제로 이런 발언이 사람들의 기억에 남으면서 여성 아나운서들에 대해 어떤 정도든 부정적인 인식을 미치게 될 것이라는 점은 일견 분명해 보인다. 하지만 그렇다고 개별 아나운서들에게 미치는 영향이 법적 책임을 물을 수 있을 정도인지에 대해서는 냉정한 평가가 필요하다고 볼 수 있다. 이런 점을 감안해 집단 표시에 의한 모욕죄가 성립한다고 본 1, 2심과 이를 부정한 대법원 판결을 비교해 볼 필요가 있다.

아나운서 단체 등에서는 대법원 판결을 비판하거나 아쉬움을 나타냈는데, 강 전 의원 발언이 부적절하다는 점에는 공감하지만 이런 정도의 집단적 표현으로 개별 구성원들에 대한 모욕죄 성립을 인정한다면 대단히 불합리한 상황을 불러올 수 있다며 판결을 환영하는 의견도 적지 않았다. 강 전 의원 발언의 부적절성과 그런 발언에 대한 형사처벌 등 법적 대응 문제는 분리해서 보아야 하지 않느냐는 것이었다.

1, 2심에서 징역 6개월에 집행유예 1년을 선고받았던 강 전 의원은 파기환송심에서 무고죄에 대해서만 유죄가 인정돼 벌금 1500만 원을 선고받았는데,[204] 강 전 의원에게 유죄가 인정된 것은 당연하지만 공인 중에서도 고도의 공인이라고 할 수 있는 국회의원이 자신이 가장 잘 알고 있을 자신의 발언에 대한 언론 보도를 아예 허위 보도로 몰아 기사를 쓴 기자를 형사처벌해 달라며 고소까지 했던 사안에 대한 처벌로 적정한 수준인지는 의문이 아닐 수 없다. 형사 판결과는 달리 강 전 의원을 상대로 한국아나운서연합회 등

204 서울서부지법 2014. 8. 29. 선고 2014노364 판결(파기환송심).

이 제기했던 민사상 손해배상소송은 1심에서부터 패소 판결이 나왔다. 이 정도의 집단 표시 발언으로는 개개인들이 특정되었다고 볼 수 없다는 것이었다.[205]

3. 기관이나 단체에 대한 명예훼손

명예라는 것은 원래 사람에 대한 사회적 평가와 관련된 것이었다. 하지만 현대 사회는 사람만이 아니라 사람들로 구성된 조직이나 단체에 대해서도 사회적인 평가가 이루어지고 이런 평가에 따라 그런 조직이나 단체의 명운이 결정되기도 한다. 그렇다면 사람이 아닌 이런 회사나 기관, 단체 등을 비판하는 경우에도 법적으로 명예훼손이 성립할 수 있는 것일까? 그렇다면 모든 기관이나 단체에 대해 명예훼손이 성립할 수 있을까? 동창회와 같이 법인도 아닌 임의 단체의 경우는 어떨까?

명예훼손소송을 낼 수 있는 자격에 관한 문제는 결국 누구에 대해서 명예훼손이 성립할 수 있느냐는 것과 같은 문제다. 가장 기본적으로 명예훼손의 피해자가 될 수 있는 것은 자연인, 즉 사람이다. 정식으로 법적 절차를 거쳐 성립한 각종 법인도 사회적으로 인정이 필요하고, 그런 사회적인 평가에 따라 신뢰에 영향을 미쳐서 존립 자체가 영향을 받을 수도 있으므로 당연히 명예

205 서울남부지법 2011. 11. 24. 선고 2010가합14668, 2010가합20656 (병합) 판결.

훼손의 대상이 될 수 있다. 대법원은 민법 제764조에서 말하는 명예란 사람의 품성, 덕행, 명성, 신용 등 세상으로부터 받는 객관적인 평가를 말하는 것이라면서 법인의 경우에는 그 사회적 명성이나 신용을 가리키는 것이라고 판시한 바 있다.[206] 따라서 사단법인, 재단법인 같은 것은 물론 법에 따라 설립된 각종 회사 등이 모두 명예훼손을 주장할 수 있고, 명예훼손을 이유로 형사와 민사 절차를 통해 상대방에 대한 처벌이나 손해의 배상, 침해의 배제, 즉 계속되는 침해의 중단 등을 추구할 수 있다.

그렇다면 법인으로 등록하는 것처럼 공식적인 법적인 인격, 즉 법인격을 확보하지는 못한 임의 단체는 어떨까? 종중이나 동창회 등과 같이 단체로서의 실질은 갖추고 있지만 법적으로 법인 등록은 하지 않은 것들이 많다. 이렇게 나름의 조직 체계를 갖추고 있는 등 단체로서의 실체는 분명히 존재하지만 법인격은 갖추지 못한 경우를 '비법인 사회단체,' 즉 '비법인 사단'이라고 한다. 이러한 비법인 사단 가운데 대표자나 관리인 등을 두고 있어서 민사소송법상 소송을 할 수 있는 당사자능력을 갖춘 경우는 명예훼손을 이유로 소송을 낼 수 있다. 대표적으로 비법인 사단인 종중에 대해 인격권으로서의 명예훼손을 인정할 뿐만 아니라 이러한 침해에 대한 사전 예방적 구제 수단으로 침해 행위의 정지와 같은 금지청구권까지 인정한 판례들이 있다.[207]

사례 중에는 '재단법인 성균관'이 별도로 존재하는 상황에서 고려 시대부터 내려오던 유교 교육 기관인 '성균관' 자체를 소송 능력을 갖는 하나의 단체로 인정할 수 있는지가 쟁점으로 다루어진 적이 있다. 하급심에서는 별도로 '재단법인 성균관'이 설립되어 있고 '성균관'의 회계도 재단법인 성균관

206 대법원 1988. 6. 14. 선고 87다카1450 판결.

207 대법원 1990. 2. 27. 선고 89다카12775 판결; 대법원 1997. 10. 24. 선고 96다17851 판결 등.

이 정하는 것을 따르게 되어 있는 등 '성균관'의 유지와 관리를 위해 재단법인 성균관이 만들어진 것으로 볼 때 '성균관'은 이제 재단법인 성균관이라는 법인의 일개 기관에 불과하다며 단체성을 부인하였다. 하지만 대법원은 법인 설립 이전부터 독자적인 설립 목적과 대표 기관 등을 갖고 활동하는 등 법인 아닌 사단으로서의 실체를 가지고 존립해 온 '성균관'의 단체성을 부인하는 것은 법인이 아닌 사단의 당사자능력에 관한 법리를 오해한 것이라고 판결하였다.[208] 독립된 단체들이 모여서 연합 단체를 만드는 경우 원래의 각각의 단체들에 대해서도 이런 법리가 적용될 가능성이 크다고 하겠다.

명예훼손에 따른 소송을 내는 것에 비해서 언론중재법에 따른 정정이나 반론을 청구하는 것에 대해서는 훨씬 완화된 기준이 적용된다. 언론중재법은 제14조에서, 민사소송법 제52조에 따라 소송을 할 수 있는 능력, 즉 당사자능력을 갖고 있지 않은 친목 단체 등의 경우에도 하나의 생활 단위를 구성하고 보도 내용과 직접적인 이해관계가 있을 경우에는 정정이나 반론 등을 청구할 수 있도록 허용하고 있다. 정정과 반론이 최대한 활발히 이루어질 수 있도록 함으로써 올바른 여론이 형성되도록 하기 위한 장치이다. 다만 정정과 반론을 넘어서는 손해배상 등을 청구하기 위해서는 민사소송법 제52조에 따라 대표자나 관리인이 있는 경우에 한해 법인이 아닌 사단이나 재단의 이름으로 소송을 내야 한다.

208 대법원 2004. 11. 12. 선고 2002다46423 판결.

4. 국가나 정부 기관에 대한 명예훼손

언론이나 국민은 국가나 정부가 제대로 일하는지 살펴보고 비판도 할 수 있어야 할 텐데, 혹시 이런 비판에 대해서 국가나 정부가 명예훼손이라고 주장하고 나서면 어떻게 해야 할까? 명예훼손이라는 것은 인격권이라는 기본권에 대한 침해인데 국민의 기본권을 보장해야 하는 국가나 정부가 오히려 이런 기본권 침해를 주장해도 될까?

국가나 지방자치단체도 원칙적으로 민사소송법상의 당사자능력, 즉 소송을 낼 수 있는 자격을 가지고 있다. 왜냐하면 자연인, 즉 일반적인 사람 외에도 법인이나 기타 단체 등에 대해서도 명예훼손이 인정되고 각각 소송을 낼 법적인 자격도 인정되고 있기 때문이다. 그런데 국가나 지방자치단체 등에 대한 명예훼손이 인정된다면 일반 국민이나 언론이 정부 기관을 비판하는 것을 막는 무기로 악용될 가능성이 크다. 따라서 국가나 지방자치단체는 이러한 기구를 창설한 국민이 정치적 합의를 통해 국민이 행사해야 할 각종 권한을 위임한 것에 불과하기 때문에 국민이 이들 단체를 비판한다고 해서 명예훼손을 주장할 수 없다는 비판적인 입장이 존재한다.

실제로 주권자인 국민이나 언론의 권력 기구에 대한 감시를 최대한 보장해야 한다는 민주주의 정치 체제의 기본적인 원칙을 생각해 보아도 국가나 정부 기관에 대한 비판에 재갈을 물리는 것은 바람직하지 않다. 하지만 우리 법원은 원칙적으로 국가나 지방자치단체는 기본권의 향유권자가 아니라 기본권 보장 의무를 지고 있는 존재라는 점은 인정하면서도 국가나 지방자치단체도 헌법이나 법령상의 과제와 기능을 수행하기 위해서는 최소한의 사회적 승인이나 신뢰가 필요하다는 점에서 일정한 법적 보호가 필요하다고 보고 있다. 따라서 명백한 허위 사실의 유포나 악의적인 비방과 같이 언론, 표현의 자유의 범위를 현저히 벗어난 남용 행위로부터 국가나 지방자치단체 등을 보호함으로써 이들 기관의 사회적 신뢰를 유지하는 것은 공익적으로도 필요하다는 것이다.

박원순 서울시장이 희망제작소 상임이사로 일하던 시절 국가정보원을 비판하는 언론 인터뷰를 한 것에 대해 국정원이 손해배상을 청구한 사건이 있었다. 2009년 6월 23일자 〈Weekly경향〉에 박 상임이사의 인터뷰가 보도되자 대한민국은 명예훼손을 이유로 2억 원의 손해배상을 청구하였다. 당시 박 상임이사는 국정원이 국정원법을 위반하여 시민단체에 대한 민간 사찰을 하고 있다면서 희망제작소가 진행하거나 추진하던 사업이 무산된 것을 그 예로 들었다.

이 사건에서 서울중앙지법과 서울고등법원은 국정원이 낸 이 소송이 국민의 국가에 대한 자유로운 비판을 봉쇄할 의도로 제기된 것으로서 이른바 '소권 남용'에 해당한다는 박 상임이사의 주장은 이를 인정할 증거가 없다며 받아들이지 않았다. 다음으로 국가는 원칙적으로 기본권 침해 대상이 아니라 국민의 기본권을 보장할 의무를 지는 자로서 명예훼손소송의 주체가 될 수 없다는 주장도 받아들이지 않았다. 재판부는 국가에 전면적인 명예훼손소송의 주체성이 있다고 볼 수는 없지만 적어도 그 기능을 수행하기 위해 최소한의 사회적 승인과 신뢰가 필요하기 때문에 제한적으로 법적 보호 대상이 될 수 있다고 보았다.[209]

법원은 하지만, 표현의 자유와 명예의 보호 사이에서 경계를 설정하기 위

209 서울고법 2011. 12. 2. 선고 2010나94009 판결. 대한민국이 이 판결에 불복해 상고하였으나 대법원은 2012. 3. 29. 선고 2012다2781 판결에서 상고를 기각하였다.

해서는 당해 표현으로 명예를 훼손당하게 되는 피해자가 공적인 존재인지 사적인 존재인지, 그 표현이 공적인 관심사에 관한 것인지 순수한 사적인 영역에 속하는 것인지 등에 따라 심사 기준에 차이를 두어야 한다는 원칙을 재확인하였다. 공공적이고 사회적인 의미를 가진 사안에 관한 표현의 경우에는 언론의 자유에 대한 제한이 완화되어야 한다는 것이다. 특히 국가 기관의 업무 처리가 정당하게 이루어지고 있는지는 항상 국민의 감시와 비판의 대상이 되어야 하기 때문에 이러한 감시와 비판 기능은 보장되어야 하고, 그것이 악의적이거나 현저히 상당성을 잃은 공격이 아닌 한 쉽게 제한되어서는 안 된다면서 대한민국의 청구를 모두 기각하였다.

참고로 이 사건에서 박 상임이사의 인터뷰가 보도된 뒤 〈Weekly경향〉은 국정원의 반론을 게재하였으나 결국 소송에까지 이르게 되었다.

쟁점이 된 박원순 변호사의 인터뷰 기사(부분)

〈Weekly경향〉 2009년 6월 23일자(830호)

"지금 시민단체는 단체와 관계 맺는 기업의 임원들까지 전부 조사해 개별적으로 연락하는 통에 많은 단체들이 재정적으로 힘겨운 상태입니다. 총체적으로 지휘하는 곳이 없으면 일어날 수 없는 일이 여러 곳에서 발견됩니다. 명백한 민간사찰이자 국정원법 위반이에요. 우리 희망제작소만 해도 지역홍보센터 만드는 사업을 3년에 걸쳐 하기로 행정안전부와 계약했어요. 그런데 1년만에 해약통보를 받았습니다. 하나은행과는 마이크로 크레딧 같은 소기업 후원사업을 같이 하기로 합의하고 기자회견까지 했어요. 그런데 어느 날 무산됐습니다. 나중에 알고 보니 국정원에서 개입했다고 합니다."

국정원의 반론보도 내용

〈Weekly경향〉 2009년 7월 7일자(832호)

국정원은 〈Weekly경향〉 6월 23일자(830호) 24~27쪽 박원순 희망제작소 상임이사 인터뷰 기사 중 "국정원이 시민단체와 관계 맺은 기업 임원들을 조사, 개별적으로 연락해 재정적 어려움을 주고 있다"는 주장은 사실이 아니라고 알려왔습니다. 박 상임이사가 거론한 '희망제작소와 행정안전부의 지역홍보센터 계약 해약'은 행안부의 '산하기관 경영합리화 지침'에 근거한 지역진흥재단의 인력·예산 운영 자체 혁신안에 따른 것으로, 재단 정기 이사회 의결을 거쳐 위탁 경영을 직영 체제로 바꾼 것이며 희망제작소와 하나은행 간의 협력사업 합의 무산도 양자 간의 입장 차이로 인한 것이라고 알려왔습니다. 이에 따라 국정원은 희망제작소와 행안부·하나은행 간의 계약 해약 및 합의 무산에 개입했다는 박 상임이사의 주장은 사실이 아니라고 알려왔습니다. 또 "총체적으로 지휘하는 곳이 없으면 일어날 수 없는 일이 여러 곳에서 발견된다"며 "명백한 민간사찰이자 국정원법 위반"이라는 박 상임이사의 주장도 사실관계를 오해한 데서 비롯된 것이라고 알려왔습니다. 국정원은 〈Weekly경향〉이 충분한 확인 절차를 거치지 않고 보도해 국정원의 명예가 훼손된 점에 대해 유감을 표명합니다.

국정원은 이후에도 언론에 실린 비판 글에 대해 명예훼손으로 고소를 한 경우가 있었다. 표창원 전 경찰대 교수가 2013년 1월 〈경향신문〉에 실은 '풍전등화 국정원'이라는 칼럼에서 "국정원은 위기다. 누구도 부인할 수 없다"면서 국정원이 "조롱거리가 될 정도로 무능화·무력화돼 있다. 대수술이 필요하다"는 등 국정원을 비판했다. 이에 대해 국정원은 정부나 국가 기관에 대한 명예훼손이 성립하기 어렵다는 것을 감안해 국정원 감찰실장 개인 명의로 표 전 교수를 명예훼손 혐의로 고소했다.

하지만 서울중앙지검 공안1부는 1년 가까이가 지난 뒤 이 사건을 피고소인에 대한 조사도 하지 않은 채 각하 처분했다. 이와 관련해 검찰 관계자는 이런 정도의 국가 기관에 대한 비판으로 명예훼손이 될 수 없다는 대법원 판결이 확고하며, 이 칼럼이 어떤 개인을 특정한 것도 없기 때문에 명예훼손이 성립할 수가 없다고 설명했다. 검찰은 특히 고소장을 낸 감찰실장은 국정원의 대리인에 불과하다고 판단했다. 비록 검찰에 의해 각하 처리되기는 했지만 형법상의 명예훼손죄가 정부에 대한 비판을 잠재우기 위한 수단으로 남용될 가능성이 있다는 점을 잘 보여 준 사례다.

5. 당사자의 주관적 인식과 명예훼손

어떤 기사의 내용에 대해 당사자가 매우 민감하게 반응하는 경우들이 있다. 보도된 내용이 자신의 잘못이나 부정적 측면을 들추는 경우에 자신의 명예가 훼손됐다고 받아들이는 것이 당연하지만 꼭 잘못을 지적하는 것은 아닌데도 스스로 명예에 손상을 입었다고 생각하는 경우가 있다. 특정한 가치나 원칙을 중시하는 사람에게 그런 가치나 원칙에 어긋나는 것처럼 보이는 측면을 공개하는 경우에도 그런 문제가 생길 수 있다. 이런 경우에도 명예훼손이 인정될 수 있을까?

명예훼손이 성립하기 위해서는 어떤 '사실'이 적시되어야 하고 그 사실의 적시는 이를 통해 특정인의 사회적 가치나 평가가 침해될 수 있을 정도의 구체성을 갖고 있는 것이어야 한다. 따라서 사실이나 허위 사실의 적시가 있었더라도 그 사람에 대한 '객관적인' 사회적 가치나 평가를 침해할 수 있는 것이 아니라면 명예훼손은 성립하지 않는다.

어떤 기사가 보도되었을 때 그것이 명예훼손에 해당하는지 그렇지 않은지는 그 기사가 지목하거나 언급한 당사자의 주관적인 해석에 의해서가 아니라 일반 독자들이 통상의 방법과 주의로 기사를 접하는 것을 전제로 판단하여야 한다. 기사에 사용된 어휘의 통상적인 의미, 기사의 전체적인 흐름, 문구의 연결 방법 등을 종합적으로 판단하되 그 기사의 사회적 배경 등도 고려해야 한다는 것이 이런 사건을 판단하는 대법원 판례의 일관된 태도다.

〈월간중앙〉이 2003년 4월호에서 "대통령민정수석 작성 노무현 인사 파일"이라는 제목의 기사를 보도하자 문재인 당시 민정수석비서관이 명예훼손으로 고소한 사건이 있다. 당시 기사는 문 수석 내정자가 노무현 대통령 당선자에게 '부처별 고려 대상자 명단'이라는 문건을 작성해 보고했으며, 이 문건에 있는 인물들은 대통령직 인수위원회가 공식 추천한 인물과 겹치지 않는 부분도 있고, 최종 입각한 사람들을 분석해 보면 인수위가 추천한 사람들보다 이 '고려 대상자 명단'에 있던 사람이 더 많다는 등의 내용을 포함하고 있다. 문 수석은 결국 자신이 장관급 등 고위직 인사에서 인수위에 비해 더 큰 영향력을 행사하는 등 고위직 인사에 부적절하게 깊이 관여한 것처럼 보이게 해 명예를 훼손했을 뿐만 아니라 이런 문서를 언론이 단독 입수했다고 주장한 부분도 공직자로서 중요한 문서의 관리를 소홀히 하는 등 보안의식에 문제가 있는 것처럼 보이게 해서 명예를 훼손했다고 주장했다.

하지만 대법원은 인사 대상자에 대한 검증 작업은 대통령의 국정 수행을 보좌하는 대통령 비서실의 당연한 직무이므로 대통령비서실 소속인 민정수석비서관이 예상 가능한 인사들을 미리 검증하여 리스트를 작성하고, 그 리스트의 대상자가 인수위에서 공식 추천된 인물들과 겹치지 않는 부분이 있었다거나, 최종적으로 그 리스트에서 더 많은 인선이 이루어졌다고 해서 민정수석비서관이 인사에 '부적절하게' 깊이 관여한 것으로 평가할 수는 없다고 보았다.[210] 심지어 사실은 이런 문건을 문 수석이 작성하거나 보고한 적이 없다고 하더라도 그의 사회적 가치나 평가를 저하시키는 것이 아닌 한 명예훼손이 인정될 수는 없다면서 유죄 판결을 내린 원심[211]을 파기했다.

뿐만 아니라 문건을 단독 입수했다고 보도한 부분에 대해서도 이렇게 '단독 입수' 운운하는 것은 언론이 특종을 과시하기 위해 통상 사용할 수 있는 문구로 이것이 문 수석이 문서를 소홀하게 관리하고 있다는 '사실'을 암시함으로써 보안의식 등의 문제를 지적하고 있는 것으로 볼 수는 없다고 판단했다. 대법원은 나아가 언론이 어떤 극비 보고서를 입수해서 보도했다는 사실만으로 작성 명의자로 되어 있는 사람 등의 보안의식에 문제가 있는 것처럼 보여서 명예를 훼손한 것으로 평가하는 것은 언론 자유 보장이라는 헌법적 가치에 비추어 보더라도 부당하다고 밝혔다. 너무나 당연한 판단이다.

이처럼 단독 보도 내지는 특종 보도 등이 그 자체로 당사자의 보안 의식이나 문서 관리 등의 잘못을 지적하는 것으로 해석돼 명예훼손이 인정된다면 언론으로서는 공식 발표된 것 외에는 아예 기사로 다루지도 못하게 될 것이기 때문이다. 그럼에도 불구하고, 이런 사건에 대해 원심에서 언론에 대해 유죄 판결이 났었다는 것은, 우리 언론 관련 법제가 얼마나 코에 걸면 코걸이, 귀에 걸면 귀걸이가 될 수 있는지를 여실히 보여 주는 셈이다. 언론 자유 보장이라는 헌법적 가치에 대한 판단이 현실적으로 그렇게 간단한 일이 아니

210 대법원 2007. 6. 15. 선고 2004도4573 판결.

211 서울중앙지법 2004. 6. 24. 선고 2004노1264 판결.

라는 얘기다.

표현된 내용이 사실과 달라서 당사자 또는 유족들이 명예를 훼손당했다고 주장하는 경우에도 실제로 표현된 내용이 오히려 당사자에 대해 사회적으로 긍정적인 평가를 확산시키는 것이라면 마찬가지로 명예훼손이 인정될 수 없다. 뒤에서 다시 살펴보겠지만 물리학자 이휘소에 대한 소설에서 그가 어려서부터 총명하고 어머니에 대한 효심이 깊을 뿐만 아니라 애국심이 강하며 국민에게 귀감이 되는 세계적인 물리학자라는 등 매우 긍정적으로 묘사되어 있어서 그에 대한 사회적 평가가 오히려 올라갔기 때문에 당사자들의 주관적인 감정과는 무관하게 명예훼손을 인정할 수 없다고 본 것도 같은 이유에서이다.[212]

이를테면 어떤 사람이 장학금이나 성금 등을 기탁했다는 보도를 한 경우에 그가 평소 주변에 해온 말이나 가족 내부 관계 등으로 인해 이런 보도 자체를 주관적으로 명예훼손으로 받아들인다고 하더라도 객관적으로 사회적 평가가 올라가는 것이라면 명예훼손을 인정할 수가 없으며 마찬가지로 명예훼손을 근거로 한 기사 삭제 등의 청구도 받아들여지기 어려울 것이다.

6. 언론사 사이의 상호 검증[213]

언론사도 당연히 명예훼손의 대상이 될 수도 있고 명예훼손소송을 낼 수 있는 당사자 자격도 갖고 있다. 그런데 '미디어 비평'과 같이 언론사들 사이에서 상호 검증 차원의 비판 보도가 종종 이뤄진다. 더구나 경쟁 언론사들 사이에서, 사업적

212 서울지법 1995. 6. 23. 선고 94카합9230 판결.

인 이익이 충돌하거나 이념이나 가치관이 대립하는 상황에서 상대에 대한 흠집 내기식 보도도 점점 자주 나타나고 있다. 언론 자유를 주창하는 언론사들 사이에서 벌어지는 이런 상호 비판이나 공격의 경우에도 상대방에 대해 명예훼손을 주장할 수 있을까? 언론사 사이의 비판 보도에서는 언론사와 일반인 사이에서와는 다른 명예훼손 판단 기준을 적용해야 할까? 만약 기본적인 사실관계도 제대로 확인하지 않은 보도일 경우 언론사 사이라는 점이 어떤 영향을 미칠 것인가?

언론은 명예훼손 논란에서 주로 가해자의 위치에 서게 된다. 이런 경우 언론사들은 헌법과 국제 규범이 보장하고 있는 언론의 자유를 내세워 보도 대상자들의 명예훼손 주장에 맞서게 된다. 하지만 언론이 다른 언론을 상대로 비판적인 보도를 내놓을 경우에는 언론의 자유를 주장하던 언론이 명예훼손이라는 인격권 침해를 주장해야 하는 다소 어색한 상황이 벌어진다. 언론사 사이의 상호 비판이 금기시되던 시절과는 달리 점차 매체 비평이 늘어나고 특히 언론사 사이의 정파적 편 가르기 양상이 심해지면서 이런 사건들도 조금씩 늘고 있다.

원칙적으로, 당연히 언론사나 언론인 모두 명예훼손을 주장할 수 있다. 형사적으로 고소를 할 수도 있고 민사적으로는 손해배상 등을 청구하는 소송을 낼 수 있는 당사자능력도 갖고 있다. 하지만 보도 대상자들의 명예훼손 주장에 대해 언론의 자유를 내세우던 언론이 자신에 대한 다른 언론의 비판

213 언론사 사이의 분쟁에 대한 분석으로는 박홍원(2007), "민주화 이후 언론사 간 갈등 사례와 그 함의," 〈관훈저널〉, 제48권 제2호, 관훈클럽, pp.98~108; 배병일(2001), "언론사 간 매체 비평과 소송의 한계: 최근 명예훼손소송 판결의 쟁점," 〈언론중재〉, 통권 81호, 언론중재위원회, pp.4~19 등 참조.

에 대해서는 스스로의 인격권 침해를 주장해야 하는 상황이 그렇게 자연스러운 것은 아니다. 언론이 정치인을 비롯한 공직자 등 권력을 가진 사람이나 기관들에 대한 비판을 할 자유를 누리는 그만큼 스스로에 대한 외부의 비판에 대해서도 너그러워야 한다는 것은 너무나 당연한 요구라 하겠다. 법원도 〈중앙일보〉와 〈대한매일신보〉(현 〈서울신문〉) 사이의 소송에서 언론사가 타인에 대한 비판자로서 언론의 자유를 누리는 범위가 넓은 만큼 자신에 대한 비판에 대해서도 참아야 하는 범위, 즉 수인 범위가 넓어져야 한다고 지적했다.[214] 결국 언론사의 언론 자유를 넓게 인정해 주는 것과 자신에 대한 비판을 수인해야 하는 것은 동전의 양면과 같은 관계에 있다는 얘기다.

하지만 언론사들이 너무나 난립하고, 또 사회 전체의 이념적인 분열과 대립이 언론사 사이에서도 그대로, 어떤 의미에서는 더 심하게 나타나는 현실을 감안하면 언론사들 사이라고 해서 무작정 언론의 자유만을 내세워 명예훼손 주장을 아예 제한하는 것도 현실적이지는 않다. 특히 언론사들 사이의 영향력, 즉 현실적인 힘의 차이가 분명히 있고, 또 상호 비판에도 수준과 정도의 차이가 매우 크기 때문이다. 이 때문에 법원은 언론사 상호 간의 비판 보도가 언론사 고유의 속성을 일탈하는 일정한 경우에는 그런 보도에 대한 법적인 책임이 발생한다고 보고 있다.

이 사건은 〈대한매일신보〉가 〈중앙일보〉 대표이사가 관련된 세금 문제 사건에서 허위 기사를 보도했다면서 〈중앙일보〉가 〈대한매일신보〉에 무려 10억 원의 손해배상을 청구한 것인데, 일부에 대해서 책임이 인정돼 3000만 원을 지급하라는 판결이 내려졌다.

재판부는 "홍(석현) 씨에게 '충성'하는 기자들이 정부 고위 인사들을 '5

214 서울지법 2001. 4. 11. 선고 99가합96928 판결.

적,' '7적'으로 지목하고 '죽이겠다'는 극언도 서슴지 않으며 보광그룹 수사를 '언론 탄압'으로 비방하는 것은 국가를 능멸하며 언론의 자유를 오용해 온 재벌 언론의 '횡포'의 진면목이다"라는 기고문 내용과 〈중앙일보〉가 홍석현 씨의 탈세 자체를 부인했다는 기사 내용은 아무런 근거가 없는 허위 보도라고 판단했다. 재판부는 다만 이런 허위 보도로 〈중앙일보〉가 고유한 사업 수행에 필요한 명예, 신용을 침해했다고 보고 3000만 원을 위자료로 주라고 명령하면서도 별도의 정정보도 요청은 받아들이지 않았다.

〈중도일보〉와 〈대전교차로〉 사이의 분쟁 사례도 있다. 〈중도일보〉가 먼저 〈대전교차로〉에 대해 "정보지 교차로 내분"이라는 제목으로 교차로 내부의 경영권 다툼을 보도하자 〈대전교차로〉가 "중도일보 보도 행태 논란"이라는 기사를 게재한 것이다. 〈중도일보〉가 소송을 제기했는데, 이 사건에서는 〈대전교차로〉가 일종의 반격으로 내놓은 보도에 대해 이른바 '공공성 항변'을 아예 인정하지 않는 판결이 내려졌다.[215] 통상 언론 보도가 사실 확인 부족 등을 이유로 면책이 인정되지 않는 경우는 있지만 아예 공익성이 없고 공익 목적으로 보도한 것도 아니라는 이유로 면책이 인정되지 않는 경우는 흔치 않다. 이 사건에서 1차적으로 〈중도일보〉가 〈대전교차로〉에 대해 게재한 기사는 검사인 조사 보고서와 소송 기록을 토대로 내분을 비교적 객관적으로 기술한 정당한 보도로 인정받았다. 하지만 〈대전교차로〉의 기사는 〈중도일보〉를 비방할 의도로 분쟁 당사자 일방의 주장만을 믿고 작성된 편파적인 것이고 그 내용도 허위라면서 보도의 공익성을 인정해 주지 않은 것이다.

인터넷 언론인 〈오마이뉴스〉가 〈조선일보〉를 상대로 낸 소송에서는 이런 이전의 사례에 비해서도 매우 크게 언론사 사이의 상호 비판의 중요성을

215 대전지법 2000. 2. 3. 선고 99가합6757 판결.

강조하였다. 이 사건에서는 〈조선일보〉가 서울대학교에 열린 정치강연회에 초청 연사로 나온 사람의 강연을 보도하면서 거기서 언급된 〈오마이뉴스〉 대표의 발언이나 당일 강연 내용을 구체적으로 확인하는 노력도 없이 무분별하게 보도한 사실이 인정되었다. 먼저 강연자는 그동안 〈조선일보〉 등 보수 신문들이 보여 온 행태가 편파적이고 파시스트적인 양상을 보이는 등 매우 나쁜 것인데 최근 〈오마이뉴스〉를 보면 〈조선일보〉의 행태와 비슷한 일부 부적절한 모습을 보이는 측면이 있다면서 이를 닮아가서는 안 된다고 지적했다. 그런데 〈조선일보〉는 강연자로 나온 유명 진보 인사가 "〈오마이뉴스〉는 열린우리당이 만든 '파시스트' 언론 집단"이라고 비판했다고 보도했으며, 강연자가 어느 네티즌이 인터넷 게시판에 올린 글을 재인용하면서 〈오마이뉴스〉 대표가 했다는 말을 언급했는데, 역시 사실 확인 없이 그대로 보도했다는 것이다.

원심은 이러한 보도는 진실에 반하며 진실이라고 믿은 데에 상당한 이유가 없다면서 〈조선일보〉의 〈오마이뉴스〉에 대한 명예훼손 책임을 인정했다. 대법원은 이런 사실을 모두 인정하면서도, 그럼에도 불구하고 이 정도의 보도는 언론사에 대한 정당한 감시와 비판 기능의 수행으로 보호되어야 할 범위에 속하는 것으로서 악의적이거나 심히 경솔한 공격으로서 현저히 상당성을 잃어 위법하다고 볼 정도는 아니라며 원심을 파기하였다.[216] 하급심이기는 하지만 앞에서 살펴본 두 판결과 비교해 보았을 때 언론사 사이의 상호 비판의 자유를 더욱 폭넓게 인정한 것으로 해석될 수 있다. 강연자가 직접 들은 말도 아닌, 인터넷 커뮤니티 게시판에 올라 있는 특정인의 말을 강연에서 언급했는데, 이를 아무런 확인 절차도 없이, 특히 출처 표시도 없이 그대로 보도한 것이

216 대법원 2008. 4. 24. 선고 2006다53214 판결.

나 '파시스트 언론 집단'이라는 실제 사용한 적이 없는 표현을 기사에 사용한 것 등에 대해서도 아무런 법적 책임을 인정하지 않았기 때문이다.

대법원은 한발 더 나아가 〈오마이뉴스〉는 언론사로서 스스로 자신이 가진 매체를 통해서 〈조선일보〉 보도를 반박함으로써 잘못된 정보로 인한 왜곡된 여론의 형성을 막을 수 있다는 점을 〈조선일보〉에 대한 법적 책임을 부인하는 이유 가운데 하나로 제시했다. 그런데 이 부분은 언론사들끼리의 영향력이 대등한 상황에서는 의미가 있겠지만 그렇지 않을 경우에는 말만 '상호 비판'이지 일방적인 때리기가 될 가능성이 크고, 건전한 상호 비판을 보호해야 한다는 취지를 앞세워 사실상 불법 행위에 맞서 '자구 행위'를 하라고 권장하는 모양새가 된다는 지적이 제기될 수도 있다. 언론사가 갖고 있는 매체는 기본적으로 정보를 전달하고 논평하는 것을 목적으로 하는 것임을 생각해 본다면 법적 절차를 거치는 것보다 자신의 매체로 직접 반박하는 것을 우선해야 한다는 식의 논리에는 의문이 남는다.

특히 언론사로서는 자신에 대해 제기된 부당한 공격에 대한 해명의 수단으로 법적 수단에 의지하는 것에 앞서서 스스로의 매체를 사용하는 것을 선택할 수는 있겠지만 매체를 갖고 있다고 해서 부당한 공격에 대한 법적 보호를 포기해야 하는 것은 아닐 것이다. 또 영향력의 차이가 현격한 상황에서 상호 매체 간 비판의 자유를 들어 법적 보호의 수위를 너무 쉽게 낮추는 것은 영향력이 떨어지는 매체에는 현실적으로 매우 큰 타격이 될 수밖에 없다는 점도 고려할 필요가 있다.

이들 판결에도 불구하고, 아무리 언론사 사이라 하더라도 아무 근거도 없이, 또는 막연한 추측을 바탕으로 공격을 하는 것은 저널리즘 원칙에 비추어서도 옳지 않다. 더구나 일부 이해관계가 얽힌 사안에서 아예 사실 관계를 일방적으로 왜곡해서 보도를 하는 것은 법적인 측면에서만이 아니라 언론윤리 차원에서도 심각한 문제가 있다.

대법원 판결에서 지적한 것처럼 언론사 사이의 상호 비판은 건전한 여론이나 공론의 형성을 위해서도 필요한 것인 만큼 상대 언론사의 부당한 비판이 있을 경우 법적 해결에 나서는 것보다는 스스로의 매체를 통해 적절하게 해명하거나 반박하는 것이 바람직하다. 하지만 상대의 터무니없는 공격에도 오로지 법적 대응 없이 자기 매체를 통한 반박만 해야 하는 것은 아니다. 언론사도 여론 형성 등에 기여하는 고유의 목적 달성을 위해서는 시청자, 독자 등의 신뢰와 인정을 받아야 하며, 부당한 공격으로 인한 명예와 신뢰의 훼손은 자칫 그 언론사의 존립에도 영향을 미칠 수 있기 때문이다.

실제로 KBS와 〈한국일보〉 사이의 소송에서 법원은 언론사라 하더라도 자신에 대해 보도한 상대 언론사에 대해 반론보도를 청구할 수 있다고 판결했다. 반론보도라는 것이 공격 내용과 동일한 효과를 갖도록 보도된 매체 자체를 통하여 방어에 해당하는 주장을 할 수 있는 기회를 보장하는 데 의의가 있기 때문이라는 것이다.[217] 이 사건에서 법원은 특히 피해자인 언론사가 자신의 주장을 보도자료로 만들어 여러 언론사에 배포하였다 하더라도 원래 해당 보도를 한 매체를 통해 반론보도가 이루어지는 것과 같다고 볼 수는 없다고 덧붙였다.

7. 제보자의 명예훼손 등 책임

제보를 바탕으로 취재를 해서 보도한 것에 대해 명예훼손이 인정된다면 애초에 제보를 한 사람, 즉 제보자에게도 명예훼손에 대한 책임이 인정될까? 만약에 허

217 서울남부지법 2012. 10. 11. 선고 2011가합14931 판결.

위 제보를 해서 그 제보를 믿고 보도했던 언론이 명예훼손 책임을 지게 된다면 이를 제보한 사람은 어떤 책임을 지게 될까? 보도와 관련이 없는 공무원 등에게 자료를 줬는데 그것이 보도가 된 경우에는 어떻게 될까?

어떤 사람이 제보를 해서 이를 바탕으로 보도를 한 경우 이른바 '출판물에 의한 명예훼손'을 성립시키는 '사실의 적시'를 한 것은 언론일까, 제보자일까? 기본적으로 출판물에 의한 명예훼손은 출판물의 제작자, 즉 언론사에게 책임을 묻는 것이다. 하지만 기자에게 남을 비방하는 자료를 제공하여 보도에 이르게 한 사람이 그런 자료를 보도함으로써 발생한 명예훼손에 대해 아무런 책임을 지지 않아도 되는 것은 아니다.

대법원도 누군가를 비방하기 위해 허위의 자료를 언론에 보내 보도에 이르게 만들었다면 그 사람도 출판물에 의한 명예훼손죄를 저지른 사람이 될 수 있다고 판결한 바 있다.[218] 물론 이 경우는 공익적 목적으로 범죄나 비리 등에 대한 자료를 언론에 제공한 경우가 아니라 처음부터 비방할 목적으로 허위의 내용을 언론에 공개하거나 보도자료 등으로 제공함으로써 이를 믿은 언론이 사실상 허위 보도를 하도록 만든 사람에 대한 판결이었다. 하지만 일단 명예훼손이 성립한다면 제보자가 '나는 그저 제보를 했을 뿐'이라고 간단히 책임을 면할 수 없다는 것은 분명하다.

그렇다고 해서 일반적인 제보자가 그 내용이 보도될 경우 법적으로 그 보도에 따른 명예훼손 책임을 진다고 하면 언론에 대한 제보가 크게 위축될 수 있다. 실제로 문제가 되는 것은 순전히 공익적 목적에 따라서 행한 일반적

218 대법원 1994. 4. 12. 선고 93도3535 판결.

인 제보가 아니라, 공익적 목적이 아닌, 누군가를 비방할 목적으로 허위 자료를 언론에 보내는 경우다. 이런 자료를 언론이 믿고 보도한 경우에는 제보자도 언론과는 별도로 직접 민형사상 책임을 져야 한다는 얘기다.

재건축정비사업조합과 관련해 먼저 횡령 혐의로 조합장을 고소한 조합원이 수사 기관에서 수사 결과가 나오기도 전에 언론사에 같은 내용을 제보했고, 그 제보를 언론이 별 확인도 하지 않고 보도한 사건이 있었다. 법원이 이 사건에서 제보를 한 재건축조합 조합원을 명예훼손의 정범으로 인정했다. 이 사건에서도 쟁점은 제보 내용이 어느 정도나 사실성을 갖춘 것인지, 그리고 이를 보도한 언론이 어느 정도나 사실 확인 작업을 거쳐서 보도에 이르렀느냐는 것이었다. 비록 일부 사실 관계에서 다툼의 가능성이 있는데도 불구하고 거액을 횡령한 혐의로 특정인을 고소하고, 나아가 고소 내용을 그대로 언론에 제보까지 할 때에는 언론이 무책임하게 사실 확인도 하지 않고 보도해 버릴 위험을 감수해야 한다. 이 사건에서도 언론이 기본적인 사실관계에 대한 확인을 거치지 않고 그대로 제보 내용을 보도해 명예훼손 문제가 발생한 경우 해당 언론사는 물론 제보자도 출판물에 의한 명예훼손 책임을 져야 한다는 판결이 나왔다.[219]

대체로 제보자들은 언론이 자신의 제보 내용을 가급적 보도해 주기를 바란다. 쟁점이 되는 사안을 자신과 같은 시각에서 바라보기를 기대한다. 하지만 사실 관계에 다툼의 가능성이 있을 때 언론이 제대로 종합적인 판단을 하지 않고 제보자의 말만 믿고 일면적인 보도만 할 경우에는 문제가 될 수도 있는 것이다. 따라서 제보자가 언론에 어떤 제보를 할 때에는 그것이 단순한 의심에 불과한 것인지, 아니면 어떤 근거를 갖고 있어서 사실에 해당하는지

219 서울동부지법 2011. 2. 10. 선고 2009가단79447 판결.

등을 분명히 밝혀두는 것이 추후 그 보도에 따른 법적 책임을 면하기 위해 필요하다.

그런데 허위의 사실을 기자나 PD 등 취재나 방송 프로그램 제작과는 무관한 사람에게 전달했는데, 그 사람이 이를 언론에 알려서 보도가 되는 경우도 생길 수 있다. 공무원이나 정치인 등에게 특정인에 대한 허위 사실을 알렸는데, 그 공무원이나 정치인이 언론에 이런 사실을 공개한 경우가 여기에 해당할 것이다. 이런 경우에도 출판물에 의한 명예훼손죄의 책임을 함께 져야 할 것인가? 이때는 비록 비방 목적이 있었다고 하더라도 언론 보도를 예상할 수 있는 특별한 사정이 있지 않다면 보도에 대한 책임을 묻기는 어려울 것이다. 물론, 어느 정도 보도로 연결될 것을 알았다면 얘기가 달라질 수 있다.

어떤 기업과의 분쟁을 야당 국회의원을 통해 정치적으로 해결하기 위해 유력 정치인을 통해 관련 자료를 넘겨준 사건이 있었다. 그런데 이 내용이 국회의원을 통해 기자들에게 공개되어 보도가 이루어졌는데, 대법원은 비록 허위 사실을 제보하여 보도에 이르게 되었더라도 그 사람에게 출판물에 의한 명예훼손 책임을 묻기는 어렵다고 보았다.[220] 위에서 언급한 것처럼 언론 보도를 예상할 수 있는 상황이 아니었다고 본 것이다.

만약 제보자가 애초에 특정인을 비방할 목적으로 허위의 자료를 언론에 넘겨 보도가 되도록 만들었다면 일단 그러한 보도의 피해자에 대해 언론이 민사적으로도 책임을 져야 하는 것은 당연하다. 하지만 그 보도의 피해자는 그런 제보를 한 당사자에게 직접 배상을 요구할 수도 있을 것이다. 언론으로서는 당연히 제보를 그대로 보도하는 것을 넘어서서 자체적으로 사실 관계를 확인하기 위한 노력을 기울이는 것이 마땅하다. 하지만 제보자가 언론을

220 대법원 2002. 6. 28. 선고 2000도3045 판결.

적극적으로 속이거나 언론이 합리적으로 그 허위 여부를 확인하기 어려운 상황이었다면 언론에게 모든 책임을 지라고 하는 것도 무리가 있다. 이 경우에는 언론사가 제보자에 대해 피해자에게 배상한 것에 상응하는 비용을 청구하는 이른바 구상권을 행사할 수 있다고 보는 것이 옳을 것이다.

투명한 사회를 위해 활발한 공익적인 제보가 이루어져야 하는 것은 맞지만 무턱대고 아무런 사실관계 확인 없이 제보를 하거나 허위에 대한 인식을 하면서도 제보를 하는 것은 민형사상의 책임을 부를 수 있다는 점을 기억해야 한다.

8. 기사 제목에 의한 명예훼손 성립

기사 제목은 축약적으로 표현을 할 수밖에 없기 때문에 다소 단정적인 문구가 사용되거나 단편적인 표현이 들어갈 수 있다. 만약 기사에서 충분히 전후 관계나 당사자의 반론 등이 실렸는데도 기사의 제목이 단정적이라는 이유만으로도 명예훼손이 성립한다고 볼 수 있을까? 기사 제목은 독자나 시청자 등의 주의를 끌어서 기사 본문을 읽게 하기 위한 유도 장치로 보는 것이 적절하다는 의견도 있다. 그렇다면 제목에 사용된 표현을 놓고 그 자체로 어떤 사실을 적시한 것으로 보는 것은 지나친 것이 아닐까?

명예훼손이 성립하는지에 대한 판단은 기본적으로 통상의 방법으로 해당 표현을 접하는 사람들이 어떤 인식을 하는지를 바탕으로 한다. 제목의 경우는 기본적으로 축약적인 표현이 불가피한 만큼 일정한 정도의 과장이나 생략 등을 하는 것은 허용하지 않을 수 없다. 특히 신문이나 방송의 제목은 본문의 내용을 축약적으로 표현하는 것이므로 그 자체로 사실을 적시한 것인지를 따지지는 않는 것이 타당하다. 기사를 접하는 사람들도 제목에 대해서 어느 정도 축약적인 표현이라는 점을 인식하고 있다. 하지만 일관되게 특정한 표현을 반복적으로 사용할 경우에는 제목에 표현된 내용만으로도 특정한 사실적 주장을 하는 것으로, 즉 사실을 적시한 것으로 볼 수 있는 경우도 생긴다.

일반적으로 명예훼손이 성립하는지는 기사의 객관적인 내용과 함께 일반 독자가 기사를 접하는 통상적인 방법을 전제로 기사의 전체적인 흐름과 사용된 어휘의 통상적인 의미, 문구의 연결 방법 등을 종합적으로 고려해서 그 기사가 독자에게 주는 전체적인 인상도 판단 기준으로 삼는다. 따라서 신문 기사의 경우는 제목과 본문을 포함한 기사 전체의 취지를 파악하여 명예훼손 여부를 판단해야 한다. 그런데 기사 본문의 내용과 상관없이, 특정한 인상을 주는 어떤 제목이 여러 차례에 걸쳐 반복적으로 사용됨으로써 일반 독자가 그에 대하여 일정한 고정관념을 가지게 될 우려가 있는 경우에는 그런 제목을 다는 것 자체가 본문과는 별도로 명예훼손이 될 수도 있다는 판결이 있다.[221]

이 판결은 북한의 김정일 당시 국방위원장에게 한 도의회 구성원들이 편지를 보낸 사실을 지속적으로 보도하면서 '김일성 사망 애도 편지,' '김일성 애도 편지,' '김일성 애도 서신,' '김일성 애도 도의원 3명' 등의 제목을 반복적으로 사용한 사건에 대한 것이었다. 재판부는 정작 기사 본문에는 큰 문제가 없었더라도 이러한 제목을 반복적으로 사용함으로써 일반 독자들로 하여금 이들 도의원들이 김일성의 사망을 애도하기 위하여 편지를 보낸 것이라는

221 대법원 1998. 10. 27. 선고 98다24624 판결.

인상을 강하게 주고 있다고 보았다. 특히 이런 제목이 쟁점이 된 편지의 성격을 단정적으로 규정하고는 정작 본문에서는 편지의 성격에 대한 구체적 설명을 생략함으로써 독자들이 이런 인상을 갖도록 만들고 있다는 것이다.

실제로 대형 사건 등을 보도할 때 해당 사건에 일정한 방향에서 이름을 붙이는 방식으로 그 사건의 성격을 규정하고, 이를 제목에 반복적으로 사용하는 경우를 종종 볼 수 있다. 제한된 글자 안에서 해당 사안을 전하려면 축약적으로 표현하는 것이 불가피한 측면이 있다. 하지만 지나치게 특정한 시각에서 만들어진 사건명을 반복적으로 사용할 경우에는 그런 제목만으로도 명예훼손이 발생할 수 있다는 점을 기억할 필요가 있다. 일부 언론의 경우에는 이런 사건명 작명을 통해 특정 사안의 성격을 규정하는 일종의 '프레이밍 Framing' 기법을 사용하기도 하는데, 역시 명예훼손의 문제가 발생할 수 있다. 특히 언론이 사건의 특정한 측면만을 과도하게 부각시키는 방향으로 프레이밍을 해 사안의 전반적 성격을 왜곡하는 것은 언론윤리적으로도 심각한 문제가 될 수 있다.

이처럼 반복적인 제목과는 달리 1회적으로 특정 사안을 보도하는 과정에서 다소간에 단정적인 표현을 사용하는 것은 불가피하다고 인정되기도 한다. 서울고등법원은 김영삼 전 대통령이 민자당 대표이던 시절에 김 전 대통령의 사생활에 대한 기사를 실었던 한 잡지 발행인에 대한 기사를 게재하면서 "민자대표 기사 날조"라는 제목을 붙인 것과 관련해 제기된 손해배상청구소송을 이런 이유를 들어 기각하였다. 재판부는 이 사건에서 당시 〈서울신문〉이 제목에 '기사 날조'라는 표현을 사용함으로써 마치 원고가 기사를 날조한 것이 입증된 사실인 것처럼 오인될 소지가 있다는 점은 인정하였다.

하지만 재판부는 기사 전체의 내용과 함께 그 전체적인 취지를 파악할 때 '기사 날조'라는 것은 원고에 대한 혐의 내용일 뿐이라는 점을 쉽사리 알아차릴 수 있는 것이므로 허위 사실을 적시한 것으로 볼 수는 없다고 보았다.

실제로 당시 기사는 이 잡지 발행인이 김영삼 전 대통령의 사생활에 관한 허위 사실을 적시한 기사를 실은 잡지를 배포한 혐의로 구속기소됐다가 고소 취소로 석방됐다는 내용인데, 그 기사에 "민자대표 기사 날조 ○○○ 피고인 석방," "피해자 측 소취하"라는 제목을 붙인 것은 기사 내용을 압축한 것에 불과한 것으로 전체적인 취지는 당시의 원고에 대한 수사와 재판 과정에 대한 객관적인 사실을 표현한 것으로 보인다는 게 재판부의 판단이었다.[222]

하지만 '김일성 애도 편지' 사건처럼 반복적으로 붙인 제목이 아니라 일회성 사건 기사에 붙인 압축적인 제목이라 하더라도 본문 내용과 함께 전체적으로 보아 특정한 사실을 적시한 것으로 볼 수 있는 경우에는 문제가 될 수 있다는 판결도 있다.

가수 ○○○ 씨가 대마초를 피운 혐의로 긴급 체포되었다는 몇몇 언론사들의 기사에 대해 손해배상청구소송이 제기됐었다. 이들 기사들은 '가수 ○○○ 또 대마초 적발,' '가수 ○○○ 씨 또 대마초,' '○○○ 씨 또 대마법 위반,' '○○○ 또 대마초' 등의 제목을 사용하고 본문에서 이 가수가 대마초를 피운 혐의로 긴급 체포되어 조사를 받고 있는데 실형 전력을 포함해 네 차례의 동종 전력이 있고 이번이 다섯 번째라는 사실을 적시하고 있었다.

실제로 이 가수는 당시 복용하던 한약 성분 때문에 간이 검사에서 양성 반응이 나왔을 뿐이고 정식 검사를 통해 곧바로 대마초와 무관하다는 것이 드러났다. 그런데 이 기사들은 제목은 물론 기사 본문에서 과거의 전력 등을 언급하는 등 전체적인 취지가 독자들에게 원고가 단순히 대마법을 위반한 것이 아니냐는 '혐의'를 받는 정도가 아니라 실제 범행을 저질렀을 것이라는 강한 느낌을 주고 있다는 점에서 전체적으로 허위의 사실을 적시한 것으로

222 서울고법 1994. 1. 21. 선고 93나22236 판결.

판단돼 명예훼손이 인정되었다.[223]

종합해 보면 범죄 보도에 있어서 단순히 '……한 혐의를 받고 있다'는 표현을 사용하는 것만으로 면책이 될 수 있는 것이 아니라 전체적인 기사의 취지에서 범죄를 저질렀을 것이라는 단정적 느낌을 주지 않는 것이 중요하며 제목을 압축적으로 표현하더라도 가급적 혐의를 단정하는 듯한 표현은 쓰지 않는 것이 바람직하다. 덧붙여서 범죄 혐의에 대한 보도 과정에서 가급적 피의자 본인 또는 변호사나 가족 등의 입장을 취재해 반론을 충실히 반영해 주는 것이 인권 침해 가능성을 줄일 뿐만 아니라 균형 잡힌 보도를 위해서도 필요하다.

9. 드라마나 영화, 소설 등에서의 표현의 자유 범위

드라마나 영화 등에서 역사적 인물 등 실존 인물에 대한 내용을 그리는 경우 정확하게 당시 사실을 파악하기도 어려울 뿐만 아니라 서로 주장이 상반된 경우도 있다. 특히 오래된 인물이나 사건의 경우에는 전해져 오는 사실이 워낙 부족해서 확실한 것들만 가지고는 아예 작품을 끌어갈 수가 없는 경우가 많다. 이런 경우에 작가나 감독 등이 상상력을 발휘해서 세부적인 내용을 채워 넣지 않고는 작품을 만들 수가 없는데 유족 등이 사실 왜곡이라거나 명예훼손이라고 주장하면 어떻게 해야 할까? 전체적인 맥락이나 작품의 취지 등에 맞게 사실관계를 수정해서 의도적으로 새로운 캐릭터를 재창조하면 허위 사실 적시에 따른 책임을 져야 할까?

223 서울지법 2001. 4. 25. 선고 2000가합64132 판결.

1) 드라마와 영화

기본적으로 명예훼손은 진실이든 허위이든 어떤 사실적 내용의 적시가 있어야 성립하고, 이러한 적시는 매우 다양한 표현 방법을 통해서 이루어질 수 있다. 예를 들어서 보도자료를 내거나 인터뷰에 응하는 경우, 화면 등에 비추는 방식, 비평이나 만평 등은 물론이고 연극이나 드라마, 소설 등 상상할 수 있는 모든 방법을 통해 사실 적시가 이루어질 수 있는 것이다.

그런데 보도자료나 기고문, 언론 보도 등과 같이 그런 표현 행위의 당사자는 물론 이를 접하는 사람들 모두 애초에 사실에 기반한 것으로 받아들이는 상상력의 영역을 인정하기 어려운 표현물들과, 소설이나 영화 같은 예술 작품을 같이 볼 수는 없다. 문학이나 공연 등 예술 창작의 영역에 속하는 표현 행위에 들어 있는 내용들을 모두 명예훼손에 관한 법률이 상정하고 있는 '사실의 적시'로 볼 경우에는 자유로운 예술 창작이 봉쇄될 가능성이 크기 때문이다. 특히 과거의 일을 묘사하기 위해서는 부족한 사실의 틈새를 작가의 상상력으로 채워 넣어야 하는 것이 불가피한데, 오래된 역사적 사안일 경우에는 실제로 전해지는 사실들이 워낙 부족할 뿐만 아니라 사실의 전후 맥락이나 배경 등의 해석에 있어서도 다른 견해가 존재하는 경우가 많다. 이런 경우는 대부분 작가가 상상력을 발휘해 창작을 해낼 수밖에 없는데, 여기에 사실 적시의 책임을 묻는 것은 우스꽝스러운 일이 될 것이다.

하지만 명백하게 역사적으로 인정된 사실을 다르게 서술하는 경우에는 허위 사실 적시라는 문제가 발생할 수도 있다. 특히 작품의 서문 등에서 해당 작품이 마치 오로지 사실에 입각한 것처럼 언급을 해놓는 경우에는 더욱 그렇다. 실제로 영화 등의 경우 치밀한 역사적 고증을 바탕으로 만들었다고 적극적으로 홍보를 하는 경우가 종종 있다. 하지만 막상 등장인물의 유족 등이 허위 사실이라고 문제를 제기해오면 '상상력에 기반을 둔 예술 작품이라는 점을 감안해 달라'고 태도를 바꾸는 모습을 어렵지 않게 볼 수 있다. 몇 차례의 분쟁을 겪으면서 이제는 역사적 사실을 다룬 영화나 드라마 등에서 실제 기록과 차이가 나는 묘사를 하는 경우에는 아예 등장인물의 이름을 약간씩 바꾸는 등 처음부터 논란을 피하려고 노력하는 경우도 나타나고 있다. 예술작품으로서의 상상력을 인정받으려면 굳이 그 내용이 창작에 의한 허구라고 밝히지는 않더라도 역사적 고증을 거쳤다는 등의 주장으로 불필요하게 논란을 자초하지는 않는 것이 바람직해 보인다.

KBS의 역사드라마 〈서울 1945〉는 아무래도 비교적 오래되지 않은 시기의 정치적 상황을 다루다 보니 사실 관계에 대한 묘사를 두고 부정확하다거나 왜곡이라는 식의 주장이 많이 나왔다. 소송도 여러 건이 제기됐는데 이들에 대한 재판부의 판단을 통해 몇 가지 기준을 짚어볼 수 있다. 먼저 드라마에 묘사된 내용이 사실이냐 아니냐에 대한 판단 기준은 '그 드라마를 시청하는 통상의 건전한 상식을 가진 합리적인 시청자'다. 등장인물의 유족 등은 민감하게 반응하는 부분이 일반 시청자들의 등장인물에 대한 객관적 평가에는 아무런 영향을 미치지 못하는 경우가 생긴다. 기본적으로 명예훼손은 단순히 유족 등의 주관적인 명예감정이 침해되는 것으로는 성립하지 않고 객관적으로 사람의 사회적 평가를 저하시키는 것이어야 한다. 여기에 드라마의 내용이 어떤 사실의 적시에 해당하는지도 유족 관계에 있는 특정 인물이 아니라 '통상의 건전한 상식을 가진 합리적인 시청자'를 기준으로 판단해야 한다는 것이다.[224]

사실 이런 드라마 등에서의 예술의 자유는 헌법 제21조의 표현의 자유는 물론이고 제22조에 의해서도 보장되는 것인데, 그렇다고 하더라도 일반적

224 대법원 2010. 6. 10. 선고 2010다8341, 8358 (병합) 판결.

인 언론의 자유와 마찬가지로 타인의 권리나 명예를 침해해서는 안 된다. 따라서 원칙적으로는 역사 드라마를 통해서도 사실 적시에 의한 명예훼손이 성립할 수 있는 것이다. 하지만 역사적 사실은 당대에도 객관적인 평가가 어렵고, 시간이 경과하면 실체적 진실 확인이 더욱 어려워지는 점을 감안해야 한다. 만약 역사적 인물을 소재로 한 드라마를 만들면서 명백하게 다툼이 없거나 객관적 자료로 뒷받침되는 사실만 사용하라고 한다면 현실감 있는 작품, 재미있는 작품을 아예 만들 수 없게 될 것이다. 대법원은 따라서 위에서 언급한 '합리적인 시청자'라면 역사 드라마라는 것이 역사적 사실에 대한 작가적 해석과 평가, 예술적 창의력을 통해 만들어진다는 것을 당연히 전제하고 시청할 것으로 예상된다는 것이다.

따라서 역사 드라마가 역사적 인물의 명예를 훼손하는 허위 사실을 적시했는지는 적시된 사실의 내용, 진실이라고 믿은 근거나 자료의 신빙성, 예술 표현으로 인해 얻어지는 가치와 인격권과의 비교 형량은 물론 허구적 내용이 차지하는 비중, 실존 인물과 가상 인물이 결합된 구조와 방식, 묘사된 사실이 이야기 전개상 상당한 정도의 허구로 승화되어 시청자의 입장에서 그것이 실제로 일어난 역사적 사실로 오해되지 않을 정도에 이르렀는지 등을 종합적으로 고려해야 한다면서 이 드라마 〈서울 1945〉가 허위 사실을 적시해 죽은 사람의 명예를 훼손했다는 검찰의 주장을 받아들이지 않았다.[225]

대법원은 영화 〈실미도〉에서는 예술적 상상력이 아니라 나름 적정한 수준의 사실 조사를 한 점을 인정해 영화제작자의 손을 들어주었다. 영화 〈실미도〉에 등장하는 훈련병들의 유족이 낸 소송인데, 이들은 영화가 훈련병들을 살인범이나 사형수, 사회적 낙오자 등으로 표현해 당사자들은 물론 유족

225 대법원 2010. 4. 29. 선고 2007도8411 판결.

들의 명예도 훼손했다고 주장했다. 하지만 대법원은 실미도 사건에 관한 국회 자료, 언론 보도 등이 해당 훈련병들을 실제로 이와 비슷하게 묘사하고 있었던 데다 영화 제작자로서는 더 이상의 자료를 확보하기 어려웠을 것이라는 점, 당사자들이 누구인지조차 알 수 없는 상태에서 유족의 증언 등을 들을 방법도 마땅치 않았다는 점 등을 들어 그 정도면 상업 영화 제작자에게 기대할 수 있는 수준의 사실 확인 절차를 충분히 거친 것으로 보아야 한다며 원고 패소 판결을 확정했다.

이 판결에서 유의해 볼 부분은 이 영화에서 숨진 훈련병들의 실명을 직접적으로 거명하거나 실제로 특정이 될 수 있을 수준으로 묘사를 하지 않은 점이 감안되었다는 것이다. 따라서 실제로 개별적인 실명을 거명하면서 영화를 만들려고 한다면 이 영화 제작 과정에서 보여 준 것 이상의 사실 확인 작업이 필요했을 것이라는 판단이 가능하다.

2) 소설과 만평

기본적으로 어떤 인물을 소재로 한 소설이 명예훼손과 관련해 문제가 되는 경우는 소설이 부정확한 묘사로 그 인물에 대한 사회적 평가를 저하시킨 경우이다. 만약 논란이 된 소설을 통해 오히려 그에 대한 사회적 평가가 올라간 경우에는 명예훼손이 애초에 성립하지 않는다. 명예훼손이라는 것이 허위이든 진실이든 어떤 사실의 적시에 의해 어떤 사람이나 단체 등의 사회적 평가가 저하되는 경우에 성립하는 것이기 때문이다.

예를 들어 물리학자 이휘소를 모델로 한 소설은 그를 어려서부터 총명하고 어머니에 대한 효심이 깊을 뿐만 아니라 애국심이 강하여 국민에게 귀감이 되는 세계적인 물리학자로 매우 긍정적으로 묘사하고 있다. 그렇다면 이 소설은 독자들로 하여금 그에 대한 존경과 흠모의 정을 불러일으키고 있어서 우리 사회에서의 이휘소의 명예가 더욱 높아졌기 때문에 명예훼손이 될 수 없다고 판단한 판례가 있다.[226] 물론 소설 속에서의 이휘소의 모습이 실제 생활과 다르게 묘사되어 유족들이 갖고 있던 주관적인 감정에는 부분적으로 이휘소의 명예가 훼손된 것처럼 여겨지더라도 소설의 전체 내용, 그리고 사회 통념상 그에 대한 평가를 기준으로 판단을 해야 한다는 것이다.

그렇다면 소설의 내용을 본격적으로 시작하기 전에 서문을 통해 사실과 다른 내용을 적시한 경우는 어떨까? 같은 재판부는 소설의 서문까지 소설의 구성 부분이 된다고 볼 수는 없으므로 최소한 서문에서는 소설의 모델이 된 인물에 관해 서술할 경우 실제와 달리 표현하는 것은 인정될 수 없다고 밝히고 있다. 따라서 서문 등에서 모델이 된 인물에 대해 허위의 사실을 적시하고 있는 경우에는 이를 삭제하라는 청구가 가능하다는 것이다.

이런 점을 감안하면 문학 작품은 물론 영화나 드라마 등에서도 도입 부분에서의 설명, 자막 등을 통해서 배경이 되는 사실이나 인물 설명 등을 할 때에는 사실 여부에 대한 충분한 조사를 거쳐 검증된 내용을 담는 것이 바람직할 것이다. 스스로 허구나 창작이 아닌 사실의 전달에 해당하는 것처럼 포장하게 되면 그에 따른 책임도 함께 발생한다는 것을 잊지 말아야 한다.

10. SNS에 올린 글에 의한 명예훼손 성립

페이스북이나 트위터와 같은 SNS에 글을 올리면 아무에게나 글이 보이는 것이 아니라 친구 관계에 있거나 팔로잉을 하는 사람에게만 글이 보인다. 그런데 이렇

226 서울지법 1995. 6. 23. 선고 94카합9230 판결.

게 제한적인 대상에게만 글이 보이도록 한 경우에도 명예훼손이 성립할까? 그리고 이렇게 SNS에 글을 올리는 것은 기본적으로 개인적인 관계망 안에서의 의사표현으로 봐야 한다는 의견도 있는데, 법적으로는 어떤 평가를 받을까?

SNS에 회사를 비판하는 글을 올렸다가 해고된 사람 얘기 등이 종종 외신을 타고 보도된다. 그런데 의외로 많은 사람들이 SNS는 사적인 공간이고, 폐쇄적인 관계망 속의 이야기에 불과하므로 '공연히' 얘기를 한 것은 아니므로 명예훼손이 성립한다고 보는 것은 지나치다는 생각을 갖고 있다. 수년 전, 한 중국의 관리가 트위터의 일반 타임라인에 글을 올리는 것을 일대일 메시지를 보내는 것인 줄 알고 불륜 관계에 있는 여성과 온갖 사적인 얘기를 나누다 처벌을 받았다는 기사가 있었다. 지금이야 이런 황당한 일은 생기지 않겠지만 아직도 이처럼 SNS에 글을 올리는 행위의 성격을 잘못 생각하는 사람들이 적지 않은 것 같다.

명예훼손은 기본적으로 '공연성'이 있는 표현에 의해서 성립한다. 혼자 있는 곳에서 누군가를 아무리 헐뜯고 비방해도 법적인 문제가 되지는 않는다. 부부와 같이 가까운 가족 등 서로 비밀이 유지될 것으로 보이는 특수한 관계에 있는 사람들 사이에서 한 말도 마찬가지다. 명예훼손은 불특정한 다수에게 어떤 사람의 사회적 평가가 저하될 사실을 공개하는 경우에 발생하기 때문이다.

따라서 트위터나 페이스북과 같은 SNS의 경우 아무리 직접적으로 팔로워나 친구 관계를 맺고 있는 사람이 적다고 하더라도 리트윗이나 공유 등을 통해 순식간에 한정된 범위 밖으로 자신이 올리는 글이 퍼져나갈 수 있다는 점을 감안하면 SNS에 공개 게시물로 올리는 글은 막연한 전파 가능성을 넘어서는 공연성을 갖는다고 보는 것이 타당해 보인다. 심지어 비공개 대화방에서 비밀을 지키겠다는 말을 듣고 일대일로 대화를 한 경우에도 이것만으로 다수에게 전파될 가능성이 "없다고 할 수는 없다"면서 명예훼손죄의 요건인 공연성을 인정할 여지가 있다고 한 판례가 있을 정도다.[227] 이른바 전파성 이론이다. 따라서 대화를 한 사람의 평소 행동이나 관계 등에 비추어 신뢰할 만한 사람인지를 가려서 말을 해야 한다는 것이다.

2010년 개그우먼 김미화 씨와 KBS 사이에 벌어졌던 사건도 SNS에 올리는 글의 성격과 관련해 시사하는 바가 크다. 당시 김 씨는 "KBS에 블랙리스트라는 것이 실제로 존재하고 돌아다니고 있는 것인지 밝혀 주십시요"라는 메시지를 트위터에 올렸는데, KBS가 김 씨를 명예훼손 혐의로 고소하면서 사회적으로 상당한 논란이 일었다. 이 사건은 김 씨가 수사 기관에 불려가 조사를 받은 뒤 "트위터에 'KBS에 블랙리스트라는 것이 실제로 존재하고 돌아다니고 있는 것인지 밝혀 주십시요'라는 언급을 함으로써 본의와는 다르게 사회적 파장이 일어난 데 대해 유감스럽게 생각한다"는 입장을 표명하고 KBS가 고소를 취하하는 것으로 마무리되었다.

실체적으로 공영 방송사인 KBS에 대해 시중에서 돌고 있는 블랙리스트 관련 소문에 대한 해명을 요구한 것에 대해 과연 KBS가 명예훼손을 주장하는 것이 타당한 것인지에 대해서는 의문이 있다. 시청자들이 내는 수신료를 기반으로 운영되며 '공사' 형태로 설립되어 있는 공적 언론인 KBS에 대해 시청자들이 이 정도의 의문 제기를 하는 것을 KBS가 자신의 명예를 앞세워 형사처벌을 해달라고 하는 것은 그렇게 적절한 대응이었다고 보기는 어렵다. 명예훼손 제도, 특히 명예훼손에 대한 형사처벌 제도가 남용되는 전형적인 사례 가운데 하나가 아닐까 싶다. 다만 이런 측면을 떠나 '트위터에 올린 글을

227 대법원 2008. 2. 14. 선고 2007도8155 판결.

가지고 문제 삼는 것은 부당하다'는 식의 주장이 일부 있었는데, 결국 이 사건은 SNS 공간에서의 짤막한 언급이 법적 책임 문제로 얼마든지 비화될 수 있음을 보여 준 사례이기도 하다.

SNS가 아닌 인터넷 게시판 등에 누군가를 비난하는 글을 올리는 것은 당연히 명예훼손 성립 요건 중 하나인 '공연성'을 충족시키게 된다는 점에 이견이 없다. 불특정인 또는 다수인이 얼마든지 그 내용을 열람할 수 있는 상태가 되기 때문이다. 앞에서 살펴본 바와 같이 실제로 몇 명이 열람을 했는지를 떠나 열람할 수 있는 상태가 되는 순간 명예훼손은 성립한다. 때문에 인터넷 공간에 글을 올려 특정인을 비방한 사건에서는 언론 보도의 경우와 마찬가지로 공연성 여부는 아예 쟁점이 되지도 않는다. 언론 기사는 아니지만 인터넷 기사에 댓글로 특정인을 '빨갱이'라고 규정하고 자녀가 숨진 것을 '인과응보'라는 식으로 비난한 것에 대해서 명예훼손은 아니지만 '공연히 특정인을 모욕'한 것이 인정된다며 벌금형을 선고한 사건에서도 공연성 부분은 아예 논란이 되지도 않았다.[228]

11. 사실 확인 노력과 허위 사실에 대한 면책

형법은 사실 보도에 한해서 명예훼손에 대한 면책이 가능하다고 규정하고 있다. 하지만 수사권이 없는 언론으로서는 모든 사실을 정확하게 확인한 뒤 보도하기에는 현실적인 문제가 많다. 때문에 법원도 사실 확인을 위한 상당한 노력을 기울이는 등 사실로 믿은 데에 상당한 이유가 있을 때는 허위 사실 적시의 경우에

228 서울중앙지법 2006. 3. 10. 선고 2006고정885 판결.

도 명예훼손 책임을 면할 수 있는 길을 열어 주고 있다. 그렇다면 과연 어느 정도나 사실 확인 노력을 기울이면 허위 보도에 대해서도 면책이 될 수 있는 것일까? 또 일단 허위 사실이 보도된 뒤에는 어떻게 하는 것이 좋을까?

보도에 앞서서 사실 확인 노력을 어느 정도나 기울이는 것이 필요한지에 대해서는 프로그램이나 매체의 성격 등에 따라서 다른 기준이 적용된다. 신문인지 잡지인지, 또는 일간인지 월간인지에 따라서도 크게 다른 기준이 적용되며 방송일 경우에도 매일 방송되는 뉴스 프로그램과 주간물, 다큐멘터리와 같은 기획물의 경우도 서로 다르게 취급되는 것이 타당하다. 취재원이 어느 정도나 믿을 만한 사람인지도 중요하며 피해자에게 어느 정도나 확인을 하려고 노력했는지, 객관적이고 합리적인 자료나 근거를 확보하고 있는지 등도 중요한 기준이 된다.

사례들을 보면 인터넷 커뮤니티의 자료실이나 게시판에 올라 있는 자료를 바탕으로 사실관계에 대한 추가적인 조사나 확인 없이 명예훼손에 해당하는 내용을 공개한 경우에는 이를 사실로 믿을 상당한 이유가 있다고 보기 어렵다는 판례가 있다.[229] 매체나 프로그램의 성격에 따라서 일반 뉴스에 비해 진실성에 대한 주의 의무를 다르게 판단한 사례도 여럿 있다. 예를 들어 기획 기사나 기획 프로그램의 경우는 일반 뉴스에 비해 훨씬 무거운 진실성에 대한 주의 의무를 지므로 허위 사실을 보도했을 경우 이른바 상당성을 인정받기가 그만큼 어려워진다.

229 대법원 2008. 4. 24. 선고 2006다53214 판결. 이 사건은 〈오마이뉴스〉 대 〈조선일보〉의 소송으로, 앞에서도 언급했지만 그럼에도 불구하고 다른 이유를 들어 〈조선일보〉에 대한 면책을 인정하였다.

앞에서도 살펴보았던 KBS와 한 신문사 기자 사이의 사건의 경우도 그런 사례다. 당시 KBS의 시사 프로그램 제작진은 별다른 확인도 없이 이 신문 기자의 취재 목적이 시사 프로그램의 대상이 된 폭력 조직을 비호하기 위한 것이라고 생각하고 방송을 통해 이 기자가 제작 방해를 한 것처럼 보도했는데, 법원은 이런 경우에는 허위 사실 보도에 대한 책임을 면할 수 없다며 손해배상을 명령하였다. 이 사건의 경우는 특히 제작진이 이 기자에게 줬던 것과 같은 대본을 폭력조직원이 갖고 있었다는 사실을 근거로 이 기자가 폭력조직원에게 대본을 넘겨줬을 것이라고 의심했는데, 실은 제작진이 현장에서 촬영 도중 흘린 것이었음을 문제의 방송 전에 확인하였다. 그럼에도 불구하고 제작진이 다른 추가적인 확인 과정을 거치거나 별다른 근거를 확보하지 않은 채 그 기자의 취재 활동을 제작 방해로 단정한 것은 문제라고 지적한 것이다.

재판부는 이 판결에서 해당 프로그램은 이른바 기획 프로그램이어서 속보성의 제약으로부터 자유로울 수가 있고, 사전에 자율적인 규제를 통해서 오보 방지 대책을 세우는 것이 비교적 용이하다는 점을 들었다. 따라서 이런 기획 프로그램 제작에는 다른 언론 매체에 비해 사전에 방영이나 공표하고자 하는 내용의 진실성을 확인함에 있어서 훨씬 무거운 주의 의무가 요구되고, 따라서 방송의 내용은 단순한 추측에 의해서는 안 되며 이를 뒷받침할 합리적이고도 객관적인 자료나 근거가 반드시 있어야 한다고 지적했다. 그런데 단지 한 번의 전화 통화 외에는 아무런 확인 조치를 취하지도 않고 제작 방해 운운하는 내용의 방송을 했는데, 그것으로는 사실 확인 의무를 다한 것으로 볼 수 없다는 것이다.[230]

230 서울지법 남부지원 1995. 8. 3. 선고 94가합14378 판결.

같은 일일 정규 뉴스를 통해 보도된 것이라고 하더라도 각 아이템의 성격에 따라 서로 다른 판단 기준이 적용되는 것도 주목할 필요가 있다. 예를 들어서 MBC TV 뉴스의 '카메라출동' 코너와 관련해 "주 뉴스 시간 내의 사회 비리 고발 프로그램으로서 그날그날의 뉴스를 보도하는 경우와는 달리 일반인들의 제보를 받아 상당 기간 취재를 한 후에 보도하는 프로그램이고…… 위 프로그램의 영향력이나 보도 내용에 관한 일반인들의 신뢰성이 상당히 높고 그로 인한 보도 대상자의 명예훼손의 정도 역시 상당히 심한 것으로 판단되는 점에서 이 사건 보도는 신속성보다 정확성에 대한 철저한 확인이 더 많이 요구되는 경우"라며 기획 고발 뉴스에 대해 고도의 책임을 인정한 판례도 있다.[231]

이런 기준을 놓고 보면 다큐멘터리나 드라마와 같이 장시간 기획과 제작을 통해 만들어지는 프로그램의 경우는 신속성에 대한 필요성이 강조될 여지가 별로 없다. 그만큼 더 사실 확인 노력을 많이 기울여야 한다는 얘기다. 대법원 판례 가운데는 "실명에 의한 논픽션 드라마는 그 사실을 진실이라고 받아들이기 쉬운 반면에 신속성의 요청은 일반 보도에 비해 크다고 할 수 없으므로 다른 특별한 사정이 없는 한 방송 자료를 당사자 본인이나 그 주변 인물 등을 통해 확인하는 등 충분한 조사 활동을 하지 않은 채 명예훼손의 내용이 담긴 드라마를 그대로 방송했었다면 진실하다고 믿은 데 상당한 이유가 없다"고 한 것도 있다.[232]

그렇다면 일정한 보도 시점을 정해서 미리 자료 등을 제공하면서 보도를 유예하는, 이른바 '엠바고'가 걸린 기사의 경우는 주의 의무를 어떻게 판단해

231 서울고법 2004. 3. 25. 선고 2002나73403 판결.

232 대법원 1998. 5. 8. 선고 97다34563 판결.

야 할까? 이들 엠바고 기사의 경우는 기획 기사로 이어지기도 하지만 상당수는 일반적인 뉴스 보도에 사용되는 경우가 많다. 이론적으로는 엠바고 기사의 경우는 기사의 대상이 되는 사실에 대한 진실 확인 등을 위한 취재 가능 시간이 상대적으로 늘어남으로써 진실성에 대한 주의 의무가 더 커질 수밖에 없다. 언론 현업에서는 이런 부분을 고려해 특별히 더 세심한 주의를 기울이기보다는 일반적인 취재 보도와 같이 취급하는 것이 보통이다. 엠바고가 걸렸던 사안에 대해 충분한 확인 없는 보도로 책임 문제가 불거질 경우에는 확인 의무가 일반적인 경우보다 더 높은 수준으로 요구될 수 있음을 유의해야 한다.

일단 보도된 내용이 사실이 아닌 것으로 드러난 경우에는 신속하게 허위인 부분을 바로잡는 것이 필요하다. 특히 공익성이 인정되는 사안, 즉 정당한 공적 관심사에 해당하는 사안에서 나름의 확인 노력을 기울였음에도 불구하고 사실이 아닌 내용이 보도되었을 때에는 신속하게 바로잡는 후속 보도를 하는 것으로도 면책이 될 수 있다. 2012년 8월 〈미디어오늘〉은 MBC가 한 대통령 선거 후보의 룸살롱 출입 의혹을 보도하면서 그 후보의 해명은 '단 한 줄도 보도하지 않았다'고 전했는데, 이는 사실이 아니었다. MBC는 이 후보의 해명을 실었는데도 '단 한 줄도 보도하지 않았다'고 허위 사실을 보도했다며 〈미디어오늘〉을 상대로 소송을 냈는데 결국 패소했다.

기본적으로 이 기사는 MBC 보도의 공정성에 대한 지적으로 이 허위 사실에 해당하는 것은 전체 의혹의 일부에 불과하고, 또 〈미디어오늘〉이 허위 사실이라는 점을 알게 되자 곧바로 허위 사실 부분들을 정정한 기사를 새로 게재한 것으로 볼 때 〈미디어오늘〉의 의혹 제기가 악의적이거나 현저히 상당성을 잃은 공격이라고 볼 수 없다고 판단한 것이다.[233] 따라서 최대한 신

233 서울고법 2013. 10. 18. 선고 2013나20948 판결.

중하게 사실 확인을 해야 하지만 그래도 허위인 부분이 있을 경우에는 곧바로 정정보도를 하는 것이 중요하다. 이렇게 될 경우 기사의 대상자가 정정보도청구를 할 '정당한 이익'을 갖지 못하므로 굳이 정정보도청구를 당할 가능성도 없어지고, 또한 그에 대한 손해배상 책임을 아예 면할 수도 있다. 무엇보다도 잘못이 있으면 빨리 바로잡는 것이 언론윤리적으로도 합당하다.

12. 수사 기관 발표 내용 등의 사실 확인

경찰이나 검찰 등 수사 기관의 발표 내용을 보도할 때 그 내용이 사실인지를 어느 정도나 확인하고 보도해야 할까? 그 내용을 객관적으로 전달하기만 했는데, 무죄 판결이 난다면 언론 보도를 오보로 보고 책임을 물을 수 있을까? 구속 영장이나 공소장, 수사 과정에서의 진술 조서 같은 기록을 입수한 경우 그 내용을 언론이 그대로 보도하는 건 어떨까? 이런 기록물에 나오는 내용을 보도하려면 그 내용의 진위를 언론이 직접 확인해야 할까?

수사 기관이 사회적으로 관심이 있을 만한 사항을 공식적으로 발표를 하는데도 그 내용을 직접 언론사가 확인할 필요가 있다며 보도를 미루는 것은 상상하기 어렵다. 이런 내용을 신속하게 전달하는 것은 어떤 의미에서는 언론의 의무라고 볼 수도 있다. 만약 검찰의 수사 발표를 언론이 중계방송을 했는데, 해당 사건에 대해 나중에 무죄 판결이 났다고 중계방송의 책임을 묻는다면 어떻게 될까? 대통령이나 국무총리, 장관, 국회의원 등이 특정인이나 기관, 정당 등을 비난하는 내용의 발표를 할 경우에도 언론이 보도에 앞서 그런 발표가 사실인지를 검증할 의무를 부담한다고 하면 언론 보도는 극도로 위축될 것이다.

이 때문에 법원은 언론이 공식적인 수사 발표를 그대로 전달하는 것이나 각종 공식 기록이나 문건 등의 내용을 객관적으로, 과장하지 않고 전달하는 경우에는 결과적으로 이를 통해 특정인의 명예를 훼손하게 되더라도 언론의 책임을 묻지 않는다는 판례를 확립하고 있다. 다만 어떤 자료나 발표에 대해 이런 면책을 인정할 것인지, 그리고 어느 정도의 보도를 객관적인 전달로 볼 것인지는 사안에 따라 다르게 판단하고 있다.

이를테면 수사 발표의 경우 공식적인 발표 권한을 가진 기관장이나 주요 책임 간부가 나름의 내부 절차를 거쳐서 발표하는 것으로 제한한다. 특히 경찰의 경우는 일선 경찰서장이나 최소한 과장급 간부가 서장의 명을 받아 발표한 경우를 이런 공식적인 수사 발표로 인정하고 있다.

형사계장이 기자단에 연락해 브리핑을 자청한 뒤 관련 서류 등을 열람하게 하여 보도가 이뤄졌으나 이후 무죄 판결이 난 뒤 공식 발표에 따른 보도라는 언론의 항변을 배척한 판례가 있다.[234] 이 사건은 보도 내용 자체의 선정성이 큰 문제가 되기는 했으나 재판부는 이 사건에서 이루어진 수사 발표 자체의 공식성도 인정하지 않았다. 재판부는 공보관으로서의 임무를 부여받은 자가 공식적인 내부 의사 결정 절차를 거쳐 기자회견 또는 보도자료 배포 등의 형식으로 기자나 일반인에게 수사 경과나 내용을 알리는 것이 공식 발표인데, 이 사건에서는 공보관으로서의 직무나 권한이 부여되었는지도 불확실한 '담당 경찰관'이 내부 결재 절차 없이 기자실에 전화를 걸어 취재를 요청한 것이므로 공식 발표가 아니라는 것이다. 따라서 과장급 간부가 아닌 계

234 서울고법 1996. 2. 27. 선고 95나24946 판결.

장이나 반장, 팀장 등으로 불리는 현장 간부들의 발표를 그대로 전했다는 것으로는 법적 책임을 피하기 어렵다는 점을 기억할 필요가 있다.

하지만 검찰의 경우에는 판례가 다소 엇갈린다. 검사 한 명 한 명이 형사소송법과 검찰청법에서 수사의 주재자로서 독립 관청과 같은 지위를 갖고 있다는 점을 감안하면서도 피의사실 공표를 금지하고 있는 형법 규정 등을 고려한 것으로 보인다. 부산지방검찰청의 한 강력부 검사가 청부폭력 피의자들에 대한 구속영장청구 사실을 알고 찾아온 법조 출입 기자들에게 사건 기록 등을 열람하게 하면서 수사 경위를 설명해 준 사건에서 이를 정식의 수사 발표로 보지 않고 오히려 피의사실 공표라는 불법 행위로 인정해 국가에 손해배상 책임을 물은 사례가 있다.[235] 또 이 사건에서는 검사의 설명을 보도한 언론에 대해서도 모두 면책을 인정하지 않았다. 당시는 이른바 익명 보도 원칙이 지금처럼 확정되기 전이어서 대학생과 대학원생 등 피의자 3명 모두 실명과 나이, 주소 등이 기사에서 모두 공개되었는데 그중 일부에 대해 무죄 판결이 나왔었다.

또 부장검사가 방송사 기자에게 정부 고위직을 지낸 중진 의원이 관련된 비리 사건과 관련한 조사 내용을 설명해 주고 그 방송사가 이를 보도한 사건에서 실제 진술 조서에 나타난 진술 내용에 비해 보도가 더 악의적이거나 공격적이라고 보기 어렵다면서 위법성을 부인한 판례도 있다.[236] 이 사건에서는 한 지방검찰청 특수부장이 방송사 기자에게 정권 핵심 실세이던 한 중진 의원이 업자에게 10억 원의 정치 자금을 요구했으나 측근을 통해 3000만 원을 건넸다는 등의 진술 내용을 설명했는데, 실제로 진술 조서에는 3억 원을

235 창원지법 2000. 3. 29. 선고, 99가단18681 판결.

236 서울남부지법 2010. 2. 16. 선고 2008가단96240 판결.

요구했고 3000만 원을 선관위를 통해 기탁했다는 내용으로 사실관계에서도 차이가 있었지만 면책을 인정한 것이다.

특히 이 사건은 진술 조서에 대한 보도일 뿐 언론사가 사안에 대한 자체 취재를 통해 보도한 것이 아니므로 반론권의 대상이 되지도 않는다면서 반론 취재 없이 보도한 것을 문제 삼는 원고의 주장도 배척하였다. 이 사건은 원고 측 항소로 항소심이 진행되다가 양측의 조정으로 종결되었는데, 돈을 줬다는 사람은 이미 구속되어 있어서 직접 취재하는 것이 사실상 어려웠다 하더라도 돈을 받은 것으로 지목된 원고에 대한 반론을 취재하지 않은 것은 논란이 될 수 있다. 하지만 재판부는 이 사건은 단지 수사를 촉구하는 내용일 뿐이어서 반론권이 보장되어야 하는 사안도 아니라고 보았다. 실무적으로는 이런 경우 비록 당사자가 부정할 것이 뻔하다고 하더라도 해명이나 반론을 들어보려고 노력하는 것이 총체적인 진실에 접근하는 데 조금이라도 도움이 될 것이라는 점에서 최선을 다할 필요가 있다. 또 일방적인 진술 내용을 근거로 실명 보도를 하게 되면 자칫 부당한 피해자를 만들어낼 수 있다는 점을 특히 주의할 필요가 있다. 이 판결을 일반적인 기준으로 보기에는 무리가 있다는 말이다.

그렇다면 구속 영장과 같은 문건을 확보한 경우에는 그 내용을 어느 정도나 추가로 확인해서 보도할 필요가 있을까? 물론 내용을 언론이 손쉽게 확인할 수 있는 것이라면, 또는 상식적인 판단으로 문제를 확인할 수 있는 것이라면 그 내용의 진위에 대해 언론의 책임을 크게 물을 수도 있을 것이다. 하지만 수사권이 없는 언론이 수사 기관의 조사를 거쳐 법원까지 범죄 혐의가 상당한 수준으로 소명되었다고 보고 발부한 영장의 내용을 더 검증한다는 것은 사실상 거의 불가능하다고 할 것이다. 때문에 언론이 영장이나 공소장 같은 문건 내용을 객관적으로 전달하는 것은 보장할 필요가 있다.

구속 영장 사본을 열람하고 원고에 대한 피의사실을 알게 된 기자들이 검사에게 취재를 요청하여 몇몇 기자들이 동석한 상황에서 피의사실이 요약, 정리된 자료를 배포 받고 검사가 발표하는 수사 경위를 들은 다음 그 내용을 보도한 사안이 있다. 대법원은 이 사건에서 기사의 내용이 배포 받은 수사 자료를 기초로 객관적으로 작성되어 있는 점 등을 감안해 해당 사안이 특별히 보도가 신속을 요하는 것은 아니었다고 하더라도 그 진위에 대한 별도의 조사나 확인을 거치지 않은 채 기사를 게재했다고 해서 위법한 것이라고 할 수는 없다고 판결하였다.[237] 검사의 브리핑을 내부적인 결재 과정을 거쳤는지 등을 전혀 따지지 않은 채 그대로 '수사 발표'라고 인정한 점이 특징적이다.

하지만 같은 사건에서 일부 언론사는 구속 영장에 나타난 혐의 내용을 마치 자신이 직접 취재를 해서 원고의 범행으로 확인된 것처럼 단정적으로 기사를 실었다가 면책이 인정되지 않았다. 이 언론사 소속 기자는 특히 검사의 수사 브리핑에 참석하지도 않았고 그저 구속 영장과 이를 보도한 다른 언론사 기사를 본 뒤 해당 내용을 더욱 단정적으로 보도했다가 명예훼손 책임을 지게 되었다. 이 언론사의 경우에는 검사에 대한 직접 취재 노력을 기울이지 않았다는 잘못과 함께 구속 영장에 있는 내용 가운데 일부를 자신이 직접 취재한 것처럼 극화하고 과장한 책임을 졌다는 점을 유념할 필요가 있다.

유사한 사건으로 피의자에 대한 구속 영장 사본을 열람하고 타 언론사가 이미 보도한 내용을 보고 기사를 작성하면서 범죄 혐의를 착각해 엉뚱한 아파트 입주자대표회의 임원 등에게 청탁 사례금을 준 것으로 보도한 사건도 있었다. 여기서 법원은 직접 취재를 하지 않고 구속 영장 사본과 타 언론사 기사를 열람한 것만으로는 기사 내용의 진실성을 담보하기 위해 필요한 취재

237 대법원 1999. 1. 26. 선고 97다10215, 10222 판결.

를 다한 것으로 볼 수 없다고 판결하였다.[238] 형식적으로는 당사자에 대한 직접 취재를 하지 않았다는 것을 책임을 묻는 이유 가운데 하나로 제시하고 있으나 실질적으로는 영장 내용조차 제대로 읽어보지 않고 엉뚱한 사람들을 돈을 받은 사람으로 지목한 것이 책임을 인정한 핵심 이유라고 볼 수 있다.

13. 실명 보도와 익명 보도의 선택[239]

보도를 보면 수사는 물론이고 각종 비리에 대한 고발 등 비판적인 내용이 포함된 보도에서는 김 모, 이 모와 같이 쓰거나 A, B와 같이 아예 그 사람이 누구인지 모르게 표시된 기사들이 많다. 도대체 이렇게 익명 보도가 난무하는 이유는 뭘까? 소송 때문에 그렇게 하고 있을 가능성이 커 보이는데, 한편으로는 무책임해 보이지만 어쩔 수 없어 보이기도 한다. 아무리 이렇게 이름을 익명으로 써도 앞뒤 사정을 보면 누구인지 뻔히 보이는 경우도 많은데, 이런 경우에도 익명 처리를 하는 실익이 있는 걸까?

1) 범죄 보도에서의 익명 보도 원칙

범죄 보도는 기본적으로 우리 사회에 존재하는 위험이 어떤 것인지, 우리 사

238 대법원 2002. 5. 10. 선고 2000다50213 판결.

239 실명 보도와 익명 보도 문제에 대해서는 심석태(2015), ""그 사람 이름을 왜 알려고 하나?" — 실명 보도와 익명 보도," 〈언론중재〉, 제35권 제3호, 언론중재위원회, pp.66~69 참조.

회는 어떤 모습인지를 총체적으로 파악하는 데 중요한 역할을 한다. 현재와 같은 익명 사회 속에서 언론이 보도를 하지 않는다면 바로 이웃에서 발생하고 있는 범죄조차 알 수가 없고, 사람들은 자신이 살고 있는 사회의 실상을 제대로 파악하기 어렵다. 어떤 사람들은 방송이나 신문이 밝은 소식만 전했으면 좋겠다고 하지만 그렇게 되면 우리는 우리가 살고 있는 사회에서 어떤 일이 발생하고 있는지, 어떤 위험이 있는지 등등의 제대로 된 모습을 알지 못하게 된다. 세상에 범죄가 만연해 있는데, 도처에 위험이 도사리고 있는데, 언론이 그저 미담만 보도한다고 세상이 아름다워지지는 않을 것이다.

물론 무엇을 보도할 것인지를 선택하는 것은 각각의 언론사여서, 미담만 보도하는 언론도 있을 수 있고 범죄만 보도하는 언론도 존재할 수 있다. 어쨌든 범죄 보도가 갖고 있는 공익성, 공공성은 우리 법원도 판례를 통해 일관되게 인정하고 있다.

하지만 이런 범죄 보도 자체의 공익성, 공공성과는 달리 범죄자에 대한 보도는 그 자체로는 공공성이 없다는 것이 역시 우리 법원의 입장이다. 다시 말하면 어떤 범죄들이 일어나는지는 사회적으로 알 필요가 있지만 그 범죄를 저지른 사람이 구체적으로 누구인지를 알 필요는 없다는 것을 판례상의 원칙으로 확립하고 있는 것이다.[240] 이를 '익명 보도 원칙'이라고 부른다. 법원이 주창한 이 원칙은 이제는 언론학계나 언론단체를 포함한 언론계 전반에서도 별 의문 없이 받아들여지고 있다. 비록 일부 비판적인 의견이 있기는 하지만 무죄추정의 원칙을 근거로 한 이 원칙에 대놓고 반대하다가는 인권의식에 문제가 있는 것으로 치부되기 십상이다. 이 원칙은 기소 이전의 피의사실

240 익명 보도 원칙을 확립한 판례는 대법원 1998. 7. 14. 선고 96다17257 판결이다. 이후로 꼭 범죄가 아니라도 비판적 내용을 보도할 경우 굳이 그 대상이 누구인지까지 알아야 할 필연성이 없다는 식의 논리를 통해 익명 보도 원칙의 적용 범위는 조금씩 확장되고 있다.

공표를 처벌하는 형법 조항과 함께 범죄 보도에 있어서 쉽사리 넘을 수 없는 기준이 되고 있다. 어떤 의미에서는 범죄 관련 정보가 사생활의 비밀처럼 취급되는 경향마저 보이고 있다.

익명 보도 원칙은 범죄 보도와 관련해서만이 아니라 사실상 모든 형태의 비판적 보도로 확대되는 양상을 보이고 있다. 어떤 사람의 사회적 평가에 영향을 줄 만한 보도에서 굳이 그 사람이 누구인지까지 알아야 할 필연성이 있는지를 묻기 때문이다. 그러다 보니 황당한 일들이 많이 벌어진다. 예를 들어서 별 네 개의 군 사령관을 언급하면서 '1군 사령관 장 모 대장'이라고 표기하기도 하고, 부총리 겸 교육부장관이 자신의 보좌관이었던 사람을 대학 교직원으로 채용하도록 압력을 가했다는 의혹과 관련해 'A장관의 의원 시절 보좌관이었던 B씨'로 흐려서 쓰고, 현직 장관의 친자확인소송 패소 소식을 전하면서도 '현직 장관인 A씨'로 익명 처리를 하기도 했다. 이런 익명 처리에도 불구하고 인터넷 검색만 하면 그가 누구인지는 금방 알 수 있다.

워낙 익명 처리가 일반화되다 보니 기사에서 이름을 밝혀 쓰는 것은 대체로 홍보성 기사인 경우가 많고, 그 대상에게 조금이라도 피해가 갈 만한 내용은 이름을 밝히지 않는 경우가 대부분이다. 인터넷 검색을 하면 금방 드러날 프로야구 선수 이름을 "투수 ○ 모(27) 씨"라고 보도하고, 고위 공직자의 가족 특혜 채용 비리가 감사원에서 적발됐는데도 언론은 "○○에서 해외문화원장을 지낸 A씨"로만 썼다. 실제로 누구인지 알 수 없게 하는 익명화가 아니라 사실상 익명화 시늉만 하는 것이라고 볼 수도 있다.

이런 문제는 언론이 애초에 왜 보도 대상자의 이름을 이렇게 익명화하게 됐는지 그 이유와 목적을 분명하게 인식하지 못해서 생긴 문제일 수 있다. 기본적으로 익명 처리의 목적은 확정되지도 않은 내용으로 치명적인 피해를 입는 것을 막아야 한다는 것과, 그런 사안을 아는 것이 사회적으로 공익성이 있다고 해서 그것을 한 사람이 누구인지까지 알아야 할 필요는 없다는 법원의 판단 때문이었다. 그런데 여기에 자신의 취재가 완벽하지 않을 때 특정인을 확실하게 지목했다가 혹시라도 문제가 되는 것보다는 애매하게 이름을 표시해 아예 그 사람이 누구인지 알아보지 못하게 하는 쪽을 선택하는 경우도 생긴다. 지금은 여기에 해당하는 사례들이 오히려 더 많아 보이기도 한다.

이런 익명 보도 원칙은 엄밀히 말하면 저널리즘의 기본적인 원칙과 충돌할 가능성이 높다. 언론의 사실 보도 원칙은 기본적으로 익명 보도를 지양하고 실명 보도를 추구하기 때문이다. 특히 '열린사회'에서 시민들이 자연스럽게 갖는 사회적 관심의 반영이 언론 보도로 나타난다는 점도 생각해 볼 필요가 있다. 익명 보도 원칙이 강조되면서 정작 기자들은 실명을 보도하지 않아도 금방 포털 사이트의 연관 검색어로 관련자의 실명이 뜨는 것도 그 때문이다. 성급하고 단정적인 보도로 보도의 대상이 되는 사람들에게 함부로 피해를 주지 말아야 한다는 취지는 바람직한 것이지만 그 때문에 사회 전체에 익명성의 장막이 겹겹으로 쳐지는 것에 대해서는 경각심을 가져야 한다.

이와 관련해서 범죄 관련 정보는 모두 공적 정보로 보고 공개하고 있는 미국은 물론 기본적으로 범죄자에 대한 신상 공개를 원칙으로 하는 일본 사례도 눈여겨 볼 필요가 있다. 일본 언론은 범죄자를 자신들의 판단에 따라 대체로 실명으로 보도한다. 2015년 11월 일본 야스쿠니 신사 화장실 폭발음 사건으로 체포된 한국인 용의자의 실명과 얼굴 등을 일본 언론은 모두 공개했다. 국내에는 '전 모 씨'로 알려진 그 용의자는 일본 신문과 방송에는 신상이 그대로 드러났는데, 이에 대해 한국 외교부가 성명을 통해 공식 항의를 했고 국내의 일부 언론들이 이런 일본 언론의 보도 태도를 비판하기도 했다.

하지만 우리 외교부나 언론이 일본이 이 한국인 용의자에 대해서만 특별히 신상을 공개한 것이 아님을 모르는 것은 아니다. 실제로 외교부나 우리 언론이 성명과 보도에서 "일본의 보도 관행이 우리와 다르기는 하지만"이라는 단서를 달았던 것도 그 때문이다. 익명 보도를 기본으로 하는 우리의 보도 관행을 이유로 일본 언론의 실명 보도 관행을 비판하는 것은 어떤 측면에서는 매우 우스꽝스러운 장면이었다. 우리와 명예훼손 등에서 거의 같은 법체계를 갖고 있는 일본도 범죄 보도에서 실명 보도가 기본이며 실명 공개 여부는 언론의 판단에 따라 결정되는 것일 뿐이다. 실명, 익명의 선택이 꼭 인권보호 수준을 의미하는 것은 아니라는 말이다.

2) 익명 보도 원칙의 예외

익명 보도 원칙을 천명하면서 법원은 같은 판례에서 그 예외에 대해서도 언급을 하고 있다. 익명 보도가 원칙이라 하더라도 그 실명이나 초상의 보도에 의해서 관계자의 신원을 공공에게 알릴 필요가 있는 경우도 인정될 수 있다는 것이다. 이처럼 신원을 공개해도 될 것인지를 결정하는 기준으로 법원은 범인이 공적 인물인지, 범죄 사건의 중요성, 배경 또는 비범성을 고려하여 개인의 익명성에 대한 이익과 공공의 정보 이익을 비교 형량해서 정해야 한다고 밝히고 있다. 일반론으로는 범죄 보도에서 그 신원을 공개하는 것이 필요한 경우는 중대한 범죄인 경우나 그 사회적 중요성의 정도에 따라 특별한 사정이 있는 경우로 국한된다는 것이다.[241]

여기서 언급된 내용을 조금 더 구체적으로 생각해 보면 수사의 대상이 된 사람이 공적 인물이고, 범죄 사건이 사회적으로 매우 중요하거나 특별한 사회적 의미를 갖는 경우, 범죄가 매우 잔인하거나 희생자 또는 피해자가 많은 경우 등에는 그 사람이 누구인지를 공개하고, 따라서 사진을 사용하는 것도 허용된다는 것이다. 공인의 경우에는 비교적 작은 범죄 행위라도 실명 보

241 서울고법 1996. 2. 27. 선고 95나24946 판결. 익명 보도 원칙을 확립한 대법원 1998. 7. 14. 선고 96다17257 판결의 원심 판결이다.

도의 대상이 될 수 있고, 반대로 사인인 경우에는 범행 자체가 매우 중대하거나 사회적으로 큰 공적 관심사로 등장할 정도가 아니면 실명을 공개하거나 사진을 공개하는 것은 이로 인한 인격권 침해가 더 큰 것으로 보아서 허용되지 않는다는 것이다. 사안 자체가 사회적 대책을 필요로 하는 것이거나 시대사적인 의미를 가질 정도로 중대할 때에도 해당 인물을 실명으로 다루는 것이 허용된다고 본다.

요즘은 대부분의 수사 기관이나 국세청, 식품의약품안전청 등 단속권이 있는 기관들이 범법행위자 등에 대한 조사 결과를 발표할 때에 실명을 아예 사용하지 않는 것이 관행이 되었다. 하지만 만약의 경우 이들 기관들이 단속된 사람의 실명을 공개한 경우라도 언론은 스스로의 판단에 따라 실명 공개 대상이 되는지를 판단해서 공개 여부를 결정해야 한다. 수사 기관 등이 실명을 공개했다는 것만으로는 언론의 실명 공개 행위에 따른 인격권 침해에 대한 면책이 인정되지 않기 때문이다.

실제 사례 중에는 식품의약품안전청이 마약류취급업소에 대한 정기 점검에서 무자격자에게 마약류 조제를 시킨 병원들을 적발해 보도자료를 통해 명단을 공개했는데, 보도자료에 명시된 병원명을 보도한 언론에 대해 명예훼손 책임을 인정한 것도 있다.[242] 당시 대법원은 보도를 통해 실명이 공개된 의사를 두고 "평범한 정신과 의사에 불과하여 공적인 인물이라 볼 수 없다"면서 그의 신원에 관한 사항은 공공의 이해에 관한 사항이 아니기 때문에 명예훼손 책임을 면할 수 없다고 보았다. 허위 사실도 아닌 진실한 사실 보도에서 단지 신상이 공개되었다는 이유로 언론의 책임을 물은 것이다.

대법원은 여기서 한발 더 나아가 2009년 들어 실명 보도를 해도 되는 경

242 대법원 2007. 7. 12. 선고 2006다65620 판결.

우를 더 구체화했다.[243] 범죄의 내용이나 양상, 범죄 발생의 배경이나 사회적 영향력, 피의자의 직업이나 지위 등 공적 인물로서의 성격 등을 고려해 실명 보도가 가능하다고 밝힌 것이다. 사회적으로 고도의 해악성을 가진 중대한 범죄에 관한 것이거나 사안의 중대성은 떨어지더라도 정치적, 사회적, 문화적 측면에서 비범성을 갖는 경우, 그리고 공적 인물인 경우 업무 연관성 등으로 인해 공공의 중요성을 갖는 경우 등에는 실명 보도가 가능하다는 것이다. 어떤 경우에 실명을 써도 될지는 결국은 재판을 통해서 '종합적 판단'을 받아봐야 하겠지만 이 판결로 실명 보도가 허용되는 범위가 이전에 비해 훨씬 넓어진 것으로 볼 수 있다.

이 판결은 더 나아가 언론이 피의자를 가명이나 이니셜 등으로 흐려서 쓰는 것만으로도 그냥 실명을 쓴 경우보다는 언론사의 주의 의무가 경감된다고 판시했다. 따라서 앞에서 사례로 들었던 '장 모 대장,' 'A장관' 같은 표현을 사용한 경우에는 비록 그렇게 하더라도 당사자가 특정되는 것을 피하기는 어렵겠지만 적어도 언론사가 법적 책임을 져야 할 가능성을 줄일 수도 있다는 것이다.

그런데 이렇게 이름을 흐려 쓴 것만으로도 주의 의무가 경감된다는 부분은 혹시라도 시비가 걸릴 만한 것은 모조리 이름을 흐려 쓰는 분위기를 더 조장할 수 있다. 실제로 이미 지금 그런 현상이 광범위하게 나타나고 있다. 범죄 혐의자에 대해 확정되지 않은 사항을 사실인 것처럼 보도해 돌이킬 수 없는 피해를 주는 것을 막자는 당초의 취지와는 달리 언론사는 이름을 흐려 쓰는 것만으로도 보도에 따르는 위험 부담을 줄일 수 있게 되었기 때문이다. 언론 자유를 확장한 것처럼 보이기는 하지만 애초에 익명 보도 원칙을 천명

243 대법원 2009. 9. 15. 선고 2007다71 판결.

했던 취지는 다소 퇴색한 셈이다.

14. 공인 인정의 의의와 공인의 범위

범죄나 비리 보도 등과 같이 공공의 관심사가 되는 사안을 보도하면서 관련자의 실명을 사용하거나 사진을 공개해도 되는지를 판단할 때 그 사람이 공인인지는 매우 중요한 기준이 된다. 그러면 우리의 경우 어떤 사람이 공인이라고 판단되면 그렇지 않은 경우와 어떤 차이가 있는 걸까? 그리고 어떤 사람들을 공인으로 볼 것인지, 그 판단 기준은 무엇인가?

1) 공인 인정의 의의[244]

미국의 경우는 어떤 보도의 피해자라고 주장하는 사람이 공인으로 인정되면 이른바 '현실적 악의actual malice'를 스스로 입증하지 못할 경우 명예훼손소송에서 이길 수 없다. 물론 보도된 내용이 사실인 경우에는 공인 여부와 무관하게 아예 명예훼손이 인정되지 않는다. 사실 적시에 따른 명예훼손이 인정되지 않기 때문이다. 따라서 공인인 경우에는 비록 보도된 내용이 허위 사실이었더라도 '현실적 악의'를 입증하지 못하면 명예훼손을 인정받지 못한다는 것이다. 언론이 보도된 내용이 허위임을 알고 있었거나, 혹은 보도 내용의 진

244 미국 등에서의 공인 이론의 발전 과정에 대해서는 문재완(2008), 《언론법: 한국의 현실과 이론》, 늘봄, pp.87~121 참조.

위에는 아예 관심도 기울이지 않고 '허위여도 상관없다'는 식으로 함부로 보도했을 경우에만 이른바 '현실적 악의'가 있었던 것으로 인정된다.

이 때문에 미국에서는 어떤 사람이 공인으로 인정되기만 하면 언론사가 보도된 내용이 사실이 아니라는 점을 알고 있었거나 사실인지 아닌지에 대해 아무런 주의도 기울이지 않고 함부로 보도했다는 점을 명예훼손을 주장하는 원고가 입증해야 한다. 소송 절차적으로 보면 언론사가 일단 원고를 공인이라고 주장하여 법원이 받아들이면 이제부터는 피고인 언론사가 아니라 원고가 이른바 언론의 '현실적 악의'를 입증하도록 '입증 책임의 전환'이 일어나는 것이다. 물론 보도된 것이 허위 사실이 아니라 사실이었다면 애초에 명예훼손이 되지도 않는 것은 우리 법제와 근본적으로 다른 점이다. 그래서 이른바 '〈뉴욕 타임스〉 판결'을 통해 '현실적 악의'에 대한 입증 책임의 전환이 인정되면서 공인은 명예훼손 등의 소송으로는 거의 이길 수가 없게 되었다. 미국에서 점차 보도 내용에 대한 소송보다 언론의 취재 과정에서의 문제를 제기하는 소송이 늘고 있는 것도 이 때문이다.

국내에서도 이런 미국의 '현실적 악의' 이론을 주장한 경우가 더러 있었지만 우리 법원은 한 번도 받아들인 적이 없다. 오히려 국내에서는 이 이론을 적용할 수 없다고 명시적으로 판시한 대법원 판결들이 여럿 있다. 우리의 경우는 기본적으로 보도 대상자가 공인이고 보도 내용이 사실이라고 해서 그 자체로 언론이 면책되지도 않는다. 하지만 우리 법원도 이른바 명예훼손 피해자가 공인으로 인정될 경우 명예훼손소송에서의 이익 형량 과정에서 일반인과 비교해 일정한 차이를 두고 있다. 일단 공인으로 인정될 경우 그와 관련된 사안은 공적 관심사로 인정될 가능성이 더 커진다. 특히 공인의 사회적 지위 등이 높을수록 그와 관련된 사항들 가운데 공적 관심사로 인정되는 부분이 더욱 커진다. 예를 들어서 대통령이나 장관, 국회의원 등의 경우에는 보통의 경우는 사생활로 여겨질 부분들까지도 공중의 정당한 관심사로 인정될 수 있는 것이다.

박근혜 대통령에 대한 소문을 보도했다가 기소됐던 일본 〈산케이신문〉 서울지국장에 대한 재판에서도 재판부는 대통령은 국가와 국민에게 미치는 영향이 매우 크기 때문에 대통령은 어떠한 행동을 하더라도 부각이 되며, 다른 공무원과는 달리 공직자로서의 측면과 사인으로서의 측면을 구분해 볼 여지도 없다고 밝힌 것도 이런 취지로 볼 수 있다.[245] 국가 기관인 대통령의 업무 수행에 대한 비판적인 소문을 보도하는 데서는 언론의 자유를 폭넓게 인정해야 한다면서 비록 소문 자체는 허위였지만 그렇다고 곧바로 명예훼손이라고 볼 수는 없다고 본 것이다. 재판부는 특히 공직자의 공무집행과 직접적 관련이 없는 사생활에 관한 사실이라도 공직자의 자질, 도덕성, 청렴성에 대한 사실은 순수한 사생활의 영역에 있는 것이라고 보기 어렵다고 지적했다. 이처럼 공인이 되면, 그것도 대통령같이 전면적인 관심의 대상이 되면 사실상 그에 관한 모든 것이 정당한 공적 관심사로 인정될 수 있는 것이다.

우리 법원은 또 출판물에 의한 명예훼손죄의 구성 요건인 '비방 목적'이 있었는지를 판단하기 위해서도 공인 여부를 따진다. 이 밖에도 공인 여부는 개인의 명예권이나 사생활권 같은 인격권과 언론의 자유가 충돌할 때 이익형량을 하는 데에도 큰 영향을 미친다. 헌법재판소도 언론의 자유와 명예 보호라는 상반되는 두 헌법상 권리가 충돌할 때에는 공적 인물(공인)과 사적 인물(사인), 공적인 관심 사안과 사적인 영역에 속하는 사안 간에는 심사 기준에 차이를 둬야 하고, 특히 공적 인물의 공적 활동과 관련된 명예훼손적 표현에 대해서는 그 제한이 더 완화되어야 한다고 밝히고 있다.[246]

245 서울중앙지법 2015. 12. 17. 선고 2014고합1172 판결.

246 헌재 1999. 6. 24. 선고 97헌마265 결정.

비록 미국의 경우처럼 어떤 언론 보도나 표현 행위로 인한 피해자가 공인이라고 해서 피해자가 언론의 현실적 악의를 입증해야 하는 식으로 절대적인 효과가 생기는 것은 아니지만 우리의 경우에도 위에서 살펴본 것처럼 보도나 표현의 대상이 공인이냐 아니냐는 문제는 사건 처리의 향배에 적지 않은 영향을 미치게 된다. 따라서 어떤 사람이 공인인지 아닌지를 판단하는 것은 언론은 물론 일반 국민들에게도 매우 중요한 것이다.

2) 판례를 통해 본 공인의 범위

어떤 사람이 공인으로 인정되더라도 미국에서처럼 결정적인 효과를 갖지 않음에도 불구하고 우리 법원은 미국에 비해 오히려 공인으로 인정하는 범위가 좁을 뿐만 아니라 어떤 원칙을 기준으로 공인 여부를 판단하는지를 명확하게 밝히고 있지 않다. 따라서 피해자가 공인으로 인정된 판례들을 통해서 대체적인 범위를 파악할 수밖에 없다. 물론 학술적으로는 이에 대해 많은 논의가 진행되고 있지만 대법원은 개별 사안별로 공인 여부를 판단할 뿐 기본적인 공인 판단 기준을 제시하지는 않고 있다. 여기서는 지금까지 나온 판례들을 중심으로 공인 인정에 대한 개략적인 판단 기준만 알아보기로 한다.[247]

미국의 경우를 먼저 살펴보면 판례를 통해 공인으로 인정된 사람들로는 배우, 프로야구 선수, 프로권투 선수, 각종 연예인, 공직자, 유명한 발명가나 탐험가, 전쟁 영웅 등이 있고 일반 군인이나 신동 등도 공인으로 인정된 사례

247 자세한 공인 판단 기준에 대해서는 심석태(2011), "공인 개념의 현실적 의의와 범위에 대한 고찰: 법무부 '수사공보준칙'에 나타난 공인 개념을 중심으로," 〈언론과 법〉, 제10권 제2호, 언론법학회, pp.207~236; 전원열(2007), "공인에 대한 명예훼손," 〈재판실무연구(1) - 언론관계소송〉, 한국사법행정학회, pp.159~173 등 참조.

가 있다. 이 가운데 공직자는 이른바 〈뉴욕 타임스〉 사건에서 공인으로 인정된 지역 경찰 책임자를 비롯해 모든 선출직 공직자가 포함되며 정책을 책임지고 집행하거나 통제하는 권한을 가지고 있거나 외관상 그렇게 보이는 사람까지 해당된다. 공무원의 경우 꼭 고위직이 아니어도 공인이 될 수 있으며 특히 경찰관을 비롯한 법집행 공무원은 모두 공인에 포함된다.

우리의 경우도 기본적으로 고위 공무원이나 유명 인사 등은 공인이다. 공무원의 경우 법무부에서는 매우 고위직으로 공인 인정 범위를 제한하는 내규를 가지고 있으나[248] 6급인 부면장에 대해서까지 공인으로 인정한 판례가 있다. 원칙적으로 일정한 재량권을 행사할 수 있는 공무원을 공인으로 보는 것이다. 그런 의미에서 법집행 공무원은 재량권이 큰 만큼 공인으로 인정될 가능성이 크다. 경찰이 무단 횡단하는 모든 사람을 단속하는 것도 아니고 검찰이 모든 범죄자를 기소하는 것도 아니다. 이런 재량권이 크면 클수록 그 권한 행사에 대한 감시가 따르는 것이 당연한 것이다. 정책 결정에 참여하는 공무원, 각종 자금 배분이나 집행 등에서 재량권을 가진 공무원들도 마찬가지다. 단순하고 기계적인 업무만 수행하는 공무원의 경우에는 그 업무 범위 내에서 제한적으로 공인으로 인정될 수 있을 것이다.

정치인은 비교적 폭넓게 공인으로 인정된다. 각종 선출직 공직에 나서는 사람들은 비록 낙선하더라도 어느 정도 공인으로서의 책임을 지는 것이 당

248 인권보호를 위한 수사공보준칙(2010. 1. 18), 법무부훈령 제761호. 시행은 2010년 1월 22일. 이 준칙은 공인으로 인정되는 공무원을 차관급 이상으로 설정하는 등 이미 판례를 통해 공인으로 인정된 사례들을 제대로 반영하지 않고 있다는 근본적인 문제가 있다. 특히 공직자와 정치인, 기업인 등의 각각의 기준이 지나치게 현실을 반영하지 않고 있다는 지적을 받고 있다. 예를 들어 기업인의 경우 자산총액 1조 원 이상인 기업이나 기업 집단의 대표이사 1명만 공인으로 인정하고 있는데, 그렇다면 재벌 그룹의 소유주나 실질적 경영자들이 모두 공인의 범위에서 빠지게 되는 것이다.

연하다. 기초의회 의원에서부터 국회의원 등에 이르는 각급 의원들이나 지방자치단체장 선거에 나서는 사람은 누구나 거의 모든 측면에서 언론의 감시와 검증 대상이 되며 특별히 악의적이고 분별없는 공격이 아닌 한 명예훼손이 인정되기는 어렵다. 대통령 선거에 나선 사람의 경우는 말할 것도 없다. 과거 이러한 각종 공직에 있다가 물러난 사람도 재임 중 행위나 업무와 관련해서는 퇴임 후에도 마찬가지로 공인으로 취급받는다.

이처럼 공무원이나 정치인 등이 아니라도 문화, 체육, 교육 등 각 분야에서 폭넓은 유명세를 갖고 있는 사람도 공인으로 취급된다. 가수나 배우 등 연예인의 경우에는 공인이 아니라는 생각을 갖고 있는 사람도 있는데 그렇지 않다. 특히 이들의 경우는 스스로 적극적으로 대중의 관심을 끄는 행동을 하고 이를 바탕으로 현재의 위치에 오른 사람들이 많다. 이런 사람들이 대중의 관심을 바탕으로 이익을 취하면서 자신의 행동 등에 대한 대중의 감시를 피하는 것은 바람직하지 않다.

이들이 공인이 아니라고 생각하는 사람들은 공직자와 공인 개념을 혼동하고 있는 것이다. 공인은 공직자와 같은 말이 아니다. 오히려 공중의 관심사가 되는 사람이라고 훨씬 폭넓게 보는 것이 타당하다. 실제로 이들은 자신의 유명세를 이용해 돈을 벌기도 하고 사회적으로 영향을 미치는 발언을 하기도 한다. 그만큼 언론 등의 검증 대상이 되는 것도 피해서는 안 된다는 얘기다. 다만 유명인과 결혼을 했다거나[249] 혹은 연예인의 애인이라는 이유만으로는 공인으로 인정되기 어렵기 때문에 당사자의 동의 없이 초상의 사용이나 실명 공개에 유의할 필요가 있다.[250]

249 대법원 2013. 6. 27. 선고 2012다31628 판결.

250 서울지법 2001. 12. 5. 선고 2001가합8399 판결.

대신에 단순히 전문 직업에 종사한다고 해서 공인이 되는 것은 아니다. 의사나 변호사 같은 경우에도 매우 공공성이 높은 일을 하고 있는 전문직이기는 하지만 그 자체로 공인이 되는 것은 아니다. 하지만 스스로 어떤 공적 토론에 참여하거나 공개적인 활동을 함으로써 공인이 되는 경우도 있다. 집회나 시위 등에 참여해 자신의 정치적 의사를 피력하는 경우도 마찬가지다. 물론 이런 경우에는 이처럼 스스로를 드러낸 부분과 관련이 있는 사안에서만 공인으로 인정되는 것이 합리적이다. 달리 공적인 위치에 있지 않은 사람이 단순히 어떤 정치적 집회에 참여해 발언을 하거나 토론회에 참석해 자신의 주장을 펼쳤다고 해서 그 사람의 모든 면이 언론의 검증 대상으로 떠오르는 것은 아니다.

대법원은 아직 공인 여부에 대한 판단을 어떻게 하는 것이 맞는지 그 기준을 체계적으로 밝힌 적이 없다. 따라서 판례 등을 통해 나타난 다양한 공인 판단 기준을 활용할 수밖에 없다. 일단 어떤 보도 대상이 공인으로 판단되면 그의 활동이나 생각 등에 대한 보도에서 언론의 자유가 상당히 확대된다. 또한 실명을 쓰거나 사진을 쓰더라도 그것만으로 인격권 침해를 주장하기 어려워진다. 또 일단 공인으로 인정되면 해당 직책에서 물러나더라도 그 직책에 있었던 시기의 일과 관련해서는 계속 공인으로 다뤄지게 된다. 따라서 어떤 사람을 어떤 경우에 공인으로 인정하는 것이 맞는지를 잘 판단하는 것은 매우 중요하다. 대법원이 체계적인 판단 기준을 제시하면 더 좋겠지만 일단은 국내외의 관련 판례들을 연구해서 언론인들과 언론 학계 등에서 나름대로의 판단 기준을 세워서 적극적으로 활용하는 것이 필요하다.

15. 공인에 대한 정치적 이름 붙이기

종종 상대방에 대한 정치적 공격이 격화되다 보면 특정인이나 단체 등을 '종북'이라고 규정하는 것을 볼 수 있다. 특정인을 진보나 보수로 규정하거나 친노, 비노, 친박, 비박 등으로 규정하는 경우도 자주 나타난다. 이런 것들도 정치적 의견이나 논평으로 볼 수 있을까? 아니면 이것을 일정한 사실을 언급한 것으로 보고 명예훼손 책임을 물을 수 있을까?

이른바 진보 정치권이나 시민사회단체 인사 등을 대상으로 보수 진영 인사들이 북한을 추종한다고 주장하면서 '종북'이라고 규정하는 경우가 자주 있다. 2012년 19대 총선이 치러지기 전, 보수 논객을 자처하는 변희재 씨가 여러 차례에 걸쳐 통합진보당 대표이던 이정희 전 의원과 남편을 종북·주사파로 지목하는 글을 트위터에 올렸다. 당시 새누리당 이상일 대변인도 이들을 김일성 초상화를 걸어놓고 묵념하는 세력으로 묘사했고, 당시 〈뉴데일리〉와 〈조선일보〉도 이른바 '경기동부연합'에 대한 분석 기사들에서 이들을 주사파, 종북 등으로 규정했다. 이에 대해 이정희 전 의원과 남편이 명예훼손으로 소송을 제기했다.

법원은 상당한 기간 공개적인 활동을 해온 정치인과 변호사에 대해 북한의 주체사상을 신봉하고 대한민국의 정체성을 부정하는 신념이나 사상을 가지고 있다는 취지의 글이나 기사, 성명을 발표하기 위해서는 단순한 의혹 수준을 넘어 보다 구체적이고 뚜렷한 정황 사실을 제시할 필요가 있다고 보았다.[251] 단순한 몇몇 정황만으로는 이들이 주사파에 해당한다고 연결을 지을 수 없고, 따라서 명예훼손의 책임을 져야 한다고 판단했다. 이 사건에서 가장 적극적으로 '종북'이라는 비판을 쏟아낸 변희재 씨에게는 1500만 원을, 새누리당 이상일 대변인에게는 800만 원을 배상하라고 명령하고, 〈뉴데일리〉와 디지틀조선일보에 대해서도 1000만 원에서 400만 원까지 배상을 하라고 판결했다. 또 정정보도도 함께 명령했다.

방송인 출신인 정미홍 씨도 2013년 트위터를 통해 몇몇 지방자치단체장을 들어 '종북 성향 지자체장'이라고 지칭하면서 다음해 지방 선거에서 반드시 퇴출시켜야 한다는 글을 트위터에 올렸다. 또 "자질이 의심되는 지자체장과 종북 성향의 지자체장을 퇴출해야 한다니까 또 벌떼처럼 달려드는군요" 같은 글도 올렸다. 그러자 정 씨에 의해서 종북 성향 지자체장으로 낙인찍힌 노원구청장은 "세상 모든 일을 종북으로 연결하는 사람들, 참 애처롭네요"라고 비판하면서 정 씨를 상대로 소송을 냈다.

법원은 구체적인 전제 사실의 적시나 전후 사정에 관한 설명 없이 특정인을 '종북 성향'이라고 지칭하는 경우에도 그 안에 특정인의 어떤 행동, 발언, 정책이나 가치관을 암묵적으로 포함하고 있는 표현이라고 보아야 하고 단순한 의견이나 평가에 불과한 것으로 볼 수 없다고 판단했다. 특히 남북이 대치하고 있는 우리 현실이나, 북한을 추종하면서 대한민국의 정체성을 부정하는 행위는 국가보안법에 따라 처벌될 수 있는 점을 고려하면 우리 사회에서 어떤 사람이 종북 성향으로 지목되는 순간 그에 대한 사회적 평판이 크게 손상될 것이 명백하므로 명예훼손이 성립한다고 보았다.

물론 재판부는 공적인 존재인 지방자치단체장이 북한을 무비판적으로 추종하는 사람인지 아닌지는 공공의 이해에 관한 사항이라고 보았다. 하지만 사실로 인정하기 어려운 여러 사정들이나 매우 박약한 근거만을 제시하면서

251 서울중앙지법 2013. 5. 15. 선고 2012가합34257 판결.

종북 성향이라고 지칭하는 것은 그 표현 행위가 진실하거나 진실이라고 믿을 만한 상당한 이유가 있다고 보기 어렵다고 재판부는 판단했다. 아무리 공적 존재의 정치적 이념이라는 공적 관심사에 대한 것이라도 이런 근거 없는 종북 규정은 표현의 자유의 범위를 넘어선다는 것이다.[252]

채널A는 2013년 2월, 〈박종진의 쾌도난마〉라는 프로그램에서 시사평론가인 이봉규 씨를 출연시켜 "이봉규가 보는 '5대 종북 부부'" 등의 내용을 방송했다가 한국진보연대 등으로부터 소송을 당했는데, 법원은 1000만 원의 손해배상과 함께 정정보도를 하라고 판결했다.[253] 우리 법원은 이처럼 누군가를 '종북'이라고 규정짓는 것이 우리 사회에서 갖는 위험성을 무겁게 판단하고, 근거를 제대로 대지 않으면서 막연하게 종북으로 규정한 여러 사건에서 명예훼손 책임을 인정하였다.

하지만 '종북'과 같이 일단 지목이 되는 순간 사회적인 평가에 큰 영향을 미치는 것이 아니라, 특정인을 진보나 보수로 분류하거나 '친노,' '386' 등으로 지칭하는 것과 같이 단순한 정치적 성향이나 그룹 등을 표현하는 것만으로는 명예훼손이 성립하기 어려울 것이다. 사실관계가 정확하지 않거나 근거가 부족할 경우 정정보도를 청구할 수는 있겠지만 손해배상 등을 해야 하는 명예훼손 책임을 묻기는 어렵다는 것이다. 명예훼손은 그런 보도로 객관적인 사회적 평가가 저하되는 경우에 성립하는 것이기 때문이다.

252 서울중앙지법 2013. 10. 2. 선고 2013가단5009690, 2013가단112317 판결.

253 서울중앙지법 2014. 8. 13. 선고 2013가합519298 판결.

16. 통신 보도 인용과 사실 확인 책임

계약에 따라서 언론사에 공급되는 통신사의 기사를 전재했는데, 나중에 이 기사가 누군가의 명예를 훼손하는 것이었다는 문제가 생길 수 있다. 이런 명예훼손에 대해 기사를 실은 언론사와 기사를 공급한 통신사 가운데 어느 쪽이 책임을 져야 할까? 만약 기사를 실은 언론사가 책임을 진다면 통신사가 그 손해를 보전해 줄 책임이 있을까? 기사를 보도한 언론사가 해당 기사를 통신사가 공급한 기사라는 사실을 밝히지 않고 마치 자신이 취재한 내용인 것처럼 실었을 경우에도 통신사에게 책임이 있을까?

미국의 경우는 흔히 통신사의 기사를 그대로 실었을 뿐이라는 언론사의 항변이 인정된다. 이른바 '통신 기사 전재의 항변' 또는 '통신 전재의 항변wire service defense'이라고 한다. 따라서 통신사가 보낸 기사에 문제가 있어도 이 기사를 그대로 실은 언론사는 책임을 지지 않게 된다는 뜻이다. 하지만 국내에서는 조금 상황이 다르다.

2005년, 마약류취급업소 정기 지도 점검을 벌인 식품의약품안전청이 마약류로 분류되는 약을 취급 허가가 없는 소속 직원을 시켜 조제한 정신과의원 등을 적발한 뒤 이들 의원의 명칭을 보도자료를 통해 공개했다. 한 통신사는 보도자료에 있는 그 의원의 이름을 보도했고 이 기사를 공급받아 게재했던 언론사들이 통신사와 함께 명예훼손으로 소송을 당했다. 통신사의 기사를 전재했던 언론사들은 자신들은 통신사와의 전재 보도에 관한 계약에 따라 기사를 실었다면서 명예훼손이 아니라고 주장했고 하급심에서 이런 항변이 받아들여졌다.

하지만 대법원은 이 사건의 피해자는 평범한 정신과 의사에 불과하여 공적인 인물로 볼 수 없으며, 적발된 내용이나 성격에 비춰보아도 이 사건의 당사자가 이 의사라는 사실까지 알아야 할 정당한 이익이 있다고 보이지 않는다면서 통신사와 기사에 대한 전재 보도 계약에 따른 것이라고 해서 달리 볼 이유가 없다고 원심을 파기했다.[254]

이 사건에서는 보도자료를 직접 보고 기사를 작성하면서 실명을 공개한 언론사들도 마찬가지로 면책을 인정받지 못했는데, 결국 범죄 보도에 대한 실명 보도에서는 실명 보도 자체의 적정성에 대해 최종 보도를 하는 언론사가 전적인 책임을 진다는 원칙을 선언한 셈이다. 그렇다면 통신사가 공급한 사진 기사를 통한 초상권 침해 등의 경우에도 같은 원칙이 적용된다고 보는 것이 타당해 보인다. 따라서 통신사의 기사임을 전제로 이런 형태의 인격권을 침해했다는 주장을 방어하기는 어렵다는 것이다.

이 사건처럼 실명을 공개한 기사를 전재하는 것만 그런 것이 아니라 기사에서 잘못된 사실을 전달했을 경우에도 통신사가 아니라 기사를 최종적으로 내보내는 언론사에게 그런 사실의 진위를 확인할 책임이 있다는 판결이 있었다.[255] 사실 확인 노력을 충분히 하지 않고 별다른 근거도 없이 통신사의 기사를 바탕으로 기사를 작성한 경우에는 일간 신문의 신속성에 대한 필요를 감안하더라도 면책을 인정하지 않은 것이다. 일본의 경우도 이와 유사한 판결 경향을 보이고 있다.[256]

물론 통신사의 기사를 전재해서 문제가 된 경우 아무런 보호를 받지 못

254 대법원 2007. 7. 12. 선고 2006다65620 판결.

255 대법원 1996. 5. 28. 선고 94다33828 판결.

256 이재진·고영신(2003), "통신 기사 인용과 면책항변에 관한 연구: 한·미·일 판례 비교 분석," 〈언론과 사회〉, 제11권 제3·4호, 성곡언론문화재단, pp.108~143 참조.

한다는 것은 아니다. 적어도 기사를 공급한 통신사는 자신의 기사를 그대로 전재함으로써 선의의 피해를 입은 언론사에 대해 계약상의 책임을 지는 것이 당연하다. 계약에서 통신사에 대해 아무런 책임을 묻지 않기로 약속하지만 않았다면 말이다.

그런데 국내에서는 많은 경우 기사를 실은 언론사가 통신사를 상대로 책임을 지라고 요구할 만한 상황이 발생하기가 쉽지 않다. 무엇보다도 통신사의 기사를 전재하면서도 통신 기사를 전재한다는 사실을 명확히 하지 않는 것이 이제는 거의 관행이 되고 있기 때문이다. 통신사의 기사를 바탕으로 하면서 출처를 밝히지도 않고 마치 자신이 취재를 한 것처럼 기사를 쓰고 있는 것이다. 스스로가 취재한 것처럼 시청자, 독자를 오도하는 것이다. 이렇게 마치 직접 취재해 쓴 기사인 것처럼 통신 기사를 활용한 뒤 명예훼손 등 법적 문제가 생기면 황급히 '통신 기사일 뿐'이라고 해명한다고 해서 설득력을 갖기도 어렵다.

미국의 경우도 통신 전재 기사의 항변이 인정되는 것은 통신 기사임을 밝히고 이를 그대로 전재하고 있기 때문이다. 이런 통신 전재의 항변을 인정하지 않는다면 미국과 같이 국토는 넓으면서도 지역 언론이 발달한 사회에서 모든 언론사들이 큰 문제에 봉착하게 된다. 통신 기사를 전재한다고 해서 아무런 면책에 도움이 되지 않는다면 모든 언론사가 전국과 해외 등을 직접 취재하는 시스템을 갖춰야 하는 것이다. 따라서 통신사의 기사임을 명시하고 그대로 전재하는 경우에는 통신사를 믿은 데 대한 책임을 묻지 않기로 한 것이다. 미국의 경우도 우리처럼 언론사들이 통신사 기사를 자기들이 취재한 기사처럼 살짝 고쳐서 실었다면 책임도 직접 져야 할 가능성이 높다.

사진을 사용하거나 실명을 공개하는 등의 판단은 아무리 통신사 기사를 명시하고 전재를 하는 것이라도 이를 공개하는 언론사가 최종적인 책임을 지는 것에 크게 이의를 제기하기 어려울 것이다. 다만 모든 언론이 전국의 모든 사안을 취재할 수는 없으며 이를 보완하기 위해 통신사 제도를 국가적으로 인정하고 있다는 점을 감안한다면 통신사 기사를 전재한 것에 대해서는 일정한 면책을 인정하는 것이 타당할 것이다. '국가 기간 통신사'를 지정해 정부 차원에서 다양한 지원을 하면서 정작 그런 통신사가 공급한 기사를 신뢰한 언론사에 대해서는 아무런 보호를 하지 않는 것은 매우 자연스럽지 못하기 때문이다. 단순히 '저명한 통신사' 기사를 전재한 것이라는 이유로 언론사의 책임 면제를 인정한 미국 판례들을 생각해 보면 어떨까 싶다.

비슷한 사례로 제휴 언론사가 보낸 기사를 게재했던 인터넷 포털에 오보에 대한 책임을 물은 판례가 있다.[257] 네이버가 〈노컷뉴스〉가 제공한 기사를 게재하면서 '열린우리당 김현미'를 '한나라당 전여옥'으로 잘못 표기한 것을 그대로 제목으로 뽑아 기사를 배치했는데, 정작 〈노컷뉴스〉가 기사를 바로 잡은 후에도 네이버에 연락을 해 주지 않아 일정 기간 고쳐지지 않은 기사가 네이버를 통해 제공되었다.

재판부는 인터넷 포털사이트가 기존의 언론 매체보다 월등한 배포 기능을 갖추어 여론을 좌우하는 막강한 언론 매체로 자리 잡은 만큼 언론사로부터 기사를 송신받아 게재하는 과정에서 타인의 명예나 명예감정을 침해하는 기사가 있었다면 그 기사의 진실성 여부에 대하여 스스로 확인 작업을 거쳐야 할 책임이 있다고 보았다. 단순히 정평 있는 언론사로부터 송신된 것이고, 그 기사를 문면상 일견하여서는 내용이 진실하지 않다는 점을 알 수 없다는 등의 이유로 해당 기사가 진실하다고 믿은 데 아무런 과실이 없다고 볼 수 없다는 것이다.

이 사건은 포털이 언론 매체가 공급한 기사를 자체적으로 편집, 배치했

257 서울고법 2008. 1. 16. 선고 2006나92006 판결.

다가 생긴 문제였다. 단순한 검색 기능을 제공하고 언론 매체가 기사를 수정, 삭제하면 자동 반영되도록 서비스를 구성하였다면 문제가 되지 않았을 가능성이 높다.

17. 공익성 인정 기준: 공표 목적의 공익성 문제

언론이 권력 등에 대한 감시 기능을 제대로 수행하기 위해서는 기사의 대상이 되는 사람이나 기관 등에 대한 명예훼손적인 내용을 공개하지 않을 수가 없다. 실제로 형법도 공표된 내용이 사실이고 오로지 공익에 관한 것이면 처벌하지 않고, 사회상규에 어긋나지 않은 정당한 행위도 벌하지 않도록 규정하고 있다. 그런데 공표된 내용이 공익에 관한 사항일 뿐만 아니라 주관적으로도 '공익을 위해서' 공개한 경우에만 법적인 책임을 면할 수 있는 것일까? 만약 다소간의 사적인 이해관계가 보도 등에 개입해 있다면 내용 자체가 공익에 관한 사항이라도 법적인 책임을 져야 한다는 것일까? 어떤 보도가 공익을 위한 것인지, 아니면 사적 이해관계를 위한 것인지는 어떻게 판단할 수 있는 것일까?

형법은 명예훼손에 대한 면책 요건으로 내용이 사실이면서 '오로지 공공의 이익에 관한 때'에는 처벌하지 않도록 규정하고 있다(형법 제310조 '위법성의 조각'). 하지만 판례는 사안 자체가 객관적으로 공공의 이익에 관한 것일 뿐만 아니라 공표 목적도 공익을 위한 것이어야 한다고 보고 있다. 객관적으로 보도된 사안이 그 사회의 공적 토론을 위해 필요한 것임을 넘어서서 이를 공표한 목적 또한 공익을 위한 것이어야 한다고 새로운 요건을 법 해석 과정에서 추가하는 것이 타당한지는 의문이 있다. 어쨌든 우리 법원은 사안 자체가 공적 관심사일 뿐만 아니라 목적의 공익성을 요구하고 있으므로 공익과 거리가 먼 사적 이해관계에 따른 것이라는 점이 드러나면 위에서 살펴보았던 일부 사례에서처럼 위법성 조각을 통한 면책을 받지 못할 가능성이 생긴다.

기본적으로 우리 법원은 언론의 보도 행위에 대해서는 이런 공익적 목적에 의한 것으로 추정하고 있다. 또 표현 행위나 보도의 주요한 목적이나 동기가 공공의 이익을 위한 것이라면 부수적으로 다른 사익적 목적이나 동기가 내포되어 있더라도 면책이 가능하다.[258] 언론 등의 표현 행위가 '오로지' 공공의 이익에 관한 것이라는 표현에도 불구하고 어느 정도의 융통성을 인정하고 있는 것이다. 사실 광고나 구독료 등의 수익 활동을 수반해야 하는 현대 사회의 언론 기업은 그 활동 과정에서 다른 언론과의 경쟁이나 수익성 등을 고려하지 않을 수 없고, 언론 활동에 일정한 영리적 요소가 개입하고 있음을 이유로 언론의 공익성에 의문을 제기하는 것은 마치 세금이나 수신료 등 공적 재원에 의해 운영되는 국영, 관영, 공사 형태의 언론에 대해서만 공익성을 인정하는 것처럼 되어 비현실적이기 때문이다.

대체로 언론 보도는 그 자체로 공익성을 인정받고 있지만 달리 반증이 있으면 상황은 달라진다. 관내 지방자치단체장의 성매매 의혹 사건에 대한 보도를 하면서 다른 언론사들의 보도와는 달리 현저하게 해당 단체장에게 불리한 방향으로 기사를 쓴 기자에 대해 기사를 통해 적시한 사실이 허위라는 점을 충분히 인식하였거나 적어도 미필적으로는 이를 인식하였다고 보고 비방 목적이 있는 것으로 판단해 유죄 판결을 내린 사례가 있다.[259] 1심에서

258 대법원 1996. 10. 25. 선고 95도1473 판결.

259 전주지법 2006. 5. 12. 선고 2006노195 판결. 대법원 2007. 12. 27. 선고 2006도3619 판결로 확정.

는 비방 목적을 인정할 수 없다며 출판물에 의한 명예훼손 혐의에 대해 무죄 판결이 나왔지만 항소심은 속보성이 필요한 상황이 아니었으므로 충분히 사실관계를 확인할 시간적 여유가 있었고, 자신의 주관적 해석을 실제 증언 내용인 것처럼 오인하게 할 만한 표현을 사용하였던 점 등을 감안해 비방 목적이 있었다고 보았고 대법원도 이를 인정하였다.

18. 과도한 표현과 공익성

사람들이 말을 하다 보면 다소 과격한 표현들이 튀어나오는 경우가 있다. 과도한 표현이 불가피한 측면도 있는데 과연 어느 정도까지 과도한 표현을 사용해도 될까? 방송이나 신문 등의 보도에서 단정적인 표현을 사용하는 것과 유인물 등에서 과도한 표현을 사용하는 것을 다르게 보아야 할까?

재건축조합의 운영 과정에서 재건축 사업 추진을 방해하던 사람을 비난하는 내용의 유인물을 제작해 배포하면서 감정적이고 과격한 표현을 사용했다가 명예훼손으로 기소된 사건이 있었다. 당시 조합장과 조합이사들이 공동 명의로 작성한 유인물에서 "강탈 도용," "악의에 찬," "행패," "협박과 공포 조성에 혈안이다"라는 등의 다소 감정적이고 과격한 표현 방법을 사용한 것으로 볼 때 공익적 목적이라기보다는 피해자를 비방하려는 목적으로 유인물을 작성한 것이라고 검찰 측이 주장했지만 받아들여지지 않았다. 재판부는 이 유인물을 작성해 주민들에게 배포하게 된 주요한 동기는 일부 인사들의 재건축 추진 방해 행위를 조합원들에게 알려서 조합원들의 동요를 막기 위한 것으로

이는 조합과 조합원 모두의 이익을 위한 것이므로 이른바 '오로지 공공의 이익에 관한 때'로 보아야 한다고 판단한 것이다.[260]

행위자의 주요한 목적이나 동기가 공공의 이익을 위한 것이라면 부수적으로 다른 사익적 목적이나 동기가 내포되어 있더라도 면책이 가능하다는 기준에 따라 다소간 과격한 표현으로 대상이 된 사람을 비판하고 있더라도 주된 목적의 공익성이 인정된다면 면책을 인정한 것이다.

반대로 언론 보도에서 대상에 대해 매우 단정적인 표현을 사용하는 등 일방적이고 과도한 표현을 사용한 경우에는 공익성이 인정되지 않을 수가 있다. 한 대학 교수의 도덕성을 둘러싼 학내 분쟁을 보도한 방송 프로그램과 관련해 부정적인 사람들의 목소리만 전하는 등 피해자를 극단적인 인물로 묘사했다며 공익성을 부정한 사례가 있다.[261] 재판부는 이 사건에서 다른 의견이 있을 수 있는 문제에 관해서 "원고는 대학원생에게 박사 논문을 대리 심사시킨 것을 완강하게 부정했지만 이것은 원고 밑에 있던 대학원생의 입을 통해 사실로 밝혀졌습니다," "원고의 연구 실적은 거의 전무한 것이나 다름없습니다," "강의 내용도 수준 이하였습니다," "제자들은 원고의 도덕성을 의심할 수밖에 없었습니다," "제자들은 엄청난 불신을 느껴야 했습니다," "제자에게 아들의 과외를 강요하기까지 했습니다" 등 단정적인 표현을 사용했다고 보았다. 또 피해자의 자질이나 인격과 관련해서도 "대학 교수로서 과연 무슨 일을 했는지 의심하지 않을 수 없습니다," "무책임한 교수," "곪을 대로 곪은 교수의 추한 모습을 십수 년 동안 그대로 방치," "한자도 잘못 읽는 경우는 셀 수 없을 정도," "저희 과의 분위기는 어떠냐 하면 선생님께서 죽으

260 대법원 1996. 10. 25. 선고 95도1473 판결.

261 서울지법 2001. 8. 22. 선고 98가합107982 판결.

라면 죽는…… 교수님 앞에 석사생이라는 것은 고양이 앞에 쥐입니다" 등을 사용해 피해자를 교수로서의 자질이 전혀 없고 도덕성에 심각한 문제가 있는 극단적인 인물로 묘사했다는 것이다.

재판부는 이 프로그램이 정작 대학 사회의 구조적인 문제와 관련된 점은 제대로 분석하지 않은 채 원고 개인에 대한 비방이나 비난에만 초점을 맞추고 있어서 공익성을 인정할 수가 없다고 판단하였다. 비록 어느 정도의 비난이 포함되어 있다고 하더라도 전체적으로 대학 사회의 구조적 문제를 짚으면서 대학의 건전한 발전을 위해 잘 알려져 있지 않은 문제를 부각하는 데 주력했더라면 아예 공익성이 부정되는 일은 피할 수도 있었을 것이다. 프로그램이 겉으로 내세우는 목적이 무엇이든 전체적인 비중에서 건전한 여론 형성을 위한 것으로 보이는 내용이 중심적 위치를 차지하도록 주의를 기울이는 것이 필요하다.

19. 오로지 선정적 흥미 충족을 위한 기사

언론을 통해 보도되는 기사라는 것이 기본적으로 우리 사회의 공적 토론에 보탬이 되어야겠지만 그렇지 못한 경우도 적지 않다. 순전히 오락적인 가치밖에 찾아볼 수 없는 기사에 대해서도 공익성을 인정해야 할까? 똑같은 사안을 다루더라도 우리가 살고 있는 사회의 모습을 총체적으로 그리는 것이라기보다는 선정적인 흥미를 충족시켜 사람들의 관심을 끌려는 것으로밖에 이해하기 어려운 기사들도 있다. 이런 기사의 경우에도 공익성을 전제로 한 면책이 가능할까?

기사가 대상이 된 사람의 명예를 훼손하는 등 다른 법익과 충돌할 경우에 일정한 법적 책임을 면제해 주는 것은 그것이 그럴 만한 공익적 가치를 갖고 있음을 전제로 한 것이다. 하지만 우리가 언론을 통해 접하는 모든 사안들은 나름대로 사람들의 얄팍한 흥미와 관련된 측면이 있다. 반대로 아무리 흥미에만 영합하는 것 같은 사안도 이면을 들여다보면 우리 사회의 구조적인 문제와 관련된 경우가 있다. 결국 문제는 사안 자체보다는 그것을 다루는 방법에 있다고 할 수 있다. 저널리즘적인 측면에서 사회적인 공적 토론에 보탬이 되는 것이거나, 적어도 우리 사회 구성원들의 다양한 정보 욕구를 충족시키거나 건전한 여가 등을 위해 필요한 다양한 정보의 유통에 참여하는 것은 크든 작든 나름의 의미가 있는 것이다.

하지만 종종 매우 선정적인 측면으로 사안에 접근하는 기사들을 볼 수 있다. 매우 극단적인 경우로 1990년대 말에 큰 논란을 빚었던 한 유명 여성 연예인의 성행위 관련 영상물 보도가 있었다. 당시 이 사건을 다룬 상당수 기사는 남녀 등장인물의 연예 활동 경력과 그들의 근황과 생각 등을 다루면서 오로지 독자들의 성적 호기심을 충족시키고 나아가 문제의 영상물에 대한 궁금증을 고조시키는 데 기여할 뿐 아무런 공익적 목적을 찾아보기 어렵다는 판정을 받았다.[262] 당시 언론사들은 문제의 보도들이 나름의 공익에 부합하는 것이라고 주장하였으나 받아들여지지 않았다.

다만 당시 MBC 보도의 경우에는 기본적으로는 음란물 유통에 따른 폐해에 관하여 사회적 경각심을 일깨우고 이 사안에 대한 수사 촉구를 목적으로 보도된 것으로 보인다며 공익성이 인정되었다. 동일한 사안이라도 보도의 구체적인 내용에서 완전히 다른 접근이 가능하다는 것을 보여 준 대목이다.

262 서울지법 2000. 10. 11. 99가합109817 판결.

다만 MBC의 보도는 테이프에 등장하는 남자가 영상물을 공개하겠다고 협박하면서 돈을 뜯어냈다는 혐의를 전하며 수사를 촉구했는데, 이를 사실로 믿을 근거가 달리 없는 상태에서 당사자들에게 직접 확인하는 절차도 거치지 않아 사실 확인 의무를 제대로 이행하지 않았다며 손해배상 책임을 인정하였다. 단순한 소문을 전할 경우에는 그러한 소문이 존재한다는 것을 넘어서서 그 소문의 사실 여부에 대한 최소한의 확인 절차를 거치는 것이 필요하다는 점을 보여 준 판례라 할 수 있다.

1999. 3. 5. MBC 〈뉴스데스크〉 "탤런트 음란물 유통" 보도

앵커 어떤 여자 탤런트의 성관계 장면이 담겨있다는 CD가 시중에 많이 유통되고 있어서 검찰이 수사를 하고 있습니다. 검찰은 더 이상 방치할 수 없는 상황이라고 말했습니다. ○○○ 기자입니다.

기자 시중에 유통되고 있는 한 여자 탤런트의 모습을 담은 CD 화면입니다. 자신의 남자 친구와 관계를 맺는 장면이 담긴 이 CD는 현재 청계천 세운상가 일대에서 화질에 따라 한 개에 5만 원에서 10만 원씩 팔리고 있습니다. 또 컴퓨터 통신과 인터넷을 통해서도 거래되고 있는 상태입니다. 지난달 초 한 개에 20만 원씩 거래되던 이 CD는 그동안 계속 복제돼 현재 10만 개 이상 유통된 것으로 검찰은 파악하고 있습니다. 서울지검 강력부는 이 CD의 유통 경로를 파악하고 유통상과 복제업자들에게 대한 수사에 착수했습니다. 검찰은 또 관계를 맺으며 비디오를 촬영한 H 모 씨가 이를 폭로하겠다고 협박해

이 여자 탤런트로부터 4억 원을 뜯어냈다는 소문이 돌고 있어 현재 해외에 머물고 있는 H씨가 귀국하는 대로 소환해 조사할 방침이라고 전했습니다. 검찰은 최근 이 음란 CD가 일부 청소년들에게까지 유통되고 있어 이를 더 이상 방치할 수 없는 상황이라고 밝혔습니다. 검찰은 이 밖에도 인기 여자 연예인 두세 명의 음란 비디오테이프와 CD가 시중에 유통되고 있다는 첩보에 따라 수사에 착수했습니다.

20. 방송 내용 편집과 저작인격권 침해

강연을 방송 프로그램으로 제작하기 위해 사전에 계약하고 녹화를 했는데 방송 편성이 바뀌면서 시간이 줄어들어 내용을 줄여야 한다면 어떻게 해야 할까? 60분 간 방송을 하기로 약속하고 녹화를 했는데 20분가량을 줄여서 40분 정도만 방송을 해도 될까? 방송 편성은 불가피하게 바뀔 수가 있는데 거기에 맞춰 프로그램 시간을 조정할 때마다 강연을 한 당사자의 동의를 받아야 한다면 여러 요인을 감안해 방송 편성을 탄력적으로 운영해야 하는 방송사에게 큰 부담이 될 수도 있다. 이런 경우에 어떻게 대처해야 할까?

원칙적으로 방송사는 방송법에 따라 편성에 대한 책임을 진다. 방송 시간은 여러 가지 돌발적인 요소에 따라 유동적으로 바뀌는 것이 불가피한 측면이 있다. 또 방송사는 그 자체가 언론의 자유를 향유하는 기본권의 주체가 되기 때문에 취재하거나 인터뷰한 내용, 촬영한 내용 등을 자신의 의도에 따라 편집해 방송할 자유를 갖는다. 때문에 인터뷰를 한 사람이 자신의 발언 내용이 충분히 방송되지 못했다며 자신이 생각할 때 적정하다고 생각하는 분량만큼 방송해 줄 것을 요구하는 것은 받아들여지기 어렵다. 물론 방송된 부분이 인터뷰한 내용의 기본 취지를 왜곡하는 것은 아니어야 한다.

그런데 만약 강연과 같이 하나의 프로그램이나 코너 같은 것을 함께 만들어 방송하기로 약속을 하고 그에 맞춰 녹화까지 했는데 기술적인 편집을 통한 미세한 시간 조정을 넘어서서 아예 길이를 3분의 1 정도나 대폭 축소하는 경우에는 상황이 다를 수 있다. 무엇보다 이렇게 할 경우 애초에 약속한 시간에 맞춰 구성한 강연 내용의 흐름이 끊어지거나 체계가 뒤죽박죽이 될 위험성이 크다. 일단 강연과 같은 내용물을 구성해서 녹화를 한 경우에는 강연을 한 당사자는 녹화된 내용에 대하여 저작권을 갖게 되며 그 저작물의 내용에 대해서 전체로서의 하나의 체계, 즉 동일성을 유지할 권리를 갖는다고 볼 수 있다.

실제로 KBS는 1989년 10월에 〈21세기 강좌〉라는 프로그램에서 "중민화의 길"이라는 제목으로 서울대학교 한상진 교수의 강연을 녹화 방송했다. 당초 60분간 방송할 예정으로 녹화를 했으나 20분 정도의 강의 내용을 임의로 삭제한 채 40분 정도의 내용만 방송되었다. 이에 대해 재판부는 중민화의 개념이나 역할 등의 내용이 정확하게 전달되지 못해 자신의 저작인격권을 침해했다는 한 교수의 청구를 받아들여 그러한 내용을 방송을 통해 고지하라고 명령하였다.

당시 한 교수는 이런 강연 내용의 임의적인 삭제와 수정으로 중민 이론의 핵심과 결론 부분이 일방적으로 삭제되는 등 강의의 흐름이 중단되고 논리의 비약이 심했으며 전체 내용이 왜곡되어 시청자에게 전달됨으로써 학자적 권위와 명예에도 심각한 손상을 입었다고 주장하였다. 하지만 법원은 이런 임의적인 대규모 편집에도 불구하고 해당 교수에 대한 사회적 평가가 저하되었다기보다는 오랫동안 연구, 발표해 온 중민 이론의 이론적 체계성과 동일성을 손상시켜 학자 또는 저술가로서의 저작인격권을 침해한 것으로 보는 것이 타당하다고 판단했다. 또한 다소간의 사회적 평가의 손상이 있었더라도 저작인격권 침해에 흡수된다고 보았다.

결국 이와 같이 어떤 강연이나 기고문 등을 수정할 필요가 있을 때에는 강연이나 글을 쓴 당사자와의 충분한 협의를 거쳐 필요한 조치를 취하는 것이 바람직하다. 물론 전체적인 편성 상황이나 지면 등의 상황에 맞추어 분량을 조절할 필요가 있다면 그에 대해서 구체적으로 사전에 합의를 하는 것이 필요하다. 당시 KBS는 한 교수에게 공동 편집을 제안했으나 바쁘다는 이유로 '알아서 하라'고 했다고 주장했는데, 이를 뒷받침할 아무런 증거를 제시하지 못했다. 만약 KBS의 주장이 사실이었다고 하더라도 단순한 전화 통화 사실만으로 이런 동의를 받았다는 근거를 삼기는 어려워 보인다.

21. 피의사실 공표 문제

형법은 기소를 하기 전에 수사 중인 피의사실을 공표하는 것을 금지하고 범죄로 규정하고 있다. 그런데 언론에는 수시로 수사 관련 사항들이 보도되고 그중에는 피의사실로 보이는 것들이 적지 않다. 어떤 경우에 피의사실 공표가 되고, 이런 경우에 언론은 어떤 책임을 져야 하나?

1) 피의사실공표죄와 예외 인정

형법 제126조는 기소 이전에 수사 중인 피의사실을 공표하는 것을 금지하고 있다. 법조문 자체에는 어떠한 예외적 허용 요건도 없다. 피의사실공표죄는 수사 관계자만 범할 수 있는 것으로 특정한 신분을 갖고 있는 사람만 죄를 지을 수 있다는 점에서 신분범이라고 한다. 따라서 언론인은 혼자서는 피의사실공표죄를 범할 수가 없다. 대신 수사 공무원 등과 공모하거나 공무원에게 이 죄를 범하도록 교사하는 등의 방법으로 피의사실공표죄의 공범이나 교사범이 될 수는 있다.

하지만 언론이 특별히 사회상규에 어긋나는 방법으로 수사 공무원으로부터 정보를 빼내지 않는다면 취재 활동을 이유로 언론인을 피의사실공표죄로 처벌할 수는 없을 것이다. 이를테면 열심히 수사 공무원을 설득해서 피의사실에 대한 정보를 구했는데, 그 기자에게 피의사실공표죄의 공범이나 교사범의 책임을 물을 수는 없다는 얘기다.

이처럼 직접적으로 피의사실공표죄에 따른 법적 책임을 지는 것도 아닌데 언론인과 언론 보도를 둘러싸고 이 죄에 관한 얘기가 수시로 나오게 된 것은 수사공무원들이 이 죄를 이유로 각종 범죄 관련 정보를 통제하기 때문이다. 수사 중인 피의사실을 알지 못한다면 언론으로서는 범죄 보도가 대단히 어려워지며 사실상 범죄 보도가 봉쇄되는 상황을 초래할 수도 있다. 결국 기소 시점이 되어야 기사를 쓸 수 있다는 얘기인데, 이렇게 된다면 범죄 발생과 그에 대한 수사, 그리고 기소 시점 사이에 큰 괴리가 있고, 그것이 그대로 사건 보도에 반영되는 것이어서 뒤늦은 보도로 사실상 뉴스로서의 가치를 상실하게 될 가능성도 있다. 뉴스는 신선도가 매우 중요하기 때문이다. 누구도 철 지난 얘기에 관심을 기울이지 않는다.[263] 자칫하면 공적 관심사인 범죄에 대한 수사 상황에 대한 알 권리를 원천적으로 봉쇄하는 결과를 가져올 수도 있다. 때문에 대법원은 판례를 통해 일정한 요건하에서는 피의사실을 합법적으로 공표할 수 있는 길을 열어 주고 있다.

대법원은 수사 기관이나 수사 담당 공무원이 피의사실을 공표하는 경우에는 공표하는 사실이 의심의 여지없이 확실히 진실이라고 믿을 만한 객관적이고 타당한 확증과 근거가 있는 경우가 아니라면 그런 공표를 할 상당한 이유가 있다고 할 수 없다면서 다음과 같은 기준을 제시하고 있다.[264] 먼저 ① 수사 기관의 발표는 원칙적으로 일반 국민들의 정당한 관심의 대상이 되는 사항에 관하여 객관적이고도 충분한 증거나 자료를 바탕으로 한 사실 발표에 한정해야 하고, ② 이를 발표할 때에도 알 권리 충족 등의 정당한 목적하에 수사 결과를 발표할 수 있는 권한을 가진 자, 즉 공보관이나 수사 책임자에 의하여 공식 절차에 따라 행하여야 하며, ③ 무죄추정의 원칙에 반해서 유죄를 속단하게 할 우려가 있는 표현이나 추측, 예단을 불러일으킬 우려가 있는 표현을 피하는 등 그 내용이나 표현 방법을 유념해서 해야 한다는 것이다.[265]

이를 다시 정리하면 수사 기관의 피의사실 공표 행위가 위법성을 조각하는지를 판단하기 위해서는 공표 목적의 공익성과 공표 내용의 공공성, 공표의 필요성, 공표된 피의사실의 객관성 및 정확성, 공표의 절차와 형식, 표현 방법, 피의사실 공표로 인해 침해되는 이익의 성질과 내용 등을 종합적으로 검토해야 한다는 것이다. 결국 이런 기준에 부합할 경우에는 수사 기관이 피

263 그래서 뉴스를 일러서 금방 변질되어 버리는 상품, 즉 'perishable commodity'라고도 부른다. *Reynolds v. Times Newspapers Ltd.*, UKHL 45(1999); *The Observesr and Guardian vs. United Kingdom*, ECHR 49(1991) 참조.

264 대법원 1998. 7. 14. 선고 96다17257 판결.

265 대법원 1999. 1. 26. 선고 97다10215, 10222 판결.

의사실을 공표해도 된다는 것이다.

언론으로서는 이렇게 문제가 없는 방식으로 공개적으로 발표된 피의사실을 과장이나 단정 없이 객관적으로 보도했을 경우에는, 그 대상이 되는 사람의 인격권이 침해되더라도 명예훼손 책임으로부터 면제될 가능성이 크다. 하지만 수사관계자가 비공식, 비공개적인 방식으로 임의로 제공한 정보나 자료 등을 근거로 기사를 썼다가 내용이 사실이 아니거나 공적 관심사가 아니라는 판단이 내려질 경우에는 명예훼손 책임을 피하기 어렵게 되는 것이다. 특히 자체 취재를 한 경우나 발표 내용을 넘어서는 보도를 할 경우에는 자기 책임하에 검증을 하는 것이 필수적이다.

2) 피의사실공표죄의 정치적 성격

사실 피의사실공표죄는 6·25전쟁이 채 끝나기도 전인 1953년의 정치적 혼란 속에서 만들어졌다. 경찰 등 수사 기관을 동원해 정치적 반대파들에 대해 수사를 벌이고는 피의사실을 언론에 흘려 타격을 주는 일이 횡행했기 때문에 국회는 형법 제정 초안에는 없던 규정을 법안 심사 과정에서 추가했다. 처음부터 요즘 흔히 생각하는 것처럼 인권 옹호라는 이상을 위해 만들어진 조항은 아니었다는 것이다.[266]

실제로 당시 경찰은 전국적인 조직을 활용해 정치에 막강한 영향력을 행사하고 있었다. 이승만 대통령은 1952년에는 헌병과 경찰력을 동원해 국회의원들을 대거 연행해 구금하기도 했고, 개헌안 통과에 필요한 정족수를 확보

266 단기 4286년 7월 1일 오전 의사일정, 제16회 국회 임시회의 14차 회의 속기록에는 이 조항을 신설하기로 한 취지 등이 자세하게 기록되어 있다.

하기 위해 의원들이 국회에서 나가지 못하도록 감금하기도 했다.[267] 전 세계적으로 사례를 찾아보기 어려운 피의사실공표죄가 탄생한 데에는 이런 정치적 배경이 있는 것이다.

피의사실공표죄는 하지만 오랫동안 사문화되어 있다가 1990년대 중반에 들어서서 대법원이 피의사실 공표로 인한 명예훼손을 인정해 경찰서장과 수사 경찰관, 국가의 연대배상책임을 인정하면서 사회적으로 관심을 받기 시작했다.[268] 하지만 그 이후로도 피의사실공표죄는 매우 이중적인 취급을 받는 등 그 자체로 정치적 성격을 지우지 못하고 있다. 정치적 사건에 대한 수사가 진행되면 수사 대상이 된 진영은 피의사실 공표 문제를 제기하며 강하게 반발하고, 대신에 상대 진영이 수사를 받게 되면 오히려 알 권리를 더 강하게 주장하는 식이다.

실제로 피의사실공표죄를 둘러싼 논의는 인권을 전면에 내세우기는 하지만 본질적으로는 수사 기관이나 언론의 행태에 대한 비판인 경우가 많다. 피의사실공표죄를 근거로 한 수사 관련 보도에 대한 비판이 겉으로는 인권을 명분으로 내세우고 있지만 사실상 수사 대상이 되는 사안이나 처리 과정 등을 둘러싼 정치적 힘겨루기 양상을 띤다는 것이다. 언론법제의 여러 측면이 정치적 논란의 대상이 되면서 이중 기준 논란을 빚고 있는데, 피의사실공표죄는 방송 심의 문제와 함께 대표적인 이중 기준의 대상이 되고 있는 것이다.

확인되지 않은 피의사실이 마치 기정사실인 것처럼 단정적으로 보도되는 것은 매우 큰 문제다. 그러나 범죄 보도에 대한 대법원 판결에 잘 나타나 있듯이 범죄 보도는 우리 사회의 전모를 구성원들이 제대로 이해할 수 있도

267 연시중(2001), 《한국정당정치실록》(2권), 지와사랑 참조.

268 대법원 1996. 8. 20. 선고 94다29928 판결.

록 공익적인 역할을 하는 것이다. 더구나 주로 피의사실 공표를 둘러싸고 논란이 되었던 고위 공직자나 정치인, 유명인 등과 같은 공인의 범죄 혐의를 둘러싼 수사는 당연히 매우 중요한 공적 관심사다. 또한 국가 공권력 가운데서도 수사권의 발동은 역사적으로도 그 남용 가능성 때문에 언론 등의 주요한 감시 대상이 되는 것이다. 그런데 공인에 대한 수사권 발동 관련 내용에 대한 보도를 피의사실공표죄와 인권 문제를 내세워 공격하는 것이 정당한 것인지에 대해서는 진지한 고민이 필요하다.

피의사실공표죄에 대한 이런 문제 제기가 절대로 범죄 보도를 함부로 해도 된다는 것은 아니다. 앞에서 살펴보았듯이 범죄 보도에 있어서 우리는 이웃 일본에 비해서도 훨씬 엄격한 제한을 두고 일반 사인에 대해서는 실명 보도나 사진의 공개 등이 금지되어 있다. 또한 단정적인 보도 등에 대해서는 엄격한 비교 형량을 통해 법적 책임을 묻고 있다. 대법원 판례가 여러 차례 언급한 바와 같이, '범인이 누구인지'를 아는 것이 정당한 공적 관심사로 인정받지 못하는 사인의 경우에는 아예 실명이 공개되지 못하므로 피의사실 공표가 문제될 수가 없다. 그렇다면 이 죄는 어떤 경우든 제한적이나마 공인으로 인정되는 경우만 문제가 될 수 있는 것이고, 결국은 정당한 공적 관심사인 공인의 범죄 혐의와 관련한 보도를 제한하는 수단으로 기능할 가능성이 매우 크다는 점을 직시해야 한다는 얘기다.

하지만 현실적으로, 형법의 이 조항을 개정하거나 폐지하자는 논의는 사실상 거의 없는 상황이다. 그럼에도 불구하고 매우 논쟁적인 사항을 이렇게 언급하는 이유는 현재 우리 사회의 피의사실공표죄에 대한 논의가 상당 정도 왜곡되어 있음을 이해함으로써 이 조항을 운용함에 있어서 보다 차분하게 접근했으면 하는 기대에서임을 밝혀둔다.

8장 사생활과 초상권 보호

1. 사생활 공간에 대한 침입

취재 과정에서 다른 사람의 집이나 사무실 등에 허가 없이 들어가면 주거 침입이나 건조물 침입 등의 법적 책임을 질 수 있다. 이런 경우에 사생활 침해가 되지는 않을까? 영업을 하는 장소에 들어가서 몰래 취재를 하는 경우에는 사생활 침해가 성립할까? 만약 일반인도 드나들 수 있는 건물이 건축법 위반 혐의를 받고 있을 경우 일반인과 같은 방법으로 들어가서 취재를 하면 사생활 침해에 해당할까?

사생활 침해의 가장 기본적인 형태가 바로 사적 공간이나 생활 등에 대한 침범intrusion이다. 침범에는 물리적으로 타인으로부터 격리된 공간에 함부로 들어가는 것은 물론 사적인 사항을 함부로 들여다보는 것도 포함된다. 예를 들어서 취재를 이유로 남의 주거에 함부로 들어가는 것은 물론 망원경 등의 장비를 통해 몰래 들여다보는 것이나 몰래카메라로 촬영하는 행위, 몰래 녹음을 하거나 도청을 하는 것도 침범에 해당한다. 남의 편지나 전자우편, 컴퓨터 사용 기록 등을 열람하는 행위도 여기에 해당할 것이다. 오늘날 우리 주변에서 도저히 피할 수 없을 정도로 광범위하게 설치된 폐쇄회로 TV, 즉 CCTV를 원래의 정당한 목적과는 달리 누군가의 행동을 들여다보는 용도로 쓴다면 그것도 역시 여기서 말하는 '침범'이 될 수 있다.

이런 침범 행위는 민사상으로 사생활 침해라는 불법 행위를 구성하는 것은 물론이고 형사상으로도 별도의 범죄로 평가받을 가능성이 있다. 예를 들어서 도청은 통신비밀보호법 제14조 위반이 되며, 남의 편지를 열어 보거나 컴퓨터에 저장된 기록을 열어 보는 것은 형법 제316조의 비밀침해죄를 구성하거나 경우에 따라서는 정당한 접근 권한 없이 또는 허용된 접근 권한을 넘어서서 정보통신망에 침입하는 것을 금지한 정보통신망이용촉진법 제48조 제1항 위반이 될 수도 있다. 반대로 직접적으로 이런 법률 위반을 다투지 않더라도 민사상으로 사생활 침해에 따른 법적 책임을 지게 될 수 있다.

한 지역 방송사 기자가 불법으로 농지를 전용했다며 시청으로부터 원상 복구 명령을 받은 한 개인 사찰을 방문해 건물을 짓고 축대를 쌓고 조경수를 심은 것은 물론 연못까지 설치한 사실을 확인하였다. 이 개인 사찰의 경영자는 원상 복구 명령을 내린 바로 그 시청에서 공무원으로 일하는 사람의 부인이었는데, 기자는 이 공무원의 어머니, 즉 이 사찰 경영자의 시어머니를 현장에서 인터뷰했고 관할 시청도 방문해 관계 공무원을 인터뷰하였다. 취재 내용이 "농지 전용 맘대로"라는 제목으로 보도되고 기사가 인터넷 홈페이지에 게재되자 사찰 측은 명예훼손과 사생활 침해 등을 이유로 소송을 냈다. 재판부는 먼저 명예훼손과 관련해서는 이 사건 보도가 공공의 이해에 관한 사항으로 오로지 공공의 이익을 위한 것이며 진실한 사실이므로 위법성이 없다고 판단하였다.[269]

사생활의 자유를 침해했다는 주장과 관련해서도 재판부는 원고들의 주장을 받아들이지 않았다. 재판부는 먼저 '사생활의 비밀'은 외부인이 들여다보거나 공개하는 것으로부터 보호받아야 할 사생활 영역을 의미하고, '사생활의 자유'란 개인이 사생활의 자유로운 형성을 방해받지 않을 자유를 의미한다고 밝혔다. 재판부는 이어 불법으로 농지를 전용해 개인 사찰 주변에 건축물을 짓고 있는 현장을 외부인이 들여다보거나 공개하는 것으로부터 보호받아야 할 사생활 영역에 해당한다고 인정하기는 어렵다고 보았다. 또 만약 이 사건 현장이 사생활의 비밀에 해당하는 것이라고 하더라도 현장을 취재한 행위는 공공의 이해에 관한 사항을 취재한 것으로 오로지 공공의 이익을 위한 것이고, 더욱이 원고는 공무원과 그 가족으로 일반인에 비해 사생활 공개를 참아야 할(수인해야 할) 경우가 더 많으며, 이 사건에서와 같은 현장 방문 취재 등은 취재 경위와 내용에 비추어 볼 때 원고들이 참아야 할 범위 내에 있다고 판단했다.

이 사건의 경우를 보면 무엇보다 장소가 일반인이 드나들 수 있는 개인 사찰이어서 애초의 접근 자체에 큰 문제가 있는 것은 아니었고, 공무원이 불법 농지 전용을 하고 있는 현장을 방문해 취재한 것이 사생활의 비밀이나 사생활의 자유를 침해한 것으로 볼 수 없다고 판단한 것이다. 대상이 공익적 사안이고 목적이 오로지 공익을 위한 것으로 보이며 내용이 사실이라는 일반적인 명예훼손 면책의 법리를 사생활 침해에서도 그대로 적용한 것을 알 수 있다.

269 대구지법 안동지원 2007. 9. 19. 선고 2006가단4557 판결.

2. 이미 널리 알려진 사적인 내용의 공개

상당수 사람들이 알고 있는 내용이기는 하지만 이를 잘 모르는 사람도 있는 상황에서 여러 사람이 모인 곳에서 스스로 밝히지 않고 있던 내용을 공개할 경우에도 사생활의 비밀을 침해한 것이 될까? 이미 일부 언론을 통해 공개가 된 사안일 경우 이를 공개적으로 언급하는 경우에도 사생활의 비밀 침해가 문제가 될 수 있을까?

사적인 내용이라 하더라도 무엇이든 공개하기만 하면 모두 사생활 침해가 되는 것은 아니다. 어떤 사적인 내용을 공표하는 것이 위법한 것인지를 판단하는 요건으로 그동안 판례를 통해서 제시된 몇 가지가 있다. 먼저 ① 공표된 내용이 일반인의 감수성을 기준으로 봤을 때 당사자의 입장에서 공개되기를 바라지 않을 것에 해당해야 하고, ② 일반인에게 아직 잘 알려지지 않은 것이어야 하며, ③ 그것이 공개됨으로써 그 개인이 불쾌감이나 불안감을 가질 만한 사항이라는 요건에 해당해야 한다는 것이다.[270]

이런 사생활의 비밀 보호에 대한 기준은 미국의 경우에 비해 더 폭넓은 것이다. 미국은 ① 공표된 정보가 사적인 내용으로써 합리적인 사람에게 '매우 불쾌한highly offensive' 내용일 것과, ② 그러한 정보가 공중의 정당한 관심사가 아닐 것이라는 두 가지를 요구한다.[271] 우리도 앞의 사례에서 살펴본 것

270 대법원 2006. 12. 22. 선고 2006다15922 판결.

271 The Restatement (Second) of Torts §652D에는 다음과 같이 나와 있다. "One who gives publicity to a matter concerning the private life of another is subject to liability to

처럼 공공의 이해에 관한 사항이고 공익을 목적으로 공표했으며 공표된 내용이 사실일 경우 면책을 시켜주기는 하지만 우리는 일단 사생활 침해가 성립한 다음 그 책임을 면해 주는 방식인 반면 미국은 아예 이런 경우는 사생활 침해가 성립하지 않는 것으로 보는 차이가 있다. 또 단순히 공개되기를 바라지 않거나 불쾌감을 가질 정도가 아니라 '매우 불쾌한' 내용일 것을 요구하는 것도 차이가 있다.

우리 판례가 제시하는 세 가지 기준 가운데서 일반인에게 아직 잘 알려지지 않은 것이어야 한다는 요건을 다룬 사례를 살펴본다. 재개발 과정에서 재개발조합에서는 사업 예정 단지 내의 도로를 8억 5000만 원에 매입하려고 노력 중인데 원고가 평당 100만 원씩 14억 원은 받아야 한다고 주장하는 사람에게 '당연히 그 정도는 받아야지'라고 동조하는 발언을 하였다. 그러자 조합장이 이 사실을 공개하면서 "이런 사람들이 우리 아파트에서 살 자격이 있다고 생각하느냐"며 비난하는 유인물을 만들어 조합원들에게 발송하고 조합게시판에 공고한 것이다. 원고는 명예훼손과 함께 사석에서의 사적인 발언을 공개해 사생활의 비밀을 침해한 것이라며 소송을 냈다. 이 사건에서는 주로 명예훼손에 대한 사항이 다루어졌으나 대법원 단계에서 사생활 침해 부분에 대한 명시적인 판단이 이뤄졌다.

먼저 명예훼손과 관련해 1심에서는 책임을 인정하지 않았지만 서울고등법원은 단지 사석에서 동석자의 말에 동조하는 취지의 말을 한 사실을 공개한 것은 공공의 이익을 위한 것으로서 정당한 행위라고 할 수 없다면서 피고

the other for invasion of his privacy, if the matter publicized is of a kind that
(a) would be highly offensive to a reasonable person, and
(b) is not of legitimate concern to the public."

의 명예훼손 책임을 인정하였다.[272] 하지만 대법원은 재건축 사업 단지 내 도로의 매수 가격이 얼마로 결정되는지, 그 토지의 소유자가 매도 가격으로 얼마를 요구하는지 등은 이 재건축조합과 조합원들의 이해에 직결되는 것으로 그 조합원들 사이에서는 공적인 관심 사항에 속하는 것이라고 보았다. 대법원은 이어 유인물로 문제의 대화 내용을 공개하고 이를 확대 인쇄해 게시판에 붙인 것은 공표된 내용이나 그 사실이 공표된 범위, 표현 방법 등을 종합해 볼 때 진실한 사실로서 오로지 공공의 이익에 관한 것에 해당하기 때문에 위법성이 없다고 판결을 뒤집었다.[273]

대법원은 특히 원심이 사인에 불과한 원고가 사석에서 한 발언을 공개한 것을 불법 행위로 본 것, 즉 사생활의 비밀 침해로 본 점도 잘못된 판단이라고 지적했다. 대법원은 사생활과 관련한 사항의 공개가 사생활의 비밀을 침해하는 것으로 위법하다고 보기 위해서는 일반인에게 아직 알려지지 않은 것이어야 하는데, 이 사건의 경우는 이미 유인물로 공표되기 이전에 다수의 조합원들에게 공개되었던 것이어서 사생활의 비밀로 보호되어야 하는 영역에 속하는 것이라고 할 수는 없다고 판단했다.

하지만 주의할 것은 명예훼손의 경우는 사생활 침해와는 다른 맥락에서 이미 알려져 있는 내용이라 하더라도 반복해서 공개하는 행위가 그의 사회적 평가를 저하시키는 것이라면 명예훼손으로 인정될 수 있다는 점이다. 우리가 미국과는 달리 사실을 적시하는 경우에도 명예훼손이 인정되는 법체계를 갖고 있다는 점을 특히 유의할 필요가 있다. 도둑을 도둑이라고 해도 명예훼손이 되는 만큼 명예훼손적인 내용일 경우에는 공표할 때마다 개별적으로

272 서울고법 2006. 1. 26. 선고 2005나44451 판결.

273 대법원 2006. 12. 22. 선고 2006다15922 판결.

위법성이 조각되는 사유가 인정되지 않을 경우 법적인 책임이 따를 수 있다는 점을 주의해야 한다.

3. 사생활 침해가 인정되는 장소나 상황

식당에서 특별히 대단한 장비를 사용한 것도 아니고, 그냥 자연스럽게 옆 테이블에서 들리는 대화를 녹음하는 것은 사생활 침해가 될까? 근처 테이블에서 들리는 대화를 내 자리에서 몰래카메라로 녹음할 수도 있다. 이런 경우에도 법적으로 문제가 생길 수 있을까? 길거리에서 기자의 멘트를 촬영하는 데 연인의 다정한 모습이 찍혔다면 그건 사생활 침해일까? 구급 헬리콥터나 구급차에 동승해서 취재를 하는 것은 사생활 침해의 문제가 없을까?

법적으로 보호해야 할 '사생활'의 범위를 어디까지로 볼 것인지는 항상 논란의 대상이다. 사생활 보호를 확대하는 것이 곧바로 인권 보장을 확대하는 것으로 인식되면서 심지어는 공인이 자신의 공적 업무와 관련된 사항까지 사생활이라고 주장하고, 심지어는 국회 본회의장에서의 행동까지 사생활이라고 주장하는 상황이 벌어진다. 일반인들의 의식도 비슷하다. 스스로 공개 장소에서 하는 행동은 물론이고 범죄 혐의로 강제 수사를 받는 상황도 사생활로 인식하는 것이 대표적이다.

몰래카메라 촬영이나 녹취에 대해서도 일단은 사생활 침해 주장이 제기된다. 아직 국내에서는 공개된 식당의 홀과 같은 곳에서 자연스럽게 이루어지는 대화를 옆 테이블에서 녹음한 것이 문제된 사례는 없지만 최근의 상황을 보면 언제든지 이와 유사한 분쟁이 발생할 가능성이 있다.

여기 미국의 사례가 있다. NBC 방송의 PD들이 통신 사업 관계자들을 식당에서 만나 대화를 나누는 사이, 옆 테이블에 있던 다른 제작진이 이들의 대화를 자연스럽게 몰래카메라로 녹취한 것을 사생활 침해라고 주장한 사건이다. 이 사건에서 캘리포니아 법원은 기본적으로 대화의 내용이 통신 사업에 대한 것으로 개인들의 사생활에 관한 정보를 얘기한 것도 아니고, 또 식당은 객관적으로 사생활 보호를 기대할 수 있는 장소가 아니라면서 사생활 침해 주장을 인정하지 않았다.[274] 또한 이런 대화를 녹취한 행위가 '합리적인 일반인을 기준으로 보았을 때 매우 불쾌한 행동highly offensive action to a reasonable person'으로 볼 수 없다고 보았다. 기본적으로 사생활 침해가 인정되려면 녹취의 대상이 되는 대화가 사생활이라는 인식하에 비밀스럽게 이루어지는 것, 즉 '비밀 대화confidential communication'에 해당하는 것이어야 한다는 것이다.

만약 이 경우라도 대화의 내용이 사적인 내용, 가족 관계의 일이나 연인 사이의 대화였다면 다른 판단이 내려졌을까? 하지만 식당과 같이 공개된 장소는 사생활의 비밀 보호를 기대하기가 어려운 장소라는 점을 감안하고, 특별히 다른 사람에게는 잘 들리지 않게 하려는 노력을 기울이지 않았다면 그런 대화를 사생활의 비밀이라고 주장하기는 어렵다. 길에서 기자가 뉴스에 사용할 멘트를 녹화하는 과정에 마침 근처에 있던 연인의 모습이 촬영되었을 경우에도 마찬가지 논리가 적용될 수 있다. 누구나 볼 수 있는 길거리에서 스스로를 드러내 놓는 순간 사생활의 비밀 보호를 주장하기는 어렵기 때문이다.

일견 비슷해 보이는 장소나 상황이라도 법적 판단이 달라질 수 있다. 미

274 *Wilkins v. National Broadcasting Co.*, 71 Cal.App.4th 1066 (1999).

국 판례이기는 한데, 무면허 의료 시술을 하는 사람의 집에 들어가 환자인 것처럼 시술을 받으면서 녹취를 한 경우, 그 시술자가 적극적으로 광고를 하는 등 손님을 유인하지 않았고 돈도 받지 않고 있었는데 기자가 집을 찾아가서 녹취를 한 것이므로 사생활 침해라고 보았다.[275] 또 구급대원이 가정집으로 출동해 심폐소생술을 실시하는 현장을 촬영해 보도한 NBC 방송에 대해서도 사생활 침해가 인정되었다.[276]

반대로 적극적으로 광고를 하는 영리 병원 체인에 취재진이 신분을 감추고 들어가 시술 과정을 녹취한 것에는 사생활 침해를 부인하였다. 사생활 현장이 아니라고 본 것이다. 고속도로에서 교통사고가 발생한 현장에서의 취재는 사생활 침해가 아니지만 구급 헬리콥터 요원에게 몰래카메라를 착용시켜 이송 중인 환자를 취재한 것은 사생활 침해라고 보았다. 교통사고가 발생한 현장은 공적 공간인 도로이고, 그런 현장은 누구에게나 노출되어 있는 것이지만 구급 헬리콥터 내부는 이송 중인 환자가 자신의 사생활의 비밀을 기대할 수 있는 곳이라는 얘기다.[277] 구급차의 경우도 똑같은 논리가 적용될 수 있을 것이다.

275 *Dietemann v. Time, Inc.* 449 F.2d 245 (9th Cir. 1971).

276 *Miller v. National Broadcasting Co.* 187 Cal.App.3d, 1483–1484 (1986).

277 *Shulman v. Group W Productions, Inc.* 18 Cal.4th 200, 74 Cal.Rptr.2d 843; 955 P.2d 469 (1998).

4. 이혼 등 사적 사항의 보도와 사생활 침해

인터넷 등에는 온갖 연예인이나 유명인의 사생활에 대한 정보가 넘쳐난다. 그런데 연예인이나 유명인의 가정사와 같은 내용을 보도하는 것은 사생활 침해가 되지 않을까? 사생활에 대한 정보를 다루는 것에는 어떤 공익적 가치가 인정될 수 있을까? 인터넷 등에 떠도는 사생활과 관련한 엉터리 정보를 바로잡기 위한 보도는 면책이 될 수 있을까?

1999년 7월 한 스포츠 신문 1면에는 광고를 제외한 거의 전 지면에 걸쳐서 한 유명 앵커우먼 출신의 프리랜서 방송인의 사진을 싣고 큰 글씨로 "사이버 테러, ○○○ 모함," 중간 글씨로 "이혼 배경 헛소문에 운다," "○○○ 본보에 최초 고백"이라는 등의 제목과 부제목을 단 기사를 실었다. 당사자가 이 기사에 항의하자 얼굴 사진 크기를 약간 줄이고 "인터넷에 헛소문 난무 …… '용서 못해,'" "○○○ 본보와 전화 통화"라는 등 약간의 수정을 가한 기사를 배포하였다. 결국 이 방송인은 5억 원의 손해배상을 요구하는 소송을 냈다.

이 기자는 소송이 제기되자 원고가 취재에 응해 수차례나 자신에게 의견을 밝혔고 보도 시점까지 논의했으며 초판이 나간 뒤 직접 만나 제목과 몇몇 어휘 수정을 요구했으며 헤어지기 전에 "행여 나중에 이런 말 한 적이 없다고 하지는 않겠지요?"라고 묻자 "저도 양심은 있습니다"라고 대답하며 기사 작성에 적극 찬동했다는 취지의 말을 했다는 후속 보도까지 내보냈고 같은 취지로 방송사 연예 정보 프로그램에 전화 인터뷰까지 했다. 하지만 이런 내용은 재판 과정에서 사실과 다른 것으로 인정되었다. 기자가 원고에게 여러 차례 전화를 한 것은 맞지만 통화할 때마다 기사화하지 말 것을 요청하였고 마지막으로 기사를 내보내기 전 일방적으로 기자가 전화로 기사 게재를 통보하자 강력히 반발했으며 기사가 보도된 뒤에는 아침판에서라도 기사 삭제를 요청했음에도 일부 내용만 수정해 내보냈다는 것이다.

재판부는 기본적으로 이 기사는 원고 개인의 이혼 사유와 그 배경에 관한 정보이므로 이는 개인의 사생활 영역에 속하는 것이라고 전제하면서, 원고를 둘러싼 소문에 관해 벌어지고 있는 사회적 사정을 그대로 보도한 일종의 사회 현상 보도라는 신문사 측의 주장을 받아들이지 않았다.[278] 재판부는 물론 원고와 같은 공인의 경우 이혼 사유나 그 배경 같은 사생활 영역에 속하는 사안도 공공의 이해와 관련되어 공중의 정당한 관심 대상이 되는 부분에 대한 보도라면 당사자의 동의가 없더라도 위법성이 조각될 수 있다고 밝혔다. 하지만 혼인 중의 출생자가 타인의 자녀라는 소문은 남녀의 성적 관계에 관한 사항으로 통상의 가족관계나 혼인, 이혼에 비하여 보호 정도가 높은 영역에 속한다고 보았다. 특히 여성 방송인의 이런 소문에 대한 공중의 관심사는 유명인에 대한 선정적인 호기심에 불과한 것으로 정당한 공익적 관심사라고 보기 어렵다고 판단했다.

이 판결에도 불구하고 수없이 많은 연예 기사들이 지금도 인터넷을 가득 메우고 있는 것이 현실이다. 당사자의 동의가 없는 것들로, 그저 일반인들의 유명인에 대한 선정적인 호기심을 채우는 것 외에 큰 의미가 없다고 하더라도 이런 연예 기사들이 무조건 사생활 침해가 되는 것이라고 보기는 어렵다. 연예인 등 유명인들이 평소에는 자신에 대한 여러 가지 사적 사항들까지 스스럼없이 공개하며 자신의 이미지 구축 등에 활용하다가 부정적인 내용이 보도되면 사생활 침해라는 주장 등을 무기로 공격에 나서는 것을 무조건 보호

278 서울고법 2001. 5. 31. 선고 2000나11081 판결.

하는 것은 온당치 못한 면이 있기 때문이다.

하지만 연예인이나 유명인 관련 보도라고 해서 사실 확인 등에 관한 기본적인 저널리즘 원칙을 벗어나도 된다는 것은 아니다. 이 사건에서도 기사 작성의 계기가 된 재미 교포 언론인의 보도가 애초에 허위였고, 결국 이 기사를 계기로 고소를 당한 그 교포가 국내에서 허위 사실 적시에 의한 명예훼손으로 구속되어 징역 1년의 실형을 선고받았으며, 기사 작성 과정에서도 당사자의 동의가 없었을 뿐만 아니라 사후에 수정을 하면서도 마치 취재에 동의한 것처럼 허위 사실을 게재하는 등의 문제가 드러났다는 점 등을 주목할 필요가 있어 보인다.

특히 이 사건에서는 거짓 소문이 돌고 있어서 그 진위를 밝혀 주는 것이 필요하다는 명분을 내세우면서도 자신도 사실이 아니라고 생각하는 소문을 기사를 통해 퍼뜨린 것에 대한 책임이 크게 인정되었다. '해명의 기회를 준다'는 것은 명분에 불과했고 실제로는 일반인들의 원고에 대한 선정적 관심을 활용하려는 의도로 받아들여진 것이다. 재판부는 인터넷을 통해 퍼지는 공인되지 않은 소문이 공신력 있는 언론 기관, 그것도 전국적인 유통망을 가진 일간지에 게재되어 퍼진다면 그 피해는 더욱 커진다는 점을 지적하고 있다. 통상 거짓인 소문을 바로잡기 위해 그 소문을 언급하는 것은 명예훼손으로 인정되지 않지만 사실상 그 소문을 전달하기만 할 경우에는 별도의 명예훼손 책임이 인정될 수 있다. 언론사들은 물론 SNS 등을 통해 유명인의 사생활 등에 대한 소문을 함부로 퍼 나르는 개인들의 경우에도 이런 경우 법적 책임에 직면할 수 있다는 점을 유의할 필요가 있다.

해외의 판례도 비슷하다. 일견 사생활에 속하는 내용이라도 사회적 관심사가 될 수 있는 경우가 있는 반면에 아무리 유명인에 대한 것이라도 단순히 사생활을 흥미 위주로 보도하는 것이라면 공공성이 인정되지 않는다고 보는 것이다. 2010년에 나온 일본 판례를 보면 프라이버시에 속하는 개인 간의 편지를 인용해서 보도했다고 하더라도 그 내용이 중대하고 흉악한 범죄를 저지른 형사 피고인이 자신의 범죄에 대해 가지고 있는 생각을 담은 것으로서 사회적 관심사에 해당하며, 보도의 목적이 공공의 이익을 위한 것이라면 언론사가 그 내용을 공개한 것은 위법성 조각 사유에 해당해 위법하다고 볼 수 없다고 한 것이 있다.[279] 하지만 유명한 연예인과 관련한 내용이라도 보도의 공공성이 없다고 본 경우도 있다. 도쿄지방법원은 2009년에 내린 판결에서 유명 연예인들 사이의 위자료 지급을 둘러싼 논란을 자세하게 보도한 주간지 기사와 관련해 일반 국민이 관심을 가질 만한 사안에 해당하더라도 단순히 연예인의 사생활을 흥미 위주로 보도한 기사에 대해서는 공공성을 인정할 수 없다고 판결하였다.[280]

5. 동행 취재와 사생활·초상권 침해

불법 현장을 경찰이 단속할 때 언론인이 동행 취재를 하면서 건물 내부 등에 들어가 촬영을 하는데 그 장소의 관리자가 아무런 제지를 하지 않았어도 사생활 침해의 문제가 발생할 수 있을까? 문제의 불법 상황이 매우 중대한 사회적 관심사였다면 어떻게 될까?

279 일본 나고야 고법 2010. 3. 19. 선고 2009(ネ)제688호. 1심인 나고야 지방법원도 같은 취지의 판결을 내렸다. 자세한 내용은 언론중재위원회(2010), 〈언론중재〉, 겨울호, 언론중재위원회, pp.168~178을 참조.

280 일본 도쿄지법 2009. 8. 28. 선고 2008(ワ)제7677호 판결. 자세한 내용은 언론중재위원회(2010), 〈언론중재〉, 여름호, 언론중재위원회, pp.156~165를 참조.

1999년 1월, 한 방송사가 서울 시내의 한 유명 대학의 현직 바이올린 교수가 교습실을 차려 놓고 자기 학교에 응시할 수험생을 포함해 대입 수험생들에게 불법 레슨을 하다 경찰에 단속되는 장면을 취재해 "고액 과외 여전"이라는 제목으로 보도했다. 관련 보도가 잇따르자 해당 교수는 소속 대학에 사표를 내고 교육부는 이 교수에 대해 혐의가 입증될 경우 중징계할 것을 해당 대학에 요청하고 대학 자체에 대해서도 제재 조치를 내리기로 했고, 서울대를 비롯한 여러 대학의 음대 교수들이 입시생들에게 불법 레슨을 하지 않겠다는 서약서를 쓰기에 이르렀다.

일단 해당 교수는 불법 과외 교습을 통해 수년 동안 3000여 만 원의 돈을 받았다고 시인했는데, 검찰에서 기소유예 처분을 받았다. 하지만 이 교수는 이후 헌법소원을 제기해 자신에 대한 단속 근거가 됐던 학원 설립에 관한 법률의 해당 조항이 위헌이라는 결정을 받아낸 뒤 자신을 단속했던 국가는 물론 방송사와 기자를 상대로도 사생활과 초상권 침해를 이유로 손해배상을 요구하는 소송을 냈다. 이 소송에서 1심에서는 원고가 모두 패소했으나 2심에서는 방송사와 기자의 책임이 인정됐다. 기자의 신고를 받고 출동했던 경찰에게는 기자들의 현장 취재에 대한 책임이 없다는 이유로 국가의 잘못은 없다는 판단을 받았다.

서울고등법원은 기자가 경찰이 교수를 체포하러 들어갈 때 교수의 동의를 받지 않고 연습실에 카메라기자와 함께 들어가서 기자라는 신분을 밝히지 않은 채 교수에게 교습 과정에 대한 취재를 하고 연습실 내부를 촬영한 것을 사생활과 초상권 침해로 보았다. 연습실은 해당 교수가 배타적으로 사용하고 있던 사적인 공간이라는 것이다. 특히 현행범에 대한 체포가 이루어지는 상황이라고 하더라도 연습실과 같은 사적인 장소는 적법 절차를 갖춘 사람 이외에는 동의 없이 출입하는 것이 금지되는 것으로 그 속에서의 취재는 원칙적으로 불법이기 때문에 출입이나 촬영에 대한 동의를 받지 않은 이

상 사생활과 초상권 침해가 인정된다는 것이다.[281]

하지만 이 판결에는 의문도 남는다. 대학 입시 부정에 대한 비판적 분위기와 대학 입시의 공정한 관리에 대한 사회적 요구, 이로 인해서 음대 교수들이 서약서를 쓸 정도의 파장을 불러왔다는 점 등이 판결에서 충분히 고려되었느냐는 것이다. 원고가 실기 시험 채점 등 대학 입시 과정을 직접 관리하게 되는 대학의 현직 교수라는 점을 생각해 보면 직무와 직접 관련성이 있는 불법 교습 상황을 정당한 공적 관심사로 볼 수 없는 것인지, 과연 이런 상황에서도 이처럼 직무와 직접 관련된 불법 교습 현장의 취재 보도로 얻는 이익에 비해 해당 교수 개인의 사생활의 비밀이나 초상권의 보호가 더 크다고 볼 것인지 궁금하다. 위에서 살펴보았던, 농지 불법 형질 변경 현장을 허락 없이 취재한 것이나 사석에서 재개발조합 업무와 관련해서 한 발언을 공개한 것 등을 모두 공익성을 들어 사생활 침해가 아니라고 본 판례의 태도와 비교해서도 차이가 있다.

물론 이후 헌법재판소에서 이 교수에게 적용됐던 법률 조항이 위헌이 되기는 했지만 그것은 어디까지나 언론 보도가 이루어지고 상당한 시간이 지난 뒤의 일이다. 1심 판결과 2심 판결 사이에 헌재 결정이 나오기는 했는데, 사후적인 법률 조항의 폐지가 이미 이루어진 보도 행위에 대한 법적 판단에 영향을 미친 것이어서는 곤란하다. 더구나 많은 교수들이 서약서를 쓸 정도로 이런 과외 교습 행태에 문제가 있다는 것에는 사회적으로 이견이 많지 않았기 때문이다. 당시에도 음대 교수는 공인으로 볼 수 있고, 연습실은 자신만이 아니라 다른 연습생들은 물론 레슨을 받은 수험생과 그 학부모 등에게도 개방되는 곳인 만큼 완전한 사적인 장소로 볼 수는 없다는 비판이 제기되기

281 서울고법 2001. 1. 11. 선고 99나66474 판결.

도 했다.[282]

이 사례는 기자가 신고를 한 뒤 출동하는 경찰과 함께 현장에 진입한 것으로 통상의 동행 취재와는 사정이 다르다. 과거의 일반적인 동행 취재 상황을 생각해 보면 경찰을 비롯한 법집행 공무원이 현장 단속을 할 때 처음부터 언론과 동행해 단속을 당하는 쪽이 경황이 없는 상황에서 마음대로 촬영 등 취재를 하도록 하는 것으로, 단속을 당하는 쪽의 입장을 생각하면 원칙적으로 문제가 있다. 미국에서도 이런 형태의 동행 취재와 관련해 국가에 대해 위법성을 인정한 연방대법원 판례가 있다.[283] 국내에서도 요즘은 법집행 기관이 언론과 동행을 하는 대신 직접 단속 과정을 촬영한 뒤 문제가 없는 화면을 언론에 공개하는 것이 관행이 되었다. 물론 이렇게 법집행 기관이 공개한 화면이라도 안에 들어있는 내용이 불필요한 사적 정보를 공개하거나 초상권을 침해하는 것일 경우에는 국가는 물론 이를 보도하는 언론사에도 책임이 돌아갈 수 있다는 점을 잊어서는 안 된다.

만약 위 사안에서 방송사 기자가 교습을 받는 수험생이나 수험생 부모로 위장해 현장에 들어가서 취재를 했다면 어땠을까? 사생활 침해 등에서도 사안의 공공성과 사실성 등에 따라 면책이 가능하다는 대법원 판례를 생각해 보면 이 사안에서와는 다른 결론이 나왔을 가능성이 있지 않을까 한다. 언론으로서는 취재 과정에서 이후에 제기될 수도 있는 법적인 평가의 문제를 다각도로 고민해 볼 필요가 있다.

282 차형근(2001. 6), "현행범 체포 현장 보도와 초상권 침해 논란," 〈언론중재〉, 통권 79호, 언론중재위원회, pp.92~97.

283 *Wilson v. Layne*, 526 U.S. 603; 119 S.Ct. 1692. (1999).

6. 공인의 아파트 거실 촬영과 초상권 침해

백담사에 전두환 전 대통령이 칩거하고 있을 때 카메라기자들은 경호원들의 눈을 피해 산을 누비며 전 전 대통령의 모습을 촬영하기 위해 최선을 다했다. 실제로 사진이 촬영된 경우도 있는데, 전 전 대통령이 사생활 침해라거나 초상권 침해라며 소송을 낸 적은 없다. 전두환, 노태우 전 대통령이 검찰 조사를 받을 때 이들의 조사받는 장면을 서울 서초동의 검찰청 청사 건너편 동산에서 망원 렌즈를 사용해 촬영한 일도 있다. 그렇다면 이른바 권력 핵심에 있는 인물의 집에 측근들이 모여서 현안에 대한 논의를 한다는 사실을 알았다면 건너편 건물 등에서 그들이 모여 회의하는 장면을 촬영해도 될까?

제16대 대통령 선거 후보를 선출하는 당내 경선 과정에서 김대중 대통령 재임 당시 최고 권력 실세로 꼽혔던 권노갑 고문이 일부 당내 인사들에게 불법 정치 자금을 준 사실이 돈을 받았던 당사자들의 폭로를 통해 공개되었다. 그러자 한 신문사 사진기자가 이른 아침부터 권 고문의 아파트 입구에서 대기하다 저녁 무렵 맞은편 아파트 계단으로 올라가 권 고문이 아파트 거실에서 측근들과 회의를 하는 모습을 발견하고 촬영에 성공하였다. 이 사진이 다음날 조간신문에 게재되자 권 고문은 명예훼손과 함께 자신의 사생활 범위 내에 침입하여 허락도 없이 사진을 촬영함으로써 사생활권과 초상권을 침해했다며 5억 원의 손해배상을 청구하는 소송을 냈다.

이에 대해 재판부는 원고인 권 고문은 주요 정치인으로서 그 행동이나 인격에 대해 공중이 관심을 가지게 하는 위치에 있는 공적 인물이고, 당시 정치자금을 불법 지원했다는 의혹을 받고 있는 상태였으므로 원고는 자신의 사진이나 이름이 공표되는 것을 어느 정도 참아내야 하며, 사진으로 촬영된 장소가 비록 원고의 집 거실이라고 하더라도 이러한 회의 모습이 비밀 유지가 필요한 사생활에 해당한다고 보기 어렵다는 등의 이유를 들어 청구를 기각하였다.[284] 특히 이것이 원고의 사생활에 해당한다고 하더라도 불법 정치 자금 지원에 대한 의혹을 받는 상태에서 측근들과 회의를 하고 있는 모습은 공중의 정당한 관심의 대상이라 할 것이므로 보도에 위법성이 없다고 덧붙였다.

실제로 대법원은 이전에도 사생활의 비밀에 관한 사항은 "그것이 공공의 이해와 관련되어 공중의 정당한 관심의 대상이 되는 사항이 아닌 한" 비밀로서 보호되어야 한다고 판시한 바 있다.[285] 따라서 사생활 침해 내지는 초상권 침해가 쟁점이 되는 경우 이처럼 공공의 이해와 관련되어 있는 사항으로서 공중의 정당한 관심의 대상이 되는 사항인지를 잘 따져봐야 한다.

7. 지명수배자의 실명과 초상의 공개

방송이나 신문을 통해 지명수배된 사람의 사진을 공개하는 경우가 있다. 방송을 통해 지명수배자를 공개적으로 찾는 프로그램도 있었다. 이럴 경우 그 사람의 사생활의 비밀이나 초상권을 침해하는 것이라는 주장이 제기될 가능성은 없을까? 그 사람의 이름을 사용하는 것에 대한 성명권 주장은 가능할까? 범죄의 종류에 따라 다른 법적 평가를 받을 수 있을까?

284 서울지법 2002. 12. 6. 선고 2002가합13985 판결.

285 대법원 1998. 9. 4. 선고 96다11327 판결.

원칙적으로 피의사실 공표는 금지되어 있고, 따라서 누군가가 어떤 혐의로 수사 기관의 추적을 받고 있다는 사실 자체는 공표되어서는 안 된다. 또한 우리 법원은 원칙적으로 '범죄 사실' 자체가 아닌, 그 범죄를 저지른 자가 누구인지, '피의자' 개인에 관한 부분은 일반 국민에게 널리 알려야 할 공공성을 지닌다고 할 수 없다는 입장을 취하고 있다. 범죄에 대한 내용은 알 필요가 있는 사항이지만 범죄를 저지른 사람은 알 필요가 없다는 태도다. 하지만 우리 법원은 범죄의 중대성이나 특이성 등 범죄 자체의 성격에 따라서, 그리고 피의자가 공인인지 아닌지에 따라서 범죄를 저지른 사람에 대한 정보도 공개할 수 있다는 예외를 인정하고 있다.

여기에 특정강력범죄나 성폭력범죄를 저지른 피의자의 재범 방지와 범죄 예방을 위한 경우 피의자를 공개할 수 있도록 '특정강력범죄 처벌에 관한 특례법'과 '성폭력범죄의 처벌 등에 관한 특례법'에서 규정하고 있고, 체포되지 않은 피의자의 검거나 중요한 증거의 발견 등을 위해 공개 수배할 필요가 있을 경우 등에도 제한적으로 피의자에 대한 공개가 인정된다.

실제로 지명수배 중인 사람의 이름과 얼굴 사진을 공개함으로써 더 이상의 피해를 예방하고 조속한 검거에 도움을 준다는 공익이 그 개인의 성명권이나 초상권, 사생활의 비밀과 자유라는 사익보다 우월하다는 판례도 있다. SBS 〈뉴스추적〉 프로그램은 2006년 7월 19일 "지명수배 25건 A의 비밀은," 8월 16일 "나는 아직도 회장님"이라는 제목으로 25건의 지명수배가 내려진 상태에서도 서울에서 호화 생활을 하고 있는 사람의 사례를 잇달아 보도하였다. 이 프로그램은 이 사람이 검거되지 않고 있는 배경에는 경찰과 검찰 등의 고위 권력층에 대한 로비를 통해 수사 기관이 비호를 하기 때문이라는 의혹도 제기하였다.

보도의 대상자는 SBS 방송의 두 번째 보도가 이루어지기 이틀 전에 출국하여 일본, 몽골 등을 돌아다니며 도피 생활을 하다가 2009년 9월에 이르러서야 몽골 수사 기관에 검거되었다. 이후 A씨는 2011년에 이르러 SBS와 기자들을 상대로 1억 원의 손해배상과 함께 인터넷 다시 보기 영상 삭제, 정정과 사과문 방송까지 청구하였다.

이에 대해 재판부는 먼저 성명권과 관련해 "성명의 표시 행위가 공공의 이해에 관한 사실과 밀접 불가분한 관계에 있고 그 목적 달성에 필요한 한도에 있으며 그 표현 내용·방법이 부당한 것이 아닌 경우에는 그 성명의 표시는 위법하다고 볼 수 없다"면서 범죄 사실을 보도하는 과정에서 실명을 공개하는 것에 따르는 공공의 이익이 그 대상자의 명예나 사생활의 비밀에 대한 이익보다 우월한 것으로 인정된다고 밝혔다.[286]

또 대상자가 이 보도가 이뤄질 무렵 거액의 사기와 횡령 등의 범행으로 25건의 지명수배를 받고 있었으나 검거되지 않고 국내에서 자유롭게 활동하고 있었다는 것 등은 사실이므로 수사 기관과의 유착 관계에 대한 의혹을 제기할 합리적인 근거가 있었다고 판단했다. 또한 실명과 초상을 공개함으로써 더 이상의 피해를 예방하고 수사 기관에는 검거 노력을 촉구하며 일반 시민에게는 그를 발견했을 때 수사 기관에 제보를 할 수 있도록 하는 것과 같은 공익이 그 개인의 성명권이나 초상권, 사생활의 비밀과 자유라는 사익보다 우월하다고 보았다.

하지만 지명수배된 사람의 얼굴을 방송 등을 통해 공개하는 것의 공익성이 항상 그 개인의 사익에 비해 우월하다는 판단을 받는 것은 아니다. KBS가 2007년 뉴스 프로그램에서 "골프장 사장 납치 사건"이라는 제목의 기사에서 "특히 범행에 사용된 렌트카는 폭행치사 혐의로 지명수배된 50살 한○○ 씨가 빌린 것을 밝혀내고 한 씨 신병 확보에 주력하고 있습니다"라는 멘

286 서울남부지법 2012. 11. 1. 선고 2011가합15231 판결.

트와 함께 한 씨의 사진을 내보냈다. 이에 대해 한 씨 등이 명예훼손과 초상권 침해를 이유로 소송을 냈는데, 재판부는 명예훼손과 함께 초상권 침해까지 인정하였다.[287]

재판부는 먼저 명예훼손과 관련해서는 전국적으로 방송되는 뉴스 프로그램을 통해 피의사실과 함께 이름과 사진을 공개할 경우 명예훼손의 정도가 매우 크고 잘못된 사실일 경우 피해를 회복하기가 어려운데, 단순히 수사기관의 공식적인 수사 발표에 따른 것이라는 이유만으로 진실이라고 믿을 만한 상당한 이유가 있다고 할 수 없고, 피의자의 성명과 초상을 공개할 정도의 특별한 사정이 있는지, 피의사실이 의심의 여지없이 확실하다고 믿을 만한 근거가 있는지를 자체적으로 확인하는 등의 사실 확인 절차를 거쳤어야 한다고 보았다. 또한 초상권 침해와 관련해서도 KBS는 납치 범행 피의자 검거를 위해 수사 기관의 공식적인 수배 요청에 따라 이루어진 것이라고 주장했으나 재판부는 인천공항경찰대가 언론에 공식적으로 한 씨의 사진과 실명을 밝히면서 공개 수배를 요청한 사실을 인정할 증거가 없다면서 역시 침해를 인정하였다.

이 사건은 결국 추가 피해의 방지 등을 위한 경찰의 공식적인 요청이나 언론사의 자체적인 사실 확인을 거쳐 범죄 예방 같은 공익적 필요성이 인정될 때가 아니면 섣불리 수사 기관이 수배를 했다는 사실만으로 사진과 이름 등을 공개했다가는 명예훼손과 함께 초상권 침해의 책임을 지게 될 수 있음을 보여 준다.

공개 수배 프로그램의 경우에도 이런 위험성이 있다. KBS의 〈공개수배 사건 25시〉에서 2000년 1월 "무서운 환자들 — 보험 사기단 사건"이라는 제

287 서울남부지법 2008. 4. 3. 선고 2007가합14910 판결.

목으로 보험 사기 혐의로 지명수배된 피의자들에 관한 내용을 내보냈다가 국가와 함께 손해배상책임이 인정되었다.[288] 먼저 국가는 명예훼손의 정도가 심한 전국적으로 방송되는 프로그램을 통해 피의자의 신상과 정보 등을 공개해 피의자를 수배하기 위해서는 그러한 명예훼손이 용인될 정도로 피의사실인 범죄가 극히 중대하고, 피의자의 조속한 검거가 요청되며, 피의자의 검거에 필요하고도 충분한 노력을 다했는데도 검거하지 못하는 등의 특별한 사정이 있어야 한다고 보았다. 그런데 일반 국민의 생명 등에 중대한 침해를 초래할 만한 범죄도 아니며 검거를 위해 필요하고도 충분한 노력을 다하지도 않은 상태에서 공개 수배를 하는 것은 잘못이라는 것이다.

재판부는 또 KBS의 경우에도 비록 수사 기관의 수사 결과를 바탕으로 방송 프로그램을 제작하는 것이기는 하지만 그것만으로 위법성이 조각될 수는 없고, 공개 수배가 용인될 정도의 특별한 사정이 있는지, 피의사실이 의심의 여지가 없을 정도로 진실이라고 믿을 객관적이고 타당한 근거가 있는지 등을 자체적으로 검토하고 확인해야 할 의무가 있다고 보았다.

정리하자면, 수사 기관이 자체적인 기준에 따라 범죄 피의자를 지명수배하고 수배 전단을 만들어 배포하거나 게시판에 부착하는 등의 조치를 취하는 것과 방송이나 신문이 이런 내용을 그대로 내보내는 것은 법적인 평가가 전혀 다르다는 것이다. 비록 공개 수배가 되어 있다고 하더라도 판례의 표현을 빌리면 '어떤 의미에서도 공인으로 볼 수 없는 사람'의 경우에는 그렇게 중대한 범죄도 아니고 또 추가적인 범행에 대한 예방 등의 다른 공익적 필요성이 없다면 그의 사진을 방송이나 신문이 그대로 실을 경우 명예훼손과 함께 초상권 침해 문제가 생기는 것이다.

288 서울지법 2002. 8. 28. 선고 2000가합86545 판결.

8. 속임수에 의한 촬영 동의의 효력

취재를 할 때 취재 목적을 모두 설명하고 취재 협조를 요청했는데 상대방이 동의할 경우는 주로 자신들의 홍보에 도움이 되거나 적어도 좋은 이미지로 비쳐질 경우다. 바보가 아닌 이상 스스로의 좋지 않은 면을 들여다보고 촬영하는 것을 허락할 이유가 없다. 그럼 일단 현장에 접근하기 위해 취재 목적을 적당히 둘러대는 것은 절대로 해서는 안 되는 일인가? 좋은 모습을 소개할 생각으로 취재를 하다가 문제가 있는 면을 발견했을 때는 어떻게 할 것인가?

---

1) 방송용이 아니라고 취재원을 속인 경우

한 보도 전문 방송사 기자가 행인들에게 음식점 광고 전단지를 뿌리는 사람에게 촬영과 인터뷰를 요청했으나 거절당하자 실제 방송용이 아니라는 거짓말로 동의를 받아 촬영을 한 뒤 실제로 방송에 사용한 사건이 있었다. 당시 기자는 자신은 실무 수습 중으로 다음 달에 정식 기자가 될 예정인데 지금 촬영하는 것은 방송용이 아니라 수습기자로서 회사 내부 시사회용 리포트로 제작되는 것이며 설령 방송에 내보낸다고 하더라도 얼굴을 모자이크 처리해서 보이지 않도록 하겠다고 약속을 했다. 하지만 이 방송사는 "뿌리는 사람 따로, 치우는 사람 따로"라는 제목으로 취재 내용을 방송했다. 연습용이 아니라 실제 방송 계획이 잡혀 있었던 것이다.

이 방송사는 해당 지역 일대에서 상인들이 행인들에게 대리운전, 음식점, 퇴폐업소 등 각종 전단지를 배포하는 장면, 전단지들이 도로변에 지저분하게 나뒹구는 장면, 청소원들이 이를 수거하는 장면 등과 함께 "도시의 미관을 해치는 광고 전단지의 적절한 배포와 수거, 이에 대한 관할청의 실효성 있는 단속이 필요하다"는 멘트를 붙인 2분 28초짜리 뉴스를 제작해 방송했고, 그 속에 문제의 취재원이 전단지를 배포하는 장면을 3회에 걸쳐 방송했을 뿐만 아니라 얼굴을 알아볼 수 없도록 하는 이른바 모자이크 처리도 하지 않았다.

사내 시사회용이라는 말을 믿고 촬영에 응했던 음식점 주인이 방송사를 상대로 소송을 냈는데, 방송사 측은 오히려 취재원이 어쨌든 뉴스 기사를 위한 촬영에 사전 동의했으므로 불법 행위가 성립하지 않는다고 주장했다. 재판부는 방송용이 아니라 내부 보고용으로 기사를 만드는 것이라는 말을 듣고 원고가 기자의 장래를 위해 자신의 모습이 방송에 나오지 않는다는 조건으로 동의를 해 준 것일 뿐이라며 방송사 측의 책임을 인정했다.[289] 이 사건에서는 방송을 실제로 송출한 네트워크사, 뉴스를 제작해 네트워크사에 공급한 지역방송사, 지역방송사 소속 취재기자 등 3명에게 모두 초상권 침해를 인정해 300만 원을 배상하라는 판결이 내려졌다.

초상권 침해에 대한 책임을 면제해 주는 가장 기본적인 요건은 당사자의 동의이다. 하지만 애초에 거짓말로 동의를 받았을 때에는 이 동의를 이유로 초상권 침해의 책임을 피할 수는 없다. 하지만 모든 동의 없는 촬영에 대해 초상권 침해에 따른 책임이 인정되는 것은 아니다. 앞에서 살펴본 권노갑 고문에 대한 사례에서처럼 정당한 공적 관심사에 해당하는 것인지, 그리고 스스로 자신을 공개 장소에 드러내고 공중이 관심을 가질 만한 행동을 한 것으로 볼 수 있는 것은 아닌지 따져볼 필요가 있다.

집회에 참석하거나 1인 시위를 하는 것처럼 공공장소 등에서 스스로를

289 수원지법 2012. 8. 9. 선고 2011가단80889 판결.

드러내는 활동을 하는 경우에는 사생활 침해나 초상권 침해를 주장하기가 어렵다. 이 사안의 경우에도 원고는 공개 장소에서 전단을 뿌리고 있었고 그런 전단지가 무분별하게 버려져 도시 미관을 해치는 문제의 사회적 공적 관심사 여부를 다투어 보는 것은 어땠을까 싶다. 다만 이 사건의 경우에는 원고가 배포하고 있던 전단은 자신이 경영하는 음식점에 대한 것일 뿐인데 화면 속에는 클로즈업된 퇴폐업소의 전단지도 있을 뿐만 아니라, 이렇게 생업을 위해 전단지를 뿌리는 행위와 도시 미관의 문제 사이의 관계를 따져볼 때 전단지를 뿌리는 행위를 전적으로 비난하기는 어렵다는 점까지 생각해 보면 동의 없이 또는 촬영 이유를 속이면서까지 촬영을 하고 또 모자이크 처리도 없이 방송할 만한 상황이었다고 보기는 힘들 것 같다. 더구나 거짓말을 동원해 인터뷰까지 한 것은 정당화하기가 쉽지 않다.

2) 취재 목적 등을 속여 얻은 촬영 동의의 효과

애초에 촬영을 위한 섭외를 할 때는 좋은 취지를 내세웠는데, 실제로 신문이나 방송에 보도된 내용은 정반대인 경우가 있다. 특히 고발 프로그램 제작자들은 아예 제대로 취재 목적을 설명해 준 적이 거의 없다고 얘기할 정도다. 취재의 원래 목적을 알고서도 취재에 협조해 줄 리가 없기 때문이다. 이미 고발 프로그램으로 널리 알려진 경우에는 프로그램이나 코너 이름까지 둘러대는 경우가 일반적이다. 이렇게 해서 취재를 한 경우에는 모두 초상권 침해에 해당한다고 볼 것인지가 문제가 된다.

많은 고발성 기사를 방송해 온 MBC 〈시사매거진 2580〉팀이 1997년 초, 서울 시내 모 음대의 한 학과 학생 대표와 접촉해 과거의 사발식이나 신고식 같은 것이 아닌 신세대의 생기발랄하고 재미있는 신입생 환영회를 취재하려고 하는데 그 학과의 신입생 환영회를 그런 모습으로 취재할 수 있겠느냐며 협조를 요청했다. 학생들은 의견 수렴을 거쳐 오페라 연습실에서 열릴 신입생 소개식과 간단한 레크리에이션 행사를 취재하도록 허락했다. 하지만 취재팀은 그 자리에는 아예 오지 않고 식당으로 찾아와 식사와 여흥 장면 취재를 요청했다. 취재진은 학생들에게 불이익이 가지 않도록 하겠다고 설득했고 학생들은 결국 술을 마시는 장면은 촬영하지 않겠다는 다짐을 받고 촬영에 협조했다.

그런데 "공포의 통과 의례"라는 제목으로 방송된 내용에는 그 무렵 다른 대학의 신입생 환영회에서의 사망 사건, 술 취한 학생들이 쓰러지거나 업혀가는 장면, 일부 대학의 철야 음주 행태 등등이 섞여 있었고 이 학교 학생들의 나이트클럽 화장실에서의 대화 장면 등도 동의 없이 촬영돼 방송되었다. 학생들은 사생활의 자유와 비밀, 초상권을 침해했다며 소송을 냈고, 법원은 학생들의 청구를 받아들여 4명의 학생들에게 모두 1600만 원을 지급하라고 방송사에 명령하였다.[290]

이 사건의 전체 취재 과정에서 처음 신입생 소개 자리에 아예 취재진이 나타나지 않은 것을 보면 애초에 건전한 신입생 환영식의 모습을 취재해 보도하려는 목적은 없었을 가능성이 높아 보인다. 실제로 방송된 것과 같은 취재, 제작 의도를 섭외 단계에서 공개했더라면 처음부터 학생들의 일정을 파악하거나 촬영을 위해 접근하는 것이 어려웠을 것이다.

하지만 취재 과정과 관련해 두 가지 측면에서 검토해 볼 대목이 있다. 먼저 취재의 측면인데, 이런 거짓 동의를 받지 않고는 아예 이런 아이템의 취재가 불가능했을 것이냐는 점이다. 통상 방송 일정이 잡힌 상태에서 제작에 쫓기는 취재진으로서는 약간씩 편법의 유혹을 느끼지 않을 수 없다. 그런데 이

290 서울지법 남부지원 1997. 8. 7. 선고 97가합8022 판결.

처럼 거짓으로 동의를 받을 경우에는 윤리적으로, 법적으로 문제가 생길 가능성이 생긴다. 가능하면 화려한 화면 구성이나 현장성 있는 제작을 어느 정도 희생하고라도 정공법을 택하는 것이 좋지 않았을까 한다.

다음으로 이렇게 촬영된 내용을 사용함에 있어서 굳이 이들의 얼굴이 드러나게 할 필요가 있었느냐는 것이다. 얼굴만 제대로 모자이크 처리했더라면 당사자가 특정되지도 않고, 따라서 애꿎은 피해자가 생겨서 소송까지 가지도 않았을 것이기 때문이다. 동의를 받았기 때문에 괜찮을 거라는 잘못된 판단이 원인이었을 가능성도 있는데, 동의를 받았더라도 굳이 사회적으로 큰 비난을 받을 대단한 잘못을 저지른 것도 아닌, 사인에 불과한 학생들의 얼굴을 공개하는 문제는 보다 신중한 판단이 필요했다고 본다.

3) 취재 도중 새로운 내용이 발견된 경우

실제로 어떤 방향으로 취재를 하다 보면 당초 기획했던 것과는 다른 쪽으로 내용이 전개되는 경우가 생긴다. 취재원은 홍보 등을 위해 취재에 협조했겠지만 실제 취재 내용은 홍보보다는 고발성에 더 가까운 경우가 있는 것이다. 이런 경우, 당초 취재 협조를 받을 때의 목적과 달라졌으므로 취재를 중단해야 할 것인지, 아니면 일단 취재에 동의한 이상 취재의 결과물에 대한 처리 방향을 결정하는 것은 언론의 자유에 해당하는 것인지가 쟁점이 된다. 물론 홍보 목적으로 공개한 정치인이나 유명인의 집에서 불법적인 내용이 발견된 경우, 역시 홍보를 위해 공개한 대기업의 공사 현장에서 불법이나 문제점이 발견된 경우에도 그런 보도를 위해서라면 공개하지 않았을 것이므로 취재를 중단하거나 문제가 있는 측면은 보도하지 말아야 한다고 생각하는 사람은 많지 않을 것이다.

독일의 사례다. 이른바 '가족 이야기'라는 것을 제작하기 위해 정당 원내총무의 초대를 받아 집을 방문한 잡지사 기자가 집 베란다 테이블에서 대마초를 심은 화분을 발견하였는데, 이 대마초는 정당 청년 조직을 구성하고 지역 국회의원 후보로도 나섰던 원내총무의 18세 아들이 심은 것이었다. 2달쯤 뒤 잡지에 '가족 이야기'가 실렸는데, 거기에 대마초에 대한 얘기가 공개됐고 한 일간지가 이 원내총무의 집 거실에 대마초가 자라고 있다는 기사를 내보내기에 이르렀다. 결국 검찰이 수사에 착수해 그 집에 대한 압수수색을 벌여 퇴비 위에 버려진 대마를 발견하였고 이런 내용은 TV 방송으로도 보도되었고 인터넷 등에도 관련 기사들이 게재되었다.

원내총무 측이 소송을 제기하자 함부르크 지방법원은 마약류단속법 위반 혐의로 수사 중인 원고에 대한 실명을 언급하거나 이를 알 수 있는 방법으로 보도하거나 유포하는 행위를 금지하도록 명령하였다. 고등법원도 언론사의 항소를 기각하였다. 특히 동의와 관련해 '가족 이야기' 제작에 대해 동의를 했더라도 이후의 수사 과정에 대한 보도까지 동의한 것으로 볼 수 없다고 판단했다. 특히 18세에 불과한 청년이 대마초를 한 포기 키우다 버렸다는 것은 대중에게 기껏해야 사소한 흥미를 제공할 뿐 크게 중요하지 않은 것이라고 보았다. 하지만 연방헌법재판소는 이 사안을 '동의' 여부의 문제로 다루지 않았다. 오히려 이 사안이 공공의 알 권리에 해당하는 것인지를 중점적으로 따졌다. 애초에 보도하기로 한, 홍보성이 분명해 보이는 '가족 이야기'를 넘어서는 마약류에 속하는 대마초 재배와 관련한 사안을 보도한 것을 문제로 보지도 않고 있다.[291]

291 독일 연방헌재 2010. 3. 9. 선고 1BvR 1891/05 판결. 자세한 내용은 언론중재위원회(2010), 〈언론중재〉, 겨울호, 언론중재위원회, pp.179~185 참조. 이 사건은 특히 실명 공개 여부를 누가 결정하는 것이 타당한지, 검찰의 발표를 신뢰하고 객관적으로 보도하는 것에 대해 언론이 책임을 져야 하는지 등의 쟁점에 대해서도 언급하고 있다.

앞에서 살펴본 음악대학 신입생 환영회의 경우에도 애초에 취재를 시작하면서 신입생 환영회의 좋은 모습과 그렇지 않은 모습을 촬영해 보도할 생각이었으나 실제 취재를 해 보니 이 학생들도 마찬가지로 과도한 음주로 끝을 맺는 상황이어서 부득이 이런 식으로 보도할 수밖에 없었다면 어떻게 될까. 그렇다면 애초에 촬영의 동의 여부는 크게 문제가 되지 않았을 수도 있다. 이 판결에서는 크게 다투어지지 않았지만 해마다 목숨을 잃는 신입생이 나올 정도로 과도한 대학가의 비뚤어진 신입생 환영식의 실태는 사회적으로 공공의 정당한 관심사가 될 수 있을 것이다.

술에 취한 학생들의 나이트클럽 화장실에서의 대화까지 몰래 촬영해 보도하는 것이 정당화되기는 어려웠겠지만 오로지 당초의 취재 범위와 취지에 대한 약속 위반이므로 사생활의 자유와 비밀, 초상권 침해에 해당한다는 단순 논리 전개는 피할 수 있지 않았을까 하는 생각을 해 볼 수 있다. 물론 그렇다고 해서 이 학생들의 얼굴과 목소리를 내보낸 것은 적어도 국내의 법 해석 관행과 사회적 정서상 받아들여지기 어렵다는 점은 어쩔 수 없는 일이다.

9. 동의의 범위를 벗어난 초상의 사용

신분이 드러나지 않게 하겠다는 약속을 하고 인터뷰를 했고 실제로 가명을 쓰고 화면을 그림자 처리까지 했는데 주변에서 알아본 경우에도 방송사가 책임을 져야 할까? 정식으로 인터뷰를 했고 아무런 비난 가능성이 없는 화면일 때도 원래 인터뷰할 때에 약속했거나 방영이 예상됐던 프로그램이 아닌 다른 기획 프로그램에 사용하면 문제가 있을까?

초상권 침해의 책임으로부터 벗어나는 기본적인 요건은 당사자의 동의다. 물론 요즘은 묵시적 동의를 부인한 사례들도 더러 있기는 하지만 적어도 방송사나 자신의 사무실 등에서 이루어진 인터뷰는 달리 반증이 없는 한 그 자체로 동의가 이루어진 것으로 볼 수 있다. 물론 길거리 인터뷰의 경우에는 동의 여부를 둘러싸고 언제든지 논란이 생길 수 있기 때문에 서면 동의를 받기 어려운 상황에서는 촬영을 시작하면서 아예 방송 프로그램을 고지하고 인터뷰에 대한 동의를 구해 놓을 필요가 있다.

이렇게 인터뷰를 하는 경우에도, 당사자가 일단 인터뷰에 응하기는 하지만 자신의 신분이 드러나지 않도록 처리해 줄 것을 요구하는 경우가 적지 않다. 특히 어떤 비밀스러운 사생활에 대한 것이나 비리 등에 관한 내용을 공개할 경우에는 거의가 그럴 것이다. 이런 경우에는 특별히 당사자가 공적인 인물이 아니라면 화면뿐만 아니라 음성까지 일정한 변조를 거쳐 인터뷰에 응한 사람의 신원을 보호해 줄 필요가 있다. 취재원 보호의 관점에서 생각해 보아도 너무나 당연한 일이다.

그런데 인터뷰 대상자의 신원을 가리는 정도와 그에 상응하는 기술적인 방법을 적절하게 사용하지 못했을 때에도 문제가 생길 수 있다. 일단 익명화를 확실히 해 주기로 약속한 뒤에는 인터뷰 대상자는 심리적으로 편안한 상태에서 자신이 특정될 수 있는 사항을 공개하거나 신원을 추정할 수 있는 단서를 말할 수도 있다. 이런 사항을 취재진이 세심하게 걸러 주지 못한다면 본의 아니게 당사자가 특정되는 상황을 초래할 수 있다. 물론 취재진이 객관적으로 인식할 수 없는 사항을 당사자가 말하는 바람에 생긴 문제라면 그것까지 취재진의 책임을 묻기는 어려울 것이다. 다만 이런 경우는 특별히 그 자체로 대단히 공공의 이해에 관한 사항으로 공중의 정당한 관심사가 되는 것이 아닌 한 익명성을 보장하기 위해 필요한 보호 조치를 모두 취해 주는 것이 맞을 것이다.

그럼 나름대로 익명화가 이루어질 수 있는 촬영과 편집 기법을 사용했는데도 불구하고 당사자가 특정되는 경우에는 어떻게 될까. 유명한 사건으로 가슴 성형 수술의 부작용을 다룬 사회 고발 프로그램에서 취재원을 인터뷰하면서 옆에서 조명을 비추어서 벽에 나타나는 그림자, 즉 실루엣을 내보내고 목소리는 육성 그대로 방송하는 바람에 당사자의 주변 사람들이 그의 신원을 알아본 사건이 있다. 인터뷰 자체는 동의를 한 것이고 가명을 사용하는 등 신원을 숨기기 위한 일련의 조치는 했지만 누구인지가 드러나 버린 경우이다.

1심 재판부는 원고 패소 판결을 내렸지만 항소심 재판부는 판결을 뒤집고 방송사는 원고에게 1000만 원을 지급하라고 판결했다. 재판부는 일단 익명 처리를 해 주기로 약속을 했으면 신분 노출을 막기 위해 영상을 모자이크 처리하거나 뭉개는 방법도 있고 뒷모습을 촬영하는 등의 방법을 사용했어야 하며 음성도 간단하게 변조가 가능했는데도 그대로 노출한 책임이 있다고 보았다. 결국 원고의 눈이나 코, 입모양 등이 섬세하게 나타나도록 함으로써 주변에서 원고를 쉽게 알아볼 수 있도록 한 만큼 사생활의 자유와 비밀, 초상권을 모두 침해했다고 인정하였다. 방송된 내용이 누구에게도 알리고 싶지 않은 부위의 성형에 관한 것이었으므로 사생활 침해가 인정됐고, 비록 그림자 처리를 하기는 했지만 그 사람의 동일성을 파악할 수 있는 화면이 방송되었으므로 초상권도 침해되었다고 본 것이다.[292]

방송사는 이 여성이 스스로 YMCA 시민중계실에 제보를 하고 방송 인터뷰에 응해 메인 뉴스 프로그램에도 육성이 그대로 방영됐지만 이의를 제기하지 않았다는 점과 함께 이 사건의 공익성과 국민의 알 권리 등에 비추어 위

292 서울고법 1996. 2. 2. 선고 95나25819 판결.

법성이 없다고 주장하였다. 하지만 방송 뉴스에 목소리가 짧게 보도된 것과 시사프로그램에서 장시간 목소리와 얼굴의 옆모습 그림자가 노출된 것은 주변 사람들이 당사자를 알아보는 데 큰 차이가 있다고 볼 수 있다. 특히 해당 프로그램 인터뷰에 앞서 별도로 신원을 알아볼 수 없도록 해 주겠다는 약속을 했다면 다른 프로그램을 이유로 책임을 면하기는 어렵다.

뉴스 프로그램을 위해 화면 촬영에 응했는데 이 화면을 몇 년이나 지난 뒤에 다큐멘터리 제작에 별도의 허락을 받지 않고 사용한 것이 문제된 사례도 있다. 뉴스 영상의 경우 상당히 많은 부분이 과거에 촬영된 관련성이 있는 화면들, 이른바 '자료 화면'이다. 화면에 '자료 화면'이라는 표시를 넣어서 해당 부분이 사안과 직접적인 관련은 없는 것임을 표시하는 경우도 있지만 그렇지 않은 경우도 있다. 외국의 경우에도 마찬가지다. 이런 경우에도 원칙적으로는 당사자의 동의를 받는 것이 옳으며 당사자가 당초 동의한 용도가 아닌 곳에 사용하는 것에 이의를 제기하면 이를 수용하는 것이 맞다.

물론 약간 상황이 다르기는 하지만 인터뷰나 촬영에 동의한 뒤 막상 방송이 나갈 무렵에 갑자기 심경의 변화를 일으켜 방송에 쓰지 말라고 요구하는 경우도 생각해 볼 수 있다. 만약 이런 경우에도 모두 당사자의 의사를 존중해야 한다고 하면 제대로 방송이 나가지 못하는 경우가 많을 것이다. 특히 방송사의 취재를 다른 목적을 달성하기 위한 지렛대로 사용하는 경우도 생길 수 있다. 아직 이러한 사례를 직접 다룬 판례는 찾아보지 못했지만 일단 적법하게 동의와 취재가 이루어진 경우라면 단순히 심경의 변화가 있었다는 것만으로 촬영된 내용의 방영을 막을 수는 없다. 물론 촬영이 이루어졌다고 하더라도 사후에 그와 다른 사실이 드러난 경우 등의 사정이 있는 경우라면 당연히 이러한 점을 반영하는 것이 타당할 것이다.

10. 초상 사용 등에 대한 동의권의 소재

사진 등의 사용과 관련해서 종종 발생하는 문제가 있다. 행사 주최자 등이 사람의 얼굴 등이 포함된 사진을 배포한다면 당사자에게 직접 동의 여부를 확인하지 않고 그 사진을 사용해도 초상권 침해 문제가 발생하지 않을까? 언론사가 일일이 사진에 포함된 사람들에게 연락해 동의를 별도로 받아야 하는 것일까?

충남 보령에서 해마다 열리는 머드 축제에 참가했던 여성이 자신의 사진을 무단으로 축제 홍보 포스터에 사용한 보령시와 축제 조직위, 사진작가 등을 상대로 손해배상을 요구하는 소송을 냈다. 1심에서는 이 여성이 패소했지만 2심에서는 "당시 30대 초중반의 여성으로서 머리와 얼굴에 진흙이 묻은 사진이 알려질 경우 상당한 정도의 당혹감, 수치심 등을 느꼈을 것으로 보인다"며 300만 원을 배상하라는 일부 승소 판결을 내렸다. 기본적으로 축제에 참가했다고 해서 주최 측에 의해 함부로 사진이 촬영되고 더구나 홍보 포스터에 사용되는 것을 허락한 것은 아니므로 일견 당연해 보인다. 대법원도 보령시의 상고를 기각했다.

많은 사람들이 모이는 공개 장소에서의 행동에 대해 사생활 보호를 주장할 수는 없을 것이고, 다만 초상권에 있어서는 여러 사람들이 함께 촬영되는 것이 아니라 특정인이 부각되는 방식으로 촬영되는 경우에는 초상권 침해 문제를 피하기 어려울 것이다. 보령시가 상업적 목적으로 사진을 사용한 것이 아니라 축제를 알리기 위한 공익적 목적이었다면서 항변했지만 받아들여지지 않았다.

그럼 이 축제 조직위로부터 이 여성의 사진이 포함된 홍보 포스터를 제공

받아 게재한 언론사는 책임이 없는 것일까? 이 여성은 포스터를 실은 언론사들을 상대로도 소송을 냈다. 하지만 언론사는 축제 조직위처럼 포스터의 제작과 편집, 수정에 관여한 것도 아니고 단순히 조직위가 제공한 포스터를 보도한 것에 불과하므로 초상권 침해의 책임을 물을 수 없다고 판단했다. 조직위로부터 포스터를 받은 언론사가 그 포스터에 나온 사람들에게 일일이 사진 촬영에 동의했는지를 확인하기를 요구하는 것은 무리라고 판단한 셈이다.

만약 어떤 고등학교에서 서울대학교에 수석 합격한 학생의 사진을 언론에 제공했다면 언론은 그 사진을 당사자의 동의를 확인하지 않고 실어도 될까? 행정고시를 주관하는 정부 부처에서 그해 행정고시 수석 합격자의 사진을 공개할 경우에 역시 언론은 그의 사진 사용에 앞서 당사자에게 동의 여부를 확인해야 할까? 대한축구협회가 축구대표팀의 내부 행사 사진을 공개했다면 언론은 사진에 나온 선수나 협회 관계자들에게 일일이 사진 사용에 동의하는지를 물어야 할까? 마찬가지로 기업체가 홍보 사진을 보내왔을 때, 그 사진에 등장하는 인물들에게 확인하지 않고 사진을 실었다가 당사자들이 반발하면 언론사가 책임을 지지는 않을까? 원론적으로 말하면 이렇게 제공된 사진을 언론이 게재하는 데 필요한 동의를 해 줄 권한은 사진에 나오는 당사자들에게 있지 학교나 정부 기관, 협회, 기업체 등에 있지 않다. 따라서 매우 엄밀하게 따진다면 당사자의 동의를 확인하지 않고 이런 사진을 게재하면 초상권 침해라는 주장이 성립한다. 실제로 일부 법률가들은 그렇게 주장하고 있다.

하지만 이런 주장은 보령 머드 축제 판례의 경우를 보면 꼭 들어맞는 것은 아니다. 적절한 절차를 거쳐서 촬영, 제작되었을 것으로 보이는 사진 등의 자료를 통상의 방법으로 정상적으로 제공받은 경우는 이를 제공하는 기관이 초상권 침해 주장으로부터 언론사를 면책시키는 것이 타당하다. 또한 이런 일반적인 행사 참석 사진이나 홍보 자료에 나오는 업무 모습 등은 통상의 경우 사생활의 비밀 유지가 필요한 것이거나 심한 불쾌감을 느낄 만한 장면일 가능성은 없다. 모든 경우에 당사자의 동의가 없다면 사진 사용이 자동으로 초상권 침해가 된다고 보는 것은 초상권 개념을 절대화하는 무리한 논리라고 볼 수 있다.

무엇보다도 통상의 생활 범위 내에서 보고 듣고 얘기할 수 있는 것들을 사생활이나 초상권이라는 이름으로 절대화하는 것은 사회적 동물인 사람들의 정상적인 인간관계까지 왜곡할 우려가 있다. 개인의 인격권에 너무 무신경한 것도 문제지만 모든 것을 인격권 보호, 인권 보호 신장이라는 명분을 앞세워 꽁꽁 묶으려 드는 것도 문제가 될 수 있다.

11. 공개 장소에서의 촬영이나 공개된 사진과 초상권

누구나 그냥 볼 수 있는 공개된 장소에서, 더구나 카메라를 숨기지 않고 드러낸 채 촬영을 할 때에도 촬영 대상으로부터 동의를 받지 않으면 초상권 침해가 될까? 야구장과 같은 공개된 스포츠 경기장에서 촬영을 할 때는 어떨까? 특정 기관에 대한 기사를 쓰면서 그 기관이 자체 홈페이지에 공개해 놓은 사진을 사용하는 경우에도 등장인물들에 대한 초상권 침해의 문제가 생길까?

1) 공개 장소에서의 촬영

길거리에서 누구나 볼 수 있는 곳에서 일하는 모습에 대해서도 당사자의 동의 없이는 촬영할 수 없는 것인지가 쟁점이 된 사례가 있다. 한 방송사가 설연휴 귀성길 교통 상황을 보도하는 과정에서 고속도로 요금소에서 일하고 있는 도로공사 직원이 근무하는 모습을 촬영해 뉴스 시간에 배경 화면으로 내보냈는데, 당사자가 동의 없이 자신을 촬영해 보도했다며 소송을 낸 것이다.

1심 재판부는 문제가 된 방송 장면이 3초 정도에 불과하고 내용도 밝은 표정으로 업무를 수행하는 모습으로 통상의 경우라면 불쾌감을 느낄 만한 장면이 아니라는 점 등을 들어 방송사가 이 직원을 촬영해 방영한 것이 위법하다고 보기 어렵다고 판단했다.[293] 여기에 비록 동의 없이 촬영한 것이기는 하지만 촬영 거리나 시간, 표정 등으로 보아 원고 자신도 근무하는 모습이 촬영된다는 사실 자체는 인식하고 있었던 것으로 보이고, 문제가 된 장면의 촬영 장소가 사적 공간이 아니고 원고의 사적인 사항에 초점을 두고 촬영된 것도 아니며, 이 장면의 보도로 인해 입을 것으로 예상되는 피해가 객관적으로 용인할 수준을 벗어날 정도로 중대하다고 보기 어렵다는 이유도 덧붙였다.

하지만 항소심에서는 방송된 뉴스 내용이 귀성길 교통 상황이라는 정보 전달형 기사로 공적 관심사에 대한 공익상 필요에 의해 제작된 것은 맞지만 그렇다고 해서 그 얼굴 사진을 넣지 않으면 안 될 '어떤 필연성'이나 동의 절차를 생략해도 될 만큼의 긴급성이 보이지 않는다면서 원고 승소 판결을 내렸다. 특히 원고의 모습이 고속도로 이용자들에게 노출되고 있다고 해서 함부로 촬영해서 방송을 해도 된다고 볼 수는 없으며, 얼굴을 모자이크 처리하는 등 누구인지 알아볼 수 없도록 할 수 있었음에도 그러지 않았다고 지적했다. 원고가 이런 촬영으로부터 받은 피해에 대해서는 주위 사람들에게 알리고 싶지 않았던 자신의 직업이 노출됨으로써 심한 불쾌감을 느껴 정신적 평온의 침해를 받았을 것으로 보인다고 밝혔다.[294]

293 부산지법 2009. 9. 22. 선고 2009가단23128 판결.

물론 법원이 정한 배상액이 100만 원에 불과했기 때문에 법원으로서도 이런 형태의 보도가 크게 사회적으로 비난 가능성이 있다고 판단하지는 않은 것으로 보인다. 하지만 어쨌든 '위법한' 언론 보도로 규정한 것인데 몇 가지 점에서 문제점을 생각해 볼 수 있다.

먼저 1심 재판부와 항소심 재판부가 다른 태도를 보인 원고에게 어떤 피해가 있었느냐는 부분이다. 1심은 밝은 모습으로 일하고 있는 모습으로 '통상의 경우라면 불쾌감을 느낄 만한 장면이 아니다'라고 보았는데, 항소심은 '알리고 싶지 않은 직업을 노출시켜 심한 불쾌감을 느꼈다'고 보았다. 도로공사 직원으로서 고속도로 요금소에서 근무하는 것에 대해 특별히 개인적으로 주위에 알리고 싶지 않은 사유가 있었을 수도 있지만 적어도 '통상의 일반인'을 기준으로 보았을 때 이런 직업에 종사하고 있음을 주변에서 아는 것이 왜 심한 불쾌감을 느낄 일인지 이해하기 어렵다.

다음으로 비록 보도의 공익성은 인정되지만 이 직원의 얼굴을 넣어야 할 '필연성'이 있느냐고 묻는 부분이다. 방송 보도에서 특정 화면이 없으면 절대로 방송을 할 수 없는 경우는 많지 않을 것이므로 이런 '필연성'을 따지면 대부분의 장면은 사실상 불필요한 장면이 되고 말 것이다. 더구나 굳이 이 장면을 모자이크 처리하지 않을 이유가 있느냐고 묻는다면 방송에서 얼굴을 식별할 수 있는 부분은 아예 모자이크 처리해서 누구인지 서로 알아볼 수 없도록 만들자는 것인지 의문이 아닐 수 없다.

명절 귀성길 교통 상황 보도에서 관행적으로 이루어지는 요금소 직원이나 귀성객의 얼굴이 나오는 보도를 통상의 사람들은 별 생각 없이 보아왔다. 그런데 어느 순간에라도 여기에 등장하는 누군가가 왜 내 얼굴을 허락 없이

294 부산지법 2010. 3. 26. 선고 2009나18455 판결.

썼느냐고 소송을 제기한다면 법원은 '꼭 그 영상을 썼어야 하는 필연성이 있느냐,' '모자이크 처리해도 될 것을 왜 식별 가능하게 내보냈느냐,' '일일이 촬영 동의를 받지 않을 정도의 긴급성이 있느냐'고 물을 것이다. 이런 판례 아래서는 방송사로서는 어느 하나에도 제대로 된 답변을 내놓기가 쉽지 않다.

이 사건의 경우 지방법원 항소부에서 나온 2심 판결에 방송사가 상고하지 않으면서 그대로 판결이 확정되고 말았는데, 앞으로의 취재와 보도를 생각한다면 더 높은 수준의 법적 판단을 받아볼 필요가 있다는 생각이 든다. 특히 명절이면 수시로 이뤄지는 현장 중계를 생각해 보면 사전 동의나 모자이크 처리 등의 기준이 얼마나 비현실적일 수 있는지 잘 알 수 있다. 만약 이런 판결이 일반화된다면 명절 고속도로 교통 상황 중계는 오로지 얼굴이 식별되지 못하는 화면으로만 채워야 할 것이다.[295]

그렇다면 야구장과 같이 중계 카메라를 통해 생중계가 이루어지고 있을 가능성이 크고, 더구나 중계 카메라 외에도 여러 신문과 방송 등에서 나온 각종 고성능 카메라가 출동해 있는 상황에서 자신의 얼굴이 촬영된 경우에 사생활이나 초상권 침해를 주장할 수 있을지를 생각해 보자. 기본적으로 야구장은 매우 공개적인 장소로 그 안에서의 행동을 다른 사람의 시선으로부터 보호받을 수 있을 것이라고 기대하기는 어렵다. 다양한 카메라의 촬영이 예견되어 있는 상황에서 통상적인 범위 내에서 이루어진 촬영에 대해서는 사생활의 비밀은 물론 초상권 침해를 주장하기 어렵다고 보는 것이 상식에도 부합한다.

295 실제로 이 사건의 경우는 생중계 화면이 아니라 이미 촬영된 영상을 자료 화면으로 사용한 전화 연결 리포트였다. 판결에서 명확하게 언급되고 있지는 않지만 자료 화면 사용이 판결에 영향을 미쳤을 가능성도 배제하기는 어렵다. 하지만 그렇다고 해서 그것이 아주 오래전의 촬영 화면이거나 맥락이 다른 곳에 사용된 것이 아니라면 기본적인 분석에서 차이가 발생하지는 않을 것 같다.

이에 대해서는 스포츠 경기를 중계할 권한도 중계권을 구매한 방송사만 갖고 있으며, 그런 중계권을 갖고 있더라도 관중의 초상권까지 방송사가 마음대로 처리할 권한이 있는 것은 아니라는 주장도 있다.[296] 하지만 이런 주장은 개인의 인격권 보호에 과도하게 무게가 쏠린 견해가 아닌가 하는 의문을 제기해 볼 수 있다. 이 주장을 그대로 적용한다면 관중석으로 야구공이 날아가는 순간 중계 카메라에 비치는 공을 잡으려고 달려드는 관중들의 모습을 모자이크 처리해야 하는 셈이다. 다만 아무리 공개된 야구장이라 하더라도 통상의 방법으로는 보이지 않는 장면을 고성능 카메라로 잡아내 평균적이고 합리적인 사람을 기준으로 보아도 심히 불쾌하게 만드는 일은 곤란하다. 공개된 야구장이라 하더라도 통상의 경우 다른 사람에게 보이고 싶지 않을 것이 분명한 장면이나 보이지 않으려고 노력을 하는 측면을 파고드는 것은 공중의 정당한 관심사로 볼 수 없기 때문이다.

2) 이미 공개된 사진의 사용과 초상권

2005년 한 방송사가 국내의 한 대기업이 노동조합 선거를 앞두고 조합원 블랙리스트를 만들어 노조 활동에 적극 개입했다는 고발 뉴스를 보도했다. 이 대기업이 그럼에도 그 전 해에 신노사문화대상을 받았다는 사실도 보도됐다. 이 과정에서 이 방송사는 선거 과정에서 회사 측의 지원을 받은 것으로 보이는 노조위원장이 회사 대표와 악수를 하거나 신노사문화대상을 수상하는 장면을 배경 화면으로 사용했는데, 이 화면은 이미 다른 언론을 통해서도 공개된 것이거나 혹은 조합의 인터넷 홈페이지에 게시되어 역시 공개되어 있

296 양재규(2011. 9), "사진 촬영 때 주최 측 말보다 당사자 동의 더 중요," 〈신문과 방송〉, 통권 489호, 한국언론진흥재단, pp.82~85.

는 것이었다.

이 조합 측은 방송사를 상대로 초상권 침해를 이유로 한 손해배상을 청구했다. 이에 대해 법원은 앞의 사진은 이미 다른 언론을 통해 공개된 것이고 뒤의 사진은 조합 홈페이지에 공개되어 있는 것으로 해당 보도 내용과 직접 관련이 있으며 방송에서 그 화면들의 출처를 명시한 점, 그리고 보도에서 지적한 대로 회사 측이 노동조합 선거에 부당하게 개입한 것이 사실이라는 점 등을 볼 때 얼굴 사진을 공표한 것이 위법하다고 볼 수 없다며 원고 패소 판결했다.[297]

사생활의 비밀 보호에 있어서도 해당 사항이 이미 알려지지 않았어야만 사생활의 비밀로서 보호의 가치가 인정된다는 점은 앞에서도 살펴보았다. 이 사안에서는 초상권에 있어서도 이미 해당 장면이 다른 곳을 통해서도 공개되었다면 이의 공개를 통해 새롭게 피해가 생기는 것은 아니라고 본 셈이다. 물론 스스로 홈페이지에 공개함으로써 널리 알리고 있는 장면을 언론이 보도하는 것도 마찬가지다. 다만 이 사건에서는 보도가 다루고 있는 사안이 공공의 이해에 관련된 것이고, 보도의 내용이 진실하거나 나름의 사실 확인 절차를 거쳤으며, 해당 사안과 쟁점이 된 사진 사이에 관련성이 있다는 점 등이 초상권 침해 주장을 배척하는 데 반영되었음을 기억할 필요가 있다.

297 서울남부지법, 2007. 11. 6. 선고 2007가합13887 판결.

12. 집회 현장에서의 사진 촬영과 보도

집회 현장 주변에서 주먹을 휘두르는 모양을 하면서 경찰과 대치하고 있는 시위 참여자가 있다면 그의 사진을 찍기 위해 동의를 받아야 할까? 집회 도중에 경찰의 해산 요구에 대응해 스크럼을 짜거나 자리에 앉아 연좌 농성을 하는 사람들을 촬영하기 위해서도 동의를 받아야 할까? 정당의 행사에 참가한 사람들의 경우는 어떨까? 정당 행사를 취재하던 도중 폭력을 행사하는 사람들의 사진을 찍을 때에도 개별적으로 동의가 필요한 걸까?

집회 현장 주변에서는 여러 가지 돌발적인 상황이 발생한다. 순식간에 물리적인 충돌이 발생하기도 하고, 큰 집회의 경우에는 곳곳에서 전혀 다른 양상의 일들이 벌어지기도 한다. 그러나 전체적으로 집회는 어떤 집합적인 행동을 통해 의사를 표시하는 것으로 매우 공적인 행동이라고 할 수 있다. 그 성격이나 공식적인 행사 명칭을 문화제나 축제 등 어떤 식으로 규정하든 집단적으로 벌이는 조직적인 행동은 공적 성격을 갖는다고 볼 수 있다.

1인 시위와 같이 집단이 아닌 경우에도 마찬가지다. 집단적이든 혼자서든 공공장소에서의 집회나 시위는 본질적으로 참가자들이 자신의 의사를 널리 알리기 위한 것이고 언론의 자유도 역시 헌법에 따라 보장되는 헌법상 권리인 점을 고려하면 공공장소에서 이루어진 집회나 시위 현장의 모습을 촬영해서 보도하는 것은 초상권 침해 주장으로부터 면책된다고 보는 것이 타당하다. 물론 특별히 독자나 시청자에게 왜곡된 사실을 전달하거나, 특별히 촬영 대상자를 모욕하거나 비방할 목적으로 이루어지는 것이 아닌 경우에 한해서이다.

어떤 집회에서 경찰과 집회 참여자 사이에 충돌이 벌어지는 것이나, 혹은 집회나 시위가 본격적으로 시작되기 전이라도 참가자들이 경찰과 대치하면서 항의를 하는 등의 행위는 여기서 말하는 집회나 시위에 해당한다. 따라서 이 과정에서 우연히 촬영이 이루어진 어떤 순간에 주먹을 들고 있는 모양새가 되었다면, 특별히 촬영자가 상황을 왜곡한 것이 아닌 한 그 모습이 어떻게 받아들여지는지는 통상의 독자나 시청자의 해석에 맡길 수밖에 없다.

실제로 서울시청 앞 광장에서 벌어진 집회에 참석했다가 경찰과 대치하는 과정에서 주먹을 쥐고 있는 모습이 촬영된 사람이 그 모습을 보도한 신문을 상대로 낸 소송에서 법원은 초상권 침해 주장을 인정하지 않았다. 특히 그의 내심의 의사에 경찰을 폭행하려는 생각이 없었다고 주장한 것에 대해서도 내심의 의사야 어떻든 적어도 외부에서 볼 때에는 누군가를 위협하는 것처럼 보이는 것이 사실을 왜곡한 것은 아니라고 보았다. 특히 실제로 현장에 이런 긴장이 감돌았다는 것은 집회에 대한 전체 기사의 내용과도 밀접하게 관련된 것으로 원고를 특별히 모욕하거나 비방하려는 것으로 볼 수도 없다고 판시했다.[298]

당시 문제의 사진은 "무대 장비 반입 싸고 野의원-경찰 몸싸움 … 행사 뒤 도로 점거도"라는 제목과 함께 실린 것으로 서울광장에서 열린 범국민대회 경과에 대한 기사와 같이 게재되었다. 경찰을 향해 달려드는 군중들의 모습 가운데 원고가 마주 보고 서 있는 의경들을 향해 오른손을 주먹 쥔 채 어깨 가까운 높이로 들어 올리고 어깨를 뒤로 빼는 자세를 취하고 있어서 마치 의경들을 주먹으로 때리려는 듯한 인상을 주었다. 원고는 이에 대해 단순히 횡단보도로의 통행을 저지하는 경찰에게 구두로 항의하였을 뿐 범국민대회

298 서울중앙지법 2010. 1. 27. 선고 2009가합81994 판결.

에 참가하거나 경찰을 폭행하려 한 적이 없다고 주장하며 초상권 침해와 명예훼손을 주장한 것이다. 신문사는 항의를 받고 즉시 문제의 사진을 인터넷에서 삭제했다. 하지만 심리 과정에서 원고가 경찰과 시위대 사이의 몸싸움에서도 전면에 나서 대치한 사실이 인정되는 등 집회 참여 사실이 드러났다.

실제로 집회 과정에서 언론의 사진 촬영에 항의하는 사람들도 있고 보도가 나간 뒤에 초상권 침해를 이유로 인터넷에 게재된 관련 기사의 삭제를 요구하는 경우도 있다. 2014년에는 세월호 참사 이후에 벌어진 구원파 신도들의 집회 관련 사진을 삭제하라는 요구가 빗발치기도 했다. 또 도피했던 세모 그룹의 핵심 관계자들이 수사 기관에 압송되거나 출석할 때 주변에 둘러섰던 사람들이 막상 방송에 얼굴이 나오자 초상권 침해를 주장하기도 했다. 이와 같이 공공장소에 스스로 모습을 드러내고 자신의 의사를 관철하기 위한 활동을 하면서 한편으로는 자신의 모습이 보도되는 것은 원하지 않는 것은 이율배반적인 행동이다. 집회·결사의 자유를 누리는 만큼 공적 관심사에 대해 일반인들이 갖는 언론의 자유, 알 권리에 대해서도 존중을 하는 것이 맞다. 특히 집회·결사의 자유는 언론의 자유와 함께 자유민주주의 체제에서 시민으로서의 핵심적인 기본권인데, 자신의 집회·결사의 자유는 누리면서 타인의 언론의 자유를 제한하려는 것은 바람직하지 않다.

물론 인격권 보호에 지나치게 경도된 일부 전문가들 사이에서는 이런 경우에도 특정 개인이 누구인지 식별되도록 보도할 아무런 필요가 없지 않느냐고 주장하거나, 혹은 집회에 참석한 사람이 누구누구인지까지 알아야 할 필요가 있느냐는 등의 논리를 펴기도 한다. 이런 사안을 보도하는 언론인들도 문제의 본질적 측면을 충분히 인식하지 못한 경우가 많기 때문에 이런 사안이 언론중재 과정에서 면밀한 법적 판단 없이 마무리될 경우 법원 판례에 비해서도 훨씬 후퇴한 결론이 나오는 경우가 종종 있다. 언론중재 과정을 보다 엄정한 기준에 따르도록 개선할 필요성이 그래서 제기되는 것이다.

13. 목소리의 사용과 음성권 침해

방송에서 몰래 인터뷰한 사람의 목소리를 변조 없이 내보낼 경우에는 초상권 침해 외에 별도의 음성권 침해 문제가 발생할까? 만약 목소리의 주인공이 공인일 경우에는 어떻게 될까?

당사자의 동의를 받고 인터뷰를 한 경우라면 초상권이든 음성권이든 문제가 되지 않는다. 하지만 우리 언론중재법은 제5조에서 음성권을 하나의 인격권으로 열거하고 있으므로 몰래 녹음을 한 경우에는 음성과 관련해서 별도의 불법 행위가 성립할 수 있다.[299]

한 소비자 고발 프로그램에서 몰래카메라 촬영이 쟁점이 된 사건에서 당초 원고는 초상권 침해와 음성권 침해를 구분하지 않고 500만 원의 손해배상을 청구했는데, 대법원은 이에 대해 청구 원인별로 명확하게 구분하여 손해배상을 인정해야 한다면서 원심을 파기하였다. 이후 파기환송심에서 원고는 초상권 침해 부분에 300만 원, 음성권 침해 부분에 200만 원으로 청구액을 특정하였다. 서울고등법원은 원고의 음성이 방송된 부분이 비록 짧기는

299 언론중재법 제5조 제1항은 '타인의 생명, 자유, 신체, 건강, 명예, 사생활의 비밀과 자유, 초상, 성명, 음성, 대화, 저작물 및 사적 문서, 그 밖의 인격적 가치 등에 관한 권리(이하 "인격권"이라 한다)'라고 여러 가지를 열거하고 있다. 하지만 열거된 사항들이 정확하게 어떤 것을 의미하는지는 파악하기 어려우며 각각의 비중도 너무도 큰 차이가 있다. 입법 과정의 자료를 살펴보아도 각각의 사항들이 비록 판례 등에서 다루어진 적은 있지만 하나하나가 개별적으로 인격권으로 인정되는 근거 등이 논의된 흔적은 찾아보기 어렵다. 앞으로 각각의 인정 범위와 요건 등에 대해서 더욱 면밀한 이론적 논의가 필요한 부분이다.

하지만 음성을 변조 없이 방송한 것은 음성권 침해로 불법 행위에 해당한다고 인정하였다.

재판부는 특히 녹취 내용이 방송 전체 취지에 비추어 원고에게 좋지 않은 영향을 미치고 영업에도 악영향을 불러올 수 있는데, 이런 내용이 그대로 방송되는 것에 동의하지 않은 이상 정신적 손해를 배상해야 한다며 위자료로 100만 원을 지급하라고 판결했다. 이 사건에서 몰래카메라 촬영 부분에서 원고의 얼굴이 직접 촬영되지 않았다면서 초상권 침해는 인정되지 않았다.[300] 또 세부 내용에서 차이가 있지만 주요 내용이 사실이며 공익성도 인정된다면서 정정보도청구는 받아들이지 않았다.

음주 단속 현장 등을 취재해 보도하는 과정에서는 단속 대상자가 공인이 아닐 경우에도 누구인지를 주변 사람들이 알 수 있도록 보도하면 초상권과 함께 음성권 침해도 인정될 가능성이 높다. 음주운전 단속에 관한 보도를 하면서 공인이 아닌 평범한 시민을 당사자의 촬영 거부 의사에도 불구하고 촬영한 다음 주위 사람들이 충분히 당사자를 인식할 수 있도록 그 모습과 목소리 등을 방송 프로그램에 내보낸 것은 음성권과 초상권을 침해하는 불법 행위라는 판결이 있었다.[301]

재판부는 음주운전의 심각한 폐해를 지적하는 프로그램의 공익성은 인정하면서도 당사자가 사인으로 명백하게 촬영 거부 의사를 밝혔음에도 계속 촬영한 뒤 음성 변조 처리를 하지 않고 보도하여 직장에서 간부로서의 품위 손상과 회사 이미지 실추를 이유로 인사상 불이익을 받고 퇴사에 이르게 된

300 서울고법 2010. 7. 1. 선고 2009나102614 판결.

301 서울지법 1999. 10. 22. 선고 99나49001 판결.

점 등을 감안해 음성권과 초상권 침해와 명예훼손을 모두 인정하였다.[302] 이 사건에서처럼 당사자가 사인에 불과할 때에는 비록 단속 장면을 촬영했다고 하더라도 누구인지 식별이 가능하도록 그대로 방송하는 것에 대해서는 법적 책임을 면하기 어려울 것으로 보인다.

반대로 음주 단속 대상이 공인인 경우에는 비록 그 사람이 누구인지 식별할 수 있도록 방송이 되었다고 해도 명예훼손은 물론 사생활 침해, 초상권, 음성권 등의 침해가 모두 인정되지 않은 사례도 있다.[303] 방송사 앵커를 지낸 중견 기자를 공인으로 인정한 사례이기도 한데, 도로에서 음주 단속에 적발된 것은 사생활의 영역이 아니라는 점도 적시하고 있다.

하지만 명예훼손은 인정하지 않으면서 초상권이나 음성권 등에 대한 침해만을 별도로 인정하는 경우도 있다. 변호사가 일반인과 부동산 거래 계약 과정에서 법률 지식을 악용해 부당한 이익을 취하려 한 사건을 보도하면서 공익성과 사실성 등을 모두 인정해 명예훼손 책임을 부인하면서도 방송사가 제보 받은 이 변호사와 부동산중개업자 사이의 전화 통화 녹음 내용을 음성 변조 없이 보도한 것과 관련해 음성권 침해를 인정해 500만 원의 위자료를 지급하라고 한 사례가 있다.[304]

하지만 이 사건의 경우 사안의 공익성과 사실성 등이 모두 인정됨으로써 비록 당사자가 특정되었음에도 명예훼손을 인정하지 않을 정도였다면 음성을 변조하지 않았다는 이유로 별도로 음성권 침해만을 인정한 것은 법리 구성상 타당성을 검토해 보아야 한다. 당사자를 손 모 변호사로 지칭했으나 법무법인

302 당사자는 이 방송 때문에 자신이 이혼까지 하게 되었다며 피해를 주장했으나 이는 인정되지 않았다.

303 서울지법 1997. 9. 3. 선고 96가합82966 판결.

304 서울고법 2000. 2. 24. 선고 99나43440 판결.

에 근무한다는 점, 그리고 목소리까지 합쳐서 피해자가 특정되었다고 전제하고도 재판부는 명예훼손은 물론 사생활 침해도 인정하지 않았다. 그런데 당사자 동의를 받지 않았고 음성 변조도 하지 않았다면서 음성권에 대해서만 침해를 인정한 것은 납득하기 어렵다. 음성권의 경우에는 공익성 등과 같이 명예훼손이나 사생활권 침해에 대한 면책 사유가 적용되지 않아서 변조 처리하지 않으면 무조건 침해가 인정된다는 것인지 의문이 아닐 수 없다. 이런 사건들의 경우는 대법원에 상고해서라도 엄정한 판단을 받아보는 것이 필요하지 않았을까 하는 아쉬움이 남는다. 전면적으로 원고에게 패소 판결을 안기는 것이 부담스러울 때 나오는 일종의 타협 판결일 가능성도 보인다.

물론 실무적으로는, 당사자를 일단 익명 처리하기로 하면서 음성만 변조하지 않아 당사자가 특정되는 길을 열어둘 이유는 없었을 것으로 보인다. 개별적인 기사 처리 과정에서는 당사자가 특정해도 될 정도의 공인이 아니라면 음성 또한 변조 처리하는 것이 타당할 것이다.

강경근 (1996). "한국 언론법제에 관한 사적 소고," 〈법학논총〉, 제9집, 숭실대학교, pp.119~135.

강준만 (2009). 《대중매체 법과 윤리》(개정판). 인물과사상사.

김경호 (2003. 8). "몰래카메라를 이용한 취재와 인격권의 침해에 관한 연구: 한국과 미국의 사례 비교를 통한 상충된 법익의 균형," 〈한국언론학보〉, 제47권 제4호, 한국언론학회, pp.246~273.

김민정 (2015). "취재원보호법 도입의 필요성과 쟁점," 〈언론과 법〉, 제14권 제2호, 한국언론법학회, pp.125~157.

김옥조 (2012). 《미디어법》(개정판). 커뮤니케이션북스.

김증한 (1964). "언론윤리위원회법 비판," 〈신문평론〉, 통권 6호, 한국언론재단, pp.12~15.

김철수 (2000). 《헌법학신론》(제10전정판). 박영사.

남시욱 (1997). "체험적 기자론 54: 언론윤리위법 파동의 서글픈 유산," 〈신문과 방송〉, 통권 323호, 한국언론재단, pp.42~45.

문재완 (2008). 《언론법: 한국의 현실과 이론》. 늘봄.

박권상 (1987). "언론기본법을 해부한다," 〈관훈저널〉, 통권 43호, 관훈클럽, pp.75~89.

박용상 (2002). 《표현의 자유》. 현암사.

박진우 (2010. 11). "취재의 자유와 취재원 비닉권," 〈경원법학〉, 제3권 제3호, 경원대학교, pp.51~86.

박홍원 (2007). "민주화 이후 언론사간 갈등 사례와 그 함의," 〈관훈저널〉, 제48권 제2호, 관훈클럽, pp.98~108.

배병일 (2001). "언론사 간 매체 비평과 소송의 한계: 최근 명예훼손소송 판결의 쟁점," 〈언론중재〉, 통권 81호, 언론중재위원회, pp.4~19.

배정근 (2009. 2). "정보공개법을 통한 알 권리 실현의 한계: 비공개 조항 관련 대법원 판결 분석," 〈한국언론학보〉, 제53권 제1호, 한국언론학회, pp.368~390.

법무부 (2012). 《독일형사소송법》.

법원행정처 (2001). 〈언론재판실무편람〉. 법원행정처 내부 자료. 미간행.

손태규 (2007). "노무현 정권의 합법을 가장한 언론 탄압," 《편협50년사》, 한국신문편집인협회,

pp.67~88.
신평 (2007). 《언론법》. 삼영사.
심석태 (2011). "공인 개념의 현실적 의의와 범위에 대한 고찰: 법무부 '수사공보준칙'에 나타난 공인 개념을 중심으로," 〈언론과 법〉, 제10권 제2호, 한국언론법학회, pp.207~236.
심석태 (2013). "미국의 방송 내용 규제 법제 연구: 규제의 근거와 범위를 중심으로," 〈방송과 커뮤니케이션〉, 제14권 제1호, 문화방송, pp.109~147.
심석태 (2014). "한국에서 초상권은 언제 사생활권에서 분리되었나: 학설과 판례에서의 초상권의 독립적 인격권 인정 과정과 그 영향," 〈언론과 법〉, 제13권 제1호, 한국언론법학회, pp.251~282.
심석태 (2015). ""그 사람 이름을 왜 알려고 하나?" — 실명 보도와 익명보도," 〈언론중재〉, 제35권, 제3호, 언론중재위원회, pp.66~69.
심석태 외 (2013). 《한국 언론의 품격》. 나남.
심영섭 (2008). "북유럽에서의 정보 공개와 언론," 《세계의 언론법제: 정보 공개와 언론》, 한국언론진흥재단, pp.78~115.
안상운 (2003. 9). "몰래카메라는 범죄 행위, 압수는 법원 권한: 검찰의 SBS 압수수색 - 찬성," 〈신문과 방송〉, 한국언론진흥재단, pp.54~57.
양재규 (2011. 9). "사진 촬영 때 주최 측 말보다 당사자 동의 더 중요," 〈신문과 방송〉, 통권 489호, 한국언론진흥재단, pp.82~85.
양재규 (2012. 10). "자율과 의무 사이 엠바고 효력은 여전히 방황 중," 〈신문과 방송〉, 통권 504호, 한국언론진흥재단, pp.94~98.
언론중재위원회 (2008. 12). 〈언론보도피해 상담사례집〉.
엄기열 (2010). "몰래카메라를 사용한 탐사 보도 프로그램의 법적 용인 범위에 대한 연구: 국민의 알 권리 확보의 측면에서," 〈언론과 법〉, 제9권 제1호, 한국언론법학회, pp.231~251.
연시중 (2001), 《한국정당정치실록》(2권). 지와사랑.
오양호 (2003. 9). "취재원 강제 수사는 최후 수단이어야: 검찰의 SBS 압수수색 - 반대," 〈신문과 방송〉, 한국언론진흥재단, pp.58~61.
이재진 · 고영신 (2003). "통신 기사 인용과 면책항변에 관한 연구: 한 · 미 · 일 판례 비교 분석," 〈언론과 사회〉, 제11권 제3 · 4호, 성곡언론문화재단, pp.108~143.
이종우 (1996). "밀턴의 '아레오파지티카': 언론 · 출판의 자유에 대한 선언," 〈사회비평〉, 제16권, 나남. pp.277~301.
이희훈 (2010). "대한민국 정부 수립 이후 언론관계법의 발전과 평가 — 제헌헌법부터 제9차 개정헌법까지,” 〈세계헌법연구〉, 제16권 제3호, 국제헌법학회, pp.345～380.

장호순 (2005). 《언론의 자유와 책임》. 한울아카데미.

전원열 (2007). “공인에 대한 명예훼손,” 〈재판실무연구(1) — 언론 관계 소송〉, 한국사법행정학회, pp.159～173.

정진석 (1995). “광복 50년, 광복 언론 50년사 ③ 언론윤리위원회법 파동: 언론과 박정희 정권의 전면전, 경영이 편집 우위에 서는 계기,” 〈신문과 방송〉, 통권 291호, 한국언론재단, pp.39～43.

조재현 (2009). “취재원 보호와 언론의 책임,” 〈언론중재〉, 통권 111호, 언론중재위원회, pp.20～29.

차형근 (2001. 6). “현행범 체포 현장 보도와 초상권 침해 논란,” 〈언론중재〉, 통권 79호, 언론중재위원회, pp.92～97.

Brownlie, I. (1998). *Principles of Public International Law.* 5th ed. Oxford: Oxford University Press. [정영진 · 황준식 옮김. 《국제법》. 현암사. 2004].

Cross, Harold L. (1954). *The People's Right to Know: Legal Access to Public Records and Proceedings*. Columbia University Press.

Cooper, Kent (1956). *The Right to Know: An Exposition of the Evils of News Suppression and Propaganda*. Farrar, Straus & Cudahy.

Emerson, T. I. (1970). *The System of Freedom of Expression*. New York: Random House.

Garner, Bryan A., et al. (2004). *Black's Law Dictionary.* 8th ed. West.

Hamburger, Philip (1985). “The Development of Law of Seditious Libel and the Control of the Press,” *Stanford Law Review*, Vol. 37, pp.674～691.

Meiklejohn, Alexander (1948). *Free Speech and Its Relation to Self-government*. New York: Harper & Brothers.

Mill, John Stuart (2011, 원저 1859). *On Liberty*. New York: The Walter Scott Publishing.

Milton, J. (1644). *Areopagitica*. [임상원 옮김. 《아레오파지티카》. 나남. 2007].

Plato (BC 380년 경). *Republic*. [박종현 옮김. 《플라톤의 국가政體》. 서광사. 2005].

Prosser, William (1960). “Privacy,” 48 *California Law Review*, 383.

Reporters Committee for Freedom of the Press. https://www.rcfp.org/browse -media-law-resources/guides/reporters-privilege/shield-laws.

Stephens, M. (2007). *A History of News.* 3rd ed. Oxford University Press. [이광재 · 이인희 옮김. 《뉴스의 역사》. 커뮤니케이션북스. 2010].

The Commission on Freedom of the Press (1947). *A Free and Responsible Press.* The University of Chicago Press.

Warren, S. & L. D. Brandeis (1890). "The Right to Privacy." *4 Harvard Law Review*, 193.

찾아보기

헌법재판소

대법원

하급심

외국